STUDI E DOCUMENTI
di
DIRITTO INTERNAZIONALE E COMUNITARIO
16

Studi e documenti
di diritto internazionale e comunitario
collana diretta da UMBERTO LEANZA

Il volume, la cui pubblicazione è stata resa possibile grazie ad un finanziamento del Consiglio Nazionale delle Ricerche (AI 98.00779.09), contiene i risultati della ricerca triennale: "La protezione internazionale e la circolazione comunitaria dei beni culturali mobili", finanziata dal Consiglio Nazionale delle Ricerche (contributi: 93.05319.CT09, 94.04348.CT09 e 95.02646.CT09) e diretta dal Prof. Pasquale Paone, ordinario di diritto delle Comunità europee nella Facoltà di giurisprudenza dell'Università di Roma "Tor Vergata".

Collana di studi e documenti
di diritto internazionale e comunitario

---

1. A. Costa, *Il diritto CEE anti-trust*, 1984
2. E. Milanesi, *Le sanzioni dell'UNESCO*, 1985
3. *Zona economica esclusiva e Mare Mediterraneo* (a cura di U. Leanza e L. Sico), 1989
4. M.C. Ciciriello, *Le formazioni insulari e la delimitazione degli spazi marini*, 1990
5. *Le convenzioni internazionali sulla protezione del Mediterraneo contro l'inquinamento marino*, 1992
6. T. Vassalli di Dachenhausen, *Il coordinamento tra convenzioni di diritto internazionale privato e processuale*, 1993
7. *La pesca e la conservazione delle risorse biologiche nel mare Mediterraneo* (a cura di U. Leanza), 1993
8. G. Pasquali, *Parti sociali e regioni nella Comunità europea*, 1993
9. *Il tribunale di primo grado della Comunità Europea* (a cura di U. Leanza, P. Paone, A. Saggio), 1994
10. *L'impatto ambientale delle attività di esplorazione e sfruttamento dei fondali marini internazionali* (a cura di M.C. Ciciriello), 1995
11. P. De Pasquale, *Il principio di sussidiarietà nell'ordinamento comunitario*, 1996
12. *Fifty years of international case law on fisheries* (a cura di U. Leanza e A. Del Vecchio), 1997
13. *La marittimità in Sicilia. Problematiche interne ed internazionali* (a cura di S. Bevilacqua e N. Romana), 1997
14. *La protezione del patrimonio culturale e naturale a venticinque anni dalla convenzione dell'UNESCO* (a cura di M.C. Ciciriello), 1997
15. *The International Criminal Court. Comments on The Draft Statute* (a cura di F. Lattanzi), 1998
16. *La protezione internazionale e la circolazione comunitaria dei beni culturali mobili* (a cura di P. Paone), 1998

LA PROTEZIONE INTERNAZIONALE E LA CIRCOLAZIONE COMUNITARIA DEI BENI CULTURALI MOBILI

a cura di

PASQUALE PAONE

EDITORIALE SCIENTIFICA

Via Generale V. Giordano Orsini, 42
80132 Napoli
ISBN 88-87293-19-8

INDICE SOMMARIO

ABBREVIAZIONI

AFDI	Annuaire français de droit international
Am. J. Int'l L.	American Journal of International Law (The)
Ann. A.A.A.	Annuaire des Anciens Auditeurs de l'Académie de droit international de La Haye
ASIL	American Society of International Law
Austr. YIL	Australian Yearbook of International Law
Calif. L. Rev.	California Law Review
Can. YIL	Canadian Yearbook of International Law (The)
CMLR	Common Market Law Review
Colum. J. Transnat'l L.	Columbia Journal of Transnational Law
Com. Int.	Comunità internazionale (La)
DCSI	Diritto comunitario e degli scambi internazionali
Digest. Priv.	Digesto delle discipline privatistiche
Digest. Pubbl.	Digesto delle discipline pubblicistiche
Dir. Comm. Int.	Diritto del commercio internazionale
DM	Diritto marittimo (Il)
ED	Enciclopedia del Diritto
EG	Enciclopedia Giuridica Treccani
ETS	European Treaty Series
Foro it.	Foro italiano
Geo. L.J.	Georgetown Law Journal (The)
GU	Gazzetta ufficiale della Repubblica italiana
GUCE	Gazzetta ufficiale delle Comunità europee

Harvard I.L.J.	Harvard International Law Journal
Hastings L.J.	Hastings Law Journal
ILM	International Legal Material
Int'l J. Cult.	International Journal of Cultural Property
Int'l Law	International Law (The)
L. & Pol'y Int'l Bus.	Law and Policy in International Business
Mich. L. Rev.	Michigan Law Review
N.D.I.	Novissimo Digesto Italiano
N. Dig.	Nuovo Digesto
Neth YIL	Netherlands Yearbook of International Law
ODILA	Ocean Development and International Law
Polish YIL	Polish Yearbook of International Law
Raccolta CGCE	Raccolta della giurisprudenza della Corte di giustizia delle Comunità europee
RBDI	Revue belge de droit international
Rec. des Cours	Recueil des Cours de l'Académie de droit international de La Haye
Rev. Crit. DIP	Revue critique de droit international privé
Rev. Trim. Dr. Eur.	Revue trimestrielle de droit européen
RGDIP	Revue générale de droit international public
Riv. Dir. Civ.	Rivista di diritto civile
Riv. Dir. Eur.	Rivista di diritto europeo
Riv. Dir. Int.	Rivista di diritto internazionale
Riv. Dir. Int. Priv. Proc.	Rivista di diritto internazionale privato e processuale
Riv. Dir. Pubbl. e Sc. Polit.	Rivista di diritto pubblico e di scienze politiche
Riv. It. Dir. Proc. Pen.	Rivista italiana di diritto e procedura penale
Riv. Ital. Dir. Pubbl. Comun.	Rivista Italiana di Diritto Pubblico Comunitario
RMC	Revue du marché commun et de l'Union européenne
San Diego LR	San Diego Law Review
Stan. L. Rev.	Stanford Law Review

SZIER	Schweizerische Zeitschrift für internationales und europäisches Recht
U.C.D. L. Rev.	University of California Davis Law Review
Un. LR	Uniform Law Review
UNTS	United Nations Treaty Series
USTS	United States Treaty Series
Vand. J. Transnat'l L.	Vanderbilt Journal of Transnational Law
Virg. JIL	Virginia Journal of International Law

Pasquale Paone*

INTRODUZIONE: IL GENERE "INTERNAZIONALE" DEL DIRITTO IN RAPPORTO AI GENERI "NAZIONALE" E "UNIVERSALE"

1. Negli ultimi anni alcuni studiosi di diritto internazionale e di diritto delle Comunità europee – che operano nella Facoltà di giurisprudenza della Università di Roma "Tor Vergata" – hanno compiuto una serie di ricerche su svariati argomenti, tutte poi pubblicate in volume. Tra gli altri progetti è stato ritenuto meritevole di cura uno concernente la protezione internazionale dei beni culturali mobili e la loro circolazione comunitaria. Dagli studi fatti prende corpo il presente volume collettaneo arricchito con il contributo del Prof. Luigi Sico, ordinario in altra Università.

2. Il tema prescelto presenta notevoli difficoltà. Senza tirarla per le lunghe, prendiamo – ad esempio – la questione della definizione giuridica di "bene culturale". La determinazione di questa nozione è tutt'altro che agevole. Diciamo che il giurista può ricercarla su tre distinti piani individuati in relazione all'interesse alla composizione giuridica dei conflitti di interessi.

È noto che quando sono presenti certi impulsi o bisogni in due individui o gruppi, questi bisogni per loro natura scatenano inevitabilmente un conflitto di interessi, dal momento che la soddisfazione dell'interesse dell'uno è incompatibile con la soddisfazione dell'interesse dell'altro. Il diritto interviene (o non interviene) per la composizione di questi conflitti, e appunto la sua guida nell'azione è l'interesse (strumentale) alla composizione dei conflitti di interessi. Lo stesso può dirsi nel caso che non si tratti della soddisfazione dell'inte-

* *Professore ordinario di diritto delle Comunità europee, Facoltà di giurisprudenza, Università di Roma "Tor Vergata".*

resse dell'uno incompatibile con quella dell'interesse dell'altro, ma di interessi "compossibili" (o solidali), nel senso che la soddisfazione dell'interesse di un individuo o di un gruppo è di aiuto, o almeno non è di ostacolo, alla soddisfazione dell'interesse dell'altro.

Ora, la problematica della conflittualità o della solidarietà degli interessi in tema di beni culturali può essere esaminata su tre diversi livelli corrispondenti all'interesse "strumentale" a regolare giuridicamente la conflittualità o la compossibilità degli interessi nel settore:

a) il livello (interindividuale) dell'interesse "nazionale", che vive nella *frammentazione* dei vari ordinamenti giuridici interindividuali organizzati a Stato, contenenti discipline legislative varie e contrastanti tra loro (come è fatale del resto, solo che si pensi, per i beni mobili, al dualismo tra gli Stati il cui interesse a comporre i conflitti di interessi è orientato a favorire l'importazione di beni culturali, e gli Stati il cui interesse strumentale si manifesta, nell'opposto e simmetrico senso, di scoraggiarne l'esportazione); a questo livello si deve parlare del *diritto di "genere" nazionale*;
b) il livello (interindividuale) dell'interesse "universale", che vive in un ordinamento giuridico *totalizzante*, che si pensa immedesimato nella comunità del genere umano, di tutti gli uomini o dell'umanità, che dir si voglia, onde si stabilisce su tale piano una disciplina armonica ed uniforme della materia, che dà luogo a diritto spontaneo o naturale. Ovviamente, l'interesse universale alla composizione di conflitti di interessi o alla compossibilità di interessi in qualsiasi materia, può esistere in fatto senza che dia luogo a diritto spontaneo o naturale. Comunque, chi scrive ritiene che esista un diritto naturale, riflesso spontaneo dell'interesse universale alla composizione dei conflitti o alla compossibilità degli interessi. Esisterebbe sempre un genere universale del diritto anche se in pratica si trattasse di pura illusione (questa "illusione" sarebbe pur sempre parte della realtà, con una sua durezza sul piano storico); a questo livello si deve parlare del *diritto di "genere" universale*;
c) il livello (inter-statale) dell'interesse "internazionale", diverso e *opposto* a entrambi gli interessi precedenti, che vive nell'ordinamento che intende comporre i conflitti e regolare le solidarietà di interessi con norme (scritte o non scritte) che debbono aver

vigore nei rapporti tra Stati; a questo livello si deve parlare del *diritto di "genere" internazionale.*

L'indagine su ciascuno dei tre livelli riguarderà (presumibilmente) tutti o solo alcuni dei punti nodali seguenti, concernenti i beni culturali mobili: a) il regime giuridico sotto il profilo dell'appartenenza dei beni culturali (di proprietà di privati, di enti pubblici, dello Stato, o di pertinenza dell'interesse universale), implicante una tutela differenziata, con le correlative procedure di accertamento della qualità dei beni; b) gli istituti giuridici (o complessi di norme) riguardanti la disciplina sostanziale dei beni, i mezzi o strumenti di controllo della loro circolazione, i modi di acquisto (privilegiati o no), il godimento (privato o pubblico), la tutela volta ad assicurarne il recupero se vengono rubati o illecitamente esportati o importati ovvero illecitamente trasferiti.

Ma – ed ecco il punto – ci è possibile determinare quale sia la nozione giuridica internazionale di bene culturale mobile solo se esaminiamo la disciplina vigente a livello interstatale, su cui ci poniamo. Deve essere ovvio, infatti, che detta nozione non è altro che il risultato ricavato dalla disciplina giuridica rinvenibile a livello internazionale. È questa disciplina che ci fa capire qualcosa in proposito. Diciamo "qualcosa". Perché non è detto che l'indagine ci consenta poi di pervenire effettivamente ad una nozione giuridica internazionale univoca.

Insomma, che un bene sia qualificabile come culturale sul piano giuridico internazionale non dipende dalla qualità che si suppone inerente al bene sulla scorta di concetti pregiuridici o extragiuridici (a partire dalla generica dicotomia: "natura-cultura", specificabile e specificata poi nei più vari modi). E neppure dipende da concetti giuridici rilevabili a livello di diritto nazionale o di diritto universale. Si tratta di attenersi più precisamente al principio che non è dalla definizione o teoria che può essere desunta la disciplina giuridica, ma è dalla disciplina quale è in vigore, al livello in cui ci si pone, che va desunta la definizione rilevante.

Ci sembra, dunque, che sia chiara la difficoltà dell'indagine nel nostro campo: lo studioso 1) non deve far confusione tra un livello e l'altro (si trascuri la situazione dei dati a ciascun livello e non si capisce più niente); 2) deve pervenire all'esposizione di una teoria della rilevanza giuridica dei beni culturali mobili e dimostrare non se essa sia fondata od errata, ma se si addice alla realtà del diritto internazionale, o in quale rapporto si trovi con la definizione che a questa realtà giuridica corrisponde.

Naturalmente, lo stesso discorso va fatto ove si ritenga che la disciplina comunitaria dei beni culturali non sia derivata in senso dommatico dal diritto internazionale, ma si ponga a livello di un diritto comunitario di natura originaria. Ipotesi da escludere perché il diritto comunitario (in quanto diritto positivo) non può che essere o di genere internazionale o di genere nazionale.

3. Occorrerà scorrere gli studi che seguono per un'informazione specifica. Può qui rilevarsi che l'ordinamento internazionale annovera convenzioni nel settore. A parte convenzioni *ad hoc* di ambiente regionale extraeuropeo, vi è una convenzione multilaterale contenente alcune disposizioni riguardanti il nostro tema: la Convenzione di Montego Bay del 10 dicembre 1982 sul diritto del mare (frutto di una conferenza nell'ambito dell'ONU) entrata in vigore il 16 novembre 1994 e recepita nel nostro ordinamento con ordine di esecuzione emanato con la Legge n. 689 del 2 dicembre 1994. Due sono invece le Convenzioni multilaterali in argomento: una, sulle misure da adottare per interdire l'illecita importazione, esportazione o trasferimento di proprietà dei beni culturali (prodotto della conferenza tenutasi a Parigi nel 1970, nell'ambito dell'Unesco), recepita nel nostro ordinamento con ordine di esecuzione emanato con la Legge n. 873 del 30 ottobre 1975; l'altra, di diritto uniforme, sui beni culturali rubati o illecitamente esportati (prodotto di una conferenza diplomatica tenutasi a Roma, nel 1995, per l'adozione di un progetto di convenzione dell'Unidroit), entrata in vigore il 1° luglio 1998.

Vanno qui segnalate altre due convenzioni *ad hoc*, predisposte nell'ambito internazionale dal Consiglio d'Europa: una sulla protezione del patrimonio culturale subacqueo del 1985 e un'altra sulle offese relative ai beni culturali, dello stesso anno (nessuna delle due è ancora entrata in vigore).

Con una sua sfera specifica internazionale di vigore sta poi la Convenzione dell'Aja del 14 maggio 1954 sulla protezione dei beni culturali in caso di conflitto armato recepita nel nostro ordinamento con ordine di esecuzione emanato con la Legge n. 279 del 7 dicembre 1958.

La disciplina comunitaria, oltre gli spunti generali rinvenibili nei Trattati (quello di Roma e successivi), contempla un sistema specifico di prevenzione degli illeciti spostamenti di beni culturali contenuto in atti comunitari derivati: il Regolamento del Consiglio del 9 dicembre 1992 (3911/92) riguardante l'esportazione dei beni culturali e la Direttiva del Consiglio del 15 marzo 1993 (93/7). La Legge italiana n. 88 del 30 marzo 1998 ha dato esecuzione ai predetti atti comunitari.

4. Si spera che il lettore possa trovare negli studi che seguono i dati giuridici che lo interessano, magari spingendosi ad approfondimenti. E proprio in questo senso vogliamo invitarlo a procedere. È questione di attenzione, più che di molti libri e molte letture. Uno studioso può avere pochi libri a disposizione (o saggi come quelli del presente volume). E cavarne pensieri interessanti. Un altro può seppellirsi sotto una montagna di libri, leggendoli al ritmo di uno al giorno. E non tirarne fuori granchè.

La materia trattata negli studi che seguono consente di fare qualche passo avanti nell'intelligenza di quella che è la strategia del diritto internazionale *odierno*. Si tratta dell'atteggiamento del diritto internazionale che tiene conto (anzi, gran conto come diremo) della sua *reazione creativa, fortemente innovativa* nei confronti del diritto interno (a livello nazionale o universale).

Nello stabilire diritti ed obblighi tra gli Stati, il diritto internazionale contemporaneo è frutto di un duplice movimento. Da un lato, l'aprirsi dell'interesse nazionale al diritto internazionale, con il contestuale evolversi del fenomeno giuridico in una direzione che è quella della graduale e sempre più intensa *esteriorizzazione* giuridica, se così si può dire, dei conflitti di interessi, finora restati nel chiuso dominio dell'interesse nazionale e quindi della loro composizione nei singoli, differenti e contrastanti ordinamenti giuridici statali. Dall'altro lato, l'aprirsi dell'interesse universale al diritto internazionale, con il contestuale *esteriorizzarsi* del fenomeno giuridico ritenuto finora operante nel cerchio interno di un'immutabile ed omogenea solidarietà di interessi dominata dalle determinazioni di una autorità che si suppone attiva nella comunità del genere umano in funzione dell'armonia e dell'uniformità giuridica degli interessi di tutti gli uomini.

Questo doppio movimento comporta l'incremento del diritto *in quanto internazionale*. Non il decremento o addirittura la sua negazione, in favore del diritto nazionale o del diritto universale, come pure qualche illustre studioso, propenso ad anacronismi nazionalistici ovvero a futurismi universalistici, può ritenere. Si pensi al nazionalismo giuridico della teoria realistica delle garanzie del diritto, professata dal Conforti, che è vettorialmente l'inverso speculare dell'universalismo giuridico (ché tale è la sua sostanza profonda) della teoria realistica del Quadri. Il realismo giuridico delle garanzie non tiene conto che se il diritto internazionale si proponesse *la* perfezione, *la* certezza, *la* stabilità, verrebbe meno alla propria ragion d'essere nella società. Questi valori hanno dimensione *relativa*, non assoluta, in diritto internazionale, e ciò, paradossalmente, costituisce garanzia della sua sopravvivenza. Un paradosso, però, indispensabile alla vita sociale generale e pertanto alla stessa sopravvivenza del diritto interno. Diritto internazionale e diritto interno sono *complementari*, l'uno ha bisogno dell'altro e viceversa: *simul stabunt simul cadent*. Nessun monismo, di nessun genere, è praticabile senza servirsi di apriorismi. Infatti ognuno dei diritti in questione (diritto interno e diritto internazionale) riceve pienezza di significato solo nel rapporto reciproco e non come dato a sé stante. La questione della "giuridicità" del diritto internazionale è così risolta, nel senso cioè che se non esistesse un genere internazionale del diritto, noi dovremmo concludere per il fallimento descrittivo di una teoria del diritto, di qualunque genere essa sia.

5. Quando, come negli studi che seguono, emergono norme frutto dell'interesse internazionale alla regolamentazione di interessi in conflitto o "compossibili", che riguardano contenuti propri del piano giuridico nazionale e di quello universale della convivenza, lo stacco del diritto internazionale nella vita sociale appare evidente, nel senso che – come meglio diremo – il diritto internazionale puro (che è il genere), lungi dal derivare dal diritto interno (a livello nazionale e universale) si *sovrappone* ad esso, in quanto dà luogo a due sottogeneri in direzione nazionale e universale (*diritto internazionale*-nazionale e *diritto internazionale*-universale) e solo nella misura in cui riesce, sia pure imperfettamente, a sovrapporsi ha possibilità di esistere senza convertirsi in *diritto nazionale*-internazionale o in *diritto universale*-internazionale (cioè in parte del diritto nazionale o del diritto universale)[1].

[1] La situazione complessiva può essere raffigurata col diagramma seguente

diritto	diritto	diritto	diritto
nazionale	*internazionale*	*internazionale*	universale
puro	nazionale	universale	puro

Il diritto internazionale puro si trova sulla linea mediana tra il diritto internazio-

Il diritto interno (visto a livello nazionale o universale) è un diritto che, per sua struttura e funzione, costituisce una realtà ferma ed immutabile. Ontologicamente già definito nella sua essenza. Ha dentro di sé un significato. Uno solo. Non sempre lo si scorge a prima vista. Bisogna guardare contro luce (magari pervenendo ai principi elementari della "costituzione materiale"), nondimeno *il* significato del diritto è lì. Si tratta solo di enuclearlo o stanarlo.

Il diritto internazionale contrasta, invece, l'idea che il fenomeno giuridico sia "dato" una volta per tutte, in corrispondenza biunivoca con una società a sua volta concepita come "data", fissata una volta per tutte. Il tema vero del diritto internazionale (che si va delineando oggi, con sempre maggiore chiarezza, ma che costituisce la sua vocazione già rinvenibile allo sguardo degli studiosi, nel periodo delle sue origini nei secoli XVII e XVIII: si pensi all'antitesi Grozio/Hobbes) è quello di "muoversi" tra i due poli del diritto nazionale *puro* e del diritto universale *puro*. Il diritto interno puro (in queste sue due facce) rappresenta il movimento dal concreto all'astratto, il diritto internazionale, invece, il movimento dell'astratto al concreto, cioè all'effettività, al "contesto" o alle "circostanze", che dir si voglia. La giuridicità del diritto internazionale – può ulteriormente precisarsi – sta nella necessità stessa che il processo del diritto compia l'intera sua vicenda o ciclo nella società generale, dal concreto all'astratto e dall'astratto al concreto: parta dal concreto, pervenga all'astratto (diritto interno a livello nazionale o universale) e ritorni al concreto calandosi nei fatti concreti (diritto internazionale).

Il diritto internazionale corrisponde al bisogno di *compensare*, in direzione della concretezza, l'astrazione propria al diritto interno (che, vista isolatamente, di per sé è un danno per la vita sociale generale, da ovviare appunto con un'attività di compensazione e di bilanciamento). Il problema del diritto internazionale è quello delle tecniche, degli espedienti utili da adottare per evitare effetti dannosi: nella fattispecie, la pretesa del diritto interno (questa è la sua insopprimibile vocazione, nazionale o universale che sia il diritto) di sospingere e mettere

nale-nazionale e il diritto internazionale-universale. È puro perché è la sede del meccanismo in cui consiste l'ordinamento internazionale. Il quale si muove verso sinistra o destra, secondo le circostanze, arrestandosi sulla soglia dei due comparti estremi. Il diagramma vale anche nell'attuale "fase" del diritto internazionale che, come diremo in seguito, è dominata dalla necessità di controllare l'"astrazione giuridica" in direzione dell'accentuata "concretezza" della disciplina giuridica interstatale.

da parte l'effettività, soppiantandola e sostituendosi ad essa, e così attribuendo esclusivamente a sé il ruolo e il significato di ciò che è reale. Quando una sbarra è piegata da una parte (il diritto interno a livello nazionale o universale), per raddrizzarla la si deve piegare dalla parte *opposta* (il diritto internazionale).

Il problema del fondamento dei "valori" giuridici internazionali, in sostanza, sta tutto qui: solo in un calcolo delle opportunità, delle utilità e dei mezzi da impiegare (il diritto internazionale è un mezzo e – come tale – è neutro, fa da terzo "incluso" nel rapporto interstatale, come diremo). La società generale dei "moderni" (nata con l'individualismo borghese) non aderisce solo ad istituzioni giuridiche sempiterne (come il diritto universale) o frutto soltanto degli apriorismi imposti dallo Stato (come il diritto a livello nazionale), ma anche a istituzioni giuridiche che è utile che funzionino anche al di fuori delle suddette due, diacronicamente di fase in fase storica, e, sincronicamente, in una data parte della società generale piuttosto che in un'altra. Le norme internazionali di cui si discute negli studi del presente volume, mostrano che il diritto internazionale è il mezzo per raddrizzare la sbarra storta del diritto interno quale "deve essere" a livello nazionale o universale; è quella dimensione peculiare del fenomeno giuridico che "può essere" (così, o così, o in quest'altro modo ancora, ciascun modo con le sue opportunità e le sue garanzie) e dunque mette in evidenza le carenze della unilateralità del diritto interno (a livello nazionale o universale), la necessità di compiere il suo sacrificio, per ragioni di utilità nella società generale moderna caratterizzata dalla multiformità, dalla triplanarità del fenomeno giuridico.

6. La tutela che emerge in un settore quale quello della protezione dei beni culturali (e tante altre per altrettanti, diversi e nuovi settori del diritto internazionale contemporaneo) inficia certe premesse al rispetto delle quali l'internazionalista è ancor oggi ideologicamente educato (o maleducato: sarebbe più giusto dire per i riflessi ideologici impropri). Precisamente, batte in breccia il presupposto teorico (intriso di ideologia, si ripete, anche se questa può essere a servizio di corposi interessi) che il diritto sia un arnese tutto in mano o all'autorità politica che manovra l'interesse (strumentale) nazionale o all'autorità politica che si suppone disponga dell'interesse (strumentale) universale (come, rispettivamente, il Conforti e il Quadri ritengono), onde l'interesse in-

ternazionale alla composizione dei conflitti di interessi e alla disciplina delle solidarietà di interessi non potrebbe che produrre un diritto costituente una *parte* (o *derivazione* in senso tecnico-giuridico, cioè in senso dommatico) del diritto interno visto a livello nazionale o a livello universale. La "teoria dualista" – cui chi scrive è stato educato – resiste a questa tendenza ideologica riduttiva, propria del monismo giuridico, ma con successo dubbio, dato che poi configura il diritto internazionale come un fenomeno parallelo e analogo al diritto esistente e funzionante a livello interno degli Stati, cioè a livello nazionale come abbiamo detto. I dualisti finiscono così – contro le loro stesse intenzioni – a confondersi con i compagni di strada monisti, per cui vale a livello nazionale o universale l'*armonia* del mondo giuridico. Questa armonia per ogni dove è un evidente *fantoccio* ideologico.

La verità è che, per una sua parte, l'ordinamento giuridico internazionale si alimenta di contenuti che lo fanno definire come *internazionale*-nazionale (ne è esempio, nel nostro caso, la citata Convenzione Unesco che si riferisce a beni culturali da disciplinare nell'interesse del patrimonio nazionale) e, per un'altra sua parte, di contenuti che lo fanno configurare come *internazionale*-universale (ne sono esempio: la Convenzione di Montego Bay, che dispone su beni culturali ascritti al patrimonio dell'umanità e quindi di interesse universale; la stessa Convenzione Unidroit, che ha per oggetto norme giuridiche uniformi in tema di beni culturali, la quale pure ha uno sfondo di interesse universale, se si ritiene che quando gli Stati convengono di rendere uniforme il diritto interno si impegnano internazionalmente in relazione a interessi di rilievo universale o tendenzialmente universale). Il diritto internazionale *puro* corrisponde alla linea mediana di spartizione o di confine tra internazionale-nazionale e internazionale-universale: è un diritto posto alla frontiera di due campi di interessi vicini[2].

In ultima analisi, includendo nel proprio ordinamento contenuti di interesse nazionale e di interesse universale (così come la materia che qui ci interessa mette in evidenza), il diritto internazionale si imper-

[2] Si veda la nota precedente. Va aggiunto che il diritto uniforme, come il diritto internazionale privato, può essere oggetto di convenzioni internazionali. Ma, mentre diritto uniforme e diritto internazionale privato rappresentano fenomeni di *domesticazione* del diritto, il diritto internazionale è un fenomeno di *straniamento*, cioè di spaesamento del diritto della sua nicchia interna a livello nazionale o universale. La funzione di domesticazione è poi diversamente circoscrivibile, ma non è qui il caso di soffermarsi su questo.

nia sull'*oscillazione* permanente dei suoi contenuti tra interesse nazionale e interesse universale, e quindi sulla dinamica di un'accorta (ma non di rado accidentata e anche drammatica) navigazione tra questi due scogli da evitare pena il naufragio del diritto in quanto diritto *internazionale*. Ma, come detto, di qualsiasi altro genere di diritto: diritto nazionale e diritto universale non potrebbero mai dire, nei confronti del diritto internazionale: *mors tua vita mea*.

Il diritto (come daccapo ci stimolano a pensare gli studi che seguono) non può essere tutto nazionale perché ciò darebbe luogo a interessi tra loro incommensurabili, non permeabili, e non si capirebbe allora come gli Stati possano comprendersi, comunicare giuridicamente tra loro. Il diritto non può essere neppure tutto universale perché ciò darebbe luogo ad un'unità giuridica (in cui non solo gli Stati non avrebbero più ragion d'essere ma) che sarebbe pagata al caro prezzo dell'allontanamento del fenomeno giuridico – ritenuto universalmente uniforme, eguale – dalle particolarità e dalle variabilità nazionali. Proprio perché il diritto internazionale si compone con pezzi caratterizzati dall'interesse nazionale e universale, il giurista deve avere l'orrore del taglio di cui sopra, che equivarrebbe a castrazione del diritto e quindi della stessa società generale, che allora non potrebbe avere (per i pasticci e le confusioni che ne deriverebbero) nessuna spiegazione in termini giuridici accettabili.

La necessità del diritto internazionale è la necessità stessa (da ciò desume la sua "forza") di contrastare – come abbiamo detto – l'unilateralità del moto del diritto dal concreto all'astratto, insito nel diritto nazionale o nel diritto universale. Quindi, di combattere sia il relativismo giuridico assoluto ed escludente, l'*aut-aut* astratto (o questo diritto nazionale o quest'altro diritto nazionale, e *tertium non datur*, cioè è "esclusa" un'autorità tra gli Stati gestori dei due diritti), alternativa nazionalista secca che fa da ostacolo insormontabile ad ogni scambio e ogni mutamento giuridico; sia l'assolutismo giuridico totalizzante e in*cludente*, l'*et-et* altrettanto astratto (l'autorità giuridica è universale, è un terzo "includente" o che ingloba tutto), sintesi universalista in cui le differenze sarebbero annegate nell'identità giuridica globale, a sua volta ostacolo, in fondo insormontabile, ad ogni scambio e ogni mutamento giuridico. Il diritto internazionale corrisponde ad una disgiunzione, ad un *nec-nec* concreto (è autorità giuridica che fa da terzo "incluso", terzo neutro o imparziale nel rapporto *tra* Stati, non identificatosi né con quella nazionale né con quella universale), di modo che è evitato l'appiattimento del fenomeno giuridico su di un unico piano dominato dall'astrazione[3].

7. Andrebbe a questo punto completato il discorso – ma qui non si può che accennarvi – nel senso che l'oscillazione, il lavoro di spola, tra contenuti di rilevanza giuridica nazionale e universale nella convivenza sociale, comporta precise implicazioni in punto di *struttura e funzione* del diritto internazionale *odierno*. Questo diritto conosce *accordi* (combinazioni di elementi secondo un procedimento di produzione giuridicamente *regolare*), *consuetudini* (combinazioni di elementi che raccolgono in un procedimento di produzione giuridica una pluralità di sollecitazioni *imitative e ripetitive*), ma poi anche *costanti creazioni giuridiche irregolari*, che – fermo l'ordinamento – consentono di coglie-

[3] Tra il diritto internazionale e diritto interno (a livello nazionale o universale) vi sono somiglianze e dissomiglianze. Le somiglianze rendono possibile il rapporto tra i due, ma niente è più forte della presenza di dissomiglianze che danno senso, rispettivamente, alla giuridicità internazionale o interna dei punti di aggancio del rapporto. Norme e principi di diritto interno nazionale vengono recepiti nel diritto internazionale e norme e principi di questo transitano in quello, in questo secondo caso con un processo detto di "adattamento". Si tratta di due percorsi simmetrici e inversi, ma alla fine del percorso il diritto interno recepito nel diritto internazionale e il diritto internazionale recepito in quello interno sono quanto di più lontano può esserci nel mondo del diritto. Infatti, il diritto alla stazione di partenza non è mai il diritto alla stazione di arrivo. Il transito in discorso non è quello di un convoglio, per così dire, che procede linearmente su di un binario per portare la merce a destinazione. C'è una *metamorfosi* o un cambiamento di forma (struttura e funzione) nel percorso, dovuto al fatto che l'ordinamento internazionale da cui le norme e i principi partono o in cui arrivano rappresenta il "controagente" del diritto interno. In altri termini, non è che, nella vicenda di cui si tratta, la separazione tra i due generi di ordinamento cessi di esistere, ciascun genere ha invece i propri caratteri strutturali e funzionali. E così le norme e i principi contenuti nelle convenzioni internazionali in tema di beni culturali mobili stipulata in sede Unesco vengono recepiti, ad esempio, nel diritto italiano, ma in tal modo vengono trasformati, da norme e principi vigenti tra Stati, in norme e principi vigenti a livello interindividuale. Questa metamorfosi è immanente nel rapporto sistematico tra diritto internazionale e diritto interno, risultante da quel che si è detto: la diversità tra due *meccanismi* giuridici e non tra due depositi, magazzini o riserve di norme. La vicenda descritta non cambia nel caso che la convenzione internazionale faccia riferimento, nella determinazione delle sue pattuizioni, a beni culturali di interesse universale in quanto ritenuti appartenenti al patrimonio comune dell'umanità (come nella Convenzione di Montego Bay). Quando vi siano norme di diritto universale in materia, l'interesse universale viene preso in carico – per così dire – dall'interesse internazionale, e il diritto cui mette capo detto interesse muta di forma rispetto alla situazione giuridica (interindividuale) spontanea o naturale di partenza.

re nuovi problemi giuridici o risolverne di vecchi in modo nuovo. Ed è quest'ultima dimensione della "creatività irregolare costante" a caratterizzare l'ordinamento internazionale: ciò che è l'eccezione per il diritto interno diventa la regola per il diritto internazionale. Quando manifestazioni giuridiche irregolari diventano una forma di condotta giuridica normale, allora ci troviamo immersi di colpo nel bel mezzo della struttura e funzione dell'ordinamento internazionale. Si tratta di vedere imitazione e ripetizione, produzione regolare, creatività irregolare, come variabili, tra loro *indipendenti*, di formazione del diritto nell'ordinamento internazionale (di cui allora occorre trovare – con un'accorta analisi senza pregiudizi – il *minimo* comune denominatore che fa da fondamento, tenendo unite queste tre variabili indipendenti attraverso cui si costruisce diritto internazionale).

8. In definitiva – e per tornare ai contenuti – un tema, come quello trattato negli studi che seguono, mostra la capacità del diritto internazionale di muoversi tra le due visualizzazioni estremizzanti del fenomeno giuridico come diritto a contenuto soltanto nazionale o soltanto universale, la sua idoneità a combattere l'esasperazione che il nazionalismo giuridico o l'universalismo giuridico portano con sé. Il primo, il nazionalismo, che ci fa vedere i singoli alberi e non il bosco, il secondo, l'universalismo, che ci mostra il bosco e non i singoli alberi. La struttura e la funzione del diritto internazionale come ordinamento corrispondono alla sua possibilità di *movimento* tra interesse nazionale e interesse universale, entro la spazio della "società dei moderni", rendendo così giuridicamente ordinata – meglio, *ordinabile* – la vita sociale generale, anche e soprattutto rompendo con i modelli fissi, fermi di tutela, e contribuendo alla loro trasformazione. Questa può essere la chiave di un'intelligente lettura degli studi che seguono (o, se si vuole, una modesta proposta di lettura).

9. Senza voler estendere fuori misura una semplice premessa, vanno fatte aggiunte finali. Dal materiale degli studi che seguono emerge che il diritto internazionale manipola fatti, atti e rapporti di pertinenza dell'interesse (strumentale) nazionale e anche di pertinenza dell'interesse (strumentale) universale. Il fenomeno va rilevato però con specifico riferimento ai problemi del tempo presente, in cui è prospettabile *sempre meno astrattamente* il conflitto tra spinte giuridiche centrifughe (in direzione nazionale) e centripete (in direzione univer-

sale). Nel mondo *attuale* non si tratta più della speranza visionaria in un universo giuridico pareggiatore delle differenze tra popolo e popolo, né della visione romantica ottocentesca esaltante lo "spirito del popolo" (o simili) e quindi qualificante ogni altra considerazione, fuori di tale spirito come fonte del diritto, quale orpello irrilevante. La *tensione* tra le due opposte spinte alla unificazione giuridica del mondo o alla disunificazione giuridica ha assunto oggi una *concretezza sconosciuta nel passato*.

La c.d. mondializzazione o globalizzazione degli interessi – ad esempio – comporta conseguenze che incidono in profondità sugli interessi nazionali di ciascun popolo, in un modo che non si è mai visto finora (premendo un bottone in una parte del Globo, ad esempio, si spostano enormi *stock* finanziari da un paese all'altro, mettendo in ginocchio intere economie nazionali che stanno all'altra parte della Terra). Per converso, l'interesse nazionale tende ora a suddividersi ora a gonfiarsi a dismisura mettendo in crisi la concezione tradizionale della coesistenza internazionale dei poteri sovrani. L'espansione riguarda – ad esempio – la tendenza dei giudici interni di avocare a sé la competenza giurisdizionale su illeciti o crimini internazionali (contro l'umanità o simili) che è interesse universale reprimere ma purtroppo in assenza di strumenti internazionali di attuazione (o in presenza di mezzi imperfetti e incompleti).

Il diritto internazionale è un servomeccanismo della società (che mai altro potrebbe essere?) e allora *mai come oggi* va considerata l'importanza della sua vocazione di mezzo di controllo delle spinte opposte e simmetriche che si manifestano in direzione *immoderatamente* nazionale o universale, tra lo spirito nazionale o di campanile, diremmo, e lo spirito universale o planetario. La materia trattata negli studi che seguono mette in evidenza la manipolazione giuridica internazionale di interessi nazionali e di interessi universali, l'orientamento a fare da *limite* a questi due estremi che è stato sempre il cuore del diritto internazionale. Ma il fenomeno oramai è di tali proporzioni da caratterizzare in concreto tutto il nostro tempo (determinando la creatività e la ricchezza propria del diritto internazionale contemporaneo).

Si pongono dunque con evidenza, *sotto rinnovata luce*, le domande sul secolare "problema del fondamento del diritto internazionale". Se questo diritto esiste. Come esiste. Perché esiste. Perché pensiamo che esista o debba esistere. Che valore gli diamo. Un problema che nasce dalla grande instabilità di contorni e di punti di riferimento in questo diritto. E quindi da una grande vulnerabilità. Da molte incertezze. Questo problema è quello di sempre, la differenza è che *oggi* va visto in relazione a quell'apertura dell'interesse nazionale e dell'interesse universale verso l'interesse internazionale, di cui abbiamo detto all'inizio.

Vediamo – per concludere – due essenziali aspetti di tale problema *aggiornato*, nella misura in cui possono qui interessarci.

A) Il primo aspetto, è che il diritto internazionale odierno deve procedere – per così dire – *sempre più* a saltelloni, effettuando l'assemblaggio o il "montaggio" di interessi di rilievo nazionale e interessi di rilievo universale. La struttura dell'ordinamento internazionale resta caratterizzata dalla cucitura o dal *montaggio* di pezzi di contenuto della più varia provenienza. Le realtà antitetiche dell'interesse nazionale e dell'interesse universale convivono *molto concretamente* nel diritto internazionale odierno, e rendono *teso* più che mai il senso del diritto internazionale. Mentre nel passato (come il dualismo evidenziava) il bilanciamento avveniva tra due o più interessi nazionali, ora il diritto internazionale cuce pezzi di interessi non omogenei tra loro (l'interesse nazionale e l'interesse universale) per la composizione di un puzzle più complicato di interessi e di elementi giuridicamente rilevanti. È costretto a raddrizzare qualcosa di molto più complesso che non nel passato. Questo mostra che il diritto internazionale (e quindi la multiplanarità del diritto di cui abbiamo detto all'inizio) non si basa su di una ipotesi astratta, ma su un accostamento attraverso la storia, la quale postula nella società moderna la distinzione tra un numero tripartito di "generi" di diritto.

Il compito dell'ordinamento internazionale ha oggi sempre più i caratteri del lavoro del *bricoleur* e dello scienziato nello stesso tempo. Con mezzi imperfetti, per circostanze variabili e con risultati incerti, compone con pezzi diversi un oggetto composito che è, nello stesso tempo, un oggetto di conoscenza (così come nel *bricolage* è possibile collegare – ad esempio – un bastone e una corda per farne, a seconda delle necessità, una frusta, un arco per frecce, la base di un trapano, ecc. manufatti che sono anche oggetto di conoscenza). Gli elementi di interesse nazionale o universale hanno la rilevanza che il diritto internazionale riesce a dare loro nel contesto del momento, "arrangiandosi" come può, con i mezzi strutturali e funzionali di cui dispone e con i risultati che riesce ad ottenere, realizzando né più né meno l'operare *pragmatico* di un *bricoleur* rispetto alle raffinatezze e al programmato (finalistico) lavoro di un ingegnere (*bricolage* e ingegneria – avrà avvertito il lettore – sono dunque metafore, rispettivamente, del diritto internazionale e del diritto interno).

La realtà giuridica internazionale appare *oggi nella sua vera natura* di sfida a creare un *puzzle* partendo da pezzi ben noti (a livello nazionale o universale) che poi vanno ricomposti a livello internazionale. Il diritto internazionale si basa su contenuti non prestabiliti, e se il giurista ne considera norme e istituti – che danno forma ai contenuti – come sacramenti, non va da nessuna parte. Deve invece ormai rendersi conto che si tratta di una combinazione di elementi di interesse nazionale e di interesse universale nel modo *sempre più efficiente e concreto* rispetto ai fini che la complessa società contemporanea si dà.

Resta e si accresce, dunque, il fatto che, a differenza del diritto interno, non ci sono corrispondenze ferme quanto ai contenuti in diritto internazionale odierno, significati fissi. Gli elementi giuridici di interesse nazionale o universale in questo diritto assumono il loro significato nella struttura e funzione dell'ordinamento internazionale *attuale*, che, meno che mai, ci dice di quali interessi dispone. Esso ci dice soltanto del modo in cui procedere per darvi tutela la più efficace possibile – nelle circostanze del caso – sul piano interstatale. Interesse nazionale e interesse universale non hanno obbligatoriamente una distribuzione simile, il diritto internazionale odierno non ha un tal grado di coerenza che alle stesse classi formali del diritto internazionale precedente (anche di pochi decenni orsono) corrispondono sempre classi omogenee di interessi: elementi di interesse nazionale ed elementi di interesse universale possono distribuirsi in classi formali diverse come invece essere presenti nella stessa classe di elementi formali.

B) Il secondo aspetto è quello della struttura logica dell'ordinamento internazionale contemporaneo (la sua "costituzione logico-giuridica") nei suoi vari gradi di rigidità e di malleabilità. L'ordinamento *attuale* si impianta su di un'oscillazione tra un'architettura rigida e strutture allentate. la sua logica non può che corrispondere al montaggio con cui si struttura e funziona a seconda delle circostanze, e alla *evoluzione* di questo montaggio. L'allentamento gli consente di rompere con gli schemi della logica rigida del diritto interno, nella ricerca di schemi nuovi da *inventare*, di paradigmi flessibili. Il diritto internazionale odierno segue un ritmo *diverso* da quello del diritto internazionale di un periodo anche recente. Potremmo dire che ci troviamo di fronte ad un genere di diritto in cui è molto frequente che la sua formulazione in norme e principi è "asistematica" nel momento della sua formulazione.

Ad esempio, la ripetizione stereotipa e meccanica, di cui alla tradizionale formazione consuetudinaria del diritto internazionale (che fa le veci in questo diritto della "legge" in diritto interno) resta interrotta da variazioni brusche proprie di una "durata" che non è assimilabile alla disposizione di formazioni consuetudinarie su uno spazio uniforme, ma è una durata mobile, "eterogenea", la cui estensione, la cui intensità dipendono, non già dalla consuetudine, ma dalla necessità oggettiva e soggettiva (degli Stati e delle organizzazioni internazionali, che vedremo operare in prima linea, negli studi che seguono) di contenuti nuovi specialmente (ma ovviamente non solo) legati all'interesse universale. E in effetti mentre, per un verso, colpisce la "fissità" degli atteggiamenti ripetitivi, meccanici "distratti" o indifferenti al reale (al principio di effettività o di realtà), vale a dire l'irrigidimento del diritto contro la vita sociale, il diritto internazionale *attuale* procede, per l'altro verso, anche a stabilire principi inderogabili o cogenti (che sono con evidenza marcati dall'interesse universale), ritenendo importante, anzi risolutamente essenziale, ciò che accade tra l'un cambiamento e l'altro, e costituisce quel minimo dell'ordinamento che deve restare generalmente stabile, al di là della consuetudine.

Resta così rafforzato l'ordinamento, ma risulta confermato anche – e in maniera accentuata – che in diritto internazionale odierno non c'è un senso giuridico "vero", unico, definitivo delle "cose, della "natura delle cose". Queste "cose" non esistono in diritto internazionale, che è un "artefatto" e non espressione dello "spontaneismo" di un diritto che semplicemente, si descrive o si osserva, si *constata* in via induttiva (come vorrebbe un'autorevole tesi risalente all'Ago). La logica dell'ordinamento internazionale – detto in breve – vista nella prospettiva sempre più concreta, attuale, comporta un uso "fallibilistico" della ragione giuridica. Così come accade, grosso modo, nella scienza moderna dove l'oggetto della conoscenza non ha mai fine, proprio perché la scienza non va mai a bersaglio, centrando certezze assolute, ma ottenendo solo risultati "falsificabili", cioè smontabili o confutabili, quindi essenzialmente *congetturali* e dunque provvisori sul piano generale. Il diritto internazionale generale è "vero" (valido) solo se può essere revocato in forse, cioè è valido a patto che scaturisca da procedimenti soggetti al metodo del falsificazionismo e non del verificazionismo logico. Il diritto internazionale – diremmo – è vero (è valido) solo se può essere falso.

Il diritto interno procede, per sua natura, in via deduttiva, il diritto internazionale procede di conserva alla osservazione della realtà, che però non si identifica affatto con l'induzione (questa essendo una deduzione con semplice inversione dei termini: dalla realtà alla norma e non alla norma alla realtà). L'induzione, sul piano del diritto generale (checché né pensi, ad esempio, l'Ago) può rivelarsi falsa con l'osservazione anche di un solo caso contrario. In realtà, il diritto internazionale generale va in direzione dell'effettività perché parte da una deduzione che si considera correggibile o rigettabile, secondo il metodo dell'"abduzione", espressione del *superamento* dell'astratto nel concreto. In definitiva, il diritto internazionale generale oggi si determina "tirando a indovinare" o congetturando, a condizione che la congettura sia ritenuta controllabile. In questo senso il diritto internazionale (almeno quello generale) è vero (valido) solo se è falso o falsificabile, cioè smontabile o confutabile. Ad esempio, nel periodo delle origini, da alcuni si è ritenuto (Grozio) che il diritto consuetudinario fosse una forma di diritto pattizio, da altri che promanasse dalla volontà di Dio legislatore (Suarez). Ora, la prima tesi era valida (scientifica) perché smontabile, e in effetti poi è stata confutata, la seconda no, perché appunto non era confutabile, smontabile.

In definitiva, gli studi che seguono servono a chiarirci che la consistenza del diritto internazionale *odierno* come ordinamento, è quella di un meccanismo di continuo rinnovamento *strutturale*: è quella di un *puro limite concreto* tra, da un lato, l'interesse nazionale e, dall'altro, l'interesse universale, in accentuata e concreta (come non mai) antinomia tra loro.

Quanto alla sua *funzione* nella società generale, il diritto internazionale funge (nella sua proiezione esterna) da limite o "contragente" (naturale reagente) rispetto al diritto interno (che funziona, giustamente del resto, attraverso automatismi organizzativi, situazioni ferme, rigide, stereotipe, e quindi indifferenti o inadeguate o sorde al flusso della realtà). All'interno di sé medesimo, poi, il diritto internazionale non sta mai fermo in una condizione cristallizzata, è sempre in movimento (a differenza del diritto statale che esiste per "stare", e del diritto universale che ha per scopo l'esplorazione – anche se in termini laici, moderni – della realtà universale e quindi ha per sé la prospettiva dell'eterno). Consiste dunque – quanto alla funzione – in un movimento costante fra due equilibri simili, ma non identici: raggiunto un dato equilibrio (o squilibrio), si mette – per quanto lentamente o repentinamente ciò accada – alla ricerca di un nuovo equilibrio che modifichi quello precedente. In entrambe le direzioni funzionali (esterna e interna a sé medesimo) si tratta dunque della trasgressione del diritto internazionale al diritto come legge fissa (fermo-fotogramma, diremmo, della vita sociale), trasgressione che prende corpo in un perpetuo movimento.

Nella rottura del diritto in quanto sistema di regole prestabilite, nell'infrazione dell'inalterabile legalità a livello nazionale o universale, in questo il diritto internazionale trova il suo oramai indiscutibile fondamento nella società generale.

10. Il razionalismo giuridico vale anche per l'internazionalista? ci chiediamo nella lettura degli studi che seguono. È evidente la risposta affermativa. Nel diritto internazionale si dipanano forme, norme, istituti, con *coerenza* dovuta a due caposaldi: a) la complementarità inevitabile tra diritto internazionale e diritto interno (questa complementarità porta all'opposizione del primo rispetto al secondo, opposizione che però non potrebbe esserci se lo stesso diritto internazionale non conoscesse l'astrazione: per compiere un sacrificio bisogna sapere che cosa sacrificare); e b) il fatto che il diritto internazionale lascia il solco del diritto interno (a livello nazionale o universale), esistendo appunto in quanto sforzo di disciplinare (*anche* con regole astratte) ciò che il diritto interno a livello nazionale o universale non disciplina e non può disciplinare. Soltanto a partire da questa congiunzione – disgiunzione può costituirsi e funzionare: quando, dunque, il giurista avrà detto tutto sulla tutela giuridica degli interessi a livello interno (nazionale e universale) non avrà detto ancora niente sulla tutela giuridica dei medesimi interessi a livello internazionale, giacché la definizione stessa di questi interessi sul piano internazionale implica che non se ne possa parlare se non nei termini che il diritto internazionale formula (in maniera logicamente regolare o irregolare) e con i mezzi di garanzia che esso riesce ad approntare, di modo che funzioni al meglio possibile secondo le circostanze. Se una definizione del diritto internazionale

odierno (ripetiamo odierno) va data, essa è legata all'operazione che questo diritto compie, rendendo "*possibile ciò che è impossibile per il diritto interno*". In questo superamento delle impossibilità, rilevabili a livello giuridico nazionale o universale, sta il più grande paradosso del diritto internazionale. Il quale nondimeno esiste, perché la limitazione dell'astrattezza del diritto interno è elemento costitutivo della società generale in cui tuttora gli uomini vivono il loro "quotidiano".

Queste considerazioni ci mostrano, dunque, che l'uso della ragione giuridica astratta (appannaggio naturale del diritto interno a livello nazionale o universale) è, bensì, innegabile anche sul piano giuridico internazionale, ma poi incontra ivi limiti che il giurista non può valicare. La razionalità giuridica vale a livello internazionale, ma a patto che intervenga la consapevolezza profonda dell'incertezza, del dubbio sulla disciplina vigente. Evidente e incombente in questo diritto, e che oggi rimane tutt'altro che occultata, come invece nel passato anche recente. Per questo lo studioso nel nostro campo non può trasmettere riflessioni definitive: formulare, come suol dirsi, l'ultima parola. La scienza giuridica internazionale è sempre esercizio di uno *scetticismo "moderato" sul diritto*.

L'accorto lettore presterà quindi la dovuta attenzione alle riflessioni della scienza giuridica nel nostro campo. Anche se, confessiamolo, spesse volte non senza timore, date le cose giuridiche spiazzanti, "straordinarie", di cui l'internazionalista si fa mezzo di trasmissione, per lo "strano" diritto che studia la cui cifra non è l'astratto ma il concreto, non la stabilità ma il movimento del diritto, non l'analogia ma l'anomalia: la "storia del diritto", e la "storia" *tout court*, mai come nel nostro campo sono di importanza fondamentale, e solo apparentemente ci allontanano dal diritto vigente.

In questa impresa analitica, visti anche nella prospettiva suindicata, gli studi che seguono sono – crediamo – una non trascurabile testimonianza di "chi è" (struttura) e di "che fa" (funzione) il diritto internazionale nel mondo contemporaneo.

MARIA LUISA PECORARO*

L'ORDINAMENTO INTERNAZIONALE E LA PROTEZIONE DEI BENI CULTURALI: QUESTIONI CONCETTUALI E PROFILI DELLA TUTELA

Sommario: 1. Premessa. – 2. Riflessioni sul concetto di bene culturale anche in relazione all'affermazione nel diritto internazionale dell'esistenza di un patrimonio culturale comune. – 3. Profili generali della tutela nella prassi internazionale: affermazione e consolidamento di un interesse generale nella materia. – 4 *Segue*: il ruolo delle organizzazioni internazionali. – 5. Utilizzazione delle norme disciplinanti la materia e loro utilizzazione ai fini della ricostruzione del sistema internazionale di tutela dei beni culturali. – 6. Questioni in tema di responsabilità. – 7. Considerazioni finali

1. Premessa

Come è ben noto il problema della protezione dei beni culturali unitamente a quello della salvaguardia dei diritti umani e dell'ambiente è divenuto di estrema attualità in questa fine di secolo per vari motivi.

La mondializzazione e globalizzazione delle attività umane, il frenetico sviluppo tecnologico, l'esasperato consumismo, le incertezze sul futuro del nostro pianeta hanno favorito nei Governi e nelle collettività nazionali il convincimento della necessità di conservare e recuperare i legami col passato e con ciò che costituisce la memoria storica dell'umanità: i beni culturali. Parallelamente l'accresciuto senso di solidarietà e di giustizia sociale nel quadro di una società internazionale e nazionale contraddistinta dal multiculturalismo e dalle multietnie attraverso un continuo restringimento del dominio riservato degli Stati stanno premendo affinchè il diritto internazionale si evolva oltre i classici schemi della sovranità statale, nell'ottica di un diritto delle

*Ricercatore confermato di diritto internazionale, Facoltà di giurisprudenza, Università di Roma "Tor Vergata".

collettività umane, dove i diritti umani e tutta la sfera degli interessi che le concernono prevalga sulla logica dei particolarismi e sul dogma della sovranità statale[1]. Ed invero la materia di cui si tratta, a carattere spiccatamente interdisciplinare, come attesta la formulazione stessa del concetto di bene culturale, cui concorrono molteplici ed eterogenee discipline[2], è da alcuni anni oggetto di un diffuso interesse anche da parte degli studiosi di diritto internazionale.

La nostra indagine, che per ovvie ragioni di brevità non potrà in questa sede essere esaustiva, avrà prevalentemente riguardo al profilo della tutela pubblicistica offerta dall'ordinamento internazionale ai beni culturali, lasciando ad altri, in questa sede, il compito di indagare su temi e aspetti più specifici della problematica in questione[3]. Fondando sull'esame complessivo dell'operato delle organizzazioni internazionali competenti in materia e della prassi convenzionale più rilevante si cercherà di individuare le ragioni dell'interesse manifestato dalla Comunità internazionale alla protezione internazionale dei beni culturali e di delineare i profili della tutela onde poter ricostruire e valutare i principi normativi affermatisi nell'ordinamento internazionale. Dovuta attenzione sarà pure prestata a quella prassi documentale dotata di minore efficacia giuridica elaborata nel quadro delle organizzazioni internazionali, anch'essa attestante l'accresciuto interesse della Comunità degli Stati alla disciplina della materia, da cui si possono dedurre ulteriori indizi utili ai fini della ricostruzione delle norme di diritto internazionale applicabili.

Ciò posto, in via preliminare si procederà ai fini dell'indagine ad una breve disamina della nozione di beni culturali adottata dall'ordinamento internazionale a base della sua disciplina della materia,

[1] Si veda in dottrina CONFORTI, *Diritto internazionale*, Napoli, 1997, il quale ricusando una visione "classica" del diritto internazionale, secondo cui tale diritto assicurerebbe la mera "coesistenza" tra gli Stati, sostiene che (...) oggi valori di "cooperazione e solidarietà tra gli Stati, perseguiti in modo massiccio attraverso convenzioni internazionali, sono penetrati nello stesso diritto consuetudinario (...)" (p. 195). L'Autore afferma peraltro che "(...) Quasi tutte le norme internazionali che si sono venute formando fino ad oggi – comprese quelle che, come le norme sui diritti umani, sulla cooperazione in campo economico e sociale, perseguono valori di giustizia e di solidarietà tra i popoli – comportano né più né meno che una serie di limiti sempre più fitti al potere di governo esplicato nell'ambito del territorio (...)" (p. 198).

[2] V. *infra*, par. 2, p. 23.

[3] Si rinvia pertanto per approfondimenti ai differenti contributi offerti per questa raccolta.

non sempre coincidente con quella in uso negli ordinamenti interni o talora con essi contrastante.

2. Riflessioni sul concetto di bene culturale anche in relazione all'affermazione nel diritto internazionale dell'esistenza di un patrimonio culturale comune

Interessante e al tempo stesso problematica è la definizione di ciò che può, sotto il profilo strettamente giuridico, considerarsi bene culturale, in particolare per il giurista, il legislatore o il giudice preposti di volta in volta a studiare, regolamentare, interpretare ed applicare la disciplina dei beni culturali o in caso di controversia a risolvere i conflitti relativi all'appartenenza di un determinato bene reclamato da più parti. Ciò specialmente con riferimento ai beni culturali mobili fortuitamente ritrovati o illecitamente sottratti, in ragione della complessa problematica ivi sottesa inerente innanzitutto la definizione stessa dei beni che si ritiene possano costituire il c. d. patrimonio culturale nazionale di uno Stato, in secondo luogo l'individuazione della provenienza del bene e dello Stato di origine o di appartenenza, nonché dell'avente diritto e così via.

Segnatamente la definizione di beni culturali rileva soprattutto laddove si debba procedere all'individuazione dei beni oggetto di particolari regimi. Ciò sia nel caso di beni da includere nei differenti regimi di protezione internazionale previsti a norma delle Convenzioni UNESCO[4], sia nel caso di beni che si intenda sottoporre a regimi commerciali restrittivi, come nell'ambito comunitario[5] o nel quadro

[4] Si tratta della citata Convenzione del 1954 nonché delle Convenzioni del 1970 e del 1972 rispettivamente statuenti il primo un doppio regime di tutela, generale e speciale, per i beni culturali in caso di conflitto armato; il secondo un regime per la loro protezione in via preventiva contro il pericolo di furto e traffico illecito, rivelatosi peraltro insufficiente a soddisfare le attese finalità; il terzo un regime di tutela applicabile solo per i beni culturali, naturali e misti di eccezionale valore universale, basato su un sistema internazionale di assistenza tecnica e finanziaria collettiva. È appena il caso di ricordare che in sede di revisione delle Convenzioni del 1954 e del 1972, al fine di operare maggiore chiarezza e di ampliare le definizioni in precedenza fissate, sono state avanzate proposte e si è proceduto a chiarimenti esemplificativi.

[5] In tale contesto sono state poste dal Trattato di Roma a norma dell'art. 36, in deroga al sistema di politica commerciale ivi fissata, restrizioni al commercio di quei beni ritenuti tesoro o patrimonio nazionale. Successivamente ai fini della questione definitoria, in vista dell'abbattimento delle frontiere interne che avrebbero consentito una circolazione lecita anche di beni rubati o soggetti a restrizioni, è stato adottato il 9 di-

GATT[6], sia infine nel caso di quei beni rubati o illecitamente esportati soggetti all'obbligo di restituzione[7].

In margine alla breve ricostruzione che tenteremo di offrire di tale nozione va rilevato che a tutt'oggi l'espressione beni culturali continua ancora ad essere usata alternativamente a quella di patrimonio culturale o oggetti di interesse storico-artistico, ricorrendo talora anche all'espressione tesori nazionali, sulla base del diverso rilievo che si vuole dare ai beni che costituiscono nel loro insieme l'oggetto di detto tesoro o patrimonio.

Come ben noto, l'espressione beni culturali ha origine recente, essendo stata impiegata per la prima volta nella Convenzione dell'UNESCO del 1954 sulla protezione dei beni culturali in caso di conflitto armato. Ivi non solo si stabilisce che culturali sono i beni rilevanti per l'architettura, la storia, l'arte, l'archeologia, la religione, la scienza[8], ma si tiene pure a sottolineare che essi costituiscono un patrimonio comune perché "(...) quels que soient leur origine ou leur propriétaire (...) présentent une grande importance pour le patrimoine culturels des peuples (...) "[9].

Indubbiamente il concetto di patrimonio culturale comune è ben diverso da quello applicato ai c. d. *global commons* (Antartide, fondi marini, spazio extra-atmosferico, ambiente) per la natura stessa dei beni cui si riferisce, oggetto di proprietà e di sovranità, quantunque il parametro di riferimento nell'uno e nell'altro caso sia sempre l'individuo, fine ultimo dell'ordine giuridico, ora considerato nella sua di-

cembre 1992 dal Consiglio un Regolamento relativo all'esportazione di beni culturali (n. 3911/92). In argomento v. *infra*, MUCCI, *I beni culturali mobili nel Trattato della Comunità europea* e CICIRIELLO-SIMONE, *La legge n. 88/1998 sulla circolazione dei beni culturali ed il trattamento del possessore di buona fede*.

6 Cfr. l'art. XX.

7 È noto che non poche sono state le critiche e le vicissitudini che ha incontrato nel corso della stesura della Convenzione Unidroit sulla restituzione dei beni culturali rubati e il ritorno di quelli illecitamente esportati la questione della definizione dei beni per i quali uno Stato o un singolo può far valere il diritto alla restituzione. Per approfondimenti e per gli opportuni rinvii bibliografici v. *infra*, CARACCIOLO, *Analogie e differenze tra la Convenzione UNESCO del 1970 sui mezzi per vietare e prevenire il trasferimento illecito di proprietà del patrimonio culturale e la Convenzione del 1995 sulla restituzione dei beni culturali rubati o illecitamente esportati*.

8 Cfr. l'art. 1. Per il relativo testo v. *UNTS*, t. 249, p. 241 ss.

9 *Ibid.* Tale nozione fa direttamente seguito a quella contenuta nel Patto Röerich del 15 aprile 1935, dove si affermava già che " (...) les monuments immeubles (...) constituent le patrimoine de la culture des peuples (...) ".

mensione collettiva di umanità, ora individuale, anche nel senso di singole collettività umane sottoposte ad un'autorità di governo.

In precedenza la nozione accolta, influenzata dai tradizionalisti storici dell'arte dell'epoca, era quella di patrimonio culturale e si fondava essenzialmente ed esclusivamente sull'aspetto esteriore estetico e monumentale di detto patrimonio, ritenuto simbolo del prestigio e della potenza della classe politica e religiosa dominante. Questo concetto ha subito nel corso del presente secolo una graduale e sostanziale evoluzione sicchè si è venuta affermando una nozione di differente contenuto, con propri caratteri distintivi, alla cui formulazione hanno contribuito varie discipline.

In un primo momento, almeno fino agli anni settanta, è stata fondata sul criterio dell'antichità e dell'autenticità dei beni da proteggere, il cui requisito minimo era di cinquanta o cento anni, e sull'esigenza di conservare le testimonianze materiali che esaltano il genio creativo dell'uomo e costituiscono il simbolo di una data epoca storica e di una determinata civiltà.

Successivamente, fermo restando il criterio dell'autenticità, si è preferito ridurre quello dell'antichità a venticinque anni allo scopo di poter recuperare e conservare accanto alle testimonianze culturali materiali più recenti anche quelle immateriali, al fine di fissare nella coscienza collettiva l'importanza del patrimonio immateriale per i popoli e le Nazioni attraverso la proclamazione dell'appartenenza di luoghi o forme di espressione culturale "patrimonio orale dell'umanità"[10].

Si è così cominciato ad attribuire maggior rilievo ai valori etici, religiosi, spirituali, tribali, simbolo della ricchezza e varietà del patrimonio culturale materiale e immateriale, mediante l'inclusione tra i beni da tutelare della tradizione orale e della musica tradizionale, attraverso una progressiva astrazione dal supporto materiale[11]. Peraltro, sempre avendo presente questa categoria di valori immateriali, si è

[10] Cfr. la Raccomandazione dell'UNESCO sulla cultura tradizionale e popolare, UNESCO Doc., *Res.* 29/C. In argomento si veda pure la Dichiarazione di Helsinki sulla dimensione politica della conservazione del patrimonio culturale in Europa, adottata dalla IV Conferenza europea dei Ministri responsabili del patrimonio culturale il 30-31 maggio 1996 (MPC-4 (96) 1 rev.), dove esso è inteso nel suo significato più ampio comprendente oltre al patrimonio architettonico ed archeologico, anche i paesaggi culturali, i beni mobili e il patrimonio immateriale (cfr. art. II, par. A).

[11] Cfr. UNESCO Doc., *Res.* 29 C, rispettivamente le Ris. 20 e 23.

accentuata l'interrelazione tra cultura e natura[12]; e superata la concezione secondo cui è bene culturale ogni manifestazione materiale del genio creativo dell'uomo, non si è mancato di riconoscere la dovuta importanza a quelle testimonianze dolorose della storia dell'umanità espressione della volontà distruttiva dell'uomo.

Inoltre, mentre da un canto si è cercato di dissociare la nozione di patrimonio da quella di territorio e di sovranità favorendo lo sviluppo del concetto di un patrimonio culturale mondiale e comune[13], in chiave funzionale all' arricchimento culturale di tutta la collettività umana; dall'altro si è mirato a rafforzare i legami di identità culturale esistenti tra popoli e patrimonio culturale, talora esasperando il legame con il principio storico, legato nella maggior parte dei casi al concetto di Nazione, consistente nel voler proteggere e conservare le testimonianze del proprio passato attestanti i legami con certi luoghi o la propria identità culturale, etnica, linguistica, religiosa[14].

[12] Come da noi in altra sede rilevato (v. PECORARO, *Uomo, natura e cultura e la Convenzione del 1972 sul patrimonio naturale e culturale*, in CICIRIELLO (a cura di), *La protezione del patrimonio mondiale culturale e naturale a venticinque anni dalla Convenzione dell'Unesco*, Napoli, 1997, p. 300 "(...) nell'intento di affermare e consolidare una nozione di patrimonio culturale sempre più evolutiva e multidisciplinare in linea con le esigenze di tutela avvertite dalla società umana contemporanea ed interagente con quella di ambiente, si è giunti alla formulazione della nozione di paesaggio culturale, fondata sull'interrelazione uomo-natura-cultura ed intesa ad abbracciare "*les ouvrages combinés de la nature et de l'homme*" in vista di un approccio più globale alla conservazione del patrimonio culturale e naturale attraverso il superamento della distinzione concettuale e materiale tra i due operata sia in fatto che in diritto".

[13] Il concetto è ribadito con insistenza nella prassi dell'UNESCO e del Consiglio d'Europa ed in altri strumenti convenzionali nel senso da noi delineato. Tuttavia mentre l'UNESCO interpreta ed afferma il concetto in chiave planetaria, il Consiglio d'Europa, come l'UE, sul presupposto dei vincoli di solidarietà esistenti fra i suoi membri geograficamente vicini, la restringe all'ambito spaziale europeo, riferendosi sempre nei testi adottati al patrimonio culturale comune dell'Europa. Peraltro v. in argomento *Patrimoine européen*, 1994, 1, p. 14; PRZYBOROWSA-PLIMCZAK, *Les notions des biens culturels et du patrimoine culturel mondial dans le droit international*, in *Polish YIL,* Vol. XVIII, 1989-1990, pp. 47-72.

[14] Sotto questo profilo proprio a rafforzare lo stretto legame intercorrente tra tutela dei diritti umani e tutela dei beni culturali rilevano le attività degli organi delle NU preposti alla tutela dei diritti umani. In particolare si vedano il rapporto dell'ECOSOC, *Protection of the Heritage of Indigenous People*, adottato il 23 luglio 1996, GAOR, 51/3, E/RES/1996/24; nonché i rapporti della Sottocommissione per i diritti delle minoranze e la prevenzione della discriminazione E/CN. 4/1997/2 ed E/CN. 4/Sub. 2/1996/22 del 24 giugno 1996.

Al riguardo si è osservato in dottrina[15] che l'epoca postmoderna è caratterizzata dal ruolo primordiale che gli individui attribuiscono alla loro identità culturale, le cui espressioni esteriori sono la lingua, la religione, i costumi e le altre tradizioni della comunità alla quale un forte sentimento di fedeltà li lega; e si difende questa identità attraverso tutti i mezzi, perfino sacrificando la propria vita.

Segnatamente la riconsiderazione del concetto di patrimonio culturale in una prospettiva spiccatamente antropologica, multifunzionale ed universale[16], come è quella delineata, si deve alla centralità dell'individuo nella società attuale a seguito dei cambiamenti e progressi in campo sociale, politico, economico intervenuti nel secondo dopoguerra, che hanno influenzato le differenti discipline che concorrono alla formulazione della nozione di beni culturali, dalla storia dell'arte all'architettura, all'archeologia, all'antropologia sociale e all'etnologia, incidendo sensibilmente anche sulla formazione di quello che ormai si suole definire il diritto dei beni culturali.

3. Profili generali del problema: affermazione e consolidamento di un interesse generale alla tutela

L'interesse della Comunità internazionale per la protezione dei beni culturali in tempo di pace si è cominciato a manifestare con una certa consistenza soltanto dopo la fine della II guerra mondiale. Tuttavia si deve riconoscere che qualche indizio del nuovo sentire degli

[15] Cfr. JAIME, *Identité culturelle et intégration: le droit international privé postmoderne, Rec. des Cours*, 1995, t. 251, p. 167 ss., il quale afferma che "(...) le droit à la sauvagarde de l'identité culturelle est donc ainsi devenu une catégorie juridique (...)" e che in tema di restituzione di opere d'arte rubate o di esportazione illecita "(...) les intérets qui supportenet la loi d'origine, surtout l'identité culturelle, devraient prevoloir". Per un critica a questa tendenza v. MERRYMAN, *Common Cultural Heritage, International Regulation of the Looting of National Antiquities,* in REDDEN, *Modern Legal Systems Encyclopedia*, vol. 4a, 1989.

[16] Gli esperti riuniti per discutere su "*Global Strategy and Thematic Studies for a Representative World Heritage List*" nel giugno 1994, hanno raccomandato "(...) *to move away from a purely architectural view of the cultural heritage of humanity towards one which was more anthropological, multifunctional and universal"*, più adatta a rispecchiare le esigenze di protezione e conservazione dei beni culturali. Cfr. in argomento l'intervento di SAOUMA-FORERO al *Seminar on 20th Century Heritage*, Helsinki 18-19 giugno 1995, in ICOMOS (ed.), *Working Papers*, p. 80 ss. Si vedano pure i più recenti criteri operativi adottati dal Comitato del patrimonio mondiale (*Operational Guidelines* cit., in particolare il par. 24).

Stati al riguardo, nel senso di una protezione dei beni culturali funzionale alla tutela di un interesse generale, sia già rinvenibile nel Patto Röerich del 1935; mentre è noto che una qualche sorta di normativa in materia circoscritta alle ipotesi di tutela in tempo di guerra fosse già inserita nelle Convenzioni dell'Aja di diritto bellico del 1899 e del 1907, sebbene puntualmente disattesa da coloro che danneggiavano i beni culturali e ponevano in essere saccheggi e furti di opere d'arte in quelle specifiche circostanze. Fino a quell'epoca il problema della protezione del patrimonio culturale in tempo di pace era stato oggetto di interesse esclusivo da parte del diritto interno mediante l'adozione di una legislazione di tipo protezionistico, deputata alla tutela del valore materiale dei beni culturali, considerati in un'ottica prettamente patrimonialistica, riconducibile al concetto di proprietà e di sovranità.[17]

Segnatamente, è con l'avvento sulla scena internazionale delle organizzazioni internazionali deputate a gestire e coordinare la cooperazione interstatuale sia sul piano universale che regionale che si avvia il processo di elaborazione di un sistema di tutela del patrimonio culturale da parte dell'ordinamento internazionale più articolato ed organico non più limitato al tempo di guerra, ma valevole anche in tempo di pace, volto a superare il momento particolaristico della tutela e ad integrare e colmare le lacune del diritto interno, a testimonianza del progressivo consolidamento dell'interesse generale da parte della Comunità degli Stati alla disciplina giuridica di tali beni. Tale interesse trova il suo fondamento logico-giuridico nell'esigenza di difesa e affermazione *erga omnes* di quei valori di tipo etico-sociale ampiamente propugnati dalle Nazioni Unite e consacrati nella Carta, sostanzialmente ricollegabili al vasto movimento per i diritti dell'uomo, al fine di codificarne i contenuti in norme giuridiche.

È però soltanto intorno agli anni '70, in seguito al grosso fervore ambientalista imperante in quel periodo storico sfociato nella Conferenza di Stoccolma sull'ambiente umano, che l'interesse di cui si discute si afferma in tutta la sua forza quasi imperativa. Allora la materia comincia ad assumere un rilievo autonomo nel quadro della scienza giuridica ed un'intensa opera di codificazione di principi normativi volti alla disciplina dei beni culturali viene avviata a livello universale

[17] V. per un'approfondita analisi dello *status* del diritto interno all'epoca FRIGO, *La protezione dei beni culturali nel diritto internazionale*, Milano, 1986, pp. 1-60.

dall'UNESCO e dalle Nazioni Unite, a livello regionale dal Consiglio d'Europa e, marginalmente, dall'Organizzazione degli Stati americani.

Tuttavia all'epoca era ancora prematuro parlare dell'esistenza di norme consuetudinarie nella materia, potendosi soltanto riferire di tendenze e di principi in via di formazione.

Diversamente oggi, fondando sull'esame della prassi internazionale, si può ammettere che la situazione sia mutata e che alcuni principi normativi nella materia si siano oramai ben consolidati nella coscienza giuridica degli Stati. A tuttora non pochi sono infatti gli sviluppi intervenuti nell'esecuzione e nell'attuazione delle norme applicabili alla protezione del patrimonio culturale, come nel corso dell'indagine si avrà modo di verificare. Peraltro si è finalmente raggiunta la consapevolezza che la tutela del patrimonio culturale non inerisce solo il bene in sé, ma ha carattere multifunzionale, giacché attraverso la protezione dei beni culturali si provvede pure alla salvaguardia di altri fondamentali e differenti interessi dello Stato: politico, sociale ed economico.

L'importanza che la materia e la disciplina del settore è venuta assumendo in questi ultimi anni sia sul piano universale che regionale, subregionale e nazionale può meglio comprendersi alla luce dei mutamenti di tendenze nella prassi e nella dottrina nonché delle nuove esigenze della società internazionale che stanno caratterizzando l'attuale vita di relazioni internazionali. Innanzitutto l'affermazione crescente in seno alla Comunità internazionale dei valori di solidarietà e giustizia sociale che hanno contribuito sensibilmente al consolidamento nella coscienza giuridica individuale e collettiva dell'interesse per la salvaguardia dei diritti umani, come le manifestazioni della prassi convenzionale e giurisprudenziale attestano. In secondo luogo l'attenzione e la maggiore sensibilità ai problemi della salvaguardia ambientale e dell'equo soddisfacimento dei diritti umani connessi.

Invero, come riconosciuto anche in dottrina[18], la tutela dei beni culturali è strettamente legata a quella dei diritti umani, di cui ha seguito l'evoluzione nell'ordinamento internazionale, in particolare alla sal-

[18] Cfr. tra gli altri JAIME, *op. cit.*, il quale afferma che la protezione dei simboli che testimoniano l'appartenenza culturale (nomi, lingua, tesori nazionali) fa parte dei diritti dell'uomo riconosciuti nella prassi internazionale ed interna; PAPISCA, *La salvaguardia del patrimonio culturale secondo i principi fondamentali dei Diritti umani*, Convegno sulla salvaguardia del patrimonio artistico mondiale, 28-29 settembre 1995, AIDANEWS, n. 7, ottobre 1995, p. 43 ss.

vaguardia dei diritti culturali degli esseri umani, così come a quella ambientale, in considerazione del fatto che i beni culturali sono parte integrante dell'ambiente umano, ovvero costituiscono l'ambiente culturale in cui l'uomo vive al pari dell'ambiente naturale. Questo legame è largamente comprovato sia dalle attuali tendenze in merito alla formulazione del concetto di bene culturale nel senso poc'anzi individuato che dai profili della tutela pubblicistica dei beni culturali quali si sono venuti delineando e connotando sempre più in questi anni in funzione della protezione dei diritti di quel soggetto di diritto che è l'Umanità[19].

4. *Segue*: il ruolo delle organizzazioni internazionali

Nel campo della protezione dei beni culturali le organizzazioni internazionali svolgono i compiti loro statutariamente assegnati dagli Stati membri, sovente giustificando un esercizio ampliato delle loro competenze con ampio ricorso alla teoria dei poteri impliciti. E ciò nonostante il carattere astratto e generale dei fini perseguiti consenta loro un largo margine di iniziativa nel settore di cui qui si tratta, onde poterle adeguare alle mutevoli esigenze del vivere societario ed ai nuovi interessi manifestati dagli Stati. La loro azione ha carattere complementare e sussidiario con funzioni di coordinamento e supporto normativo, tecnico-scientifico e finanziario nei confronti dei singoli Stati, cui è comunque demandata l'organizzazione amministrativa, la gestione, il controllo, la catalogazione, la commissione di sanzioni penali e pecuniarie a coloro che contravvengono alle norme disciplinanti la materia.

L'attività posta in essere dalle organizzazioni internazionali settorialmente competenti cui intendiamo riferirci, le NU, l'UNESCO, l'Unidroit, il Consiglio d'Europa e la Comunità europea, non riveste solo carattere normativo. Essa infatti si sviluppa anche sul piano scientifico mediante la promozione di studi e ricerche per la conservazione ed il restauro dei beni culturali e la formazione di personale specializzato e sul piano pratico ed operativo attraverso un'attività di assistenza tecnica e finanziaria, ricorrendo anche agli strumenti dell'aiuto allo sviluppo ed a prestiti internazionali. La prima sotto forma di invio di specialisti e tecnici, la seconda mediante la concessione dei fi-

[19] Cfr. BEDJAOUI, *The Right to Development in International Law: Achievements and Prospects*, Parigi, 1991, p. 1177 ss.

nanziamenti necessari per le campagne internazionali di salvaguardia dei beni culturali e l'attuazione di progetti di restauro, recupero e valorizzazione, nonché di aiuti economici finalizzati alla formazione ed all'addestramento di personale specializzato[20].

La loro azione mira alla tutela ed alla conservazione di tutti quei beni che costituiscono testimonianza materiale ed immateriale delle diverse civiltà[21], in quanto elementi essenziali per la vita dell'uomo nonché per la conoscenza e la comprensione reciproca dei popoli[22]. Questa finalità è peraltro sempre più avvertita nell'epoca attuale di fine millennio, caratterizzata da molteplici contraddizioni conseguenti alla mondializzazione delle attività ed alle rapide trasformazioni tecnologiche, contraddistinta da un crescente multiculturalismo e dalla presenza di comunità statali multietniche e multirazziali, cui si giustappongono forme quantomai esecrabili di acceso nazionalismo nei vari settori della vita politica e socioculturale di taluni Stati, non scevre di ripercussioni sui beni culturali.

Con particolare riguardo al settore dei beni mobili queste organizzazioni hanno perseguito essenzialmente l'obiettivo della prevenzione del traffico illecito dei beni culturali favorendo da un canto il ritorno e la restituzione dei beni trafugati o illecitamente esportati al Paese d'origine, dall'altro un sistema di scambi tra musei e privati o di transazioni commerciali leciti e controllati, anche mediante l'adozione di un codice deontologico tra i mercanti d'arte[23].

Come noto alle organizzazioni internazionali in questo ambito spetta il merito di essere riuscite ad esercitare una valida azione di stimolo normativo nei confronti degli Stati interagendo con loro in vista del raggiungimento del comune obiettivo e del soddisfacimento dell'interesse generale. Ciò in ragione di quella sorta di rapporti intercorrenti fra i due ordinamenti, in virtù dei quali ora è l'uno a sollecitare l'applicazione delle norme internazionali adottate e a determinare

[20] Si vedano in argomento le riflessioni da noi svolte in *Considerazioni sulle campagne internazionali di salvaguardia di beni culturali promosse dall'UNESCO,* in *DCSI,* 1986, 1, p. 191 ss.

[21] V. in argomento *supra*, p. 25.

[22] Sul rapporto intercorrente tra uomo e beni culturali vedi PECORARO, *Uomo, natura e cultura*, cit., p. 291 ss.

[23] Cfr. il Rapporto redatto da O'KEEFE, *Faisabilité d'un code international de déontologie pour les négociants en biens culturels afin de lutter plus efficacement contre le trafic illicite de biens culturels*, Parigi, 15 maggio 1994, UNESCO Doc. CLT-94/WS/11.

la formazione di norme interne di attuazione, ora è l'altro ad esserne influenzato nell'affermazione e consolidamento di nuovi principi normativi. Rapporti che sono contraddistinti, per quanto qui rileva, per un verso dai continui rinvii operati dall'ordinamento internazionale a quello interno per la definizione ed ulteriore specificazione dei principi normativi nella materia; per un altro dagli interessi e dalle esigenze fatti valere dagli Stati in sede di organizzazione della cooperazione. Nel caso della protezione dei beni culturali deve ammettersi senza ombra di dubbio che è stato l'ordinamento internazionale a sollecitare la formazione di nuove norme all'interno degli Stati esistenti e ciò perché le organizzazioni internazionali costituiscono il luogo ideale di confronto, scambio di esperienze e stimolo legislativo nei confronti dei singoli Stati. Il che sta accadendo con sempre maggiore intensità e volontà costruttiva di cooperazione in questo scorcio di secolo, contraddistinto dalla globalizzazione e mondializzazione di tutte le attività umane, dal diffondersi delle informazioni, dall'interdipendenza degli Stati e dal convincimento della necessità sociale di collaborare per una migliore soluzione dei problemi del vivere societario, come l'incremento della prassi convenzionale, specialmente multilaterale, negli ultimi anni, volta a disciplinare i più svariati settori di attività, attesta.

5. Utilizzazione delle norme disciplinanti la materia e loro utilizzazione ai fini della ricostruzione del sistema internazionale di tutela dei beni culturali

Il sistema internazionale di protezione dei beni culturali predisposto da queste organizzazioni si è venuto connotando negli anni come una sorta di sistema parallelo rispetto a quello degli ordinamenti interni. Esso si articola in regimi differenziati di tutela e si fonda su una serie di principi e di norme sia di carattere generale che particolare, fissati dal diritto internazionale generale e convenzionale ed ulteriormente enunciati in tutta una serie di strumenti costituenti la c. d. produzione giuridica di terzo grado, taluni di tipo dispositivo statuenti obblighi di diritto positivo in capo ai soggetti destinatari, altri di tipo meramente dichiarativo e programmatico.

Si tratta innanzitutto delle norme costituenti il cardine del sistema internazionale di tutela di beni culturali che sanciscono l'obbligo generale di protezione, conservazione e trasmissione alle future generazioni dei beni culturali ed alle quali gli Stati sono venuti sempre più conformandosi, adeguando la normativa interna preesistente o legiferando *ex-novo* e che possiamo rinvenire in una copiosa prassi convenzionale e in numerosi strumenti giuridici internazionali, adottati sia con specifico riferimento alla disciplina dei beni culturali[24], che in altri rilevanti ambiti di interesse per il diritto internazionale; ed intendiamo far riferimento alla prassi sui diritti umani[25], sull'ambiente[26], sul diritto del mare[27], sulla prevenzione e repressione del crimine e sulla giustizia penale[28].

[24] Tale prassi è costituita dalle convenzioni adottate o in corso di adozione in seno all'UNESCO e ed al Consiglio d'Europa. Le prime, come ben noto, hanno per oggetto la protezione dei beni culturali in caso di conflitto armato (1954), oggetto attualmente di un procedimento di revisione, i provvedimenti da prendere per impedire e proibire l'importazione, l'esportazione e il trasferimento di proprietà illeciti di beni culturali (1970), la protezione del patrimonio mondiale culturale e naturale (1972), nonché il progetto di convenzione sulla protezione del patrimonio culturale subacqueo ancora in discussione. Le seconde sono la Convenzione culturale europea (1954), la prima Convenzione per la protezione del patrimonio archeologico (1969), la Convenzione di Granada per la salvaguardia del patrimonio architettonico dell'Europa (1985), la Convenzione di Delfi sulle infrazioni ai beni culturali (1985), la Convenzione di Malta per la protezione del patrimonio archeologico (1992), che sostituisce la precedente del 1969, il cui contenuto era ormai superato dall'evoluzione del contesto in cui si svolge attualmente l'archeologia, il Progetto di Convenzione europea sul paesaggio (1997). Ad esse si aggiunge la Convenzione dell'OAS di San Salvador del 1976 sulla protezione del patrimonio archeologico, storico e artistico delle Nazioni americane, anch'essa recente oggetto di revisione. Gli altri strumenti giuridici di riferimento sono le numerose raccomandazioni e risoluzioni adottate rispettivamente dalla Conferenza generale dell'UNESCO e dall'Assemblea parlamentare del Consiglio d'Europa per le quali si rinvia alle pubblicazioni ufficiali di documenti delle due organizzazioni

[25] Per l'esame di questa v. PECORARO, *Uomo, natura e cultura,* cit., p. 305 ss.

[26] *Ibid.*, p. 310 ss.

[27] Si tratta di tutte quelle disposizioni convenzionali applicabili alla materia direttamente (artt. 149 e 303 della Convenzione di Montego Bay) ed indirettamente (ad es. norme contenute nella prassi disciplinante lo svolgimento di attività di ricerca in mare o la pesca), nonché delle leggi nazionali di analogo contenuto da cui si può dedurre l'esistenza dell'obbligo di protezione dei beni culturali. Per approfondimenti cfr. PECORARO, *Il regime giuridico della ricerca archeologica marina nell'ambito della ZEE*, in LEANZA-SICO (a cura di), *Zona economica esclusiva e mare Mediterraneo*, Napoli, 1989, p. 141 ss.

[28] Vedi il *Model Treaty for the Prevention of Crimes that Infringe on the Cultural Heritage of Peoples in the Form of Movable Property*, deciso con risoluzione ECOSOC 1989/62 del 24 maggio 1989 e adottato nel 1990, redatto congiuntamente da NU, UNESCO ed altri istituti regionali ed interregionali delle NU per la prevenzione del crimine ed il trattamento dei delinquenti.

Gli obblighi di cui si tratta ora sono formulati in modo da imporre in capo agli Stati destinatari ben definite regole di comportamento in ordine alla tutela da perseguire ed alle misure da adottare, ora in modo da sottrarre ad atti di disposizione convenzionalmente pattuiti una certa categoria di beni culturali di volta in volta individuati[29].

Peraltro si tratta di quelle norme statuenti l'obbligo internazionale di restituzione di beni culturali illecitamente esportati o trafugati, codificate in alcune convenzioni internazionali *ad hoc*[30] e ribadite in altri strumenti giuridici internazionali[31]. Trattasi in verità di una categoria autonoma di norme, ben distinte da quelle sulla tutela, tuttavia concettualmente legate a queste in ragione dell'interesse ultimo che si mira a proteggere inerente il diritto alla fruizione del bene stesso da parte dell'intera collettività umana e non solo del singolo possessore del bene sottratto.

In tale ottica il sistema internazionale di tutela appare pertanto fondato sull'esistenza di due norme fondamentali fissate in capo agli Stati riconducibili a due categorie di beni: quelli da proteggere e quelli da restituire, a loro volta strettamente collegate al principio generale di cooperazione.

L'obbligo di protezione concerne tutti quegli aspetti strettamente connessi alla tutela e conservazione materiale dei beni culturali, quali ad esempio la valorizzazione, la riabilitazione ed il restauro, nonché

[29] È questo il caso ad esempio di tutte quelle convenzioni disciplinanti altre materie e attività, quali ad esempio le Convenzioni in materia di pesca, di ricerca scientifica marina o di sfruttamento, nonché delle stesse Convenzioni di Diritto umanitario.

[30] Si tratta della Convenzione dell'UNESCO del 1970 relativa ai provvedimenti da prendere per impedire e proibire l'importazione, l'esportazione e il trasferimento di proprietà illeciti dei beni culturali, della Convenzione del Consiglio d'Europa del 1985 sulle infrazioni ai beni culturali, della Convenzione dell'Unidroit del 1995 sulla restituzione dei beni culturali rubati ed il ritorno di quelli illecitamente esportati.

[31] Cfr. tra gli altri la raccomandazione dell'UNESCO del 19 novembre 1964 sulle misure da prendere per impedire e proibire l'importazione, l'esportazione e il trasferimento di proprietà illeciti dei beni culturali, le risoluzioni dell'AG delle NU concernenti la restituzione e il ritorno di beni culturali ai Paesi d'origine: 3187(XXVIII) del 18 dicembre 1973; 3391 (XXX) del 19 novembre 1975; la 127 (XXXV) dell'11 dicembre 1980; nonché del 21 novembre 1985 (A/Res./40/19), del 22 ottobre 1987 (A/Res./42/7), del 6 novembre 1989 (A/Res./44/18), del 2 novembre 1993 (A/Res./48/15), dell'11 dicembre 1995 (A/Res./50/56). In materia si vedano pure i più recenti rapporti trasmessi all'AG dal Direttore generale dell'UNESCO (A/46/497 del 30 settembre 1991, A/48/466 del 7 ottobre 1993, A/50/498 del 3 ottobre 1995; la Direttiva n. 93/7/CEE del Consiglio del 15 marzo 1993 relativa alla restituzione dei beni culturali usciti illecitamente dal territorio di uno Stato membro.

alla loro circolazione lecita sotto forma di esportazione temporanea, mediante l'adozione da parte degli Stati di tutta una serie di adeguate misure preventive (amministrative, finanziarie, fiscali, doganali, tecnico-scientifiche, educative) e repressive (sanzioni amministrative e penali) ovvero mediante l'adozione di atti internazionalmente prescritti riconducibili al dovere di protezione. In particolare, come da noi già rilevato in altra sede, l'obbligo di protezione si concreta in un potere-dovere, assegnato e riconosciuto agli Stati, per ragioni di carattere funzionale alla stessa tutela, di operare per la protezione del patrimonio culturale a guisa di custodi dei beni che si trovano sui singoli territori nazionali sia nell'interesse reciproco che nell'interesse delle generazioni future, le quali vanno ritenute titolari dei medesimi nostri diritti[32]. Segnatamente si tratta di un diritto-dovere configurabile come "(...) un diritto di *facere* e un dovere di non *facere*, che da una parte attribuisce a tutti gli Stati il diritto di porre in essere tutte le misure necessarie per assicurare tale protezione e dall'altra impone loro il dovere di non danneggiare e metter in pericolo i beni oggetto di tutela. L'adempimento di siffatto obbligo comporta pure per lo Stato (...) il diritto di vigilare sul suo corretto adempimento da parte degli altri Stati e sulla eventuale mancata diligenza nella sua osservanza"[33].

L'obbligo di restituzione si concreta essenzialmente nel dovere di cooperare ai fini del ritorno al soggetto spossessato (sia esso uno Stato o una persona fisica o giuridica) di un bene illecitamente esportato o sottratto. Sotto quest'ultimo profilo l'accresciuto ed ormai consolidato interesse alla tutela dei beni culturali come momento della tutela dell'interesse comune della collettività umana risulta comprovato non solo dal convincimento dell'indubbia obbligatorietà secondo il diritto consuetudinario della restituzione dei beni culturali trafugati in tempo di guerra, ma anche dalla prassi conforme che si è venuta di recente affermando in tema di restituzione sia di beni culturali illecitamente sottratti in epoca coloniale che di beni rubati ed esportati illecitamente, a prova dell'*opinio juris* degli Stati nella materia[34].

[32] V. PECORARO, *Il regime giuridico della ricerca archeologica marina,* cit., p. 146.

[33] *Ibid.*, p. 170.

[34] Non pochi sono a tutt'oggi gli accordi intercorsi fra gli Stati in ordine alla restituzione ed al ritorno di beni culturali (cfr. UNESCO Doc. CLT-96/CONF. 201/2, Parigi, 29 marzo 1996). Ad essi si aggiungono pure gli impegni presi nel quadro della cooperazione culturale bilaterale mediante l'assunzione di un *pactum de contrahendo* a termini del quale gli Stati si obbligano a concludere in un momento successivo accordi

Ciò posto, delineati in termini generali i profili e le finalità della tutela dei beni culturali da parte dell'ordinamento internazionale, occorre riflettere sulla diversa applicabilità delle norme fissate *ratione materiae*, *ratione temporis* e *ratione personarum* in ragione della quale si deve ammettere l'esistenza di regimi differenziati più o meno articolati di tutela, coincidenti nella prescrizione dell'obbligo generale di protezione e di cooperazione applicabile *tout court* in tutte le ipotesi di tutela relativamente a certe categorie di beni di volta in volta espressamente individuate. Il che attesta quanto sia talora artificiosa e poco rispondente alle esigenze concrete dell'azione di protezione l'eccessiva categorizzazione e classificazione dei beni culturali secondo parametri preordinati.

I diversi regimi concernono i beni culturali immobili, i beni mobili ed i beni misti ovvero quei beni che rilevano sia sotto il profilo culturale che naturale; i beni materiali e quelli immateriali; i beni culturali subacquei; i beni che hanno un eccezionale valore universale, ovvero tutti quei beni in ordine alla cui tutela esiste un maggiore interesse non solo da parte degli Stati di pertinenza territoriale, ma anche da parte degli altri componenti della Comunità internazionale; nonché il tempo di guerra ed il tempo di pace. Quanto ai destinatari delle norme fissate si distingue fra Stati, in capo ai quali si mira a fissare obblighi di diritto positivo e regole di condotta ben precise, persone fisiche e giuridiche che possono vantare diritti di proprietà e individui nella loro dimensione umana *uti singuli* e *uti universi*.

6. Questioni in tema di responsabilità

L'inosservanza degli obblighi di cui si è discusso può dar luogo a varie fattispecie di responsabilità, di cui brevemente daremo conto.

In primo luogo può far sorgere la classica responsabilità di diritto internazionale per illecito. Pertanto lo Stato che non provvede a dare attuazione alle misure di tutela previste dal diritto internazionale generale e pattizio o tiene un contegno difforme da quello richiesto dall'obbligo o ancora non provvede ad adempiere agli obblighi di risultato prescritti è internazionalmente responsabile nei confronti degli

per la restituzione di beni culturali trafugati o esportati illecitamente (si veda ad es. la prassi italiana).

altri Stati. Ed è responsabile anche solo per non aver osservato l'obbligo della *due diligence*[35].

È infatti risaputo che, fra le cause principali della responsabilità internazionale dello Stato, è indicato l'atto illecito, qualificato sia come il comportamento consistente in un'azione od in una omissione attribuibile allo Stato a norma del diritto internazionale, che il comportamento che costituisce una violazione di un obbligo internazionale dello Stato[36].

Gli Stati sono internazionalmente responsabili sia dei beni culturali stabilmente situati sul loro territorio che dei beni in transito o temporaneamente oggetto di mostre. Essi sono infatti depositari e custodi di beni che per il loro intrinseco valore, come si è più volte rilevato, fanno parte di un patrimonio culturale comune di cui sono responsabili nei confronti dell'intera collettività umana. Per tale ragione hanno il dovere di adottare tutte le misure disponibili per assicurare a questi beni un'adeguata protezione sia dagli eventi naturali che dal pericolo di furti, atti di vandalismo e danni materiali e di restituirli in caso di illecita esportazione o trafugamento[37]. Ciò ammesso, la mancata esecuzione degli obblighi succitati potrebbe in un futuro non molto lontano consistere in un crimine internazionale, laddove per tale si intende la violazione di un obbligo essenziale alla protezione di interessi fondamentali della Comunità internazionale, quali quelli relativi alla salvaguardia dei diritti dell'uomo e dell'ambiente umano[38].

[35] Cfr. il Progetto di articoli sulla responsabilità degli Stati, adottato in prima lettura dalla CDI nella 48 sessione (6 maggio-26 luglio 1996) ed il relativo rapporto, UNGA 51/10, pp. 148-174, da cui emerge che la responsabilità degli Stati sussiste pure in seguito alla violazione di un obbligo di condotta, allorchè questa non è conforme a quella richiesta dall'obbligo (art. 20), o di un obbligo di risultato (art. 21), sia nell'ipotesi di mancato ottemperamento all'obbligo che di raggiungimento di un risultato diverso cui non si vuole rimediare; oppure nell'ipotesi di violazione di un dovuto obbligo di prevenzione (art. 23).

[36] Si veda in particolare l'art. 3 sui principi generali del citato Progetto di articoli sulla responsabilità.

[37] Nel senso delineato si veda la fondamentale opera di WILLIAMS, *The International and National Protection of Movable Cultural Property*, New York, 1978, p. 64 ss.

[38] Cfr. il Progetto di articoli, dove all'art. 19 si definiscono i crimini e i delitti internazionali. Per crimini internazionali devono intendersi quegli atti illeciti commessi in violazione degli obblighi essenziali alla protezione di interessi fondamentali della comunità internazionale (par. 2). Essi consistono nella seria violazione di un obbligo di vitale importanza per il mantenimento della pace e della sicurezza internazionale, come quello che proibisce l'aggressione (par. 3, *sub* a), per la salvaguardia della persona umana, se effettuata su larga scala, ad esempio schiavitù, genocidio e *apartheid*

Accanto a quella degli Stati sussiste anche la responsabilità penale individuale conseguente alla commissione di atti illeciti contro i beni culturali nel corso di conflitti internazionali o interni. Essa è divenuta rilevante per il diritto internazionale in seguito alla possibilità di sottoporre alla giurisdizione obbligatoria dell'istituenda Corte penale internazionale gli individui autori di illeciti contro una ristretta cerchia di beni culturali, elencati esemplificativamente nello Statuto della Corte[39].

Infine sussiste quella che si suole chiamare responsabilità intergenerazionale[40]. Essa sorge allorché si viola quel principio fondamentale della responsabilità intergenerazionale, di natura essenzialmente etica, affermato con prevalente riferimento alla salvaguardia ambientale nella prassi convenzionale ed in altri atti internazionali non vincolanti[41], nonché richiamato dalla giurisprudenza[42]. Detto principio, non an-

(par. 3, *sub* c), nonché per la salvaguardia e tutela dell'ambiente umano (par. 3, *sub* d); e ciò rileva particolarmente ai fini della nostra indagine perché riteniamo la nozione di ambiente umano comprensiva sia dell'aspetto naturale che culturale (v. PECORARO, *Uomo, natura e cultura,* cit.), seppure debba rilevarsi che il riferimento è all'inquinamento massiccio dell'atmosfera e delle acque. La responsabilità fissata in materia di tutela di beni culturali in capo a ciascuno Stato nei confronti degli altri Stati nella loro dimensione *uti singuli* e *uti universi* trova poi riscontro nell'art. 40 del citato Progetto, laddove si statuisce nella definizione dello Stato leso che il diritto violato concerne tra l'altro il godimento dei diritti o l'attuazione degli obblighi fissati in capo agli altri Stati da un trattato multilaterale, da una regola di diritto consuetudinario (par. 2e, *sub* ii) e per la protezione dei diritti umani e delle libertà fondamentali (par. 2e, *sub* iii).

[39] Si tratta esclusivamente degli edifici dedicati al culto, all'educazione, all'arte e alla scienza nonché dei monumenti storici (Cfr. art. 8, par. 2b, *sub* ix e xvi dello Statuto, A/Conf. 183/9 del 17 luglio 1998).

[40] La dottrina non è ancora concorde nell'affermare che si tratti di un vero e proprio obbligo giuridico tale da far sorgere una questione di responsabilità internazionale, nonostante l'esistenza di un atteggiamento favorevole della prassi giurisprudenziale (v. *infra*, nota seguente). Il CONFORTI (*Diritto internazionale*, cit., p. 248) nega l'esistenza di tale obbligo limitandosi ad accettare la tesi di GESTRI (*La gestione delle risorse naturali d'interesse generale per la Comunità internazionale*, Torino, 1996, p. 427 ss.), il quale ammette che una certa linea di tendenza sia in corso di affermazione nell'ambito della Comunità internazionale. In argomento ed in relazione al principio dell'*intergenerational equity* e dei c. d. *planetary rights* cfr. WEISS, *In Fairness to Future Generations, International Law, Common Patrimony, and Intergenerational Equity*, Tokyo, 1992, p. 95 ss., nonché le nostre precedenti osservazioni in *Uomo, natura e cultura,* cit., p. 307 ss.

[41] Si veda tra gli altri quale strumento giuridico *ad hoc* la Dichiarazione dell'UNESCO sulle responsabilità delle generazioni presenti verso le generazioni future del 12 novembre 1997 (29 C/*Res*., p. 69).

[42] Cfr. l'opinione dissidente del giudice WEERAMANTRY nel caso *New Zealand v.*

cora consolidatosi come norma giuridica nella coscienza collettiva, discende dalla mancata esecuzione dell'obbligo di protezione non solo nei confronti delle generazioni presenti, ma anche di quelle future, titolari dei diritti umani ancor prima di nascere, verso le quali sussiste l'obbligo di identificazione, protezione, conservazione, valorizzazione e trasmissione del patrimonio culturale comune[43].

7. Considerazioni finali

La breve disamina sin qui condotta mette in luce che a tutt'oggi non poche sono ancora le difficoltà di ricondurre ad unitarietà concettuale e di sistemi di protezione la materia, come emerge tra l'altro con chiara evidenza dalla definizione affatto univoca di beni culturali, che tuttora troviamo affiancata a quella di tesori nazionali o di patrimonio nazionale di interesse storico artistico secondo il diverso rilievo che si vuole dare ai beni che costituiscono nel loro insieme l'oggetto di detto tesoro o patrimonio, nonché dal limitato ambito di applicazione degli strumenti convenzionali adottati e dal perdurante atteggiamento da parte di alcuni Stati a disattendere il dettato delle norme internazionali esistenti.

Indubbiamente il rafforzamento e consolidamento del principio del patrimonio comune dell'umanità e la maggiore attenzione rivolta alla questione dei diritti delle presenti e delle future generazioni premono per una più effettiva azione di tutela dei beni culturali da parte degli Stati. A questi infatti l'ordinamento internazionale demanda l'esecuzione degli obblighi esistenti in tema di protezione, cooperazione e restituzione dei beni culturali, nell'ottica della trasmissione alla posterità di quei diritti culturali, tra cui quello al godimento ed all'accesso al patrimonio culturale, ereditati dai nostri predecessori e di cui soltanto in questi anni di fine secolo la comunità internazionale ha cominciato ad acquistare maggiore coscienza.

France, Order of 22 September 1995, Request for an Examination of the Situation in Accordance with Paragraph 63 of the Court's Judgement of 20 December 1974 in the Nuclear Tests, *ICJ*, *Reports*, 1995; nonché l'interessante sentenza della Corte Suprema delle Filippine, in cui viene riconosciuto il diritto di un gruppo di minori e delle generazioni future che essi rappresentano ad un ambiente sano ed equilibrato (cfr. il caso *Minor Oposa v. Secretary of Department of Environment and Natural Resources*, in *ILM*, 1994, p. 173).

[43] Cfr. il dettato dell'art. 4 della Convenzione del 1972.

Peraltro possono contribuire al raggiungimento di questo obiettivo le tendenze revisionistiche in atto nella società internazionale e nel quadro della cooperazione istituzionalizzata, conseguenti ai mutamenti di interesse e di politica nella condotta degli Stati, già ampiamente trasfuse nei nuovi orientamenti applicativi della Convenzione del 1972 ed ancora *in itinere* per la Convenzione del 1954; ma ciò soltanto qualora venga attuato un maggiore coordinamento fra gli Stati in vista della tutela dell'interesse al patrimonio culturale, che è al tempo stesso universale e nazionale, e siano superati dannosi particolarismi ed impeti nazionalistici.

Ida Caracciolo*

ANALOGIE E DIFFERENZE TRA LA CONVENZIONE UNESCO DEL 1970 SUI MEZZI PER VIETARE E PREVENIRE IL TRASFERIMENTO ILLECITO DI PROPRIETÀ DEL PATRIMONIO CULTURALE E LA CONVENZIONE UNIDROIT DEL 1995 SULLA RESTITUZIONE DEI BENI CULTURALI RUBATI O ILLECITAMENTE ESPORTATI

1. Premessa

Per traffico illecito di beni culturali si intende qualsiasi appropriazione di beni culturali così come qualsiasi altro atto di disposizione di detti beni, posto in essere in violazione di quelle norme sia interne che internazionali, che disciplinano il trasferimento di proprietà, l'esporta-

* *Ricercatore confermato di diritto internazionale, Facoltà di giurisprudenza, Università di Roma "Tor Vergata".*

zione e l'importazione del patrimonio culturale di uno Stato o di un popolo[1]. Questa ampia definizione di traffico illecito si può desumere dalla lettura dei principali strumenti internazionali sulla materia: la Raccomandazione UNESCO del 19 novembre 1964, relativa alle misure da adottare per vietare ed impedire l'illecita esportazione, importazione e trasferimento di proprietà di beni culturali, la successiva Convenzione UNESCO del 14 novembre 1970 sulle misure da adottare per impedire e vietare l'illecita importazione, esportazione e trasferimento di proprietà di beni culturali e la Convenzione Unidroit del 24 giugno 1995 sulla restituzione dei beni culturali rubati od illecitamente esportati[2]. In particolare, nella Raccomandazione e nella Convenzione UNESCO si considerano illeciti l'esportazione, l'importazione od il trasferimento di proprietà effettuati in violazione delle disposizioni nazionali adottate in esecuzione di tali atti internazionali[3]. Pertanto, la definizione di illiceità è costruita in rapporto alle legislazioni nazionali. In tal modo, si conferisce valore internazionale ad una definizione stabilita dal legislatore interno. Ciò accade anche nella Convenzione Unidroit del 1995, che riferisce l'illiceità degli atti di disposizione di beni culturali, a qualsiasi norma interna avente lo scopo di proteggere il patrimonio culturale dello Stato contraente[4]. È interessante al ri-

[1] Cfr. FRAOUA, *Le trafic illicite des biens culturels et leur restitution*, Friburgo, 1985, p. 3.

[2] La Raccomandazione e la Convenzione UNESCO sono pubblicate in UNESCO, *Conventions et Reccomandations de l'UNESCO relatives à la protection du patrimoine culturel*, Parigi, 1990, mentre la Convenzione Unidroit è pubblicata in UNIDROIT, *Conférence diplomatique pour l'adoption du projet de Convention d'Unidroit sur le retour international des biens culturels volés ou illicitement exportés, Rome, 7 au 24 juin 1995, Actes*, Roma, 1996, p. 386 ss.

[3] La Raccomandazione UNESCO così recita nel par. II: "(...) 7. Devrait être considéré comme illicite toute exportation, importation ou tout transfert de proprieté effectué contre les règles adoptées par chaque Etat membre conformément au paragraphe 6. (...)". Sostanzialmente analogo è il dettato della Convenzione UNESCO, per la quale, all'art. 3: "Sont illicites l'importation, l'exportation et le transfert de proprieté des biens culturels effectués contrairement aux dispositions prises par les Etats parties en vertu de la présente Convention".

[4] L'art. 1 della Convenzione Unidroit limita il suo campo di applicazione alle domande aventi carattere internazionale di restituzione dei beni culturali rubati e "de retour de biens culturels déplacés du territorire d'un Etat contractant en violation de son droit réglementant l'exportation de biens culturels en vue de protéger son patrimoine culturel (ci-après dénommés *biens culturels illicitement exportés*)".

guardo sottolineare come sia del tutto diverso l'approccio della Convenzione europea sulle violazioni commesse contro i beni culturali, promossa dal Consiglio d'Europa ed aperta alla firma a Delfi il 23 giugno 1985, non ancora entrata in vigore; essa, infatti, individua direttamente e specificatamente le fattispecie costitutive del traffico illecito di beni culturali, senza alcun rinvio all'ordinamento interno[5].

Da questa definizione possono trarsi due considerazioni di base: innanzitutto, non risulta essere elemento costitutivo del traffico illecito il furto del bene culturale, nel senso che vi può essere traffico illecito di beni culturali anche senza il furto degli stessi; ciò accade quando il proprietario esporta il bene di cui è titolare in violazione delle norme sulla protezione del patrimonio culturale del Paese ove questo è situato[6]. Inoltre, da quanto appena detto discende che il traffico per essere illecito deve avere portata internazionale, ossia deve consistere nell'esportazione illecita di un bene culturale da un Paese ad un altro[7].

Il traffico illecito di beni culturali, come è noto, costituisce un fenomeno di antichissima origine che, tuttavia, negli ultimi anni ha assunto una portata sempre maggiore, sia da un punto di vista quantitativo che qualitativo. Furono i romani, tra gli antichi, quelli che in modo più massiccio e sistematico, spogliarono i territori occupati delle loro ricchezze culturali per portarle a Roma, sulla base del diritto del vincitore di fare bottino anche del patrimonio culturale dello sconfitto. A partire dall'età romana fino al nostro secolo, la maggior parte dei casi di depredazione di beni culturali è avvenuta a seguito di conflitti armati. Si può citare il caso delle campagne napoleoniche nel corso delle quali furono saccheggiati molti Paesi i cui beni culturali furono trasportati in Francia. In Italia specialmente la spoliazione di beni culturali assunse una portata molto ampia, in quanto non riguardò soltanto

[5] In particolare si rinvia all'art. 2, *f) - i)* dell'allegato III di questo progetto di Convenzione (pubblicato in CONSEIL DE L'EUROPE, *Rapport explicatif relatif à la Convention européenne sur les infractions visant des biens culturels*, Strasburgo, 1985).

[6] Cfr. FRIGO (*La protezione dei beni culturali nel diritto internazionale*, Milano, 1986, p. 193 ss., in particolare, p. 194), il quale, dopo aver osservato che non vi è coincidenza tra la nozione di furto di opere d'arte da chiese, musei, collezioni pubbliche o private, ovvero il saccheggio di siti archeologici e la nozione di trasferimento illecito di beni culturali, specifica come quest'ultima nozione trovi applicazione laddove l'operazione sia posta in essere dal legittimo proprietario, o da altri, con il consenso di quest'ultimo, in contrasto con le norme che legittimano l'esportazione.

[7] Cfr. FRAOUA, *Le trafic illicite*, cit., p. 4.

quelli appartenenti al patrimonio pubblico, ma anche privato, di enti religiosi e di grandi famiglie. Lo stesso periodo storico vede peraltro anche lo sviluppo di una altra fattispecie di traffico illecito di beni culturali: lo smantellamento di siti archeologici, storici od artistici e di monumenti al fine di permettere l'esportazione di loro parti.

È però con il Novecento che si assiste ad un aggravamento del traffico illecito di beni culturali sia in tempo di guerra che in tempo di pace. Sotto il primo profilo, è ben noto come, durante la Seconda Guerra Mondiale, la pratica del saccheggio e dell'esportazione illecita di beni culturali da parte dello Stato occupante e/o vincitore, abbia assunto una ampiezza mai vista prima[8]. Sotto il secondo profilo, è il nostro secolo che conosce la globalizzazione del mercato dei beni culturali che spesso alimenta, data la maggiore portata della domanda rispetto all'offerta, il commercio clandestino di detti beni. Varie sono le cause che hanno concorso all'aumento del mercato internazionale di beni culturali. Innanzitutto occorre citare l'evoluzione della scienza e della tecnica con il conseguente sviluppo dei mezzi di trasporto e di comunicazione che ha facilitato sia il trasferimento delle ricchezze culturali da un Paese ad un altro sia l'internazionalizzazione della vita sociale, per cui un numero sempre maggiore di persone viene in contatto direttamente od indirettamente, tramite i media, con culture diverse dalla sua. A questi aspetti di carattere sociologico si affiancano le cause economiche del fenomeno in esame, ossia il valore speculativo che i beni culturali hanno assunto, tanto che il commercio di questi beni è oramai considerato come una vera e propria operazione finanziaria. Tale valore dipende a sua volta da un concorso di motivi, tra i quali: la pubblicità sugli oggetti d'arte; l'aumento dei fondi di investimento; il miglioramento generalizzato del tenore di vita; gli sgravi fiscali connessi alle donazioni ai musei; la circostanza che la maggior parte degli oggetti d'arte proviene dai Paesi più poveri; il prestigio connesso al possesso di opere d'arte e la necessità di investire in beni "rifugio" per sfuggire all'inflazione[9].

A questa situazione di fatto del traffico illecito di beni culturali, corrisponde una situazione giuridica non meno complessa e problema-

[8] FRIGO, *La protezione dei beni culturali*, cit., p. 83 ss.

[9] BYRNE-SUTTON, *Le trafic international des biens culturels sous l'angle de leur revendication par l'Etat d'origine*, Zurigo, 1988, p. 35 ss.

tica, caratterizzata dalla inefficacia delle misure di diritto interno di lotta al traffico illecito di beni culturali e dai tentativi, non sempre coronati dal successo, di elaborare una disciplina internazionale della materia, prima attraverso l'imposizione di obblighi di cooperazione agli Stati (Convenzione UNESCO del 1970), poi attraverso l'uniformizzazione dei diritti interni e la fissazione di norme di diritto privato uniforme e di diritto internazionale privato (Convenzione Unidroit del 1995). Oggetto del presente studio è l'analisi comparativa dei due principali accordi internazionali multilaterali aventi ad oggetto il traffico illecito di beni culturali, ovvero la Convenzione UNESCO del 1970 e la Convenzione Unidroit del 1995. L'interesse dell'indagine risiede nella circostanza che quest'ultima, pur essendo stata concepita come un accordo complementare rispetto alla Convenzione UNESCO, destinato ad affrontare le problematiche di diritto privato in materia di traffico illecito di beni culturali, contiene delle soluzioni in parte diverse rispetto all'impostazione prevista dall'accordo quadro dell'UNESCO, dovute sia alla necessità di aggiornare tale testo sia all'esigenza di mediare le contrapposte posizioni statali.

2. Gli strumenti di lotta al trasferimento illecito di beni culturali: dalle azioni a livello nazionale a quelle di carattere internazionale

All'intensificarsi del commercio dei beni culturali, gli Stati più colpiti dall'esportazione dei loro beni, hanno reagito con l'adozione di norme interne principalmente volte a proteggere i rispettivi patrimoni culturali. Il primo caso di misure di tal genere è costituito dalle legislazioni adottate dai Papi, agli inizi dell'ottocento, con le quali veniva sia disciplinata la vendita di beni che vietata la loro esportazione[10]. In particolare, si ricordano l'Editto Doria Pamphili del 2 ottobre 1802 e l'Editto del Cardinal Pacca del 7 aprile 1820: il primo vietava l'esportazione fuori Roma o dagli Stati pontifici di opere d'arte antiche o rinascimentali, prevedendo anche sanzioni severe nei confronti di coloro che violavano tale divieto, mentre il secondo, da un canto, disci-

[10] FRAOUA, *Le trafic illicite*, cit., p. 42, menziona anche una Bolla di Pio II del 28 aprile 1462, che vietava la distruzione di monumenti storici a pena della scomunica o dell'incarcerazione.

plinava la vendita di oggetti d'arte di proprietà di privati, imponendo ai contraenti di notificare il relativo contratto alle autorità competenti per un eventuale esercizio del diritto di opzione e predisponendo un sistema di classificazione dei beni di maggior valore detenuti da privati, e dall'altro, ne vietava l'esportazione salva autorizzazione espressa[11].

Da quanto sopra brevemente delineato emerge che le caratteristiche essenziali di questa legislazione pontificia consistevano in una rigida difesa del patrimonio artistico e nella volontà di reprimere tutte le violazioni del sistema di protezione dei beni culturali. Tali caratteristiche sono rinvenibili in tutte le legislazioni successivamente adottate da altri Stati, in particolare quelli più ricchi di beni culturali, alla fine del XIX secolo; si tratta, infatti, di leggi protezionistiche dei rispettivi patrimoni culturali, generalmente caratterizzate dall'obbligo gravante sui proprietari privati di beni di procedere alla loro classificazione; dalla inalienabilità di taluni beni culturali di grande valore e dal diritto di opzione da parte dello Stato[12]. Questa tendenza ad un approccio protezionistico, dovuto, all'epoca, anche all'emergere di concezioni na-

[11] *Id.* (p. 43), osserva che: "Les papes ont donné ainsi l'exemple d'une législation qui ne se limite plus à la protection patrimoniale des biens culturels, puisqu'elle tend à en préserver la valeur sociale et éthique. Là apparaît une nouvelle fonction de l'Etat, d'utilité publique, qui tend à la mise sous tutelle du patrimoine cultural national. La lutte contre le trafic illicite des biens culturels est donc une charge qui incombe à l'Etat".

[12] In Egitto, un Decreto del 20 aprile 1880 proibisce l'esportazione di frammenti e monumenti di egittologia; un Decreto del 18 dicembre 1881 dichiara di proprietà dello Stato gli oggetti rinvenuti durante gli scavi; due Leggi, rispettivamente del 16 maggio 1883 e del 12 giugno 1912, dichiarano di proprietà dello Stato tutte le antichità che si trovano nel territorio dello Stato, mentre una Legge del 13 aprile 1918 protegge i monumenti dell'epoca araba. In Tunisia, un Decreto del Bey del 7 marzo 1886 vieta l'esportazione degli oggetti rinvenuti negli scavi. La Legge greca del 24 luglio 1899 dichiara di proprietà dello Stato tutte le antichità rinvenute in Grecia. La Legge italiana del 20 giugno 1909, all'art. 8, vieta l'esportazione dei beni culturali che presentano una importanza storica, archeologica od artistica. Si pensi anche alla Legge messicana dell'11 maggio 1897 ed alle Leggi turche del 1884 e del 1907. Sulla questione si rinvia a DE VISSCHER, *La protection des patrimoines artistiques et historiques nationaux, nécessité d'une réglementation internationale*, in *Art et archéologie, Recueil de législation comparée et de droit international*, 1939, p. 23 ss.; CANTUCCI, *La tutela giuridica delle cose d'interesse artistico*, Padova, 1953; KHATER, *Le régime juridique des fouilles et des antiquités en Egypte*, Il Cairo, 1960; PEGDEN, *Comparaison entre diverses législations protégeant les biens culturels*, in *Museum*, 1974, p. 56 ss.; NIEC, *Legislative Models of Protection of Cultural Property*, in *Hastings L.J.*, 1976, p. 1109 ss.; FRAOUA, *Le trafic illicite*, cit., p. 42 ss.

zionalistiche, è ancora oggi rinvenibile negli ordinamenti di quasi tutti i centoquarantacinque Stati membri dell'UNESCO, i quali hanno norme protettive dei beni culturali, che, in linea di massima, limitano la vendita e l'esportazione di tali beni e ne attribuiscono, in presenza di determinate circostanze, il diritto di proprietà allo Stato[13].

In particolare, una analisi più dettagliata delle normative nazionali mette in luce una contrapposizione tra due tipi di disposizioni giuridiche: da un canto, quelle, molto numerose, di carattere protezionistico, adottate dai Paesi ricchi di beni culturali ma quasi sempre economicamente poveri e, dall'altro, quelle, poco numerose, di portata più liberale, che prevalgono nei Paesi poveri di beni culturali ma economicamente ricchi. Questa contrapposizione, d'altronde, riflette l'attuale configurazione del mercato internazionale dei beni culturali caratterizzato dalla presenza di Paesi tipicamente "esportatori", dei quali sono originari gli oggetti artistici e di Paesi tipicamente "importatori", verso i quali, pertanto, detti oggetti sono trasportati per essere venduti[14].

L'adozione generalizzata di norme interne protezionistiche ha tuttavia prodotto scarsi risultati nella lotta contro il furto e l'esportazione illecita di beni culturali, come dimostra la cronaca quotidiana[15]. Parte della dottrina ritiene anzi che lo stato attuale del diritto nazionale

[13] BYRNE-SUTTON, *op. cit.*, p. 29 e p. 59 ss.

[14] ROGERS, *The Legal Response to the Illicit Movement of Cultural Property*, in *L. & Pol'y Int'l Bus.*, 5, 1973, p. 934, osserva: "(...) aided by accidents of geography and history, and driven by the law of supply and demand, the traffic typically originates in Latin America, the Middle East, or the Far East and arrives in the United States or Japan". È comunque una classificazione relativa; essa, infatti, facendo fondamento sulla ricchezza economica e culturale degli Stati, è subordinata alla circostanza che questa situazione può, anche rapidamente, mutare nel tempo. Occorre poi tenere conto del fatto che taluni Stati, tra cui l'Italia, possono essere allo stesso tempo sia esportatori che importatori. Sul punto, BYRNE-SUTTON, *op. cit.*, pp. 39-40, opportunamente conclude che "(...) quelle que soit la configuration du marché des biens culturels, il faut se garder de le juger avant d'avoir analysé les nombreux intérêts individuels et étatiques divergents, mais également légitimes, en présence. En effet l'opposition sans nuance des situations de deux blocs d'Etats, "exportateurs" malgré eux et "importateurs", a tendence à faire dégénerer les débats sur une règlementation internationale en un combat politique".

[15] Attualmente, il mercato illecito dei beni culturali, a livello mondiale, è tra gli 860 milioni ed i 2,6 bilioni di dollari (FOX, *The Unidroit Convention on Stolen or Illegaly Exported Cultural Objects: an Answer to the Worlds Problem of Illicit Trade in Cultural Property*, in *American University Journal of International Law and Policy*, 1993, p. 225 ss.).

tenda a favorire e facilitare lo sviluppo di tali comportamenti, in quanto si cerca di contrastare un fenomeno essenzialmente internazionale con delle norme nazionali, ispirate a principi giuridici non uniformi e divergenti[16]. Più specificatamente, occorre innanzitutto considerare che alla base del traffico illecito di beni culturali vi è una violazione di quelle norme interne aventi lo scopo di proteggere il patrimonio culturale e di evitarne il trasferimento all'estero; tuttavia, a causa delle diversità tra gli ordinamenti, questo trasferimento, qualificato come illecito dallo Stato di origine può non essere considerato tale nello Stato di destinazione del bene. La sovranità propria degli Stati, permette infatti a ciascuno di essi, fatti salvi i limiti derivanti dal diritto internazionale pubblico, di decidere quando un bene culturale si trovi lecitamente o meno nei rispettivi ambiti territoriali. Pertanto, affinché il trasferimento in questione sia considerato illecito anche da Stati diversi da quello di origine è necessario o che sia stata violata anche la legge interna di questi altri Stati (ad esempio, mancata dichiarazione dell'oggetto al momento dell'importazione), o che questi riconoscano la legislazione protettrice dello Stato di origine. Oltre a ciò, occorre anche tenere presente che ogni Stato ha sue norme sulla vendita e sul trasferimento dei beni culturali – anche se spesso tali norme sono quelle in generale predisposte per la vendita od il trasferimento di un qualsiasi altro bene mobile –, con la conseguenza che nel commercio internazionale di beni culturali i conflitti di leggi sono molto frequenti e che la connessa situazione di incertezza giuridica è spesso in tale ambito sfruttata per condurre a buon fine transazioni relative a beni rubati o frutto di scavi clandestini od ancora illecitamente esportati[17].

In entrambe le ipotesi risulta evidente che soltanto attraverso accordi internazionali è possibile, in primo luogo, l'imposizione di un obbligo generalizzato di protezione del patrimonio culturale ed, in secondo luogo, l'armonizzazione o l'uniformizzazione delle norme di diritto privato in materia di trasferimento di beni culturali mobili. Ed, in effetti, è questa la strada che si cerca di percorrere a partire dal secondo dopoguerra, soprattutto grazie all'azione di quegli Stati più diretta-

[16] Si veda sul punto LALIVE, *La Convention d'Unidroit sur les biens culturels volés ou illicitement exportés (du 24 juin 1995)*, in *SZIER*, 1, 1997, p. 21 ss.

[17] Si pensi ai ben noti casi *Winkworth* contro *Christie* (*The All England Law Reports*, Londra, 1980, p. 1121 ss.) ed *Elicofon* (*ILM*, 21, 1982/4, p. 773). Ancora sul punto LALIVE, *La Convention d'Unidroit*, cit., pp. 21-22.

mente colpiti dall'esportazione illecita di beni culturali dal loro territorio e sulla base di due concetti, cui si ispirano tutti gli accordi internazionali sulla protezione dei beni culturali, ossia che essi costituiscono il c.d. patrimonio culturale nazionale di ogni Stato, in quanto elementi fondamentali della sua civiltà e cultura, e che sussiste un obbligo sancito a livello internazionale di proteggere questo patrimonio[18].

3. La cooperazione intergovernativa predisposta dalla Convenzione UNESCO del 1970

Grazie all'azione dell'UNESCO, manifestatasi attraverso due categorie di strumenti internazionali, le raccomandazioni e gli accordi, si è cercato di elaborare un sistema idoneo ad assicurare la protezione universale dei beni culturali, sia mobili che immobili[19]. Tale sistema trova

[18] CLEMENT, *Le concept de responsabilité collective de la Communauté internationale pour la protection des biens culturels dans les Conventions et Recommandations de l'UNESCO*, in *RBI*, 2, 1993, p. 534 ss.; WILLIAMS, *The International and National Protection of Movable Cultural Property. A Comparative Study*, Dobbs Ferry (New York), 1978, in particolare, p. 171.

[19] I primi tentativi, peraltro non coronati da successo, di predisporre un sistema internazionale di protezione dei beni culturali mobili si ebbero negli anni trenta sotto l'egida della Società delle Nazioni. Si tratta del progetto di Convenzione su "la restitution au pays d'origine des objets d'une valeur artistique, historique ou scientifique, perdus, volés ou étant objet d'un contrat de vente-achat illicite ou d'exportation à l'étranger", elaborato ed approvato dalla Commissione della cooperazione intellettuale della Società delle Nazioni nel 1933. Questo progetto avrebbe dovuto essere adottato nel corso di una conferenza internazionale, poi mai tenutasi a causa dello scoppio della seconda guerra mondiale. In esso tuttavia già emerge la specificità della protezione dei beni culturali mobili rispetto a quelli immobili; questa deve riguardare non tanto la protezione materiale del bene, quanto il furto, l'esportazione o l'importazione illeciti. Il patrimonio culturale di uno Stato può infatti essere in pericolo quando un determinato bene di valore artistico viene allontanato dal suo ambiente di origine e dunque sottratto al godimento ed alla fruizione di quella collettività per cui esso costituisce parte del patrimonio culturale. Anche la Convenzione dell'Aja del 14 maggio 1954 sulla protezione dei beni culturali in caso di conflitto armato, dedica un Protocollo al problema dell'esportazione dei beni culturali mobili, nel caso specifico dell'occupazione di un territorio. Ai sensi di questo Protocollo, ogni Stato parte si impegna ad impedire l'esportazione dei beni culturali dal territorio da lui occupato (art. I, par. 1) e, qualora vi sia stata esportazione, a restituire alla fine delle ostilità questi beni alle autorità di governo del territorio precedentemente occupato (art. I, par. 3) (in UNESCO, *Conventions et Recommandations de l'UNESCO relatives à la protection du patrimoine culturel*, cit., p. 15 ss.). Su questa Convenzione si rinvia, tra i tanti, a: MAZZA, *La protezione internazionale dei beni culturali mobili in caso di conflitto armato: possibili sviluppi*,

i suoi due capisaldi rispettivamente nella Convenzione di Parigi del 14 novembre 1970 sulle misure da adottare per impedire e vietare l'illecita importazione, esportazione e trasferimento di proprietà di beni culturali e nella Convenzione, sempre firmata a Parigi, del 16 novembre 1972, concernente la protezione del patrimonio mondiale culturale e naturale[20]. Nello stesso tempo sono stati conclusi diversi accordi sia bilaterali che regionali in materia di rivendicazione di beni culturali, spesso sotto l'impulso di organizzazioni internazionali, sostenute nella loro azione da una parte importante della dottrina desiderosa di migliorare la cooperazione interstatale al fine di una lotta più efficace contro il traffico illecito di beni culturali[21].

in questo volume, *infra*, p. 119 ss. Specificatamente sul Protocollo in esame, MONACO (*La protezione internazionale dei beni culturali*, in MARESCA - COMPAGNA - PETRAROIA, *Beni culturali e mercato europeo. Norme sull'esportazione nei Paesi della Comunità*, Roma, 1991, p. 9 ss., in particolare p. 10) ne sottolinea l'importanza anche perché esso tratta per la prima volta l'annoso problema dell'acquisto in buona fede di beni esportati dal territorio occupato.

[20] Pubblicata in UNESCO, *Conventions et Recommandations de l'UNESCO relatives à la protection du patrimoine culturel*, cit., p. 77 ss. Per un approfondito esame di questa Convenzione, si rinvia al recente volume di CICIRIELLO (a cura di), *La protezione del patrimonio culturale mondiale culturale e naturale a venticinque anni dalla Convenzione dell'UNESCO*, Napoli, 1997.

[21] Tra gli accordi regionali si ricordano la Convenzione culturale europea, firmata a Parigi il 19 dicembre 1954 (pubblicata in *UNTS*, p. 139 ss.), che impone a ciascuno Stato parte di considerare i beni di valore culturale europeo come parte del patrimonio culturale dell'Europa e di adottare le misure adeguate per proteggerli ed assicurare un ragionevole accesso agli stessi; la Convenzione europea, firmata a Londra il 6 maggio 1969, sulla protezione del patrimonio archeologico, che prevede una azione di educazione, di informazione, di vigilanza e di cooperazione, al fine di prevenire esportazioni clandestine o furti di beni archeologici (pubblicata in *ILM*, 1969, p. 739 ss.); la Convenzione di San Salvador del 16 giugno 1976 sulla difesa del patrimonio archeologico, storico ed artistico delle nazioni americane (pubblicata in *ILM*, 1976, p. 1350 ss.); la Convenzione europea sulle violazioni commesse contro i beni culturali, già citata; la Convenzione per la salvaguardia del patrimonio architettonico d'Europa, adottata a Granada, il 3 ottobre 1985 (pubblicata in *ETS*, n. 121); nonché il progetto di Convenzione sul patrimonio culturale sottomarino, adottata dal comitato di esperti istituito dal Consiglio d'Europa, del 22 giugno 1984 (CONSIGLIO D'EUROPA, Doc. DIR/JUR (84) 1). Per un commento a queste convenzioni si rinvia a WILLIAMS, *op. cit.*, p. 172 ss.; FRIGO, *La protezione*, cit., p. 111 ss. Come è noto, anche la Comunità europea si è occupata di tutela dei beni culturali, sia mobili che immobili, pur non rientrando questa nell'ambito delle sue competenze. Ciò è avvenuto principalmente ad opera della Commissione CE e le sue iniziative sono sfociate nell'adozione di due atti comunitari vincolanti: il Regolamento CEE n. 3911/92 (in *GUCE* L 395 del 31 dicembre 1992) relativo all'esportazione dei beni culturali, e la Direttiva n. 93/7 CEE sulla restituzione dei be-

L'elaborazione della Convenzione del 1970 trova il suo fondamento nella ben nota Raccomandazione dell'UNESCO del 19 novembre 1964, con la quale si invitano gli Stati, da un canto, ad adottare delle misure per combattere l'esportazione illecita di beni culturali dai loro rispettivi territori al fine di evitare un impoverimento del loro patrimonio culturale e, dall'altro, ad impedire l'importazione di quei beni culturali esportati in violazione delle norme dello Stato di origine. Trattandosi di una materia nella quale è necessaria una stretta cooperazione intergovernativa, viene inoltre raccomandata la stipulazione di accordi bilaterali e multilaterali per la soluzione dei numerosi problemi rinvenibili, come ad esempio, quelli connessi alla restituzione del bene culturale illecitamente esportato al Paese di origine[22].

I lavori preparatori ed i negoziati per l'elaborazione della Convenzione del 1970, oltre che di non breve durata (circa sei anni), furono abbastanza delicati a causa dell'emergere di due opposte tendenze, che ancora oggi sono rilevabili in tutti i negoziati internazionali aventi ad oggetto la protezione dei beni culturali: quella dei Paesi "esportatori" (taluni Stati dell'Europa occidentale, come Italia e Grecia, Stati allora socialisti, Stati africani ed asiatici, ai quali oggi si sono uniti gli Stati

ni culturali illecitamente usciti dal territorio di uno Stato membro (in *GUCE* L 74 del 27 marzo 1993). Su beni culturali e Trattato CE, si veda MUCCI, *I beni culturali mobili nel Trattato della Comunità europea*, in questo volume, *infra*, p. 217 ss. Sulla normativa comunitaria derivata si rinvia a MARLETTA, *La restituzione dei beni culturali. Normativa comunitaria e Convenzione Unidroit,* Padova, 1997, p. 39 ss. Tra gli accordi internazionali bilaterali, degno di nota è l'Accordo tra Stati Uniti e Messico del 1° luglio 1970 sul recupero e la restituzione dei beni archeologici, storici e culturali rubati (pubblicato in *USTS*, 22, 1971, p. 494) e l'Accordo tra il Perù e gli Stati Uniti del 15 settembre 1981 per il recupero e la restituzione dei beni archeologici, storici e culturali rubati.

[22] Testo in UNESCO, *Conventions et Recommandations*, cit., p. 143 ss. Occorre anche accennare ad alcune Raccomandazioni dell'UNESCO: quella adottata a Nuova Delhi, il 5 dicembre 1956 (*Ibid.*, p. 105 ss.), sui principi internazionali da applicare in materia di scavi archeologici; quella adottata a Parigi, il 19 novembre 1968, sulla protezione dei beni (sia mobili che immobili) minacciati da lavori pubblici o privati; quella adottata a Nairobi il 26 novembre 1976, sullo scambio internazionale dei beni culturali, volta, pertanto, a favorire una circolazione lecita dei beni culturali tra musei ed altre istituzioni culturali; e quella adottata a Parigi il 28 novembre 1978 (*Ibid.*, p. 217 ss.), per la protezione dei beni culturali mobili, che si riconnette alla precedente in quanto propone agli Stati l'adozione di una serie di misure per rinforzare i sistemi di sicurezza di musei e di altre istituzioni simili, di edifici religiosi e di siti archeologici, per prevenire il rischio di danni durante il trasporto e le esposizioni temporanee e per reprimere furti, scavi clandestini ed atti di vandalismo.

latino-americani), volta a limitare il più possibile qualsiasi forma di traffico illecito di beni culturali e a sottoporlo anche a sanzioni penali e quella dei Paesi "importatori" (Stati Uniti e Paesi anglosassoni, peraltro non partecipanti ai negoziati –, cui oggi si sono uniti molti dai Paesi dell'Europa occidentale) caratterizzata dalla difesa di un settore economico ispirato da principi liberistici[23]. Indipendentemente poi da questa contrapposizione, altri ostacoli sul cammino della Convenzione del 1970 sono derivati dalla molteplicità e dalla difficoltà degli aspetti giuridici da affrontare; si pensi, ad esempio, alla diversità tra gli ordinamenti interni nel campo della protezione dei beni culturali; ai conseguenti conflitti di leggi; ai limiti da porre alla sovranità statale; ai rapporti tra norme interne e norme internazionali; alle valutazioni di carattere penale. Per queste ragioni la Convenzione UNESCO del 1970 si configura come una soluzione di compromesso, il che spiega le sue insufficienze ed i suoi limiti. Nonostante tutto, tale Convenzione costituisce una pietra miliare nella tutela internazionale dei beni culturali mobili e nella lotta al loro traffico illecito[24].

La Convenzione UNESCO del 1970 è un accordo multilaterale "quadro" contenente soprattutto norme non *self-executing*, in quanto la loro effettiva applicazione dipende dagli Stati parte che devono ema-

[23] Sinteticamente le tappe seguite per arrivare alla Convenzione del 1970 furono le seguenti: nel 1960, su richiesta di Messico e Perù la conferenza generale dell'UNESCO attribuì al Direttore generale della stessa organizzazione di preparare un rapporto sugli strumenti per combattere il traffico illecito di beni culturali; nel 1964 fu nominato un comitato di esperti per elaborare il testo di una raccomandazione preliminare poi adottata nello stesso anno; nel 1968, sulla base di un nuovo studio elaborato dal Direttore generale, la conferenza generale dell'UNESCO adottò una risoluzione con la quale si autorizzava la creazione di una comitato speciale per redigere un progetto di Convenzione; nel 1969, il comitato in questione presentò il suo progetto; nel 1970, a seguito delle osservazioni degli Stati, il Direttore generale elaborò un progetto rivisto; entrambi i progetti unitamente alle risposte degli Stati furono trasmessi ad un comitato speciale composto da esperti dei Governi degli Stati membri, che produsse un nuovo progetto ed un rapporto e finalmente la conferenza generale adottò, durante la sua sedicesima sessione, la Convenzione. Sul processo di formazione della Convenzione si rinvia a FRIGO, *La protezione dei beni culturali*, cit., p. 203; BATOR, *An Essays on the International Trade in Art*, in *Stan. L.R.*, 34, 1982, p. 370 ss; e WILLIAMS, *The International and National Protection*, cit., p. 179 ss.

[24] FRIGO, *La protezione dei beni culturali*, cit., p. 206, osserva che: "il risultato del travagliato iter di elaborazione della Convenzione è un testo sicuramente "ammorbidito" rispetto al progetto preliminare al punto da modificare, in taluni casi, le stesse concezioni di fondo che tale progetto avevano ispirato".

nare le norme e le procedure interne indispensabili a completarla ed integrarla[25]. Essa, inoltre, non crea diritti soggettivi che possano essere invocati e difesi in via giudiziaria dagli individui. Si tratta, dunque, di una Convenzione avente ad oggetto esclusivamente i rapporti interstatali e che impone obblighi solamente in capo agli organi degli Stati al fine del raggiungimento del suo obiettivo principale che è quello di assicurare la conservazione ed il rispetto dei beni culturali in quanto patrimonio culturale universale, proteggendoli indipendentemente dalla loro origine e dal luogo in cui sono situati[26].

Quanto agli aspetti salienti della Convenzione in esame, appare opportuno in questa sede accennare, innanzitutto, al suo ambito di applicazione, sotto il profilo della nozione di bene culturale da essa accolta e dei comportamenti presi in considerazione dalla stessa; e, in secondo luogo, agli obblighi da questa sanciti. L'articolo 1 contiene un dettagliato elenco di beni culturali. In particolare, la definizione di bene culturale è composita, risultando da una definizione generale, che si richiama non solo all'interesse storico, archeologico ed artistico ma anche all'importanza scientifica del bene ed alla appartenenza ad una delle categorie di beni, individuati in funzione della loro natura, previ-

[25] Cfr. FRAOUA, *Convention concernant les mesures à prendre pour interdire et empêcher l'importation, l'exportation et le transfert de propriété illicites des biens culturels (Paris, 1970). Commentaire et aperçu de quelques mesures nationales d'execution*, UNESCO Doc. CC-86/WS/40, Parigi, 1986, p. 46, che parla di accordo "d'application indirecte"; MONACO, *La protezione internazionale dei beni culturali*, cit., p. 11, che utilizza l'espressione "norme non cogenti"; DROZ, *La Convention d'Unidroit sur le retour international des biens culturels volés ou illicitement exportés* (*Rome, 24 juin 1995*), in *Rev. Crit. DIP*, 2, 1997, p. 239 ss., in particolare p. 246, che conclude: "Il s'agit donc surtout d'une convention cadre, extrêmement importante dans la mesure où elle moralise la circulation internationale des oeuvres d'art (...)" e CLEMENT, *Le concept de responsabilité collective*, cit., p. 547.

[26] La Convenzione è entrata in vigore il 24 aprile 1972, ad essa partecipano, fino ad oggi ottantaquattro Stati, tra i quali soltanto Stati Uniti, Canada e Francia appartengono alla categoria dei Paesi "importatori". La Convenzione è entrata in vigore per l'Italia il 20 gennaio 1975, avendola il nostro Paese ratificata con Legge n. 873 del 30 ottobre 1975, contenente anche ordine di esecuzione. Per una analisi completa della Convenzione: TRINTIGNAN, *La protection internationale des biens culturels en temps de paix*, Montpellier, 1974; WILLIAMS, *op. cit.*; BATOR, *An Essay*, cit.; FRIGO, *La protezione dei beni culturali*, cit.; FRAOUA, *Convention concernant les mesures à prendre pour interdire et empêcher l'importation, l'exportation et le transfert de propriété illicites des biens culturels*, cit.; O'KEEFE - PROTT, *Law and the Cultural Heritage: Movements*, Londra - Edimburgo, 1989, vol. 3.

ste dallo stesso articolo. Oltre a ciò, l'articolo 4 impone un ulteriore requisito: che il bene culturale abbia un sufficiente collegamento con lo Stato ed, allo scopo, elenca una lista di criteri, peraltro alquanto generici, di connessione con un determinato patrimonio culturale nazionale, creando in tal modo un nucleo intangibile di beni culturali la cui presenza in un certo ambito territoriale è considerata indispensabile.

Relativamente ai comportamenti presi in considerazione dalla Convenzione del 1970, quest'ultima si occupa di tutte le operazioni collegate alla circolazione illecita dei beni culturali (art. 2), ossia importazione, esportazione e compravendita illecite, in quanto effettuate in violazione delle norme interne di esecuzione della Convenzione ed eventualmente anche come conseguenza, diretta od indiretta, dell'occupazione di un Paese da parte di uno Stato straniero (art. 11)[27]. In tale contesto si inserisce la questione della retroattività o meno delle norme della Convenzione, che è stata oggetto di vivacissimi dibattiti durante i negoziati. L'esistenza di questo ulteriore punto di frizione tra Paesi "importatori" e Paesi "esportatori" ha comportato l'assenza di disposizioni espresse sul punto. Pertanto nel silenzio della Convenzione permane il principio consuetudinario della irretroattività dei trattati di cui all'articolo 28 della Convenzione di Vienna sul diritto dei trattati del 1969[28].

Gli obblighi che la Convenzione UNESCO pone a carico degli Stati al fine di combattere il traffico illecito di beni culturali sono sia di carattere interno che internazionale. La protezione interna dei beni culturali, che è alla base del sistema elaborato dalla Convenzione, si specifica, da un canto, nell'impegno per gli Stati di istituire servizi nazio-

[27] L'ambito di applicazione territoriale della Convenzione è determinato agli articoli 12 e 22; si tratta del territorio metropolitano degli Stati membri e dei territori cui gli stessi assicurano le relazioni internazionali. L'utilizzazione ancora di questa "clausola coloniale" negli anni settanta è stata oggetto di critiche. Cfr. SIEROSZWSKY, *Les origines et les principes de la Convention de 1970 sur les mesures à prendre pour empêcher l'exportation, l'importation et le transfert illicites des biens culturels*, in *Annuaire de l'A.A.A.*, 1974, p. 71 ss.

[28] Al fine di attenuare il dettato della Convenzione, sul punto dell'irretroattività, l'UNESCO ha creato nel 1971 un Comitato intergovernativo per il ritorno e la restituzione dei beni culturali che esamina le domande presentate dagli Stati per opere illecitamente esportate prima dell'entrata in vigore della Convenzione. La Grecia, ad esempio, si è rivolta anche a questo ente per ottenere la restituzione dei marmi del Partenone, asportati da Lord Elgin e conservati al British Museum. Cfr. DES PORTES, *Patrimoine artistique, morale et politique*, in *Le Monde*, 14.01.97.

nali per proteggere i loro rispettivi patrimoni culturali (artt. 5 e 14) e, dall'altro, nell'impegno ad introdurre un sistema di certificati di esportazione (art. 6). Le funzioni dei servizi nazionali di protezione del patrimonio culturale sono molteplici e si devono concretizzare nella predisposizione di testi normativi e regolamentari; nella conservazione e rivalutazione dei beni culturali; nell'attuazione di programmi educativi sia per gli addetti ai lavori che per un pubblico più vasto; nella diffusione delle informazioni sugli oggetti rubati e soprattutto nella elaborazione, messa a punto ed aggiornamento di inventari nazionali[29]. Per l'assolvimento di queste funzioni la Convenzione lascia un ampio margine di azione agli Stati ed ancora una volta emerge l'estrema indeterminatezza della stessa che non contiene misure effettivamente vincolanti per gli Stati ma piuttosto di valore e portata prevalentemente morale e pedagogica.

I certificati di esportazione costituiscono una delle disposizioni fondamentali della Convenzione. Ai sensi dell'articolo 6, infatti, gli Stati si impegnano ad introdurre appropriati certificati che autorizzano l'esportazione di beni culturali. Tale certificato dovrebbe accompagnare qualsiasi oggetto avente rilevanza culturale che sia esportato fuori dallo Stato di origine e dovrebbe essere predisposto dalle competenti autorità del Paese esportatore. Nel contempo viene previsto l'obbligo per gli Stati di vietare l'esportazione di beni culturali se non muniti del necessario certificato nonché la facoltà di dichiarare inalienabili determinati beni culturali e quindi non esportabili. Qualora l'esportazione degli stessi abbia egualmente luogo, l'azione per la restituzione è imprescrittibile (art. 13, *d)*)[30].

Mentre gli obblighi di carattere interno degli Stati riguardano principalmente i controlli sulle esportazioni, gli obblighi di carattere inter-

[29] Questi svolgono un ruolo determinante nel sistema di protezione elaborato dalla Convenzione. Permettendo soprattutto il controllo dei beni culturali, essi offrono il grande vantaggio di scoprire beni culturali sconosciuti, di favorire lo studio e la classificazione per categorie dell'insieme dei beni culturali, di determinare i pezzi unici ed allo stesso tempo i pezzi identici o equivalenti che possono essere attribuiti a missioni scientifiche o a musei stranieri. Cfr. FRAOUA, *Convention concernant les mesures à prendre pour interdire et empêcher l'importation, l'exportation et le transfert de propriété illicites des biens culturels*, cit., p. 63 e UNESCO Doc. SHC/MD/3, p. 7.

[30] La Convenzione non fornisce uno schema tipo di certificato, lasciando anche liberi gli Stati quanto alle procedure di rilascio o di diniego di tali certificati, fatto salvo l'obbligo di pubblicizzare la proibizione. Cfr. sul punto WILLIAMS, *op. cit.*, p. 182.

nazionale concernono i controlli sulle importazioni e la restituzione dei beni culturali. Il progetto iniziale di Convenzione prevedeva il divieto assoluto di importare beni culturali non dotati del certificato di esportazione. Tale disposizione fu fortemente criticata sotto vari punti di vista, per cui il testo attuale riduce i limiti alle importazioni a due obblighi: quello di adottare tutte le misure necessarie ad impedire l'acquisizione da parte di musei di beni culturali illecitamente entrati nel territorio (art. 7, *a)*) ed il divieto di importazione di beni inventariati, rubati in un museo od in un monumento pubblico, civile o religioso, situato nel territorio di un altro Stato (art. 7, *b), i)*)[31]. Qualora le misure per combattere l'esportazione o l'importazione illecite di beni culturali non siano efficaci, la Convenzione impone agli Stati degli obblighi di restituzione agli articoli 7, *b), ii)* e 13, peraltro molto più circoscritti rispetto a quanto predisposto dal progetto. Infatti, è prevista la restituzione allo Stato di origine, che sia parte della Convenzione, solo dei beni culturali trafugati da un museo o da un monumento pubblico, civile o religioso, o da una istituzione similare, ed importati, dopo l'entrata in vigore della Convenzione, tra gli Stati interessati. Tale restituzione è inoltre condizionata dalla circostanza che lo Stato richiedente versi una equa indennità all'acquirente in buona fede[32].

È, invece, totalmente rimessa agli strumenti di diritto interno la protezione del proprietario privato di un bene culturale rubato, illecitamente esportato od importato, in quanto l'articolo 13 si limita a sancire che gli Stati parte alla Convenzione sono tenuti ad ammettere, nel quadro dei rispettivi sistemi giuridici, azioni di rivendicazione dei beni culturali perduti o trafugati, esercitate dai legittimi proprietari degli stessi.

Il sistema di protezione dei beni culturali elaborato dalla Convenzione del 1970 si completa con la predisposizione di forme di cooperazione internazionale, a due livelli, tra gli Stati ed in seno alle compe-

[31] *Id.*, p. 183, interpreta l'art. 7, *a*) nel senso che può essere applicato non solo ai musei ed alle altre istituzioni che sono di proprietà statale o sotto il controllo dello Stato, ma anche a quelli la cui politica di acquisizioni può essere talora soggetta al controllo pubblico.

[32] L'articolo 13, alla lett. *b*), aggiunge che gli Stati devono far sì che i loro competenti servizi collaborino in vista di facilitare la restituzione, a chi ne abbia diritto, nel più breve tempo dei beni illecitamente esportati, mentre alla lett. *d*) prevede che gli Stati devono facilitare il recupero da parte dello Stato interessato dei beni culturali classificati e dichiarati inalienabili che per tale fatto non sono esportabili.

tenti organizzazioni internazionali, attraverso le quali gli effetti negativi del traffico illecito possono essere mitigati[33]. Innanzitutto, ai sensi dell'articolo 15, gli Stati parte rimangono liberi di concludere accordi speciali o di continuare ad applicare tra di loro accordi preesistenti concernenti la restituzione di beni culturali illecitamente trasferiti prima dell'entrata in vigore della Convenzione[34]. Inoltre, l'articolo 9 contiene una clausola di "emergenza"; infatti ogni Stato parte che ritenga che il suo patrimonio culturale sia in pericolo a causa del saccheggio dei suoi beni di valore archeologico od etnologico può fare appello agli Stati coinvolti. In tale ipotesi potranno concertare misure concrete, incluso il controllo delle esportazioni e delle importazioni nonché del commercio internazionale di tali specifici oggetti.

Infine, viene attribuito all'UNESCO il ruolo di coordinamento dell'intero sistema elaborato dalla Convenzione del 1970. Da una parte gli Stati comunicano alla Conferenza generale le leggi, i regolamenti e le misure adottate in applicazione della Convenzione. Dall'altra, l'UNESCO, non solo può fornire assistenza tecnica e giuridica agli Stati in vari settori rilevanti, offrendo, ad esempio, i suoi buoni uffici in caso di controversie, ma può anche, di sua iniziativa, intraprendere ricerche e pubblicare studi su problemi connessi alla circolazione illecita di beni culturali, ricorrendo eventualmente all'aiuto delle organizzazioni non governative del settore; e presentare proposte agli Stati parte sull'applicazione della Convenzione (art. 17)[35].

4. L'elaborazione di norme di diritto privato uniforme con la Convenzione Unidroit del 1995

La Convenzione UNESCO del 1970, nonostante abbia un carattere innovativo, non è però riuscita a predisporre strumenti tecnici efficaci, come si è in precedenza accennato, nella lotta al traffico illecito di beni

[33] WILLIAMS, *op. cit.*, p. 185.

[34] Un esempio è costituito dal Trattato tra Stati Uniti e Messico del 1970 (si rinvia alla nota 21).

[35] Si pensi al ruolo svolto dall'ICOM (*International Council of Museums*) – l'organizzazione non governativa dei musei, creata il 19 novembre 1946, per promuovere gli interessi della museologia e di altre discipline coinvolte nella gestione di un museo –, con la pubblicazione della serie *Cent objets disparus*. Le due prime opere dello stesso: *Pillage à Angkor* (1993) e *Pillage en Afrique* (1994), hanno permesso di ritrovare una ventina di opere trafugate e di renderne possibile la restituzione.

culturali per varie ragioni[36]. Essa, inoltre, non riesce a superare l'ambito del diritto internazionale pubblico e della fissazione di obblighi a portata generale a carico degli Stati, per affrontare, sulla base di una seria analisi del diritto privato comparato e del diritto internazionale privato, quello che unanimamente viene considerato il passaggio cruciale nel traffico illecito di beni culturali: il loro trasferimento illecito all'estero[37]. Poiché l'autore di un furto di opere d'arte, solo in casi estremamente rari le detiene per sé, mentre nella maggioranza delle ipotesi, cerca di venderle oltre frontiera in un Paese la cui normativa

[36] Questa Convenzione si pone un obiettivo generale: la proclamazione e l'affermazione a livello di ordinamento internazionale del concetto di protezione dei beni culturali, rimanendo però ispirata ad un certo "nazionalismo" culturale. La Convenzione in effetti esprime soprattutto le preoccupazioni e le rivendicazioni – assolutamente legittime –, dei Paesi "esportatori" involontari che subiscono i maggiori saccheggi ai loro patrimoni culturali e dunque prevede quasi esclusivamente obblighi a carico degli Stati "importatori", nel rispetto, però, delle loro legislazioni interne, la cui diversità costituisce un notevole ostacolo all'attuazione di tali obblighi. Sui limiti della Convenzione si rinvia, tra gli altri a FRIGO, *La circolazione dei beni culturali tra diritto internazionale e diritto interno*, in *La tutela e la circolazione dei beni culturali nei Paesi membri della CEE*, Atti del convegno di Milano, 14 maggio 1990, Milano 1992, p. 26 ss.; MONACO, *La protezione internazionale*, cit., p. 9 ss.; LALIVE, *Sur le régime des objets d'art volés en droit international privé*, in *Festschrift Fritz Schiwind zum 80*, Vienna, 1993, p. 51 ss.; HUGHES - WRIGHT, *International Efforts to Secure the Return of Stolen or Illegaly Exported Cultural Objects: Has Unidroit Found a Global Solution?*, in *Can. YBIL*, 1994, p. 219; ID., *Sur le retour, des biens culturels illicitement exportés. Nouveaux itinéraires en droit*, in *Hommages à François Rigaux*, Lovanio, 1993, p. 13 ss.; FRIGO, *La Convenzione dell'Unidroit sui beni culturali rubati o illecitamente esportati*, in *Riv. Dir. Int Priv. Proc.*, 3, 1996, p. 435 ss.; HUGHES, *Unidroit Convention on Stolen or Illegally Exported Cultural Objects*, in CANADIAN MUSEUMS ASSOCIATION, *Legal Affairs and Management*, Simposio organizzato ad Ottawa, 1 e 2 marzo 1996; LENA - DURET - ROBERT, *La Convention d'Unidroit*, in *Quel avenir pour le marché de l'art?*, *Champs visuels*, Série Documents, 1996, p. 93 ss.; MERRYMAN, *The Unidroit Convention: Three Significant Departures from the Urtext*, in *Int'l J. Cult.*, 1, 1996, p. 11 ss.; PROTT, *UNESCO and Unidroit: a Partnership against Trafficking an Cultural Object*, in *Un. LR*, 1, 1996, p. 59 ss.; SCHNEIDER, *La Convention Unidroit sur les biens culturels volés ou illicitement exportés*, in *Les Nouvelles de l'ICOM*, 1, 1996, p. 18 ss.; SIDORSKY, *The 1995 Unidroit Convention on Stolen or Illegal Exported Cultural Objects: The Role of International Arbitration*, in *Int'l J. Cult*, 5, 1996, p. 19 ss.; LALIVE, *La Convention d'Unidroit*, cit., p. 13 ss.; CARDUCCI, *La restitution internationale des biens culturels et des objets d'art volés ou illicitement exportés. Droit commun, Directive CEE, Conventions de l'UNESCO et d'Unidroit*, Parigi, 1997; DROZ, *La Convention d'Unidroit*, cit., p. 240 ss; MARLETTA, *op. cit.*, p. 121 ss.

[37] LALIVE, *Sur le retour*, cit., p. 283 ss., in particolare, p. 288; PROTT, *UNESCO and Unidroit*, cit., p. 59 ss., in particolare, p. 60.

sia più favorevole, risulta evidente che oltre la previsione di sanzioni penali contro il furto e di misure amministrative contro l'esportazione illecita, è necessaria l'elaborazione di norme uniformi di diritto privato e di diritto internazionale privato, volte ad eliminare quelle differenze tra ordinamenti giuridici che permettono di trasferire validamente la proprietà di tali beni[38]. A questo riguardo, la Convenzione UNESCO contiene due gravi limiti che hanno reso difficile la sua universalizzazione e soprattutto l'adesione alla stessa dei Paesi "importatori" di beni culturali. In primo luogo, imponendo agli Stati parte di riconoscere le norme sulle esportazioni adottate da altri Stati (art. 3), essa si scontra con la tradizionale riluttanza di molti ordinamenti ad applicare il diritto pubblico straniero. In secondo luogo, l'obbligo di restituzione del bene culturale, di cui all'articolo 7, *b), ii)*, è formulato in modo generico, costituendo il risultato di un difficile compromesso tra sistemi di diritto privato che proteggono l'acquirente in buona fede e sistemi, invece, che non riconoscono alcun effetto al trasferimento del diritto di proprietà da parte di colui che non ne è il titolare[39].

Per tali ragioni, l'UNESCO, fin dai primi anni ottanta, si rivolse all'Unidroit, una organizzazione internazionale dotata della competenza giuridica e tecnica per fornire di un contenuto più dettagliato, sotto il profilo del diritto privato, le intenzioni generali espresse nella Convenzione del 1970. Però, soltanto dopo venticinque anni di lavori si è giunti all'adozione a Roma, il 24 giugno 1995, da parte di una conferenza diplomatica, della Convenzione Unidroit sul recupero dei beni culturali rubati od illecitamente esportati[40].

[38] CHATELAIN, *Œuvres d'art et objets de collection en droit français*, Parigi, 1982, p. 245 e LALIVE, *La Convention d'Unidroit*, cit., p. 27 ss.

[39] SIDORSKY, *The 1995 Unidroit Convention*, cit., p. 19 ss., in particolare, p. 24.

[40] In particolare, durante una riunione di esperti organizzata a Parigi nel 1983 dall'UNESCO, cui parteciparono anche rappresentanti di altri enti internazionali, tra cui l'Unidroit, relativa al traffico illecito di beni culturali, fu adottata una raccomandazione con la quale si suggeriva uno studio congiunto sulla materia da parte di queste due organizzazioni internazionali, che facesse riferimento al progetto Unidroit sull'acquisto in buona fede di beni mobili. Nel 1984, poi, l'UNESCO chiese all'Unidroit di elaborare un insieme di norme di diritto privato applicabili al traffico illecito di beni culturali in modo da completare la Convenzione del 1970. Come ben noto, tale incarico fu principalmente svolto da un gruppo di esperti – composto da giuristi provenienti non solo da Paesi "esportatori" ma anche "importatori" di beni culturali e da esperti dell'UNESCO –, il cui progetto preliminare di Convenzione sul recupero di beni culturali fu rivisto durante quattro riunioni di esperti governativi tenutesi a Roma dal

Quanto alle linee generali della Convenzione Unidroit, occorre, innanzitutto, sottolineare che essa disciplina in un unico testo due aspetti diversi del traffico illecito di beni culturali: da una parte, quello di diritto privato, della restituzione dei beni culturali rubati, indipendentemente dalla circostanza che il furto sia stato commesso a danno dello Stato o di altro ente pubblico o di un soggetto privato, e, dall'altro, quello di diritto pubblico, di assicurare il recupero dei beni culturali illecitamente esportati, in violazione delle norme di un determinato Stato (art. 1). In particolare, la Convenzione si applica soltanto alle domande a carattere internazionale aventi ad oggetto beni culturali rubati od illecitamente esportati che appartengono al patrimonio culturale di uno Stato contraente indipendentemente dalla loro origine. Ciò comporta che, sia pure indirettamente, uno Stato non contraente può beneficiare dei meccanismi elaborati dalla Convenzione, quando il bene culturale trafugato dal suo territorio sia poi trasferito in quello di uno Stato parte.

Nel capitolo I della Convenzione viene affrontato anche il problema, molto dibattuto nel corso della conferenza, della definizione di bene culturale (art. 2). Si tratta di una definizione generica che, da un canto, si ricollega al concetto di importanza di detto bene per l'archeologia, la preistoria, la letteratura, l'arte o la scienza e che, dall'altro, rinvia ad una indicazione molto più dettagliata contenuta nell'allegato alla Convenzione stessa[41].

I capitoli II e III della Convenzione Unidroit affrontano le questioni cruciali della restituzione dei beni culturali rubati e del ritorno dei beni culturali illecitamente esportati. In entrambi i casi, il problema centrale – costituito dal superamento delle differenze esistenti tra sistemi giuridici circa la protezione dell'acquirente in buona fede – viene superato con una soluzione di compromesso: il bene deve essere sempre re-

maggio 1991 al settembre - ottobre 1993. Infine, il risultato di queste riunioni, il progetto di Convenzione Unidroit sul recupero dei beni culturali rubati od illecitamente esportati, fu sottoposto alla valutazione di una conferenza diplomatica, convocata sempre a Roma dal 7 al 24 giugno 1995, che è riuscita, non senza difficoltà, ad adottare il testo della Convenzione, il cui futuro, appare purtroppo ancora incerto visto che è stata ratificata fino ad oggi da pochissimi Stati. Pultroppo, solo sette Stati hanno ratificato la Convenzione Unidroit. Essendo stato comunque raggiunto il numero minimo di cinque ratifiche, la Convenzione è entrata in vigore il 1° luglio 1998, conformemente a quanto previsto dall'art. 12.

[41] SIDORSKY, *The 1995 Unidroit Convention*, cit., p. 19 ss., in particolare, p. 25.

stituito o recuperato, conformemente a quanto previsto dagli ordinamenti di *common law*, ma il possessore in buona fede deve essere indennizzato, conformemente a quanto previsto da molti sistemi di diritto civile[42].

Gli ultimi due capitoli della Convenzione Unidroit contengono le disposizioni generali e quelle finali. Il capitolo IV tratta di tre questioni di grande importanza pratica: l'individuazione della giurisdizione competente, ossia quella del luogo in cui si trova il bene (art. 8); l'applicazione di disposizioni più favorevoli alla restituzione od al ritorno del bene, che sono fatte salve dall'articolo 9 e la irretroattività della Convenzione. Quanto al primo aspetto, occorre osservare che la scelta come giurisdizione competente di quella del luogo in cui si trova il bene è abbastanza particolare se confrontata con le soluzioni adottate in materia dagli ordinamenti interni. Generalmente, infatti, i criteri seguiti per individuare il foro competente sono quelli del domicilio del convenuto o, nei sistemi di *common law*, del luogo dove la citazione a comparire è stata consegnata al difensore[43]. La creazione di un titolo di giurisdizione *ad hoc*, che si aggiunge a quelli ordinari, permette l'esecuzione della sentenza nel medesimo Stato in cui essa è stata pronunciata; in tale modo viene eliminato il problema del riconoscimento e della esecuzione della sentenza straniera, che si sarebbe invece presentato qualora il bene culturale rubato od illecitamente esportato si fosse trovato in uno Stato diverso da quello in cui è stata emessa la decisione di restituzione[44].

Quanto all'articolo 9 della Convenzione, esso mira soprattutto a fare salve quelle norme interne più favorevoli alla restituzione od al ritorno dei beni culturali. Come si vedrà in seguito, infatti, alcuni sistemi giuridici sono favorevoli ai proprietari spossessati del bene ed assi-

[42] LALIVE, *La Convention d'Unidroit*, cit., p. 32, osserva: "Est ainsi tranchée avec clarté, pour la première fois, par une convention de droit uniforme, l'éternelle opposition entre deux intérêts également légitimes *prima facie*, celui du propriétaire volé (à la securité du titre) et celui de l'acquéreur de bonne foi (à la sécurité de transactions)".

[43] DROZ, *La Convention d'Unidroit*, cit., p. 266 ss.

[44] FRIGO, *La Convenzione dell'Unidroit*, cit., p. 436 ss., in particolare p. 455 ss. e DROZ, *La Convention d'Unidroit*, cit., p. 267 che osserva che "on a retenu la suggestion de créer un chef de compétence internationale uniforme, le for du lieu où se trouve le bien culturel, qui peut toujours être utilisée par le demandeur, qu'il s'agisse d'une question de droit public ou de droit privé (...)".

curano la restituzione senza corrispondere alcuna indennità al possessore in buona fede[45].

Infine, tra le disposizioni finali meritano di essere menzionate quelle contenute nell'articolo 13, con le quali si ribadisce che gli obblighi degli Stati parte alla Convenzione UNESCO del 1970 e/o alla Convenzione dell'Aja del 1954 non sono abrogati dalla Convenzione Unidroit e quelle contenute nell'articolo 18, che escludono l'apposizione di riserve non previste dal testo dell'accordo, evitando così il rischio che uno Stato sia vincolato solo al capitolo II od al III[46].

5. Una analisi comparativa della Convenzione UNESCO e della Convenzione Unidroit. Gli obiettivi

Benché destinate, sia la Convenzione UNESCO che quella Unidroit, alla protezione, a livello internazionale, dei beni culturali mobili, esse presentano sostanziali differenze, che dimostrano l'ampiezza e la varietà di aspetti e di prospettive giuridiche della questione. Una prima differenza può essere rilevata quanto all'obiettivo dei due accordi che, mentre nella Convenzione del 1970, risulta essere molto generale, nella Convenzione Unidroit appare più circoscritto, data anche l'origine di questo secondo strumento internazionale, destinato a colmare le lacune della Convenzione UNESCO. Lacune che, come si è in precedenza osservato, sono dovute principalmente alla circostanza che questa si presenta come un accordo quadro, primo fondamento giuridico della protezione internazionale dei beni culturali in tempo di pace e, dunque, volta ad indicare in modo globale quali siano i mezzi necessari per contrastare il furto ed il traffico illecito di beni culturali[47].

Ed, infatti, il primo obiettivo, più politico che giuridico, che si pone la Convenzione UNESCO del 1970, all'articolo 2, 1° comma, è il riconoscimento della causalità sussistente tra traffico illecito ed impoveri-

[45] DROZ, *La Convention d'Unidroit*, cit., p. 269, PROTT, *UNESCO and Unidroit*, p. 68.

[46] L'art. 13, par. 2, riguarda il rapporto tra la Convenzione Unidroit e le norme interne di organizzazioni di integrazione economica o regionali, sancendo che gli Stati possono dichiarare di applicare nelle loro relazioni reciproche le disposizioni della Convenzione Unidroit il cui campo di applicazione coincide con quelle di dette norme. Si veda MARLETTA, *op. cit.*, p. 199 ss.

[47] SIDORSKY, *The 1995 Unidroit Convention*, cit., p. 31.

mento del patrimonio culturale degli Stati che lo subiscono e dell'importanza della collaborazione internazionale per la lotta contro il traffico illecito, in quanto soltanto misure di carattere internazionale permettono di proteggere efficacemente i beni culturali. Mentre questo primo obiettivo della Convenzione non si concretizza in effetti in alcun obbligo a carico degli Stati, il secondo obiettivo, di cui all'articolo 2, 2° comma, impone, per contro, agli Stati di combattere contro il traffico illecito di beni culturali con tutti i mezzi di cui dispongano a livello nazionale e le finalità di questa lotta devono consistere nella eliminazione della cause del traffico illecito, nell'interruzione di tale traffico e nell'adozione delle necessarie misure di riparazione, ossia favorire la restituzione del bene culturale trafugato od illecitamente esportato od importato (art. 7, *b), ii)*)[48]. In particolare, gli strumenti principali delineati dalla Convenzione per il raggiungimento di quest'ultima finalità sono: la creazione di servizi nazionali di protezione (art. 5), l'istituzione di controlli alle esportazioni (art. 6) ed alle importazioni (art. 7); cui si aggiungono una serie di misure di carattere educativo (art. 10).

Con la Convenzione Unidroit si abbandona il terreno delle proclamazioni di principio per affrontare i delicatissimi aspetti privatistici lasciati irrisolti dalla Convenzione del 1970, nonché le altrettanto delicate difficoltà di applicazione poste in particolare dall'articolo 7, *b), ii)*, della stessa, per quanto riguarda la restituzione dei beni culturali rubati[49]. Infatti, nel preambolo della Convenzione Unidroit si chiarisce che il suo scopo è quello di fissare un corpo minimo di regole giuridiche comuni ai fini della restituzione e del ritorno dei beni culturali, nell'intento di favorire la preservazione e la protezione del patrimonio culturale nell'interesse di tutti i membri della Comunità internazionale. Nei *consideranda* successivi, lo stesso spirito di realismo e concretezza caratterizza la precisazione che l'introduzione in taluni Stati contraenti di meccanismi, quali l'indennizzo, non implica che le medesime misure debbano essere necessariamente adottate da altri Stati contraenti nonché il riferimento, alla luce dei voluti limiti della Convenzione, alla necessità che alla sua attuazione facciano seguito altre

48 FRAOUA, *Convention concernant les mesures à prendre pour interdire et empêcher l'importation, l'exportation et le transfert de propriété illicites des biens culturels*, cit., p. 46 ss.

49 ID., *Projet de convention de l'Unidroit*, cit., p. 317 ss.; FRIGO, *La Convenzione dell'Unidroit*, cit., p. 435 ss.

misure, quali la predisposizione e l'utilizzazione di registri, la protezione materiale dei siti archeologici e la cooperazione tecnica[50].

Priva di ambiguità è anche la determinazione dell'ambito di applicazione della Convenzione, che è circoscritto nell'articolo 2 dalla precisazione che quest'ultima si applica soltanto alle domande a carattere internazionale e dalla determinazione specifica delle fattispecie cui si connette la restituzione od il ritorno del bene culturale: il furto e la violazione di quelle norme dello Stato che disciplinano l'esportazione di beni culturali in vista della protezione del proprio patrimonio culturale. Quanto al concetto di domanda a carattere internazionale, si è osservato che tale espressione non solleva alcuna difficoltà con riferimento ai beni illecitamente esportati da uno Stato contraente, mentre possono sorgere dei dubbi circa la valutazione di questo requisito nell'ipotesi di un bene trafugato che è localizzato nello stesso Stato ove è avvenuto il furto, dopo essere transitato in uno Stato diverso[51]. A parte ciò, però, è indubbio che tale limitazione dell'ambito di applicazione della Convenzione rischia di avere l'effetto di proteggere maggiormente lo straniero proprietario del bene rispetto al cittadino avente la medesima qualifica, i cui diritti potrebbero essere sacrificati dal diritto civile nazionale qualora quest'ultimo contenga disposizioni a favore dell'acquirente in buona fede. Quanto, poi alle fattispecie cui si ricollega la restituzione od il ritorno, il preciso riferimento al furto esclude la restituzione nel caso di altri comportamenti che possono portare alla

[50] FRIGO, *La Convenzione dell'Unidroit sur le retour des biens culturels volés ou illicitement exportés*, in *Aktuelle Juristische Praxis*, 2, 1995, p. 435 ss., in particolare, p. 439.

[51] FRAOUA, *Projet de Convention de l'Unidroit*, cit., p. 319, precisa che: "les experts (...) n'ont pas jugé utile, eu égard à la complexité des cas envisageables, de définir la notion de situation internationale. Ils ont, en effet, préféré laisser à la jurisprudence le soin de dégager une solution uniforme de la situation internationale". Sul punto, DROZ, *La Convention d'Unidroit*, cit., p. 239 ss., in particolare, p. 249, osserva "plus délicate est la situation rélévée par l'affaire *Winkworth v. Christie Ltd*: le bien volé dans un Etat contractant est transféré dans un autre Etat où il est acquis par un tiers qui le transfère à nouveau dans l'Etat d'origine pour y être vendu ou exposé. Il ne fait guère de doute, à notre avis, que dans un tel cas il s'agisse d'une demande à caractère international en raison du déplacement du bien volé à travers les frontières. On n'hesite pas à qualifier un contrat d'international lorsque les parties au contrat vivent dans le même pays si la marchandise doit être internationalement transportée". Nello stesso senso conclude FRIGO, *La Convenzione dell'Unidroit*, cit., p. 440, secondo, il quale l'indagine relativa al carattere dell'internazionalità va condotta con riguardo alla situazione nel suo complesso e non tanto alla domanda di restituzione.

sottrazione del bene culturale, come l'estorsione o la truffa, mentre il richiamo esplicito alle norme che disciplinano l'esportazione di beni culturali, finalizzate alla protezione del patrimonio culturale, esclude che rientrino nell'ambito di applicazione della Convenzione le infrazioni alle disposizioni doganali di portata meramente fiscale[52].

6. *Segue*: la definizione di bene culturale

Uno dei maggiori ostacoli che la Convenzione UNESCO del 1970 e la Convenzione Unidroit hanno dovuto affrontare è stato quello della definizione di bene culturale. D'altronde, ogni norma, sia essa interna od internazionale, deve definire il suo oggetto con sufficiente precisione ai fini della certezza del diritto e ciò, a maggior ragione, quando si tratta di elaborare un regime particolare e derogatorio rispetto a quello generale, come accade appunto nel caso dei beni culturali[53]. Non è tuttavia possibile trovare né in diritto internazionale né nelle legislazioni nazionali una definizione uniforme di bene culturale, a causa della complessità e della continua evoluzione del concetto di "cultura". La dottrina poi è divisa tra i sostenitori di una posizione "massimalista", secondo la quale qualsiasi oggetto che possiede un certo valore culturale – attuale, futuro od eventuale – può essere considerato bene culturale ed i fautori di una posizione "minimalista", che qualificano come beni culturali soltanto quegli oggetti il cui grande valore per la cultura è ampiamente riconosciuto[54].

In linea generale, si possono distinguere tre metodi per definire i beni culturali. Il primo è quello dell'enumerazione, che è di difficile applicazione dato il grande numero di beni culturali; esso, tuttavia, è spesso utilizzato negli ordinamenti di *common law*. Il secondo metodo, frequente nei Paesi di diritto civile, consiste nella classificazione, ossia nell'accordare una protezione particolare soltanto a quei beni contemplati e qualificati in una specifica decisione delle autorità nazionali competenti. Infine, il terzo metodo è quello della categorizzazione, cui hanno fatto ricorso sia la Convenzione UNESCO che quella Unidroit,

[52] FRAOUA, *Projet de Convention de l'Unidroit*, cit., p. 319; DROZ, *La Convention d'Unidroit*, cit., p. 250. *Contra* LALIVE, *La Convention d'Unidroit*, cit., pp. 32-33.

[53] LALIVE, *Sur le régime des objets d'art volés*, cit., pp. 52 -53.

[54] Sulla nozione di bene culturale si rinvia a WILLIAMS, *op. cit.*, p. 180 ss., BATOR, *An Essay*, cit., p. 137, FRIGO, *La protezione dei beni culturali*, cit., p. 132 ss.

nonché altri strumenti internazionali, secondo il quale si definisce in modo generico il bene culturale, al fine di far rientrare nella categoria il maggior numero di oggetti, mediando anche nel contempo tra i diversi regimi giuridici di diritto interno[55].

In particolare, la Convenzione UNESCO combina, alla ricerca di una soluzione di compromesso, una formula generale con il riferimento a categorie specifiche di beni e con il criterio del collegamento ad un determinato patrimonio culturale. Essa, infatti, innanzitutto, fornisce una ampia e generica definizione di bene culturale, comprensiva di tutti quei beni mobili, religiosi o profani, pubblici o privati, importanti per l'archeologia, la preistoria, la storia, la letteratura, l'arte e la scienza, rimettendo tuttavia ai singoli Stati la valutazione di detta importanza, in quanto spetta a ciascuno di essi designare quei beni, appartenenti al suo patrimonio culturale, cui attribuisce tale valore (art. 1)[56]. Ma oltre a ciò, la Convenzione richiede che i beni designati dagli Stati rientrino in una o più delle categorie esaustivamente indicate dallo stesso articolo 1, *a) – k),* e che tali beni abbiano un sufficiente collegamento con il patrimonio culturale dello Stato che li reclama, sussistendo almeno una delle condizioni elencate dall'articolo 4, le quali, in linea generale, si concretizzano in specifici legami di carattere nazionale, territoriale e/o contrattuale tra il bene ed un determinato patrimonio culturale statale[57].

[55] Il criterio della categorizzazione è utilizzato, ad esempio dalla Convenzione UNESCO del 1972, dalla Convenzione di San Salvador del 1976, nonché dal Regolamento CEE n. 3911/92 e dalla successiva Direttiva CEE n. 93/7. Senza scendere in dettaglio, si ricorda che le categorie di beni previste da questi atti sono individuabili sulla base di più criteri, oltre quello oggettuale, di carattere extragiuridico, quali il valore venale o la vetustà. Sui metodi di definizione dei beni culturali, si veda *La protection des biens culturels*, Studio richiesto all'Unidroit dall'UNESCO e preparato da REICHELT, *Unidroit, Etude LXX, n. 1*, 1986. Per un approfondimento sulla normativa comunitaria si rinvia a MARLETTA, *op. cit.*, p. 63 ss. e a CICIRIELLO - SIMONE, *La Legge n. 88/1998 sulla circolazione dei beni culturali ed il trattamento del possessore di buona fede*, in questo volume, *infra*, p. 271 ss.

[56] Cfr. WILLIAMS, *op. cit.*, p. 180 e FRAOUA, *Convention concernant les mesures à prendre pour interdire et empêcher l'importation, l'exportation et le transfert de propriété illicites des biens culturels*, cit., p. 52, che giustifica la soluzione della designazione da parte dei singoli Stati, in quanto: "le critère de l'importance d'un bien pour une société donnée peut avoir un contenu différent selon les pays".

[57] WILLIAMS, *op. cit.*, p. 181, definisce l'accertamento di questo collegamento come "connection text".

Numerose critiche sono state mosse alla definizione di bene culturale adottata dalla Convenzione UNESCO, soprattutto con riferimento alla ampiezza della definizione ed alla grande libertà lasciata agli Stati nella individuazione dei beni rientranti nell'ambito di applicazione della Convenzione, con la conseguenza della frammentazione della nozione di bene culturale alla luce delle diverse scelte normative nazionali[58]. Ciò non elimina poi il rischio di contestazioni relativamente alla qualificazione del bene. Infatti, mentre la valutazione dell'importanza archeologica, preistorica, storica, letteraria, artistica o scientifica di un determinato oggetto rientra, ai sensi della Convenzione, nelle competenze sovrane dello Stato che possiede tale oggetto, ed è dunque *a priori* incontestabile dagli altri Stati, non è, invece, specificato dalla Convenzione, a chi spetti determinare l'appartenenza ad una delle categorie di beni culturali di cui all'articolo 1: se allo Stato di origine del bene od allo Stato dove il bene è stato ritrovato. In linea teorica, la qualificazione convenzionale dovrebbe essere diversa da quelle nazionali, tuttavia, da un punto di vista pratico, in assenza di una nozione unitaria di bene culturale a livello di ordinamento internazionale, non può non prevalere l'approccio di diritto interno e dunque relativo[59].

Nonostante i limiti della definizione di bene culturale contenuta nella Convenzione del 1970 e la possibilità di scegliere tra diversi metodi di qualificazione, la conferenza di Roma sul recupero dei beni culturali decise di non discostarsi dalla soluzione adottata dalla Convenzione UNESCO, per diversi motivi, tra i quali si possono menzionare: la necessità di arrivare ad una soluzione di compromesso tra le opposte esigenze degli Stati "esportatori" e di quelli "importatori" circa l'ampiezza della definizione; di elaborare una formula di portata abbastanza generica tanto da potersi adattare alle fattispecie del furto e dell'esportazione illecita; e, soprattutto, la volontà di garantire la maggiore compatibilità possibile tra i due accordi, destinati ad integrarsi

[58] In tal senso, GORDON, *The UNESCO Convention on the Illicit Movement of Art Treasures*, in *Harvard I.L.J.*, 12, 1971, p. 537 ss., p. 555, TRINTIGNAN, *La protection des biens culturels en temps de paix*, Montpellier, 1974, p. 415, CHATELAIN, *Les moyens de lutte contre les vols et les traffics illicites d'œuvres d'art dans l'Europe des Neuf*, Bruxelles, 1979, p. 134, BATOR, *An Essay*, cit., p. 370 ss., WILLIAMS, *op. cit.*, p. 187.

[59] GORDON, *op. cit.*, p. 545 e WILLIAMS, *op. cit.*, p. 187.

nel sistema internazionale di protezione dei beni culturali[60]. Pertanto, anche l'articolo 2 della Convenzione Unidroit adotta un sistema misto, in cui ad una ampia definizione di bene culturale segue una elencazione per categorie, prevista nell'allegato alla Convenzione stessa, che è identica a quella della Convenzione del 1970[61]. Questa definizione generale è indirettamente completata, nel caso dell'esportazione illecita, dalle condizioni supplementari alle quali è sottoposto il ritorno dei beni ai Paesi di origine o di esportazione (art. 5)[62].

Una fondamentale differenza è, però, rilevabile nel dettato dell'articolo 2 rispetto a quanto predisposto dalla Convenzione UNESCO: la qualificazione di un oggetto come bene di importanza per l'archeologia, la preistoria, la storia, la letteratura, l'arte o la scienza non dipende assolutamente dalla designazione fatta dallo Stato di origine. Mancando nella Convenzione Unidroit il rinvio a valutazioni unilaterali effettuate, conformemente al proprio diritto interno, dal Paese richiedente, la valutazione se un bene sia da qualificarsi come culturale è rimessa all'autorità, giudiziaria o meno, competente a decidere sulla restituzione o sul ritorno[63]. Una tale soluzione si giustifica tenendo

[60] Osservava LALIVE, nella sua qualità di presidente del comitato di redazione della conferenza di Roma che: "A ce sujet, il suffira d'indiquer que l'hésitation subsiste entre la méthode d'une définition générale des biens culturels, laquelle ne devrait pas préjuger le régime juridique particulier établi par la future convention pour les biens volés, ou celle d'une référence à la désignation par un Etat contractant ou à sa législation. Selon la première technique, serait un "bien culturel" (...) au sens de la future convention 'tout objet corporel revêtant une grande importance culturelle, par exemple dans le domaine archéologique, artistique, historique, spirituel ou rituel, une proposition qui pourrait être combinée avec ou completée par une référence aux catégories énumeérées dans la liste de la Convention de l'UNESCO de 1970 ou encore par un critère d'âge ou d'ancienneté (...), ou enfin - critère éminemment discutable - par une référence à une valeur monétaire minimum'" (*Sur le régime des objets d'art volés*, cit., p. 55). Sulle diverse proposte di definizione avanzate alla conferenza si veda MARLETTA, *op. cit.*, p. 138 ss.

[61] Critico sulla formulazione dell'art. 2 è FRAOUA, *Projet de Convention de l'Unidroit*, cit., p. 318.

[62] L'inserimento di condizioni supplementari per il caso del ritorno del bene culturale illecitamente esportato si giustifica alla luce della circostanza che mentre il furto costituisce un reato universalmente sanzionato a livello di ordinamenti interni, l'esportazione illecita non è sempre perseguita. La presenza di condizioni supplementari, pertanto, deve dare la percezione di una particolare importanza del bene illecitamente esportato tanto da giustificarne il ritorno. In tal senso anche DROZ, *La Convention d'Unidroit*, cit., p. 250.

[63] FRIGO, *La Convenzione dell'Unidroit*, cit., p. 444.

conto della diversa funzione della Convenzione Unidroit rispetto a quella UNESCO; mentre quest'ultima favorisce forme di cooperazione intergovernativa in vista della protezione dei beni culturali, la seconda, invece, fissando norme di diritto privato uniforme e dunque occupandosi direttamente degli interessi dei soggetti privati coinvolti, deve, per poter raggiungere il suo scopo, prescindere dalla designazione statale di un determinato oggetto come bene culturale. Rimarrebbero altrimenti privi di tutela, soprattutto con riferimento al furto, gli oggetti trafugati da abitazioni e collezioni private e da edifici religiosi od appartenenti a comunità tradizionali locali, non designati dagli Stati o classificati in pubblici registri[64].

Però, anche se si condividono le ragioni e l'opportunità della scelta effettuata dalla Convenzione Unidroit che, comportando un obbligo di maggiore cautela da parte degli acquirenti di opere d'arte, dovrebbe favorire la moralizzazione del mercato dei beni culturali, rimane il timore che l'ampiezza e la genericità della formulazione adottata, soprattutto con riferimento al significato di "importanza" culturale di un determinato bene, possa portare a valutazioni soggettive fortemente divergenti, alla luce delle esistenti diversità dei diritti interni, ed, in ultima analisi, ad una diversità di trattamento a seconda dei fori competenti a decidere sulla restituzione o sul ritorno di un bene culturale rubato od illecitamente esportato.

7. *Segue*: il caso specifico degli scavi archeologici

Come si è in precedenza accennato, nel contesto generale della problematica della protezione dei beni culturali, assume particolare gravità il caso del traffico illecito di oggetti rinvenuti a seguito di scavi archeologici clandestini e di quelli rinvenuti durante scavi legalmente autorizzati, ma poi clandestinamente trattenuti. Ciò dipende sia dalla frequenza e della concentrazione del fenomeno che dalla specificità dei siti archeologici e degli oggetti in essi recuperati, rispetto ai quali una protezione efficace comporta non solo la loro preservazione ma anche il

[64] PROTT, *UNESCO and Unidroit*, cit., p. 62 e DROZ, *La Convention d'Unidroit*, cit., p. 250, che sottolinea l'esigenza moralizzatrice alla base della Convenzione alla luce della quale si deve interpretare l'assenza di designazione e la circostanza che sia sufficiente che il bene sia importante, per la cultura e non di grande o significativa importanza.

mantenimento nel contesto[65]. Rispetto alle azioni da adottare con riferimento a questo tipo di beni è possibile cogliere una profonda differenza tra la Convenzione UNESCO del 1970 e la Convenzione Unidroit.

La prima, richiedendo ai fini della restituzione che il bene oggetto di furto o di traffico illecito sia inserito negli inventari dello Stato di origine, esclude automaticamente dall'ambito di applicazione del suo articolo 7, *b), ii)* gli oggetti frutto di scavi clandestini e gli oggetti ritrovati durante scavi autorizzati, ma clandestinamente trattenuti, in quanto si tratta, in entrambe le ipotesi, di beni che non possono essere stati inventariati dallo Stato di origine. Conseguentemente, una forma minima di protezione contro il traffico illecito di questi beni viene fornita soltanto dall'articolo 9 della Convenzione, che contiene, come è stato osservato da un commentatore, misure di emergenza[66].

In particolare, questo articolo può essere invocato dallo Stato parte della Convenzione il cui patrimonio culturale sia messo in pericolo dal saccheggio di siti archeologi od etnologici rispetto a quegli Stati nei quali i beni archeologici od etnologici sono stati importati, al fine di arrivare alla conclusione di accordi bilaterali o multilaterali o, nelle more degli stessi, di ottenere che siano adottate specifiche misure unilaterali. Si tratta di una disposizione che tuttavia non contiene alcun obbligo *de contrahendo* a carico degli Stati. La sua funzione, dunque, è di servire da base giuridica per la conclusione di accordi in materia, rimessi alle scelte discrezionali dei singoli Stati interessati[67].

Completamente diverso è l'approccio seguito dalla Convenzione Unidroit che sancisce un obbligo di restituzione degli oggetti provenienti da scavi archeologici clandestini o provenienti da scavi autorizzati, ma che siano illecitamente trattenuti, assimilando tali beni a quelli rubati (art. 3, par. 2). Si tratta tuttavia di una disposizione molto controversa e dibattuta nel corso dei lavori preparatori e della con-

[65] MERRYMAN, *The Retention of Cultural Property*, in *U.C.D.L. Rev.*, 1988, Vol. 21, p. 477 ss.

[66] WILLIAMS, *op. cit.*, p. 186.

[67] Gli Stati Uniti hanno largamente enfatizzato l'importanza di questa norma, riconducendo alla stessa il fondamento di taluni accordi, come quello quello con il Messico del 1° luglio 1970 sul recupero e la restituzione dei beni archeologici, storici e culturali rubati e con il Perù del 15 settembre 1981 sul recupero e la restituzione di beni archeologici, storici e culturali rubati (*supra*, nota 21). Sul punto si veda PROTT, *UNESCO and Unidroit*, cit., p. 65.

ferenza di Roma. Infatti, anche se una forte maggioranza di Stati era d'accordo sulla necessità di tenere in particolare conto il fenomeno degli scavi clandestini e sull'inserimento di norme specifiche, diversificate erano le posizioni circa il metodo, ossia se introdurre tali norme nel capitolo II (restituzione dei beni culturali rubati) o nel capitolo III (ritorno dei beni culturali illecitamente esportati), e, soprattutto, circa la necessità di considerare i beni in esame come rubati[68]. Nella scelta ha avuto il suo peso il rinvio ai diritti nazionali, molti dei quali sanciscono che sono di proprietà dello Stato le antichità rinvenute nel suolo, per cui la loro asportazione non autorizzata concreta la fattispecie del furto[69].

Il risultato dei dibattiti ha portato ad una disposizione sicuramente di grande efficacia e molto innovativa sul fronte della lotta, a livello di ordinamento internazionale, agli scavi clandestini[70]. Occorre, inoltre considerare che ad essa si affianca l'articolo 5, paragrafo 3, *a) – c)*, sul ritorno dei beni culturali, illecitamente esportati. Pertanto, qualora la prova che un oggetto è stato scavato clandestinamente risulti difficile, soccorre la possibilità di reclamarne il ritorno ai sensi del capitolo III della Convenzione, essendo in linea di massima più facile dimostrare l'esportazione illecita, adducendo, ad esempio, la semplice assenza di certificato per l'esportazione, che il furto. Non si tratta dunque di strumenti che si sovrappongono, ma che si coordinano e che nella pratica potranno essere utilmente complementari[71].

[68] Sulla soluzione adottata dalla conferenza si vedano le osservazioni in favore di DROZ, *La Convention d'Unidroit*, cit., pp. 257-258, e quelle estremamente critiche di MERRYMAN, *The Unidroit Convention: Three Significant Departures from the Urtext*, cit., p. 11 ss, in particolare, pp. 13-14.

[69] Molti Stati ricchi di beni archeologici, tra i quali, si ricordano l'Italia (Legge 1° giugno 1939, n. 1089) l'Egitto (Decreto 18 dicembre 1881), la Grecia (Legge 24 luglio 1899), la Turchia (Leggi sulle antichità del 1884 e 1907) ed il Messico (Legge federale messicana del 6 maggio 1972) hanno adottato delle legislazioni secondo le quali sono di proprietà dello Stato tutti i beni di valore archeologico. Sul punto DROZ, *La Convention d'Unidroit*, cit., p. 256 e FRIGO, *La protezione dei beni culturali*, cit., pp. 35-36.

[70] LALIVE, *La Convention d'Unidroit*, cit., p. 34, osserva che la formulazione dell'art. 3, par. 2 è "un peu lourde mais très claire, a quoi furent ajoutés in *extremis*, pas souci sans doute de ne pas être plus royaliste que le roi, les termes superflus *si cela est incompatible avec le droit de l'Etat où les fouilles ont eu lieu*".

[71] PROTT, *UNESCO and Unidroit*, cit., p. 65.

8. *Segue*: i meccanismi di restituzione dei beni culturali

La grande diversità tra ordinamenti giuridici in materia di vendita, di esportazione e di importazione di beni culturali mobili ha di conseguenza posto degli ostacoli insormontabili ad un efficace funzionamento di molte tra le disposizioni contenute nella Convenzione UNESCO, tra cui soprattutto quelle relative alla restituzione dei beni culturali, che rimettono completamente la determinazione degli aspetti sostanziali e procedurali dell'obbligo di restituzione agli ordinamenti interni[72].

8.1. *I limiti della Convenzione UNESCO*

Quanto sopra accennato avviene nell'articolo 13, che, alla lettera *b)*, fissa un obbligo strumentale rispetto alla restituzione dei beni culturali in capo agli Stati parte; si tratta dell'obbligo di prestare la collaborazione dei loro competenti servizi, in special modo di quelli di protezione dei beni culturali, e di quelli doganali e di polizia per assicurare il più rapidamente possibile la restituzione dei beni illecitamente esportati al loro legittimo proprietario, sia esso uno Stato od un soggetto privato. Egualmente strumentale è l'obbligo di cui alla lettera *d)*, richiedendosi agli Stati parte di riconoscere la portata giuridica di quelle misure nazionali di classificazione e di dichiarazione di inalienabilità dei beni culturali che appartengono a collezioni pubbliche e a facilitarne la restituzione, se illegalmente esportati, sulla base dell'imprescrittibilità del diritto alla restituzione. Queste norme si limitano dunque a dare una portata internazionale ad alcune misure nazionali tipiche, nei Paesi "esportatori", di protezione dei rispettivi beni culturali: il divieto di alienazione di determinati oggetti per il loro valore culturale e la conseguente imprescrittibilità dell'azione di rivendicazione. Di maggior rilievo è la norma di cui alla lettera *c)*, secondo la quale, gli Stati parte devono impegnarsi ad ammettere azioni giudiziarie tendenti alla restituzione al legittimo proprietario dei beni culturali perduti o rubati. L'azione può avere ad oggetto beni pubblici o privati e può essere promossa anche da un privato che sia proprietario del be-

[72] Tra i tanti, si rinvia a FRIGO, *La circolazione dei beni culturali*, cit., p. 29 ss.; WILLIAMS, *op. cit.*, p. 184 ss.

ne[73]. In conclusione, l'articolo 13, *c)* è una norma di base, che favorisce la generalizzazione, a livello di ordinamenti interni, dell'azione di rivendicazione per qualsiasi bene avente valore culturale, perduto o rubato, ma che trova il suo maggior limite nella mancata fissazione di una disciplina uniforme in materia e dunque nel rinvio alle diverse tecniche giuridiche ed alle politiche legislative degli Stati parte.

Un obbligo specifico ed effettivo di restituzione è, invece, sancito, nell'articolo 7, *b), ii)*, della Convenzione UNESCO, che è anche l'unica disposizione di quest'ultima che affronta direttamente alcuni aspetti di diritto privato; tale obbligo, tuttavia, è circoscritto sotto tre profili: quello soggettivo, quello oggettivo e quello temporale. Quanto al profilo soggettivo, la restituzione può avere luogo solo su domanda dello Stato di origine, rimanendo la rivendicazione da parte dei privati disciplinata dai singoli strumenti di diritto interno; quanto al profilo oggettivo, la Convenzione riguarda soltanto quei beni trafugati da un museo o da una istituzione similare, ed, infine, quanto al profilo cronologico, la stessa è limitata ai beni rubati od illecitamente importati dopo la sua entrata in vigore. La restituzione è inoltre subordinata al pagamento di un equo indennizzo a favore dell'acquirente in buona fede. Nel silenzio della norma è da ritenere poi che le modalità della restituzione siano rimesse a ciascuno Stato contraente, nel rispetto dei principi della Convenzione, fatto salvo l'obbligo di indirizzare le domande per via diplomatica e di addurre prove per sostenere la richiesta di restituzione. Purtroppo, l'articolo in esame non fornisce neppure alcuna precisazione circa la quantificazione dell'indennizzo, con la conseguenza di lasciare un ulteriore motivo di incertezza sulla circostanza se lo stesso debba corrispondere o meno all'ammontare del prezzo del bene culturale rubato[74].

[73] FRAOUA, *Convention concernant les mesures à prendre pour interdire et empêcher l'importation, l'exportation et le transfert de propriété illicites des biens culturels*, cit., p. 90, sul punto osserva: "En effet, lorsqu'il s'agit de la revendication de biens culturels importants perdus ou volés et acquis par un acheteur se trouvant à l'étranger, les Etats pourraient prendre en charge la défense de leurs ressortissants propriétaires de tels biens".

[74] O'KEEFE-PROTT, *Law and the Cultural Heritage*, cit., p. 752, sostengono che per equo indennizzo si debba ritenere il prezzo di vendita del bene, il costo attuale della transazione e le spese necessarie alla conservazione del bene. FRAOUA, *Convention concernant les mesures à prendre pour interdire et empêcher l'importation, l'exportation*

La dottrina è concorde nel ritenere che la procedura di restituzione fissata nell'articolo in esame deve essere considerata un mezzo giuridico supplementare rispetto all'azione di rivendicazione e non sostitutivo della stessa, giustificato dalla particolarità dei beni per cui può essere utilizzato. Questa sua portata supplementare nonché il suo limitato ambito di applicazione spiegano anche perché in tale ipotesi sia stato possibile fissare una norma uniforme di diritto privato, come quella sulla corresponsione di un equo indennizzo a favore dell'acquirente in buona fede del bene rubato, dato il contrasto esistente tra ordinamenti di *common law* ed ordinamenti di diritto civile circa la prevalenza dell'interesse a proteggere il soggetto che è stato privato del bene (generalmente il proprietario) o dell'interesse a proteggere l'acquirente in buona fede del bene rubato.

8.2. *La restituzione dei beni culturali rubati e la tutela del possessore in buona fede nella Convenzione Unidroit*

Nell'elaborazione di un sistema di norme di diritto privato uniforme, i redattori della Convenzione Unidroit si sono trovati innanzi al grande ostacolo delle profonde diversità esistenti tra ordinamenti giuridici circa gli effetti dell'acquisto di beni culturali rubati. Al riguardo, occorre tenere presente i due grandi e contrastanti principi che, nei diritti interni, ispirano le scelte normative o giurisprudenziali rispetto all'annoso conflitto tra la protezione del titolo o della transazione, ovvero del proprietario privato illecitamente del bene o dell'acquirente in buona fede. A tale contrasto tra due interessi egualmente legittimi, vengono date risposte diverse a livello di ordinamenti interni; ad esempio, mentre il Codice civile italiano, all'articolo 1153, permette l'acquisto immediato in buona fede *a non domino* della proprietà di beni mobili, così come il Codice civile francese, il diritto tedesco presume il diritto di proprietà sulla base del possesso (salvo in caso di beni rubati) e gli ordinamenti di *common law* si fondano sul principio fondamentale "nemo plus juris transferre potest quam ipse habet"[75]. Occorre

et le transfert de propriété illicites des biens culturels, cit, p. 75, parla, invece, del prezzo pagato dall'acquirente in buona fede.

[75] RODOTÀ, *Les aspects de droit civil et la protection internationale des biens culturels*, in *Actes du 13ème Colloque de droit européen*, Strasburgo, 1984, p. 108 e REICHELT, *Unidroit, Etude I*, Roma, dicembre 1986, p. 23.

aggiungere che la legge applicabile alle fattispecie di acquisto e di perdita di proprietà di beni mobili è solitamente la *lex rei sitae*, dato che quasi tutti i sistemi nazionali di diritto internazionale privato adottano come criterio di collegamento in materia il luogo di situazione della cosa. Ne deriva che viene solitamente ignorata la legge del Paese di origine o di partenza del bene, sia che si tratti di disposizioni di diritto privato sia di disposizioni di diritto pubblico che proibiscono o limitano l'esportazione del bene (come accade spesso per i beni culturali)[76].

In un tale contesto giuridico, la Convenzione Unidroit sceglie l'unica strada possibile, quella di una soluzione di compromesso, nel fissare, da un canto, norme di diritto privato uniforme per l'ipotesi di furto di beni culturali, al fine di risolvere il conflitto tra l'interesse alla protezione del diritto di proprietà e quello alla sicurezza delle transazioni commerciali, e, dall'altro, norme di diritto pubblico, nel caso di esportazione illecita di un bene culturale, al fine di risolvere il problema del riconoscimento dei limiti posti dal diritto pubblico straniero alla circolazione di beni.

Allo scopo di fornire uno strumento realmente efficace nella lotta al costante aumento dei furti di beni culturali, con i quali si alimenta il mercato clandestino degli stessi, la Convenzione Unidroit, risolve in modo netto e chiaro l'opposizione tra interesse del proprietario derubato alla sicurezza del titolo e quello dell'acquirente in buona fede alla sicurezza della transazione, imponendo al possessore di un bene culturale rubato un obbligo di restituzione, indipendentemente dalla sua buona fede o meno (art. 3), e subordinando tale obbligo alla corresponsione di un indennizzo a favore del possessore che abbia agito con la necessaria diligenza al momento dell'acquisto (art. 4).

La formulazione degli articoli 3 e 4 è molto attenta a tutte le implicazioni di diritto privato comparato al fine di evitare difficoltà interpretative connesse alle diversità tra ordinamenti giuridici. Innanzitutto, viene abbandonata la distinzione utilizzata dalla Convenzione UNESCO, all'articolo 7, *b*), *ii)*, tra "acquirente in buona fede" e "colui

[76] LALIVE, *La Convention d'Unidroit*, cit., pp. 60-61. Si veda sul punto la sentenza del Tribunale di Roma del 27 giugno 1987 nella causa Stato francese - Ministero francese dei beni culturali c. Ministero dei beni culturali e De Contesini sul valore dei vincoli di inalienabilità fissati da un altro Stato, in PICONE (a cura di), *La giurisprudenza italiana di diritto internazionale pubblico. Repertorio 1987-97*, Napoli, 1997, vol. II, p. 547 ed in *Riv. Comm. Int.*, 1988, p. 611 con nota di FRIGO.

che detiene legalmente il bene", ossia, come è stato interpretato da un commentatore, tra colui che ha ottenuto il diritto di proprietà, agendo contrariamente al diritto, senza però conoscere della sussistenza di un vizio giuridico e colui che detiene legittimamente un bene a seguito di usucapione o di prescrizione dell'azione di rivendicazione o grazie ad altri strumenti giuridici che permettono l'acquisto della proprietà di un bene rubato[77]. Si tratta, infatti, di una distinzione problematica e molto difficilmente applicabile negli ordinamenti di *common law*[78].

Diversamente l'articolo 3 utilizza solo il termine "possessore" senza neppure distinguere, come avviene nella Direttiva n. 93/7 CEE, tra colui che possiede materialmente per suo conto il bene e detentore per conto altrui. Poiché questa distinzione non è nota a tutti i sistemi giuridici, si è preferito attenersi ad un termine neutro ma allo stesso tempo ampio, adattabile alle specifiche definizioni contenute nei diritti interni ed in grado di permettere il raggiungimento dello scopo della Convenzione, la restituzione di beni culturali rubati[79]. Per lo stesso motivo si è preferito ricorrere all'espressione "due diligence" piuttosto che a quella di "buona fede", come, invece, fa la Convenzione UNESCO. In tale modo, l'attenzione viene concentrata sul concetto di possesso e non su quello di proprietà e nel contempo, con l'aggettivo "due", si sottolinea che la diligenza normalmente richiesta per l'acquisto di altri tipi di beni non è sufficiente per gli oggetti aventi valore culturale[80].

Inoltre, l'azione di restituzione deve essere esercitata attraverso i canali giuridici ordinari predisposti nello Stato in cui è situato il bene sia nel caso in cui l'attore è un privato sia nel caso in cui è uno Stato (art. 8, par. 1). Nella Convenzione UNESCO, invece, è previsto il ricorso alle vie diplomatiche, in tal modo, è possibile ottenere misure esecutive da parte delle autorità competenti sulla base del diritto vantato[81]. L'applicazione del principio di restituzione è però subordinata a speci-

[77] FRAOUA, *Convention concernant les mesures à prendre pour interdire et empêcher l'importation, l'exportation et le transfert de propriété illicites des biens culturels*, cit., p. 75.

[78] O' KEEFE-PROTT, *Law and the Cultural Heritage*, cit., p. 754.

[79] LALIVE, *Sur le régime des objets d'art volés*, cit., p. 33 e 3; ed il rapporto esplicativo alla Convenzione Unidroit in UNIDROIT, *Conférence diplomatique*, cit., p. 27.

[80] Rapporto esplicativo alla Convenzione Unidroit, in UNIDROIT, *Conférence diplomatique*, cit., pp. 30 - 31.

[81] PROTT, *UNESCO e Unidroit*, cit., pp. 65-66.

fici termini di prescrizione ed all'obbligo di corrispondere un indennizzo.

La delicata questione della prescrizione, che nella Convenzione UNESCO era stata rimessa alle scelte degli ordinamenti nazionali, è stata oggetto di ampi dibattiti nel corso dei lavori preparatori e della conferenza di Roma, a partire da un'unica determinazione quasi unanimamente condivisa: la necessità di distinguere un termine di prescrizione a partire dal momento in cui l'attore è in grado di agire (prescrizione relativamente corta) ed una prescrizione "definitiva", nei fatti una vera e propria usucapione, a partire dal momento del furto (prescrizione molto più lunga della prima)[82]. Al riguardo, nel tentativo di bilanciare gli interessi dell'acquirente con quelli del proprietario originario del bene culturale rubato, viene previsto un periodo breve di prescrizione dell'azione (tre anni), dal momento in cui colui che presenta la domanda di restituzione viene a conoscenza del luogo in cui si trova l'oggetto e dell'identità del possessore, e un periodo più lungo (cinquanta anni), dal momento del furto se i dati precedenti non sono conosciuti dal richiedente (art. 3, par. 3). Fino alla conferenza diplomatica erano stati proposti alternativamente due termini brevi di prescrizione (uno e trenta anni) e due lunghi (tre e cinquanta anni). Nel corso della stessa è poi prevalso l'orientamento più favorevole al proprietario derubato e sono stati inseriti i termini più lunghi[83].

Il riconoscimento dell'imprescrittibilità dell'azione di rivendicazione, fortemente sostenuto da alcuni Paesi "esportatori", viene accolto soltanto in via di eccezione; infatti, nell'articolo 3, paragrafo 4, si stabilisce che le azioni di restituzione relative a beni culturali che siano parte integrante di un monumento o di un sito archeologico identificato o di una collezione pubblica non sono sottoposte ad alcun termine di prescrizione salvo quello di tre anni[84]. Allo stesso tempo, però, al fine di

[82] DROZ, *La Convention d'Unidroit*, cit., p. 251.

[83] PROTT, *UNESCO and Unidroit*, cit., p. 66, osserva che: "a complex formula was finally reached after difficult and last minute negotiations (...)".

[84] DROZ, *La Convention d'Unidroit*, cit., p. 251 e MARLETTA, *op. cit.*, p. 151; sul concetto di collezione pubblica FRIGO, *La Convenzione dell'Unidroit*, cit., p. 448, osserva che: "L'eccezione in questione viene peraltro fortemente temperata dal paragrafo successivo laddove si ammette, per gli Stati che lo vogliano, la possibilità di stabilire per le medesime categorie di beni un periodo di prescrizione di settantacinque anni o superiore a questo, in conformità con la propria legge nazionale, in sostanziale analogia con la soluzione adottata dall'art. 7 della Direttiva CEE 93/7".

mediare anche le esigenze di altri Stati, si è ammesso, nel paragrafo 5 dello stesso articolo, la possibilità per ogni Stato contraente di dichiarare che una azione di restituzione si prescriva entro un termine di settantacinque anni od entro un termine più lungo, conformemente al proprio diritto interno.

Ma la soluzione compromissoria in materia di termini di prescrizione elaborata nell'articolo 3, va ancora oltre in quanto il successivo paragrafo 5, contiene una sorta di eccezione all'eccezione che rende ancora più complesso il regime dei termini di prescrizione[85]. Come osserva un commentatore, si ha l'applicazione di una variante del principio della *home country law* al settore della restituzione dei beni culturali. Qualora, infatti, uno Stato fissi tale diverso termine di prescrizione, esso sarà applicato anche per le azioni di restituzione di beni culturali provenienti da detto Stato e trasferiti in un altro Stato contraente[86].

Il diritto ad un indennizzo a favore dell'acquirente in buona fede è stato previsto per compensare la rivoluzione giuridica imposta dall'articolo 3, soprattutto con riferimento agli ordinamenti di diritto civile nei quali, come è ben noto, il possessore in buona fede è spesso tutelato. D'altro canto, anche i Paesi che tutelano la sicurezza delle transazioni non avrebbero accettato un meccanismo di restituzione che non avesse previsto il pagamento di un indennizzo[87]. Il compromesso si è pertanto raggiunto subordinando l'indennizzo alla prova della dovuta diligenza dell'acquirente[88]. In particolare, spetta all'acquirente dimostrare di non aver saputo o potuto ragionevolmente sapere che il bene era stato rubato e di aver agito con la dovuta diligenza al momento dell'acquisto.

È questa una importante deroga a diversi sistemi giuridici che accolgono il principio della presunzione della buona fede. Questa inver-

[85] Il par. 5 dell'art. 3 così recita: "Nonobstant les dispositions du paragraphe précédent, tout Etat contractant peut déclarer qu'une action se prescrit dans un délai de 75 ans ou dans un délai plus long prévu par son droit. Une action, intentée dans un autre Etat contractant, en restitution d'un bien culturel déplacé d'un monument, d'un site archéologique ou d'une collection pubblique situé dans un Etat contractant qui fait une telle déclaration, se prescrit également dans le même délai".

[86] FRIGO, *La Convenzione dell'Unidroit*, cit., p. 449.

[87] *Ibid.*, p. 450.

[88] Un commentatore (MARLETTA, *op. cit.*, p. 157) nota come nella stesura finale della Convenzione non sia stata inserita l'espressione "buona fede", essendosi, invece, preferito parlare di diligenza dell'acquirente.

sione dell'onere della prova costituisce una delle misure giuridiche più efficaci in materia di lotta al traffico illecito di beni culturali. Pertanto, il possessore, per avere diritto all'indennizzo dovrà provare la sua ignoranza circa il furto del bene e di avere esercitato la diligenza necessaria al momento del suo acquisto. L'accertamento di questi elementi è lasciato al libero apprezzamento del giudice, anche se l'articolo 4, paragrafo 4, indica, in via esemplificativa, le circostanze di cui questi dovrà tenere conto[89]. Inoltre, la somma da versare all'acquirente in buona fede è da determinare secondo equità, non dovendo assolutamente corrispondere all'ammontare del prezzo pagato. Tale disposizione deve però essere coordinata con quella di cui all'articolo 9, consistente in una "clausola di sussidiarietà", che permette allo Stato contraente di applicare norme più favorevoli in materia di restituzione del ben culturale e conseguentemente anche in materia di indennizzo[90].

Circa la determinazione dell'ammontare dell'indennizzo, la Convenzione Unidroit, analogamente alla Convenzione UNESCO, adotta la formula generica dell'equità dell'indennizzo, preferita ad un espresso e specifico rinvio al prezzo di acquisto od al valore del bene sul mercato. Si è così cercato di mediare tra coloro che consideravano ingiusta qualsiasi forma di indennizzo al possessore in buona fede e coloro che, invece, sottolineavano come la previsione di un indennizzo avrebbe facilitato la restituzione del bene. In effetti il concetto di equo indennizzo permette un certo margine di azione al giudice entro però il limite ben determinato che questo non può corrispondere ad una somma puramente simbolica anche, se, in presenza di determinate circostanze, può essere inferiore al valore effettivo del bene. La genericità della formula scelta, però, non elimina la preoccupazione che vengano fissati inden-

[89] Si tratta della qualità delle parti; del prezzo pagato; della consultazione da parte del possessore di ogni registro relativo ai beni culturali rubati ragionevolmente accessibile e di qualsiasi altra informazione e documentazione pertinente che poteva essere dall'acquirente ragionevolmente ottenuta e della consultazione di organismi ai quali lo stesso poteva accedere. Sul punto MARLETTA, *op. cit.*, p. 171 e FRAOUA, *Projet de Convention de l'Unidroit*, cit., p. 321.

[90] FRIGO, *La Convenzione dell'Unidroit*, cit., p. 450, inquadra in questa prospettiva: "tanto l'invito rivolto agli Stati contraenti di fare ragionevoli sforzi affinché il dante causa diretto del possessore, così come ogni altro precedente venditore, paghi l'indennizzo quando ciò sia conforme alla legge dello Stato in cui è proposta la domanda di restituzione, quanto l'affermazione che il pagamento dell'indennizzo al possessore da parte del proprietario richiedente non preclude a quest'ultimo il diritto di pretendere il rimborso da una persona diversa".

nizzi talmente alti o per contro talmente irrisori da rendere nella pratica impossibile il recupero del bene rubato o, soprattutto, che si ripresentino in questo campo tutte quelle incertezze che la giurisprudenza interna ha dovuto e deve risolvere in materia di risarcimento dei danni da responsabilità contrattuale od extra-contrattuale[91].

8.3. *Il ritorno dei beni culturali illecitamente esportati ed il riconoscimento del diritto pubblico straniero nella Convenzione Unidroit*

Circa il ritorno dei beni culturali illecitamente esportati, il punto più delicato riguarda, come è ben noto, il riconoscimento e l'applicazione del diritto pubblico straniero, ossia di quelle norme che sanciscono la protezione ed il divieto di esportazione di un bene culturale, sulla base della cui violazione lo Stato di origine ne chiede la restituzione ad un altro Stato[92]. A livello di diritto internazionale non esiste alcun obbligo generale di riconoscimento del diritto pubblico straniero, anche se attualmente la giurisprudenza interna di diversi Stati sembra abbandonare la concezione secondo la quale al diritto pubblico straniero si deve riconoscere un carattere strettamente territoriale limitandosi ad escludere dal richiamo internazionalprivatistico soltanto le norme straniere che disciplinano i rapporti tra privati, Stato ed enti pubblici. Tra queste norme rientrano però anche quelle relative al divieto di esportazione di beni culturali[93], per cui, in mancanza di specifici obblighi internazionali, è alquanto difficile che l'esportazione illecita di un bene culturale dal territorio di uno Stato in violazione delle sue norme interne di tutela sia considerata in sé per sé un atto illecito da parte dello Stato nel cui territorio il bene è stato trasferito[94].

Con la Convenzione UNESCO, in modo parziale, e con quella Unidroit, in modo più completo e dettagliato, si sancisce a livello convenzionale tale obbligo, anche se secondo due approcci diversi. Infatti, mentre nella prima l'illiceità dell'esportazione si ricollega al mero requisito formale che nell'ordinamento dello Stato richiedente vi siano

[91] LALIVE, *La Convention d'Unidroit*, cit., p. 37.

[92] SIEHR, *The Unidroit Draft Convention on the International Protection of Cultural Property*, in *Int'l J. Cult.*, 2, 1992, p. 331 ss.

[93] MOSCONI, *Diritto internazionale privato e processuale. Parte generale e contratti*, Torino, 1996, p. 139 ss. nonché LALIVE, *Sur le régime des objets d'art volés*, cit., pp. 60 - 61.

[94] LALIVE, *La Convention d'Unidroit*, cit., p. 43.

norme che vietano l'esportazione di beni culturali, la seconda né rinvia *a priori* alle norme interne sul divieto di esportazione di beni culturali né adotta criteri specifici alla luce dei quali individuare l'illiceità dell'esportazione, data la grande diversità tra ordinamenti giuridici sul punto e l'impossibilità di giungere a norme uniformi in materia. Nella Convenzione Unidroit il meccanismo di restituzione viene privato di qualsiasi automaticità, in modo da soddisfare l'esigenza di coordinare le posizioni di quegli Stati favorevoli ad una ammissione automatica del principio di restituzione e di quegli Stati che, ritenendo questa forma di rivendicazione del tutto eccezionale tendevano a vederne limitato l'ambito di applicazione.

Ai sensi dell'articolo 5 della Convenzione stessa, infatti, non è sufficiente – come avviene nella Convenzione UNESCO –, che uno Stato dichiari illecita l'esportazione perché sorga l'obbligo di restituzione, ma è necessaria la dimostrazione effettiva da parte dello Stato richiedente che l'esportazione del bene danneggia una serie di suoi specifici interessi, consistenti nella conservazione materiale del bene o del suo contesto; nell'integrità di un bene complesso; nella conservazione dell'informazione, soprattutto di natura scientifica o storica, relativa al bene; nell'uso tradizionale o rituale del bene da parte di una comunità autoctona o tribale. Al riguardo, si deve osservare che se, da un lato, si tratta di interessi alternativi e non cumulativi, per cui la presenza di uno solo di essi comporta l'obbligo di restituire il bene culturale, dall'altro, tale elencazione non può considerarsi esaustiva dato il rinvio alla formula generica di significativa importanza culturale del bene esportato, di cui all'ultimo alinea dell'articolo 5, che non costituisce una qualificazione cumulativa e che potrebbe essere addotto come motivo esclusivo di una istanza di restituzione[95]. Non risulta, infine chiaro, se questa prova costituisca una condizione di ricevibilità della domanda di restituzione, analogamente al rispetto dei termini di prescrizione: tre anni dal momento della conoscenza effettiva da parte dello Stato richiedente del luogo di situazione del bene e dell'identità del possessore e non oltre cinquanta anni dalla data entro la quale il bene sarebbe dovuto rientrare[96].

[95] MARLETTA, *op. cit.*, p. 154.
[96] *Ibid.*, p. 166.

Anche nel caso del ritorno del bene culturale illecitamente esportato, come previsto per la restituzione del bene rubato, per bilanciare la minore tutela cui è esposta la proprietà privata, viene riconosciuto l'obbligo del versamento di un equo indennizzo a favore dell'acquirente in buona fede (art. 6). In tale ipotesi, tuttavia, diversamente da quanto sembra possibile dedurre dal generico dettato della Convenzione UNESCO, che non tratta diversamente il furto dall'esportazione illecita e da quanto previsto nel capitolo II della stessa Convenzione Unidroit, viene richiesto un grado di diligenza diverso e minore per il possessore in buona fede di un bene esportato.

Nonostante la voluta simmetria tra la fattispecie del furto e quella dell'esportazione illecita, nella formulazione dell'articolo 6 emerge in più punti l'esigenza di valutare in modo meno rigoroso la buona fede dell'acquirente del bene illecitamente esportato, alla luce del fatto che, diversamente dal furto, l'illiceità dell'esportazione non è sancita in modo generalizzato dagli ordinamenti interni. Ne consegue che la valutazione della buona fede si riconnette esclusivamente alla mancata conoscenza dell'illiceità dell'esportazione del bene, cui non si aggiunge, invece, la dovuta diligenza, come nel caso del furto, al momento dell'acquisto. Inoltre, l'assenza del certificato di esportazione viene considerata solo come una delle circostanze di cui tenere conto per valutare la diligenza. Infine, l'onere della prova che il possessore non ha tenuto un comportamento diligente grava sullo Stato richiedente. La posizione più favorevole concessa all'acquirente in buona fede dipende dalla circostanza che, trattandosi di esportazione illecita e non di furto, è da presumere che lo stesso abbia acquistato il bene dal suo legittimo proprietario o da uno dei suoi aventi causa[97].

Infine, rispetto all'acquirente in buona fede di un bene rubato, quello di un bene illecitamente esportato gode di un ulteriore vantaggio. Esso, infatti, ai sensi dell'articolo 6, paragrafo 3, può decidere, in luogo dell'indennizzo e d'accordo con lo Stato richiedente, di rimanere proprietario del bene o di trasferirne la proprietà, a titolo oneroso o gratuito, ad una persona di sua scelta residente nello Stato richiedente e che fornisca tutte le necessarie garanzie. Anche in tale ipotesi, dunque, si è in presenza di una norma, considerata "saggia" da un commentatore, che media tra l'interesse dello Stato richiedente di veder

[97] DROZ, *La Convention d'Unidroit*, cit., p. 263.

tornare il bene illecitamente esportato nell'ambito del suo patrimonio culturale, pur non disponendo della possibilità economica di corrispondere un indennizzo e l'interesse del privato possessore e dello Stato di cittadinanza di quest'ultimo, laddove sussistano notevoli ostacoli all'introduzione di norme sulla confisca od altri istituti ablativi della proprietà[98].

Per concludere, è da apprezzare il mancato inserimento da parte della conferenza di una norma relativa al rigetto della domanda di ritorno sulla base dell'ordine pubblico, come è, invece, tipico di molte convenzioni di diritto internazionale privato. Nel corso della conferenza, infatti, sia da parte dei Paesi "esportatori" che di quelli "importatori", è emerso il timore che la nozione di "ordine pubblico" culturale, da un canto, potesse risultare troppo ambigua e, dall'altro, potesse paralizzare le domande di restituzione. Evidentemente, in assenza di una specifica disposizione, l'autorità competente potrà sempre, appellandosi ai principi di diritto internazionale privato, invocare l'eccezione dell'ordine pubblico[99].

9. *Segue*: la retroattività

Nel corso dei lavori preparatori della Convenzione UNESCO ampi dibattiti riguardarono il problema della sua retroattività ed ancora una volta si manifestò la contrapposizione tra Stati "importatori" e Stati "esportatori", dato che una soluzione in senso favorevole alla retroattività avrebbe sancito l'obbligo di restituzione anche per le opere trafugate nel passato. La soluzione alla fine accolta è stata quella della irretroattività della Convenzione stessa, la quale, tuttavia, non è espressamente sancita da alcun articolo e risulta indirettamente dalla norma consuetudinaria sulla irretroattività degli accordi internazionali, codificata nell'articolo 28 della Convenzione di Vienna sul diritto dei trattati del 1969. Una indicazione dell'ambito di applicazione temporale della Convenzione è contenuta soltanto nell'articolo 7, *b) i)*, che impone agli Stati l'obbligo di restituzione dei beni culturali inventariati, che siano stati rubati da un museo od altra istituzione analoga dopo

[98] FRIGO, *La Convenzione dell'Unidroit*, cit., p. 454.

[99] LALIVE, *La Convention d'Unidroit*, cit., p. 46 e DROZ, *La Convention d'Unidroit*, cit., p. 261.

l'entrata in vigore della Convenzione. D'altro canto, l'articolo 15, nell'autorizzare gli Stati membri a concludere tra di loro specifici accordi sulla restituzione dei beni culturali usciti dal territorio di origine prima dell'entrata in vigore della Convenzione, svolge una funzione interpretativa, confermando implicitamente la non retroattività della stessa[100].

Ciò però non sembra escludere margini di incertezza circa la sfera *ratione temporis* della Convenzione, come risulta anche dall'analisi della giurisprudenza interna[101]. Tuttavia, rimane aperta la possibilità che uno Stato parte alla stessa vieti l'importazione di quei beni culturali che siano stati illegalmente esportati dallo Stato di origine, indipendentemente dal momento in cui tale esportazione è avvenuta, eventualmente anche prima dell'entrata in vigore della Convenzione. Tale facoltà di scelta rientra dunque nell'ambito delle competenze del legislatore nazionale al momento del recepimento della Convenzione UNESCO del 1970[102].

Il problema della retroattività si è riproposto anche per la Convenzione Unidroit. Varie posizioni infatti sono state espresse al riguardo nel corso dei lavori preparatori e della conferenza di Roma; da un canto, taluni sostenevano che non fosse necessario inserire un articolo specifico sulla irretroattività, così come avvenuto per la Convenzione UNESCO, altri manifestavano un avviso contrario alla luce della specificità della materia; altri ancora proponevano la soluzione di una re-

[100] FRAOUA, *Convention concernant les mesures à prendre pour interdire et empêcher l'importation, l'exportation et le transfert de propriété illicites des biens culturels*, cit., p. 74.

[101] Si pensi al famoso caso Repubblica dell'Ecuador - casa della cultura ecuadoriana n c. Danusso, Matta ed altri, decisa dal Tribunale di Torino, con sentenza del 25 marzo 1982, con la quale si è considerato illecito il trasferimento di beni culturali avvenuto anteriormente all'entrata in vigore della Convenzione per l'Italia (pubblicata in PICONE-CONFORTI, (a cura di), *La giurisprudenza italiana di diritto internazionale pubblico. Repertorio 1960-1987*, Napoli, 1988, p. 133 ed in *Riv. Dir. Int. Priv. Proc.*, 1982, p. 625). Si veda anche O' KEEFE-PROTT, *Law and the Cultural Heritage*, cit., p. 778, che cita sulla questione il caso *R. c. Heller*, affrontato dai giudici canadesi nel 1983 (27 *Alta L.R.* p. 346).

[102] *Ibid.*, p. 778 ss. L'UNESCO ha istituito nel 1978 un organo incaricato di assistere gli Stati desiderosi di recuperare i loro beni culturali trafugati anteriormente all'entrata in vigore della Convenzione del 1970. Si tratta del Comitato intergovernativo "pour la promotion du retour de biens culturels à leur pays d'origine ou leur restitution en cas d'appropriation illégale" (Risoluzione UNESCO 4/7.6/5 del 24 novembre 1978).

troattività parziale o facoltativa[103]. Alla fine, nonostante che il comitato di esperti avesse ritenuto non necessario specificare il carattere irretroattivo della Convenzione, nel corso della conferenza diplomatica si è voluto inserire un articolo che eliminasse qualsiasi ambiguità sul punto. In particolare, l'articolo 10 stabilisce che la Convenzione si applica solo ai beni culturali rubati dopo la sua entrata in vigore per lo Stato ove la domanda è stata presentata. Ma inoltre è anche necessario che il furto sia avvenuto nel territorio di uno Stato contraente dopo l'entrata in vigore della Convenzione per tale Stato o che il bene si trovi in uno Stato contraente dopo l'entrata in vigore della Convenzione stessa nei confronti di detto Stato. Più semplice è la norma relativa ai beni illecitamente esportati; infatti, per poter applicare loro il capitolo III è solo necessario che l'esportazione illecita sia avvenuta prima dell'entrata in vigore della Convenzione.

La rigida applicazione del principio della irretroattività è tuttavia attenuata, innanzitutto, dal dettato dell'articolo 10, paragrafo 3, che, venendo incontro ai timori manifestati da alcune delegazioni, esclude che qualsivoglia situazione illecita possa venire legittimata dalla Convenzione grazie al gioco dei termini di prescrizione. E, soprattutto, dal riconoscimento, contenuto nello stesso paragrafo, della possibilità di presentare, fuori del quadro della Convenzione, richiesta di restituzione o di ritorno di un bene culturale rubato od illecitamente esportato.

La portata di questa disposizione è rafforzata dalla circostanza che la Convenzione, all'articolo 9, fa salva, in linea generale, l'applicazione da parte dello Stato contraente di norme più favorevoli in materia di restituzione o di ritorno, tra le quali potranno rientrare non solo quelle sulla definizione di bene culturale, o sulla tutela del proprietario spossessato del bene culturale, od ancora quelle relative ai termini di prescrizione, ma anche quelle sulla repressione di furti ed esportazioni il-

[103] In particolare una proposta prevedeva la retroattività della futura Convenzione per i beni di grande importanza culturale per lo Stato richiedente o per i beni archeologici risalenti a più di cento anni fa (Doc. Unidroit, n. 47, 1994, p. 30); un'altra proposta la contemplava per i beni derivanti da scavi clandestini quando la data del furto o della loro esportazione illecita dal territorio dello Stato di origine non fosse nota (Doc. Unidroit, n. 59, 1995, p. 34); un altra, infine, per i beni rubati od illecitamente esportati prima dell'entrata in vigore della Convenzione ed acquistati dal possessore dopo l'entrata in vigore della Convenzione (Doc. Unidroit, n. 59, 1995, p. 36). Sul punto FRAOUA, *Projet de Convention*, cit., p. 325 e LALIVE, *Sur le régime des objets d'art volés*, cit., p. 68.

lecite di tali beni avvenuti anteriormente all'entrata in vigore della Convenzione. Pertanto, nello spirito dell'articolo 9, lo Stato parte è pienamente libero di decidere, nel quadro del suo sistema giuridico, di applicare i meccanismi predisposti dalla Convenzione a domande di restituzione o di ritorno relative a furti od esportazioni illecite avvenute prima dell'entrata in vigore nei suoi confronti della Convenzione[104].

10. L'Italia e gli obblighi derivanti dalle Convenzioni UNESCO ed Unidroit

Per concludere il confronto tra Convenzione UNESCO ed Unidroit, ci si soffermerà brevemente sul recepimento nell'ordinamento italiano di questi due accordi. Come è noto, la Convenzione UNESCO è stata recepita in Italia con la Legge n. 873 del 30 ottobre 1975, contenente ordine di esecuzione[105]. Vari commentatori hanno manifestato perplessità circa tale scelta con particolare riferimento alle disposizioni di questa Convenzione relative alla restituzione dei beni culturali rubati od illecitamente esportati[106]. La legislazione italiana, infatti, analogamente a quanto accade per altri Paesi "esportatori", è volta alla salvaguardia del patrimonio artistico nazionale, sancendo, a seconda dei casi, un divieto di esportazione, il rilascio di una licenza, il diritto di prelazione dello Stato, nonché un'imposta progressiva sul valore dell'esportazione[107]. Circa l'importazione di beni culturali, viene, invece, contemplato soltanto il caso dell'importazione temporanea, anche se principalmente con finalità cautelari dato che, se questa non venisse sottoposta a controllo, potrebbero essere violate le norme sull'esportazione[108].

[104] DROZ, *La Convention d'Unidroit*, cit., pp. 272-273 e PROTT, *UNESCO and Unidroit*, cit., pp. 68-69.

[105] Pubblicata in *GU* n. 49 del 24 febbraio 1976, p. 2 ss.

[106] LO MONACO, *Sulla restituzione di beni culturali rubati all'estero secondo la Convenzione UNESCO*, in *Riv. Dir. Int.*, 4, 1988, p. 842 ss, in particolare, p. 851.

[107] Si veda la Legge n. 1089 del 1° giugno 1939 (*GU* n. 184 dell'8 agosto 1939). Per le norme italiane sui beni culturali si rinvia a CARUGNO-MAZZITTI-ZUCCHELLI (a cura di), *Codice dei beni culturali*, Milano, 1994. Cfr. FRIGO, *La protezione dei beni culturali*, cit., p. 50 ss. Sulla normativa italiana si rinvia al volume di ALIBRANDI-FERRI, *I beni culturali ed ambientali*, Milano, 1995.

[108] LO MONACO, *op. cit.*, p. 851.

A tutto ciò si deve aggiungere che la legislazione comune italiana in materia di acquisto *a non domino*, prevede il trasferimento del titolo a favore del possessore in buona fede[109]. Poiché la Convenzione UNESCO sancisce, agli articolo 7, *b), ii)* e 13, obblighi di restituzione di beni culturali, rinviando, quanto alle modalità tecniche, alle determinazioni contenute negli ordinamenti interni, sarebbe stato opportuno che il legislatore italiano avesse proceduto ad una modifica delle norme comuni sulla circolazione dei beni culturali, ai fini di permettere una effettiva applicazione delle disposizioni della Convenzione UNESCO, in modo da garantire che in questo specifico settore, la buona fede non rilevi più ai fini della titolarità del diritto ma venga presa in considerazione esclusivamente ai fini della definizione dell'indennizzo[110].

Sembra, invece, che il legislatore italiano intenda procedere in modo diverso per il recepimento della Convenzione Unidroit. Quest'ultima non è stata ancora ratificata dal nostro Paese ed il disegno di legge di ratifica ed esecuzione della stessa, deliberato dal Consiglio dei Ministri il 6 novembre 1997, è attualmente, in prima lettura, all'esame della Camera[111]. Si tratta di un disegno di legge composto di nove articoli che contiene una serie di norme volte a disciplinare l'esercizio e le modalità di proposizione della domanda di restituzione o di ritorno dei beni culturali rubati o illecitamente esportati, in modo da predisporre le disposizioni di integrazione della Convenzione Unidroit.

Infatti, l'articolo 3 individua, conformemente all'articolo 16 della Convenzione, l'autorità competente a decidere sulle richieste di restituzione o ritorno presentate in Italia. L'alternativa tra autorità giudiziaria e amministrativa viene risolta nel primo senso per ragioni di omogeneità con le procedure di restituzione previste, in ambito comunitario, dalla Direttiva n. 93/7 CEE, che hanno carattere giurisdizionale. Singolare è la scelta, effettuata ai sensi dell'articolo 16, paragrafo 1, delle vie diplomatiche e consolari per la proposizione delle domande di restituzione o di ritorno. Sarebbe stato, infatti, preferibile, optare per la richiesta diretta di azione giudiziaria, alla luce della portata della Convenzione Unidroit, che abbandona il settore della cooperazio-

[109] Per essere in buona fede il soggetto non deve conoscere l'illecita provenienza del bene, a nulla giovando l'erronea credenza che il suo autore o precedente possessore ne sia divenuto proprietario. MENGONI, *Gli acquisti "a non domino"*, Milano, 1968.

[110] LO MONACO, *op. cit.*, 855.

[111] Progetto di legge n. 4315, Atto parlamentare C. 4315.

ne intergovernativa, dimostratosi inefficace nella lotta al traffico illecito di beni culturali per affinare, invece, gli strumenti di diritto privato. Sarebbe stato più conforme allo spirito di questa Convenzione autorizzare lo Stato straniero a presentare direttamente le richieste di restituzione e di ritorno alle competenti autorità del Paese ove si trova il bene.

Con l'articolo 4 viene adattata ai principi generali dell'ordinamento giuridico italiano la previsione del diritto ad un indennizzo a favore del possessore in buona fede che debba restituire un bene culturale rubato od illecitamente esportato. In particolare, si stabilisce che la liquidazione dell'indennizzo sia subordinata alla domanda dell'interessato su cui ricade l'onere della prova dell'acquisto in buona fede. Invero, tale soluzione non sembra conforme al dettato della Convenzione Unidroit; non è sufficiente il riferimento alla buona fede dell'acquirente, ma si dovrebbe fare riferimento al criterio oggettivo della "dovuta diligenza" adottato dalla Convenzione e specificato con riferimento a quei comportamenti tipici e doverosi che si ritiene debbano integrare una nuova etica delle transazioni commerciali aventi ad oggetto beni culturali. Un'altra difformità è di carattere procedurale: nel caso di esportazione illecita, la Convenzione Unidroit impone l'onere della prova della dovuta diligenza in capo allo Stato richiedente e non all'acquirente[112].

L'articolo 4, inoltre, stabilisce che il mancato pagamento dell'indennizzo comporta il diritto di ritenzione di cui all'articolo 1152 del Codice civile. Anche questa soluzione suscita delle perplessità sia in quanto la Convenzione pone un obbligo incondizionato di restituzione nel caso di beni culturali rubati, sia in quanto il sistema italiano della tutela del possessore in buona fede sarà necessariamente modificato dalla Convenzione con riferimento ai beni culturali, per i quali è dunque necessaria una specifica deroga all'articolo 1153 del Codice civile[113]. Infine, gli altri articoli del disegno di legge disciplinano alcuni aspetti relativi alle richieste di restituzione o di ritorno di beni innanzi ad autorità di Stati contraenti, ovvero la legittimazione all'esercizio

[112] Anche nella citata Legge n. 88 del 30 marzo 1988, con la quale si recepisce la Direttiva CEE n. 93/7, vi è l'utilizzo dell'espressione possesso in buona fede e l'onere della prova è a carico di colui che agisce per ottenere l'indennizzo (art. 6).

[113] In alternativa si potrebbe pensare che in attesa della corresponsione dell'indennizzo il bene culturale potrebbe essere preso in custodia dall'autorità pubblica.

della richiesta di restituzione e le procedure successive al rientro in Italia dei beni culturali.

Emerge, dunque, anche con riferimento all'aspetto dell'adattamento degli ordinamenti interni e nella specie di quello italiano alla Convenzione Unidroit, che questa, diversamente da quella UNESCO – che sancisce soprattutto il principio della cooperazione internazionale in materia di lotta al traffico illecito di beni culturali – incide profondamente sui principi di diritto privato degli ordinamenti nazionali, al fine di eliminare quei conflitti tra norme, che, come si è visto, favoriscono tale traffico illecito. Un pieno recepimento della stessa pertanto da parte di Stati "esportatori" ed "importatori" dovrebbe costituire un efficace strumento contro il trafugamento e l'esportazione illecita di beni culturali e favorire, rendendo la restituzione od il ritorno in ogni caso possibili, anche in caso di buona fede dell'acquirente, un mutamento della prassi commerciale in questo settore.

Il caso del disegno di legge italiano mostra purtroppo le difficoltà cui potrebbe andare incontro questa Convenzione non solo nel momento del suo recepimento da parte dei legislatori nazionali ma anche in quello della sua applicazione da parte dei giudici interni. Il grande merito di questa Convenzione è quello di fissare un sistema uniforme di norme di diritto privato applicabile indipendentemente dai principi cui siano improntati gli ordinamenti nazionali. Nella pratica, però, vi è il rischio che questa uniformità venga meno nel momento in cui nell'applicazione della Convenzione il legislatore od il giudice la interpretino alla luce dei principi vigenti nei rispettivi sistemi giuridici, come, in effetti, sembra possa accadere in Italia.

UMBERTO LEANZA*

LA ZONA ARCHEOLOGICA MARINA E LA PROTEZIONE DEI BENI CULTURALI SUBACQUEI

Sommario: 1. La protezione dei beni archeologici e storici in mare. – 2. Oggetti storici ed archeologici ed Area internazionale dei fondali marini. – 3. La zona archeologica marina ed i suoi limiti. – 4. La protezione del patrimonio culturale subacqueo: l'azione del Consiglio d'Europa. – 5. *Segue*: l'azione dell'UNESCO.

1. La protezione dei beni archeologici e storici in mare

La presenza sempre più frequente degli archeologi, accanto ai ricercatori scientifici, sulle navi oceanografiche e di ricerca che sempre più numerose oggi solcano i mari, induce ad una disamina di alcuni problemi che solo di recente si sono posti all'attenzione dei giuristi, al fine di una regolamentazione delle molteplici attività che attualmente sono condotte in mare dagli uomini di scienza.

Il principale problema concerne l'utilizzazione delle risorse marine che deve essere disciplinato e razionalizzato in una prospettiva lungimirante di tutela dell'interesse generale di tutti gli Stati. Queste risorse sono in parte tradizionali e ben conosciute, come quelle di carattere biologico e minerale, in particolare il petrolio grezzo ed il gas metano contenuti nella piattaforma continentale; altre sono state scoperte e valorizzate solo di recente, come i noduli polimetallici nei fondali oceanici.

Accanto a queste risorse biologiche e minerali ve ne sono altre, costituite dai cosiddetti tesori sommersi, cioè da quei beni culturali di valore storico ed archeologico che giacciono in fondo al mare, rappre-

* *Professore ordinario di diritto internazionale, Facoltà di giurisprudenza, Università di Roma "Tor Vergata".*

sentati in gran parte dai relitti delle navi che sono affondate a partire dall'inizio dell'attività di navigazione marittima fino ai nostri giorni e da altri oggetti di valore culturale che sono le testimonianze di remote civiltà, quali anfore, statue e, perfino, resti di antiche città sommerse. Nell'esercizio delle loro molteplici attività, i ricercatori sono aiutati, in questo come in altri campi, dal progresso tecnologico che ha raggiunto dei livelli molto elevati negli ultimi anni[1].

Per queste ragioni, ovviamente, tutti quei beni culturali sepolti in fondo al mare, che sono stati per secoli preservati dall'azione dell'uomo, sono oggi alla portata non solo dei ricercatori autorizzati dagli Stati ma anche di quelli che definiremmo saccheggiatori o predatori del mare. Infatti, da alcuni anni a questa parte, si assiste ad una vera e propria corsa al reperimento di questi beni, non sempre condotta in modo equilibrato e, spesso, portata ai limiti della stessa legalità. In alcuni Paesi privi di litorale marittimo, sono state addirittura costituite delle importanti società azionarie che hanno per principale scopo sociale l'armamento di spedizioni marittime per il reperimento dei beni sommersi. Queste ultime, mosse dal solo scopo di lucro, non si preoccupano minimamente di tutelare l'integrità di tali beni e mirano soltanto a recuperarne le parti di maggior valore, distruggendo il rimanente con notevole spregiudicatezza, ed in particolare quelle parti di minore valore monetario che sono però di elevato valore storico ed archeologico.

Anche per tali motivi, nella rinnovata codificazione del diritto del mare, ad opera della terza conferenza delle Nazioni Unite, gli Stati hanno cercato di porre rimedio a questa situazione disciplinando, accanto alle altre attività condotte in mare, anche quella molto specifica relativa all'archeologia marina. Così, da un canto, si è mirato a regolare l'attività di esplorazione e di sfruttamento delle risorse marine biologiche e minerali e l'esercizio dell'attività di ricerca scientifica pura in mare; dall'altro, ci si è adoperati per preservare l'ambiente marino ed i beni culturali subacquei dagli eccessi che possano derivare dalle attività di esplorazione, di ricerca e di sfruttamento, disciplinando ed ope-

[1] Al tempo della prima conferenza di Ginevra del 1958 sul diritto del mare, la profondità massima alla quale si pensava di poter operare era costituita da 200 metri; all'inizio della terza conferenza sul diritto del mare, nel 1974, questi 200 metri erano divenuti duemila; ed alla fine della stessa conferenza, nel 1982, i 2.000 metri erano divenuti 4.000-6.000.

rando una ripartizione sia di competenze esclusive fra gli Stati che di spazi marini in cui tali competenze possano essere esercitate.

Alla tradizionale distinzione tra acque interne e acque territoriali da una parte, sottoposte al potere dello Stato costiero, e mare libero dall'altra, la nuova Convenzione di Montego Bay, ponendosi sulla scia delle precedenti Convenzioni di Ginevra, ha così aggiunto, sia per la navigazione che per le altre attività che in esso possono essere condotte, altre differenziazioni di regimi, prevedendo nuovi istituti e consacrandone alcuni preesistenti.

Si rivela, innanzitutto, estremamente difficile fornire una definizione, quanto meno dal punto di vista giuridico, degli oggetti di natura storica ed archeologica giacenti sul fondo del mare, dei quali la presente trattazione intende occuparsi. Nel diritto internazionale si parla di oggetti di natura o di interesse storico od archeologico essenzialmente nelle convenzioni internazionali sulla protezione del patrimonio culturale[2]. Alcune di tali convenzioni includono infatti nella nozione di patrimonio culturale anche gli oggetti di interesse storico od archeologico, ma senza precisarne il relativo contenuto. La stessa indeterminatezza si riscontra, d'altra parte, nella Convenzione di Montego Bay, la quale sebbene contenga, come si vedrà, due disposizioni in materia di oggetti di natura storica od archeologica, non fornisce alcuna definizione di tali oggetti.

Più interessante sotto il profilo che qui interessa sono i lavori del Consiglio d'Europa. La Convenzione del 1969 sulla protezione del patrimonio archeologico contiene, infatti, una definizione di tali oggetti nella quale, ai fini dell'accertamento del carattere archeologico del bene, l'accento viene messo sulla necessità dell'appartenenza dell'oggetto in questione ad epoche per la cui conoscenza sono necessari scavi e scoperte[3].

[2] Cfr. la Convenzione di Parigi del 14 novembre 1970 (art. 1), sui mezzi per proibire e prevenire l'importazione, l'esportazione ed il trasferimento illecito di oggetti di carattere storico ed archeologico (cfr. *ILM*, 1971, p. 289); la Convenzione di Parigi del 29 ottobre 1972 (art. 1), sulla protezione del patrimonio culturale e naturale mondiale (cfr. *ILM*, 1972, p. 1358); nonché la Convenzione di San Salvador del 16 giugno 1976 (art. 2), sulla protezione del patrimonio archeologico storico ed artistico delle nazioni americane (cfr. *ILM*, 1976, p. 1350).

[3] L'art. 1 definisce gli oggetti archeologici "all remains and objects, or any other traces of human existence, which bear witness to epochs and civilisations for which excavations or discoveries are the main source or one of the main sources of scientific

L'impressione che si ricava dalla lettura delle convenzioni internazionali sulla protezione del patrimonio archeologico, storico e culturale, a proposito del contenuto della nozione di oggetto di interesse storico od archeologico, è quella di una complessiva indeterminatezza di tale nozione, sia per quanto riguarda la natura che per quanto riguarda l'epoca di appartenenza dell'oggetto in questione.

In linea generale, per la determinazione della natura archeologica e storica degli oggetti scoperti in mare sono state proposte due diverse interpretazioni. Secondo la prima, più restrittiva, che si fonda sui lavori preparatori della Convenzione, tale qualificazione sarebbe collegata per il vecchio continente al limite della caduta dell'Impero bizantino: 1453, e per il nuovo continente a quello della scoperta delle Americhe: 1492. In base alla seconda, più estensiva, che si fonda sulle previsioni delle convenzioni internazionali e di molte legislazioni nazionali sui beni culturali, tale qualificazione comprenderebbe anche oggetti risalenti a cento o centocinquant'anni fa.

Al di là della natura intrinseca dell'oggetto e del suo valore artistico, il fattore temporale assume senza alcun dubbio un rilievo determinante nella indicazione del carattere storico od archeologico di un oggetto. Sotto questo profilo, tra le due interpretazioni possibili sembra preferibile la seconda, ai fini della ricostruzione di un concetto giuridico moderno ed unitario di bene archeologico e storico[4]. Il limite temporale prospettato dal secondo criterio appare, infatti, il più soddisfacente, sia perché copre i grandi eventi della storia, sia perché consente una più emotivamente distaccata ed attendibile valutazione dell'importanza storica od archeologica dell'oggetto stesso. Tale limite deve,

information". Il testo della Convenzione, firmata a Londra il 6 maggio 1969, è riprodotto in *ILM*, 1969, p. 736.

[4] Nello stesso senso da noi sostenuto, cfr. TRINTIGNAN, *La protection internationale des biens culturels en temps de paix*, (Thèse de doctorat), Montpellier, 1974, p. 39 ss.; AREND, *Archaeological and Historical Objects: the International Legal Implications of UNCLOS III*, in *Virg. JIL*, 1982, p. 779; MIGLIORINO, *Il recupero degli oggetti storici ed archeologici sommersi nel diritto internazionale*, Milano, 1984, p. 12. In verità, la dottrina, attraverso un'analisi della prassi legislativa interna degli Stati, ha individuato tre diversi criteri ai fini della identificazione del carattere storico od archeologico del bene culturale da proteggere in base all'elemento temporale: a) indicazione di una data precisa che dia conto di una anzianità minima del bene; b) collocazione in un periodo precedente ad una data scelta come "spartiacque" in base a valutazioni artistico-storiche; c) appartenenza ad una determinata civiltà o ad un determinato periodo storico. In tal senso: FRIGO, *La protezione dei beni culturali nel diritto internazionale*, Milano, 1986, p. 26 ss.

tuttavia, essere in ogni caso preso con una certa elasticità, e consentire l'esclusione da tale nozione degli oggetti sommersi di età superiore ai cento, centocinquanta anni ma privi di interesse storico od archeologico e, viceversa, l'inclusione di oggetti di età inferiore ma rilevanti sul piano storico od artistico.

Chiarito di quali oggetti la presente sezione intende occuparsi, occorre preliminarmente sottolineare che la mera presenza sui fondali marini di oggetti di natura storica od archeologica non pone, sotto il profilo del diritto internazionale pubblico, complessi problemi giuridici. Tali problemi si pongono soltanto allorquando si intenda "recuperare" gli oggetti in questione per via del loro interesse e del loro pregio. Il problema principale che in tal caso si pone consiste, pertanto, nell'individuare, a seconda degli spazi marini in cui gli oggetti sommersi si trovano, i poteri degli Stati.

Prima di procedere ad un tale esame, appare tuttavia necessario determinare il contenuto della nozione di "recupero", dal momento che tale termine può assumere significati diversi e comprendere alcune attività anziché altre, a seconda che venga inteso in senso più o meno ampio. La nozione di "recupero" che qui si intende adottare va intesa nel senso di tornare in possesso, riprendere, riacquistare la disponibilità di una cosa perduta o gettata in mare. Due sono gli elementi che caratterizzano tale nozione. Il primo concerne gli oggetti da recuperare: si tratta di oggetti sommersi giacenti sul fondo del mare, di provenienza esterna all'ambiente marino, di manufatti e non di minerali solidi, né di corpi di persone o di animali morti. Il secondo elemento concerne lo scopo che col recupero si intende conseguire. Tale scopo è, nella maggior parte dei casi, eminentemente patrimoniale o culturale, perché mira ad evitare la dispersione e la distruzione dell'oggetto sommerso che, lasciato in balia delle acque, potrebbe disgregarsi o perdere di valore. Col recupero si tenta di annullare o di limitare tali conseguenze, riacquistando la disponibilità delle cose che conservano ancora un valore economico o culturale. Pertanto, il recupero che miri essenzialmente ad evitare che la presenza di un oggetto sommerso possa costituire un pericolo per la navigazione o per l'ambiente non rientra nella nozione che si è appena fornita[5].

[5] Non sono rari i casi in cui, ad esempio nel diritto marittimo anglosassone, questo genere di operazioni viene indicato col termine di "salvataggio" (*salvage*), vale a dire con lo stesso termine utilizzato per indicare le operazioni volte a salvare le persone o le

Il tema del recupero degli oggetti di natura storica od archeologica giacenti sui fondali marini è stato fino a qualche tempo fa poco trattato dalla dottrina internazionalistica. Lo scarso sviluppo della pratica degli Stati in materia di recupero degli oggetti sommersi e la conseguente carenza di specifiche regole di diritto e di giurisprudenza internazionali in tale materia spiegano la scarsa attenzione che la dottrina ha riservato per lungo tempo al tema del recupero degli oggetti sommersi di natura archeologica o storica sotto il profilo del diritto internazionale pubblico. L'analisi della dottrina si è infatti concentrata prevalentemente su problemi di natura privatistica, relativi alla destinazione e alla proprietà degli oggetti recuperati o ai diritti del recuperatore quando diverso dal legittimo proprietario. Solo di recente, il progresso della tecnologia e la spinta verso una regolamentazione della materia, venuta dalla terza conferenza sul diritto del mare, hanno indotto la dottrina internazionalistica a prendere in considerazione anche gli aspetti pubblicistici della questione.

In particolare, occorre rilevare che la terza conferenza delle Nazioni Unite, lungi dal limitarsi a consacrare e cristallizzare le tendenze esistenti nella pratica degli Stati, ha assunto il ruolo di potente fattore di accelerazione nello sviluppo di tale pratica, influenzando sia l'azione unilaterale degli Stati che la conclusione di accordi internazionali.

2. Oggetti storici ed archeologici ed Area internazionale dei fondali marini

Quanto al regime giuridico di tali oggetti, la Convenzione delle Nazioni Unite sul diritto del mare del 1982 contiene due disposizioni che riguardano espressamente gli oggetti di natura storica ed archeologica[6]. La prima concerne la conservazione e la destinazione degli oggetti trovati nell'Area internazionale dei fondali marini, intesa come il suolo e il sottosuolo del mare e degli oceani al di là dei limiti della giurisdi-

cose in pericolo di perdersi in mare. MIGLIORINO, *op. cit.*, pp. 14-15, afferma che la ragione della diffusione del termine "salvataggio", in riferimento alle operazioni dirette a riportare in superficie gli oggetti sommersi giacenti sul fondo del mare, si rinviene nella circostanza che nel diritto anglosassone tale termine è stato semplicemente mutuato dalle più antiche norme in materia di salvataggio di navi o persone in pericolo, a causa di una certa affinità tra le operazioni di salvataggio di navi o persone in pericolo e quelle di recupero di oggetti sommersi.

[6] Cfr. rispettivamente gli artt. 149 e 303 della Convenzione di Montego Bay.

zione nazionale; la seconda riguarda, invece, la protezione degli oggetti in questione trovati in qualsiasi parte del mare, nonché la loro rimozione dalla zona contigua.

In particolare, in relazione all'attività di tutela internazionale del patrimonio culturale subacqueo, ad opera e nell'interesse di tutti gli Stati collettivamente considerati, la Convenzione precisa la disciplina relativa agli oggetti di interesse storico ed archeologico ritrovati in quell'ambito marino, definito area internazionale, che inizia a duecento miglia dalla costa.

La Convenzione di Ginevra sull'alto mare del 1958 non contiene alcuna specifica regolamentazione dei fondi marini internazionali, dal momento che la loro utilizzazione era a quel tempo ancora piuttosto limitata. Soltanto quando i progressi della tecnologia hanno consentito lo sfruttamento del suolo e del sottosuolo dei mari e degli oceani, la Comunità internazionale ha avvertito l'urgente necessità di giungere ad una regolamentazione giuridica internazionale della materia.

La Convenzione di Montego Bay ha recepito tali istanze e ha predisposto, come si vedrà successivamente, un apposito regime per i fondi marini internazionali, situati al di là dei limiti delle giurisdizioni nazionali, sostituendo al principio della libertà di esplorazione e di utilizzazione del fondo del mare e degli oceani al di là dei limiti della giurisdizione nazionale, non espressamente ma certo implicitamente previsto dalla Convenzione di Ginevra del 1958 sull'alto mare, il principio del patrimonio comune dell'umanità, in virtù del quale l'utilizzazione dei fondi marini viene sottratta alle iniziative individuali per essere affidata alla gestione di un'organizzazione internazionale.

Il problema del regime giuridico degli oggetti sommersi di natura storica ed archeologica negli spazi marini al di là del limite esterno della giurisdizione nazionale si è venuto affermando parallelamente e di riflesso al problema del regime giuridico dell'esplorazione e dello sfruttamento delle risorse dei fondi marini internazionali. L'esplorazione e lo sfruttamento in questione possono, infatti, incidentalmente condurre alla scoperta di oggetti archeologici. Il ritrovamento di un oggetto sommerso di natura storica o archeologica nell'Area internazionale, che può essere evidentemente anche il risultato di un'attività preordinata e non soltanto il frutto del caso, pone immediatamente il problema della sua destinazione. Trattandosi, nella maggior parte delle ipotesi di oggetti considerati *res nullius*, lo Stato ritrovatore sarà evidentemente portato ad appropriarsene, a svantaggio magari degli Stati ai quali, per affinità culturali e storiche, tale oggetto apparterrebbe.

Quanto al regime giuridico applicabile agli oggetti sommersi di natura storica ed archeologica trovati nell'Area internazionale dei fondali marini, la Convenzione dispone che tutti i reperti di natura storica ed archeologica rinvenuti in tale zona vanno conservati o ceduti nell'interesse dell'intera umanità, tenuto conto in particolare degli eventuali diritti preferenziali di alcuni Stati.

Secondo una parte della dottrina, tutti gli oggetti ivi ritrovati costituiscono patrimonio comune dell'umanità, ed in quanto tali, dovrebbero ricadere nella competenza dell'Autorità internazionale dei fondali marini, la quale, in nome e per conto dell'intera Comunità internazionale avrebbe, quindi, il compito di tutelarli o di trasferirli, avendo riguardo ai diritti preferenziali dello Stato costiero più vicino, o dello Stato originario dei beni, o dello Stato di origine culturale, storica od archeologica dei beni stessi. Secondo altra parte della dottrina, al contrario, costituirebbero patrimonio comune di tutta l'umanità esclusivamente quegli oggetti di eccezionale rilevanza archeologica e storica, che peraltro sono menzionati dalle classificazioni contenute nelle convenzioni internazionali sui beni culturali; soltanto essi sarebbero soggetti allo speciale regime previsto dalla Convenzione mentre gli altri oggetti non sarebbero sottratti all'applicazione del generale principio della libertà dei mari. Quest'ultima tesi, maggiormente restrittiva, ci sembra preferibile, anche in ragione delle competenze attribuite dalla parte XII della Convenzione all'Autorità dei fondali marini, che non comprendono espressamente gli ipotizzati poteri in materia di conservazione e destinazione del patrimonio culturale subacqueo dell'Area internazionale[7]. Il regime dell'Area internazionale previsto dalla Convenzione di Montego Bay non sembra, del resto, avere una completa incidenza in materia di oggetti sommersi di natura storica od archeologica. Anche le perplessità avanzate da quanti affermano che la Convenzione dichiara patrimonio comune dell'umanità non solo le risorse dell'Area ma l'Area stessa, con la conseguenza che tutto ciò che in essa

[7] Sul punto specifico, si veda OXMAN, *Marine Archaeology and the International Law of the Sea*, in *Columbia Volunteers Lawyers for the Arts*, 1988, p. 353 ss., in particolare, p. 369. Per un approfondito commento degli artt. 303 e 149, cfr. MIGLIORINO, *op. cit.*, in particolare pp. 79-88 e 94-104.

si trova, oggetti sommersi di natura archeologica o storica compresi, costituisce patrimonio comune dell'umanità, non trovano fondamento. La nozione di Area internazionale va, infatti, intesa nel senso ristretto di area geografica, di spazio marino, senza alcun riferimento né agli oggetti di provenienza esterna né alle sue risorse.

Anche alla luce delle considerazione svolte, risulta con evidenza che la Convenzione pone numerosi problemi interpretativi. Innanzitutto non è chiaro se gli obblighi di conservazione e di destinazione riguardino tutti gli oggetti di natura storica od archeologica rinvenuti nell'Area internazionale, vale a dire sia quelli trovati incidentalmente nel corso di operazioni di esplorazione e di sfruttamento delle risorse condotte secondo le disposizioni della Convenzione, che quelli trovati in seguito a delle preordinate attività di ricerca e di esplorazione. Presa alla lettera l'espressione "trovati nell'Area", impiegata dalla Convenzione, lascerebbe intendere che la disposizione debba applicarsi in entrambi i casi; alla medesima conclusione si perviene osservando che la disposizione in esame è inclusa nella sezione 2 relativa ai "Principi che regolano l'Area" e non invece nella sezione 3 relativa allo "Sviluppo delle risorse dell'Area".

In secondo luogo la Convenzione non sembra prescrivere alcun obbligo per il ritrovatore dell'oggetto di consegnare all'Autorità o ad altro destinatario l'oggetto stesso, ma si limita a sanzionare l'obbligo a carico del ritrovatore di conservare o di cedere gli oggetti trovati, lasciando in tal modo la libertà di scelta al ritrovatore stesso.

Ulteriori difficoltà sorgono relativamente al modo in cui gli oggetti stessi devono essere preservati o messi a disposizione dell'umanità nel suo insieme. Questa destinazione potrebbe essere resa possibile solo nella misura in cui tali oggetti vengano posti in un museo appartenente all'Autorità internazionale dei fondali marini o alle Nazioni Unite[8]. Tutti gli oggetti di natura storica ed archeologica trovati nell'Area dovrebbero venire conservati nel museo, a meno che gli Stati, cui vanno riconosciuti dei diritti preferenziali possano essere identificati[9].

[8] Tale funzione è stata assegnata all'Autorità nelle proposte della Grecia e della Turchia. Cfr. U.N. Doc. A/AC.138/SC.I/L.16 del 2 agosto 1972; U.N. Doc. A/AC.138/SC.I/L.21 del 28 marzo 1973.

[9] Le disposizioni citate potrebbero, altresì, far sorgere controversie tra Stati intenzionati a rivendicare diritti preferenziali accordati dalla Convenzione di Montego Bay. Sul punto, si veda quanto afferma MIGLIORINO, *op. cit.*, p. 102: "Si consideri, ad esempio, il caso del ritrovamento di una nave romana con un carico di statue greche: il pro-

3. La zona archeologica marina ed i suoi limiti

La seconda disposizione della Convenzione di Montego Bay, che come si è detto, si applica a tutti gli oggetti trovati in qualsiasi parte del mare, impone agli Stati l'obbligo di proteggere gli oggetti di carattere storico od archeologico scoperti in mare e di cooperare a questo fine[10].

La norma non specifica in che modo i due obblighi debbano essere eseguiti e sembra lasciare ampia discrezionalità agli Stati di colmare il contenuto della disposizione al fine di una sua concreta applicazione. Tuttavia, per quanto riguarda l'obbligo di protezione appare lecito ritenere che operazioni volontarie di distruzione o di danneggiamento di oggetti di natura storica ed archeologica da parte di uno Stato costituirebbero, nonostante il carattere generico della norma, una sua violazione e, sotto questo profilo, un illecito internazionale. L'obbligo di protezione di un oggetto presuppone, infatti, quanto meno l'obbligo di non distruggere o danneggiare l'oggetto in questione. Anche il dovere di cooperazione non appare del tutto privo di efficacia giuridica, dal momento che tale obbligo sembra presupporre l'iniziativa e la negoziazione di progetti. Pertanto, ciascuno Stato resta libero di decidere se accettare o meno tali progetti ma non si può sottrarre all'obbligo di partecipare e concorrere in buona fede alla loro definizione.

Entro i limiti delle ventiquattro miglia dalla costa, come abbiamo già visto, i poteri dello Stato costiero erano essenzialmente limitati ai problemi di carattere doganale e di carattere fiscale, e si estendevano talora anche ai problemi sanitari ed a quelli dell'immigrazione. Oggi vi è invece una norma convenzionale sancita a Montego Bay che consente allo Stato costiero di esercitare i propri poteri nell'ambito di tale zona anche ai fini della protezione del proprio patrimonio culturale subacqueo, tanto che si comincia a parlare dell'esistenza di una zona ar-

blema sarebbe di determinare a quale Stato riconoscere "diritti preferenziali": lo Stato di origine del carico o lo Stato a cui apparteneva la nave che trasportava l'oggetto? Un ulteriore problema di identificazione, e in certi casi un vero problema di successione di Stati, potrebbe sorgere se lo Stato coinvolto non esiste più, come per esempio l'impero romano o l'impero bizantino".

[10] Cfr. l'art. 303 della Convenzione di Montego Bay. Tale disposizione è contenuta nella parte XVI della Convenzione intitolata "Disposizioni generali", applicabili cioè a tutti gli spazi marini, e dunque anche a quelli sottoposti alla sovranità dello Stato costiero.

cheologica marina, approssimativamente corrispondente alla zona contigua marittima.

Per controllare il commercio di questi oggetti, lo Stato costiero può considerare che la loro rimozione, senza la sua approvazione, dal fondo del mare nella zona definita come zona contigua sia causa di una violazione sul suo territorio o nel suo mare territoriale, delle leggi e dei regolamenti dello Stato costiero relativi alla zona contigua stessa[11]. La base per una tale presunzione sta nel fatto che spesso le navi impegnate nel recupero di oggetti archeologici operano in spazi marini adiacenti al mare territoriale. Pertanto, il recupero dal fondo del mare nella zona contigua e il successivo trasporto di tali oggetti nel mare territoriale dello Stato costiero potrebbero dar luogo ad una violazione, nel territorio dello Stato costiero, delle sue leggi doganali e fiscali.

Tale disposizione, tuttavia, non arreca alcun pregiudizio al diritto dei proprietari identificabili, né al diritto di recuperare i relitti, ed alle altre norme di diritto marittimo, né alle leggi e pratiche in materia di scambi culturali. Essa inoltre non pregiudica gli altri accordi internazionali e le norme di diritto internazionale concernenti la protezione degli oggetti di carattere archeologico e storico.

Innanzi tutto, occorre osservare al riguardo come l'obbligo degli Stati di proteggere gli oggetti di carattere archeologico e storico scoperti in mare e di cooperare a questo fine non abbia per oggetto solo la zona contigua, bensì tutte le zone su cui lo Stato esercita la propria giurisdizione, compreso il mare territoriale, con riguardo alle attività di

[11] Cfr. gli artt. 303 e 33 della Convenzione di Montego Bay. Per la dottrina in materia, si rinvia innanzi tutto ai nostri articoli: *La sfera di applicazione spaziale della Convenzione europea sulla protezione del patrimonio culturale subacqueo* e *Zona contigua e zona archeologica nell'ordinamento internazionale e nell'ordinamento interno*, in *Nuovi Saggi di diritto del mare*, Torino, 1988; rispettivamente p. 35 ss. e 43 ss. Si vedano, altresì, sul punto: MIGLIORINO, *Submarine Antiquities and the Law of the Sea*, in *Marine Policy Reports*, 1982, n. 4; CAFLISH, *Submarine Antiquities and the International Law of the Sea*, in *Neth. YIL*, 1982, p. 3 ss.; RONZITTI, *Stato costiero, archeologia sottomarina e tutela del patrimonio storico sommerso*, in *DM*, 1984, p. 3 ss.; GOUNARIS, *The Extension and Delimitation of Sea Areas under the Sovereignty, Sovereign Rights and Jurisdiction of Coastal States*, in VUKAS (ed.), *Essays on the New Law of the Sea*, Zagreb, 1985, p. 95 ss.; KARAGIANNIS, *Une nouvelle zone de juridiction: la zone archéologique maritime*, in *Collection espaces et ressources maritimes*, 1990, p. 1 ss. Per una ricostruzione approfondita delle problematiche inerenti alla ricerca archeologica nel Mediterraneo, si veda, ROUCOUNAS, *Sub-Marine Archaeological Research: Some Legal Aspects*, in LEANZA (a cura di), *Il regime giuridico internazionale del mare Mediterraneo*, Milano, 1987, p. 309 ss.

tutte le navi, siano esse nazionali o straniere; nonché le zone dell'alto mare sottratte alla sua giurisdizione, con riguardo alle attività delle sole navi nazionali. Inoltre, sulla propria piattaforma continentale lo Stato costiero potrà condizionare la concessione di licenze di prospezione all'assolvimento di particolari obblighi, qualora siano scoperti, nel corso delle operazioni, oggetti di importanza archeologica o storica[12].

In secondo luogo, il contenuto della disposizione relativa alla zona archeologica ha la funzione di conferire, oltre ai poteri di prevenzione e di repressione delle violazioni alle leggi ed ai regolamenti in materia doganale, fiscale, sanitaria e di immigrazione, commesse sul territorio o nel mare territoriale, già riconosciuti dalla Convenzione allo Stato costiero nella zona contigua, nuovi poteri di controllo e di repressione delle violazioni alle leggi ed ai regolamenti in materia di commercio degli oggetti di carattere archeologico o storico, che si presumono commesse sul territorio o nel mare territoriale, in ragione della rimozione di tali oggetti dai fondali marini della zona contigua senza autorizzazione dello Stato costiero.

In realtà, nel corso della terza conferenza un folto gruppo di Stati dell'area mediterranea aveva proposto che tali poteri fossero estesi all'intera piattaforma continentale; ma questa proposta aveva incontrato la opposizione di alcune potenze marittime del gruppo anglosassone che temevano l'incremento della *giurisdizione rampante* nell'ambito della piattaforma. Era sorta, così, la controproposta degli Stati Uniti che limitava tali nuovi poteri alla sola zona contigua; controproposta successivamente incorporata nel testo della Convenzione[13].

In questa nuova zona marittima, lo Stato si trova così ad esercitare, senza che gli siano esplicitamente riconosciuti, dei poteri funzionali ed esclusivi in materia di protezione del patrimonio archeologico e storico subacqueo. Come è stato osservato, tale finzione giuridica consente in pratica allo Stato costiero di esercitare poteri di controllo e di repressione in una zona fino a ventiquattro miglia dalla costa, senza che formalmente gli si riconoscano, al di là del mare territoriale, poteri di polizia di natura diversa da quelli già riconosciutigli nella zona conti-

[12] In tal senso, KARAGIANNIS, *op. cit.*, in particolare, p. 11 ss.

[13] Cfr. le proposte di Capo Verde, Grecia, Italia, Malta, Portogallo, Tunisia ed ex Jugoslavia, in A/CONF.62/C.2/Informal Meeting/43 e Rev. 1, rispettivamente del 16 agosto e del 21 agosto 1979; nonché: Rev. 2 del 19 marzo 1980, e Rev. 3 del 27 marzo 1980. Per la proposta degli Stati Uniti, cfr. A/CONF.62/GP.4 del 27 marzo 1980.

gua. Le cose stanno, però, in modo alquanto diverso dal punto di vista sostanziale. E, proprio in considerazione della natura sostanzialmente diversa dei nuovi poteri previsti in materia archeologica, rispetto a quelli precedentemente previsti dalla Convenzione nella zona contigua, si comincia ora a parlare di un nuovo tipo di zona, definita archeologica, nell'ambito della quale vengono riconosciuti nuovi poteri allo Stato costiero[14].

È da sottolineare inoltre che, secondo la Convenzione di Montego Bay, l'istituzione della zona archeologica non sarebbe comunque indipendente da quella della zona contigua, nel senso che lo Stato costiero potrebbe proclamare solo la zona contigua e non la zona archeologica, ma non viceversa, poiché, almeno implicitamente, un collegamento logico-giuridico tra l'istituzione delle due zone viene operato dalla disposizione in esame.

In terzo luogo, per quanto riguarda i limiti imposti ai poteri dello Stato costiero in materia, i diritti dei proprietari, sempre che essi siano identificabili, riguardano da un canto gli eventuali soggetti privati, o meglio i loro eredi, dall'altro lo stesso Stato, almeno a termini di numerose legislazioni nazionali e, quindi, in quest'ultima ipotesi, non sono configurabili alla stregua di un limite ai poteri dello Stato costiero. I limiti costituiti dal diritto di recupero dei relitti e dalle altre norme di diritto marittimo, pongono innanzitutto il problema, ancora in discussione, dell'applicabilità dell'istituto del recupero anche agli oggetti archeologici, ed in secondo luogo il problema della determinazione della legge marittima applicabile nell'ambito della zona archeologica che, a seconda del foro competente, potrà essere quella dello Stato costiero o quella dello Stato della bandiera. Infine, i limiti costituiti dalle leggi e dalla prassi in materia di scambi culturali determinano la prevalenza di queste ultime, a titolo di *lex specialis*, come prevalenti nell'ambito dell'ordinamento statale, nei confronti delle norme relative ai poteri dello Stato costiero in materia. Ciò vale altresì, nell'ambito dell'ordinamento internazionale, per l'ultimo limite posto ai poteri dello Stato costiero, costituito dagli altri accordi internazionali e dalle norme di diritto internazionale concernenti la protezione degli oggetti di carattere archeologico e storico.

[14] In tal senso, CICIRIELLO, *Le formazioni insulari e la delimitazione degli spazi marini*, Napoli, 1990, p. 166 ss.

In considerazione del diverso carattere assunto dalle due zone – essenzialmente funzionale per la zona contigua, in ragione della natura dei poteri conferiti, e spiccatamente spaziale per la zona archeologica, in ragione della localizzazione dei beni culturali sul fondo della zona considerata –, può affermarsi che, mentre è possibile prescindere dai problemi di delimitazione per la zona contigua, come confermato dalla Convenzione di Montego Bay, non risulta possibile prescindere da tali problemi di delimitazione per quanto riguarda la zona archeologica[15].

Avendo lo Stato costiero il potere di previa autorizzazione rispetto alla rimozione degli oggetti archeologici e storici dal fondo di una determinata zona marittima, al fine di controllare il commercio di tali oggetti, sarà comunque necessario determinare i limiti della zona stessa. Nelle ipotesi in cui non vi sia conflitto con i poteri di altri Stati costieri si applicherà il limite delle ventiquattro miglia marine previsto dalla Convenzione; nell'ipotesi di Stati con coste contrapposte o adiacenti, che non consentano tale estensione, non potendo ricorrere alla disposizione sulla zona contigua, sarà necessario ricorrere ad uno dei due metodi di delimitazione sanciti dalla Convenzione, che sono rispettivamente: quello della linea mediana o di equidistanza, previsto per il mare territoriale, e quello del risultato equo, previsto per la zona economica esclusiva e per la piattaforma continentale[16].

A nostro avviso, ai fini della delimitazione, la fattispecie della zona archeologica presenta maggiori analogie con quella del mare territoriale di quanto ne presenti con quelle della zona economica e della piattaforma continentale; e ciò innanzitutto per la limitata estensione della zona stessa che è maggiormente assimilabile a quella del mare territoriale, ed in secondo luogo per l'assenza di quei presupposti strettamente collegati allo sfruttamento delle risorse naturali che hanno determinato nella Convenzione di Montego Bay la preferenza per il ricorso al perseguimento del risultato equo, nelle ipotesi della zona economica e della piattaforma. Occorre sottolineare, però, che nell'applicazione della regola della linea mediana o dell'equidistanza ai fini della delimitazione della zona archeologica, ampio risalto dovrà essere accordato alle eccezioni dei titoli storici o delle altre circostanze spe-

[15] Cfr. in particolare sul punto, O'KEEFE-PROTT, *Australian Protection of Historic Shipwrecks*, in *Austr. YIL*, 1978, p. 119 ss.

[16] Cfr. sul punto, BROWNLIE, *Principles of Public International Law*, Oxford, 1979, p. 209 ss.; CAFLISH, *Submarine Antiquities*, cit., p. 13 ss.

ciali, già previste dalla Convenzione che, per ovvie ragioni, in tale circostanza assumeranno maggiore rilevanza di quella che assumono nelle ipotesi di delimitazione del mare territoriale.

Non può dirsi certamente che la norma sulla zona archeologica abbia già valore consuetudinario, ma essa potrebbe acquistarlo anche molto rapidamente, specie per gli spazi oceanici, tenuto anche conto del suo carattere di compromesso, rispetto alle pretese già contenute in alcune legislazioni nazionali, come quella australiana, che affidano allo Stato costiero il controllo sugli oggetti archeologici ed i relitti esistenti in tutta la piattaforma continentale, il che significa almeno fino alla distanza di duecento miglia. Pretese statali e legislazioni nazionali che, però, non hanno trovato alcun accoglimento né alcun avallo in sede di terza conferenza delle Nazioni Unite sul diritto del mare. La zona archeologica è, dunque, ancora un istituto di natura convenzionale che, alla luce della prassi attuale degli Stati, non sembra avere ancora sino ad oggi acquistato valore consuetudinario. Né la dottrina sembra essere del tutto concorde sulla portata delle nuove competenze spettanti allo Stato costiero nell'ambito di tale zona, cioè a dire se i poteri dello Stato nell'ambito di essa siano solo poteri di controllo o si estendano anche all'applicazione delle sue leggi.

La Convenzione di Montego Bay del 1982 presenta, tuttavia, ancora una lacuna per quanto riguarda la disciplina internazionale della protezione del patrimonio culturale subacqueo. Infatti, la zona che si estende dalle ventiquattro miglia marine di distanza dalla costa fino alle duecento miglia da essa resta ancora sottoposta al regime tradizionale della libertà dei mari. Anche per tale motivo, specie in questi ultimi anni, essa è oggetto di più intensi saccheggi dei beni culturali ivi situati, che non sono in alcun modo tutelati internazionalmente. Tale lacuna sarebbe stata evitata se fosse stata accolta la proposta, avanzata dagli Stati costieri dell'area mediterranea nel corso della terza conferenza, tendente ad estendere la zona archeologica a tutta la piattaforma continentale[17].

[17] Vedi *supra* nota 13. Occorre però ricordare che se si accoglie, come abbiamo fatto, la interpretazione restrittiva dell'art. 149 della Convenzione del 1982, all'applicazione del principio della libertà dei mari saranno sottoposti, oltre che gli oggetti situati tra le 24 e le 200 miglia dalla costa, anche quei beni culturali situati oltre le 200 miglia, che non rientrino nella categoria degli oggetti di eccezionale rilevanza archeologica e storica, sottoposti allo speciale regime previsto da tale articolo.

D'altro canto, come è noto, la Convenzione di Ginevra del 1958 sulla piattaforma continentale attribuisce allo Stato costiero poteri esclusivi di esplorazione e di sfruttamento delle risorse naturali della piattaforma continentale, nonché poteri in materia di ricerca scientifica ivi condotta, prevedendo altresì a carico di tale Stato l'obbligo di non interferire nell'esercizio dei propri diritti con le attività di ricerca scientifica condotte, con il suo consenso, da altri Stati. Non sembra, però, che si possa ampliare il significato dell'espressione ricerca scientifica, contenuta nella Convenzione di Ginevra del 1958, fino a ricomprendervi anche gli oggetti sommersi di natura storica ed archeologica. Lo stesso dicasi per le norme in materia di ricerca scientifica contenute nella Convenzione di Montego Bay[18], che pure hanno ampliato e rafforzato i poteri dello Stato costiero in materia di ricerca scientifica condotta sulla piattaforma continentale. L'analisi dei lavori della Terza Conferenza delle Nazioni Unite sul diritto del mare induce comunque ad escludere che si sia voluto in qualche modo assimilare la ricerca di oggetti archeologici e storici sommersi alla ricerca scientifica pura od applicata, di cui alla parte XIII della Convenzione del 1982.

4. La protezione del patrimonio culturale subacqueo: l'azione del Consiglio d'Europa

La necessità di una efficace protezione dei beni storici od archeologici, nel rispetto del dettato della Convenzione del 1982 sul diritto del mare, pur nel tentativo di superarne i limiti e di colmarne le lacune, ha portato all'elaborazione di interessanti progetti di convenzioni internazionali in materia, sia a portata universale che regionale. In particolare, ci si riferisce, in ordine cronologico, al progetto di Convenzione europea per la protezione del patrimonio culturale subacqueo, promossa in seno al Consiglio d'Europa, ed al progetto di Convenzione sulla protezione del patrimonio culturale subacqueo che è attualmente in fase di elaborazione, discussione e perfezionamento in sede UNESCO a livello di esperti governativi[19].

[18] Cfr. gli artt. 2, par. 2, e 5, par. 1, della Convenzione di Ginevra del 1958 sulla piattaforma continentale, e gli artt. 246 ss. della Convenzione di Montego Bay sul diritto del mare.

[19] Cfr. UNESCO, CTL-98/CONF. 202/5 dell'aprile 1998.

Sul piano regionale, il Consiglio d'Europa ha promosso la conclusione tra gli Stati membri di una Convenzione europea per la protezione del patrimonio culturale subacqueo, il cui progetto è stato redatto in seno ad un comitato *ad hoc* di esperti che si è riunito periodicamente a Strasburgo. L'adozione di tale Convenzione era stata auspicata dall'Assemblea parlamentare del Consiglio d'Europa con una Raccomandazione del 1978, nella quale venivano previste azioni sia a livello internazionale che a livello nazionale[20]. La predetta Raccomandazione conteneva anche la definizione di ciò che debba intendersi per patrimonio culturale subacqueo, che, inserita poi nel progetto di Convenzione europea, da un canto qualifica come beni culturali sommersi le vestigia e gli oggetti od altre tracce della presenza umana situati interamente od in parte in mare e, dall'altro, ha cura di precisare che beneficiano di tale protezione solo i beni culturali aventi un minimo di cento anni di età[21].

Promuovendo la stipulazione della Convenzione europea i ventidue Stati allora membri del Consiglio d'Europa intendevano porre rimedio, per quanto riguarda almeno i mari europei, ed in particolare il mare Mediterraneo ed il mare del Nord, alla lacuna esistente nella disciplina della Convenzione di Montego Bay con riferimento alla zona compresa tra le ventiquattro e le duecento miglia marine dalla costa. Uno dei principali problemi relativi alla redazione della Convenzione europea per la protezione del patrimonio culturale subacqueo era costituito, in tal modo, dalla determinazione dell'ambito di applicazione spaziale della futura Convenzione. Su questo problema di vitale importanza è stato difficile acquisire un unanime consenso in sede di redazione del progetto relativo, e la mancanza di tale consenso ha creato

[20] Per il testo della Raccomandazione n. 848, del 4 ottobre 1978, adottata dall'Assemblea parlamentare del Consiglio d'Europa, cfr., *Council of Europe, Parliamentary Assembly, Thirtieth Ordinary Session, Texts Adopted by the Assembly*, Strasburgo, 1978, p. 1.

[21] Cfr. l'art. 1 del progetto di Convenzione europea. Sulla nozione di patrimonio culturale subacqueo, oltre agli Atti del *Troisième Colloque de droit européen*, tenutosi a Delfi nel 1983, su "*La protection des biens culturels*", Strasburgo, 1984, si vedano: MEENAN, *Cultural Resources Preservation and Underwater Archaeology: Some Notes on the Current Legal Framework and a Model Underwater Antiquities Statute*, in *San Diego LR*, 1978, p. 623 ss.; O'KEEFE-PROTT, *International Legal Protection of the Underwater Cultural Heritage*, in *RBDI*, 1978/79, p. 85 ss.; AREND, *Archaeological and Historical Objects: the International Legal Implications of UNCLOS III*, cit., p. 779 ss.; CAFLISH, *Submarine Antiquities*, cit., p. 3 ss.

notevoli ostacoli alla redazione definitiva di molte altre disposizioni del progetto stesso poiché, nell'ambito di queste ultime, occorreva necessariamente effettuare un rinvio alla disposizione che determina la sfera di applicazione spaziale della Convenzione. Quest'ultima disposizione, infatti, per le varie implicazioni di carattere politico e territoriale che comporta, e per la sua stessa intrinseca sostanza, era destinata a divenire l'asse portante dell'intera Convenzione.

In sede di redazione del progetto di convenzione sono state espresse, ai fini della soluzione del problema dell'ambito di applicazione della normativa convenzionale, tre diverse tesi di fondo che possono essere sostanzialmente così riassunte: estensione dell'ambito di applicazione della Convenzione al solo mare territoriale degli Stati contraenti: cioè a dodici miglia marine dalla costa; estensione di esso ad una zona di ampiezza eguale alla zona contigua marittima: cioè a ventiquattro miglia marine dalla costa; estensione di esso a tutta la piattaforma continentale o, in alternativa, alla zona economica esclusiva: per un'ampiezza variabile tra le duecento e le trecentocinquanta miglia marine dalla costa[22].

È stata preferita la tesi che estende il campo di applicazione spaziale della Convenzione europea sulla protezione del patrimonio culturale subacqueo ad una zona di mare di ampiezza pari a quella della zona contigua marittima, sia in conformità alla volontà della maggioranza in seno al comitato *ad hoc*, sia in ossequio ai precedenti della Convenzione delle Nazioni Unite sul diritto del mare, sia infine per il suo carattere di compromesso tra le altre due tesi estreme[23].

[22] Tale diversità di opinioni si è manifestata in sede di Comitato di redazione, mediante la formulazione di ben sette versioni alternative della disposizione relativa alla sfera di applicazione spaziale della Convenzione. Ma, ben cinque di tali versioni si ricollegavano tutte, in un modo o nell'altro, alla tesi secondo la quale l'ambito di applicazione spaziale della futura Convenzione dovesse essere esteso ad una zona di ampiezza uguale a quella della zona contigua marittima di 24 miglia. Quest'ultima è la tesi che ha incontrato, in ultima istanza, la maggioranza dei consensi, mentre, le due restanti formulazioni si sono rivelate ambedue come minoritarie. Per un commento della dottrina, cfr. LEANZA, *La sfera di applicazione spaziale della Convenzione europea*, cit., in particolare, p. 36 ss.; PECORARO, *Il regime giuridico della ricerca archeologica marina nell'ambito della ZEE*, in LEANZA-SICO (a cura di), *Zona economica esclusiva e mare Mediterraneo*, Napoli, 1990, p. 137 ss., in particolare, p. 155 ss.

[23] Cfr. gli artt. 33 e 303 della Convenzione di Montego Bay. Cfr. altresì il rapporto presentato dal delegato danese LUND, nel corso della Conferenza interparlamentare riunitasi a Palermo dal 2 al 4 novembre 1983 (Doc. AS/JUR/MAR/ Conf. (35) 7), in *Conseil de l'Europe, Actes du troisième Colloque de droit européen*, cit., p. 136 ss.

Il progetto definitivo di tale Convenzione europea è stato finalmente adottato, nel febbraio 1985, dopo varie vicissitudini concernenti la determinazione del campo di applicazione spaziale della Convenzione stessa[24]. In particolare, si prevede l'affidamento della protezione dei beni culturali subacquei agli Stati contraenti, anche al di là dei limiti del mare territoriale, entro una zona marittima di ventiquattro miglia dalla costa. Conseguentemente, qualsiasi asportazione dal fondo del mare, nell'ambito di tale zona, di beni culturali subacquei, senza una specifica autorizzazione da parte dello Stato costiero, viene considerata come una infrazione alle leggi ed ai regolamenti dello Stato costiero interessato.

Peraltro, è considerato necessario che gli Stati contraenti possano disporre di questa zona supplementare, che si prefigura di competenza esclusiva, relativamente alla protezione dei beni archeologici e storici anche al fine di ridurre, per quanto è possibile, le distese sottomarine sottratte alla giurisdizione di tutti gli Stati, nell'ambito delle quali potrebbero essere liberamente svolte da chiunque, e senza alcuna autorizzazione, operazioni di recupero dannose per la conservazione del patrimonio culturale subacqueo. Ciò nonostante, in considerazione del carattere facoltativo che l'istituzione della zona contigua riveste per ciascuno Stato, anche l'estensione della Convenzione europea ad una zona di eguale ampiezza deve conservare carattere facoltativo. Ma, in caso di estensione alla zona stessa, la competenza relativa nell'ambito di essa deve rivestire carattere esclusivo, al fine di evitare l'esercizio della stessa competenza da parte di altri Stati nell'ambito della stessa zona. Il che non impedisce, tuttavia, la possibilità che scavi archeologici ed altre operazioni di recupero possano essere compiuti nella zona, da parte di cittadini o di imprese straniere, purché debitamente autorizzati dallo Stato costiero nell'esercizio della sua competenza esclusiva.

In ogni caso, il progetto di convenzione europea, ha esplicitamente stabilito che per rendere possibile l'istituzione di tale zona, per lo meno entro i limiti delle ventiquattro miglia marine, è necessario che lo Stato costiero abbia già istituito preventivamente una zona contigua ma-

[24] Per il testo del Progetto di Convenzione, cfr. *Conseil de l'Europe, Comité ad hoc d'experts sur le patrimoine culturel subaquatique*, CAHAQ (85) 5, Strasburgo, le 23 avril 1985, p. 16 ss.; nonché il successivo commento contenuto nel documento del Comitato dei Ministri CM (85) 212 del 28 ottobre 1985.

rittima per altre ragioni, vale a dire per ragioni doganali, fiscali, sanitarie o di immigrazione. Solo successivamente, sarà possibile estendere alla zona stessa anche la disciplina relativa alla protezione dei beni culturali.

La Convenzione pone poi in evidenza l'obbligo degli Stati parti di cooperare in materia di ricerca, di scavi propriamente detti, di documentazione e di conservazione[25]. L'armonizzazione ed il coordinamento tra gli Stati contraenti costituiscono uno degli obiettivi principali della Convenzione[26].

Il progetto contiene invero disposizioni precise e dettagliate sul concetto di ricerca archeologica. Esso è certo largamente discrezionale nella enunciazione delle regole di condotta, ma le direttive che stabilisce sono indispensabili dato l'attuale stadio della materia. Le disposizioni relative alla ricerca possono essere distinte a seconda che si riferiscano ai beni scoperti od abbiano riguardo alle persone impegnate nella ricerca o coinvolte in modo fortuito nella scoperta.

Per quanto riguarda i beni scoperti, la Convenzione enunzia innanzi tutto l'obbligo per gli Stati contraenti di assicurare, in un primo tempo, che il bene culturale sommerso sia mantenuto nel sito in cui viene scoperto fino a quando vengano adottate le decisioni e misure appropriate per il recupero o per la conservazione *in situ*. Questo primo stadio appare estremamente difficile da realizzare. Le autorità pubbliche devono curare che il giacimento o il relitto resti al riparo da interferenze umane, volontarie o meno. Per tale ragione, nella maggior parte dei casi, viene raccomandato il mantenimento del segreto sulla localizzazione del bene dal momento della sua scoperta. Inoltre, l'ambiente fisico e biologico dei fondali marini garantisce meglio la preservazione del bene, mentre la sua esposizione all'atmosfera può rischiare di distruggerlo[27]. La Convenzione, pur insistendo sulla necessi-

[25] Cfr. l'art. 303 della Convenzione di Montego Bay e l'art. 2 del progetto di Convenzione europea.

[26] Cfr. l'art. 4 del progetto di Convenzione citato. Ai fini della realizzazione dell'armonizzazione e del coordinamento indicati, viene istituito un organo specializzato, il Comitato permanente, al quale viene affidato il compito di verificare a titolo continuativo lo stato di applicazione della Convenzione. A termini dell'art. 19, il Comitato potrà prendere in considerazione ogni azione di cooperazione internazionale in materia di prospezione e di recupero, di scavi e di conservazione.

[27] Come è stato osservato, il legno ed i tessuti si conservano meglio in fondo al mare, ove l'ossigeno è rarefatto, e rischiano di ridursi in polvere una volta rimossi dalle

tà di un mantenimento del bene nel sito della scoperta, prevede che, una volta recuperato, il bene dovrà beneficiare di misure di conservazione appropriate. Ciò significa che, se non si è in grado di preservare il bene, è meglio lasciarlo nel suo sito originario.

Tutti i dati relativi alla scoperta dovranno essere registrati. In caso di recupero fortuito, lo Stato è tenuto a fare in modo che gli elementi che è stato possibile raccogliere sul bene vengano egualmente registrati. La pubblicazione dei dati registrati, relativi al bene scoperto e sui lavori scientifici in corso al riguardo, è richiesta a più riprese dalla Convenzione. Lo Stato interessato può scegliere però i tempi della pubblicazione e l'ampiezza dei dati che intende rendere pubblici. Infine, il progetto si preoccupa di indicare che i beni sommersi, una volta recuperati, dovrebbero essere conservati in condizioni tali da facilitarne lo studio da parte di ricercatori qualificati. Eventualmente la totalità od una adeguata selezione di tali beni potrà essere esposta al pubblico[28].

Per quanto riguarda le persone interessate, lo Stato deve esigere da ciascun soggetto sottoposto alla sua giurisdizione di segnalare, senza indugio, le scoperte effettuate e se il bene sia stato o meno rimosso dal luogo della scoperta. Lo Stato può egualmente esigere dai suoi cittadini che essi segnalino ogni scoperta da essi effettuata negli spazi marini nell'ambito dei quali nessuno Stato esercita il proprio controllo sui beni culturali.

La Convenzione tace, invece, sul problema della eventuale ricompensa da attribuire all'inventore. Viene per contro prevista la possibilità che le operazioni di prospezione, di localizzazione, di scavo o di recupero, poste in essere da individui o da organismi interessati, anche stranieri, vengano sottoposte alla autorizzazione preventiva dello Stato. Questa autorizzazione sarà condizionata anche dalla adeguata competenza delle persone coinvolte. In tal modo, si estende al settore della ricerca archeologica il regime del consenso dello Stato costiero, che vige più in generale nella Convenzione di Montego Bay rispetto alla ricerca scientifica. Il progetto europeo consacra, infine, per la pri-

acque, prematuramente e senza precauzioni. Cfr. in particolare sul punto, le disposizioni dell'art. 6 del progetto di Convenzione.

[28] Cfr. gli artt. 5, 7, 8 e 9 del progetto di Convenzione.

ma volta, benché in modo prudente, il ruolo delle associazioni di sommozzatori e degli organismi specializzati nella ricerca sottomarina[29].

Estremamente opportune sembrano, infine, le disposizioni che fanno salvi i diritti dei proprietari identificabili, i diritti di recupero marittimo ed i diritti in materia di scambi culturali; nonché il richiamo agli accordi internazionali ed alle norme interne ed internazionali in materia di protezione dei beni di carattere archeologico e storico. Tali eccezioni e tali richiami possono contribuire, infatti, anche alla soluzione dei problemi relativi alla cooperazione giudiziaria in materia di protezione del patrimonio culturale subacqueo tra gli Stati contraenti, problemi a lungo rimasti insoluti in sede di redazione del progetto di Convenzione europea.

Viene prevista, altresì, la competenza degli Stati costieri ad emanare le misure appropriate al fine della protezione dei beni culturali subacquei esistenti sulle rispettive piattaforme continentali, in connessione con l'esercizio delle attività di esplorazione e di sfruttamento della piattaforma stessa, misure che sono spesso presenti già nelle legislazioni nazionali. Nonostante la limitazione della zona marittima, relativa alla protezione dei beni culturali subacquei, a ventiquattro miglia dalla costa, non si pregiudica il diritto dello Stato costiero ad applicare, in conformità al diritto internazionale, le sue leggi ed i suoi regolamenti in materia, anche in zone di ampiezza diversa, al di là dei limiti del mare territoriale.

Ciò considerato, la maggiore differenza esistente tra le due Convenzioni sopra illustrate sta nella circostanza che il progetto europeo pone rimedio alla lacuna esistente nella disciplina della Convenzione di Montego Bay, affidando allo Stato costiero, che esercita il controllo sullo sfruttamento della piattaforma continentale, il potere di proteggere i beni culturali sommersi situati sulla piattaforma stessa. In pratica, è lo stesso operatore, che potrebbe potenzialmente costituire il maggiore pericolo per i beni culturali nella conduzione delle attività di esplorazione e di sfruttamento della piattaforma, ad essere internazionalmente deputato, o per meglio dire obbligato, alla tutela ed alla protezione di siffatti beni.

[29] Cfr. gli artt. 6, 7, 9 e 11 del progetto di Convenzione.

5. *Segue*: l'azione dell'UNESCO

Sul piano universale, l'UNESCO dal 1993 si sta occupando di elaborare uno strumento internazionale per la protezione del patrimonio culturale subacqueo. In particolare, nel 1994, l'Associazione di diritto internazionale (ILA) ha sottoposto all'esame dell'UNESCO un progetto di convenzione sulla protezione del patrimonio culturale subacqueo. Il Direttore generale dell'UNESCO ha poi proceduto ad uno studio di fattibilità che è stato approvato dal Consiglio esecutivo di questa organizzazione. Tale studio, dopo essere stato diffuso tra gli Stati membri, per poterne raccogliere le opinioni e le osservazioni, è stato esaminato dalla conferenza generale nel 1995 e nel 1996, nonché dagli esperti governativi in più riunioni, l'ultima delle quali si è tenuta nell'estate del 1998. Nel corso di questa riunione si è cercato di individuare i principali punti di convergenza e di divergenza tra gli Stati rispetto ad un progetto di convenzione elaborato dall'UNESCO e dalla DOALAS (*United Nations Division of Ocean Affairs and Law of the Sea*) a partire dal progetto dell'ILA e tenuto conto delle posizioni governative espresse e del parere dell'Organizzazione marittima internazionale. Ed ancora una volta è emerso che l'aspetto più delicato consiste nell'individuazione dei diritti spettanti allo Stato costiero, tanto che sarà necessaria un'altra riunione nella primavera del 1999, nella quale si spera sia possibile redigere un testo da sottoporre alla conferenza generale dell'UNESCO che si terrà nell'ottobre 1999.

Il progetto di convenzione UNESCO riprende ampiamente quello dell'ILA, rispetto al quale, tuttavia, si presenta più articolato; diversi articoli, infatti, sono stati aggiunti ed altri sono stati modificati. Molti inoltre sono i punti di contatto con il progetto del Consiglio d'Europa, di cui si è prima trattato. Le disposizioni più interessanti del progetto UNESCO, limitatamente a quanto in tale sede interessa, sono quelle sulla definizione di patrimonio culturale subacqueo, sul campo di applicazione della convenzione, sui poteri dello Stato costiero relativamente al patrimonio culturale subacqueo nelle diverse zone di mare nelle quali, ai sensi della Convenzione sul diritto del mare del 1982, questo può esercitare la sua sovranità o la sua giurisdizione funzionale. Analogamente ad altri accordi dell'UNESCO, il progetto contiene poi delle norme che impongono agli Stati l'obbligo di conformare i rispettivi ordinamenti ad un livello base di protezione del proprio patrimonio culturale subacqueo, che comporta la registrazione e la notifica del recupero di tale patrimonio; la distribuzione delle informazioni e la predisposizione di forme di collaborazione interstatale in materia; lo sviluppo di attività di educazione e di formazione sulla archeologia subacquea nonché il potenziamento dei servizi nazionali, se già esistenti, od altrimenti la loro creazione. Per molte attività, infine, è prevista la possibilità di usufruire dell'assistenza tecnica dell'UNESCO.

Passando ad esaminare le disposizioni centrali del progetto, per quanto riguarda la definizione di patrimonio culturale subacqueo, essa è composta da due elementi: quello temporale, in quanto si deve trattare di siti, strutture, reperti, oggetti, relitti di navi, aeromobili, etc., che siano sommersi da più di cento anni, e quello fattuale, essendo necessario che il bene culturale subacqueo sia stato abbandonato (art. 1). Da sottolineare come non sia stata accettata la proposta di includere nel concetto anche i siti "naturali", come proposto da taluni Stati[30]. Interessante, poi, è l'esclusione dal campo di applicazione della convenzione dei relitti di navi da guerra e di aeromobili militari che al momento della loro utilizzazione erano utilizzati esclusivamente a fini non commerciali (art. 2). Al riguardo, sarebbe preferibile escludere da tale eccezione le navi da guerra risalenti ad epoche remote (navi romane, etc.).

Anche se il progetto di Convenzione ha come suo scopo la protezione del patrimonio culturale subacqueo situato al di là delle acque interne, delle acque arcipelagiche e del mare territoriale, l'articolo 4 del progetto è dedicato al patrimonio culturale subacqueo in tali zone di mare, al fine di sottolineare, ribadendo la competenza esclusiva dello Stato in materia, la necessità di adattare tecniche e principi di archeologia alle peculiarità proprie dell'archeologia marina, conformemente a quanto sancito dalla Carta per la protezione del patrimonio culturale subacqueo, adottata a Sofia nel 1996 da parte del Consiglio internazionale dei monumenti e dei siti (ICOMOS).

L'articolo 5 costituisce una delle due disposizioni fondamentali del progetto. È infatti la prima volta che un accordo enuncia il diritto degli Stati costieri di estendere la loro giurisdizione sul patrimonio culturale subacqueo sito nella zona economica esclusiva o nella piattaforma continentale. Tale formulazione si basa sull'opinione che la Convenzione delle Nazioni Unite sul diritto del mare del 1982, pur non attribuendo

[30] Grecia, Corea del Sud, Tunisia e Venezuela. Cfr. Doc. CTL-98/CONF.202/5, cit., p. 6.

espressamente agli Stati costieri una giurisdizione funzionale sui beni culturali subacquei della zona economica esclusiva e della piattaforma continentale, non la escluda tassativamente. Inoltre, secondo questa interpretazione, il paragrafo 1 dell'articolo 303 della Convenzione del 1982, fornirebbe un argomento supplementare all'esercizio di una tale giurisdizione da parte dello Stato costiero. Questo paragrafo, che impone agli Stati l'obbligo generale di proteggere il patrimonio culturale subacqueo e di cooperare a tale scopo, è inserito nella parte XVI della Convenzione la quale, contenendo disposizioni generali, si applica, dunque, a tutti i fondali marini quale che sia la giurisdizione che lo Stato costiero esercita sugli stessi. Come conseguenza di tale impostazione, il progetto non menziona assolutamente la zona contigua di ventiquattro miglia marine, in quanto tale riferimento risulta inutile alla luce dell'attribuzione allo Stato costiero della giurisdizione sui beni archeologici subacquei entro la zona economica esclusiva o la piattaforma continentale.

Su questo articolo 5 si sono avuti, così come in passato era avvenuto per disposizioni di analogo contenuto, molti dibattiti nel corso dell'ultima riunione di esperti governativi. Esiste infatti tuttora una radicale contrapposizione circa i diritti esercitabili dallo Stato costiero sul patrimonio culturale subacqueo che si trova nella zona economica esclusiva o nella piattaforma continentale. Secondo alcuni Paesi (come Stati Uniti, Germania, Regno Unito, Giappone, Francia, Norvegia, Paesi Bassi) un'estensione dei diritti dello Stato costiero oltre le ventiquattro miglia (limite esterno della zona archeologica) sarebbe in contrasto con il principio della libertà dell'alto mare e con il compromesso raggiunto nell'articolo 303 della Convenzione sul diritto del mare del 1982. Secondo altri Paesi (come Canada, Australia, Irlanda, Argentina, altri Stati latino-americani, Tunisia, Cina), nulla vieta allo Stato costiero di tutelare il patrimonio culturale che si trova nella zona economica esclusiva o nella piattaforma continentale[31].

In effetti, qualsiasi tentativo volto a superare la lacuna sicuramente rinvenibile nel testo della Convenzione del 1982 relativamente alla protezione del patrimonio culturale subacqueo nei fondali marini tra le ventiquattro e le duecento miglia dalla costa, deve partire da un'attenta lettura ed interpretazione delle norme in essa contenute. Quest'ultima, infatti, attraverso il combinato disposto degli articoli 149

[31] *Ibid.*, p. 10 ss.

e 303 esclude nettamente solo l'istituzione di altre zone di mare, diverse da quelle in essa sancite, da parte degli Stati costieri, in cui essi possano esercitare poteri funzionali, così come l'estensione della zona archeologica oltre il limite delle ventiquattro miglia marine di cui all'articolo 33. Non si rinviene, invece, traccia nella Convenzione in esame di un divieto ad incrementare, rispetto a quanto nella stessa previsto, la protezione dei beni storici od archeologici subacquei. Anzi, il paragrafo 4 dell'articolo 303, espressamente chiarisce che quanto dallo stesso disposto non pregiudica altri accordi internazionali e quelle norme di diritto internazionale relative alla protezione degli oggetti di carattere archeologico o storico. Pertanto, la Convenzione del 1982 non preclude che possano essere attribuiti determinati diritti allo Stato costiero relativamente alla protezione del patrimonio culturale subacqueo sito al largo delle sue coste tra le ventiquattro e le duecento miglia marine, sempre che tale attribuzione non si traduca in forme larvate di giurisdizione strisciante. Sarebbe così, ad esempio, ipotizzabile che agli Stati costieri debbano essere notificati tutti i ritrovamenti di oggetti storici subacquei avvenuti entro tale fascia di fondale e sottosuolo marini e/o che agli stessi possa essere attribuita la competenza ad autorizzare il recupero di questi beni.

In altri termini, la protezione dei beni culturali dovrebbe essere strutturata analogamente a quanto accade per la protezione dell'ambiente marino dall'inquinamento. In questo senso, l'attuale formulazione dell'articolo 5 del progetto di Convenzione UNESCO costituisce un indubbio passo avanti rispetto al testo predisposto dall'ILA. Infatti, mentre quest'ultimo istituiva chiaramente una “zona del patrimonio culturale”, nell'articolo in esame è scomparso ogni riferimento all'individuazione di nuovi ambiti spaziali di giurisdizione funzionale degli Stati costieri per soffermarsi, invece, piuttosto sull'individuazione di determinate facoltà e poteri in capo agli Stati costieri rispetto alla protezione dei beni archeologici subacquei. Tale articolo dunque sembra costituire un apprezzabile compromesso ed un'utile base di lavoro.

Infine, la seconda disposizione fondamentale del progetto di Convenzione UNESCO è costituita dall'articolo 7, che impone agli Stati parti di imporre determinate restrizioni alle navi battenti le loro rispettive bandiere allo scopo di proteggere il patrimonio culturale subacqueo. In particolare, essi devono vietare alle loro navi di condurre attività che riguardino il patrimonio culturale subacqueo nelle zone ove nessuno Stato esercita la sua giurisdizione (par. 2, *a)*) ed assicurare che tali navi non svolgano, nella zona economica esclusiva e nella piattaforma continentale di un altro Stato, attività che siano contrarie alle leggi e regolamenti di quest'ultimo in materia di protezione del patrimonio culturale subacqueo (par. 2, *b)*). In quest'ottica, appare molto importante l'attribuzione, di cui all'articolo 6 del progetto, di poteri di controllo anche allo Stato del porto. Pertanto, anche in materia di protezione dei beni culturali subacquei, analogamente a quanto accade per la tutela dell'ambiente marino dall'inquinamento, sembra delinearsi la competenza concorrente dello Stato costiero, dello Stato della bandiera e dello Stato del porto.

RITA MAZZA*

LA PROTEZIONE INTERNAZIONALE DEI BENI CULTURALI MOBILI IN CASO DI CONFLITTO ARMATO: POSSIBILI SVILUPPI

Sommario: – 1. Introduzione – 2. Il sistema di protezione dei beni culturali nella Convenzione de L'Aja del 1954: da protezione subordinata a protezione primaria – 3. *Segue*: in particolare i beni culturali mobili – 4. Responsabilità degli Stati e responsabilità individuale – 5. Il Comitato come organo interno di applicazione della Convenzione.

1. Introduzione

Nel corso degli ultimi eventi bellici, accanto ai tradizionali strumenti di battaglia, suscettibili di per sé di provocare gravi danni al patrimonio culturale, si è fatto ricorso a strumenti più perversi, quali l'epurazione etnica e la distruzione deliberata di beni culturali, aggiungendo così alla distruzione materiale la distruzione morale del nemico, colpito nella sua identità e memoria storica.

Rinviando ad altre sedi riflessioni di carattere politico o sociologico, qui rileva il sistema di protezione che il diritto internazionale prevede a favore dei beni culturali in caso di conflitto armato. Il fulcro di tale sistema è rappresentato dalla Convenzione de L'Aja del 1954, dal Regolamento di esecuzione e dal Protocollo di pari data[1]. Si affiancano codificazioni successive che, pur non essendo specificamente dirette a

* *Dottore di ricerca in diritto pubblico.*

[1] Durante la conferenza generale dell'UNESCO tenutasi a Firenze nel 1950, l'Italia ha svolto un importante ruolo promotore. Sul punto cfr. NAHLIK, *Biens culturels*, in *Rec. des Cours*, 1967, p. 120; LEANZA, *La protezione dei beni culturali e il concetto di patrimonio comune dell'umanità*, in *Scritti in onore di Angelo Falzea*, 1991, p. 472; TOMAN, *La protection des biens culturels en cas de conflit armé-Commentaire de la Convention de La Haye du 14 mai 1954*, UNESCO, 1994 p. 39.

disciplinare la materia di nostro interesse, hanno una importante ricaduta su di essa. Due sono i filoni sostanzialmente seguiti: la regolamentazione adottata in ambito UNESCO ed il diritto internazionale umanitario, sviluppato principalmente dal Comitato internazionale della Croce Rossa. Per realizzare il suo mandato, l'UNESCO ha adottato numerose raccomandazioni e due importanti convenzioni: la Convenzione di Parigi del 1970 concernente le misure da prendere per vietare e impedire ogni illecita importazione, esportazione e trasferimento di proprietà riguardanti beni culturali e la Convenzione di Parigi del 1972 sulla protezione del Patrimonio mondiale culturale e naturale. Pur riferendosi principalmente alla protezione in tempo di pace, entrambe le Convenzioni contengono riferimenti al caso dei conflitti armati. Nel quadro del diritto internazionale umanitario è sufficiente ricordare: i Protocolli addizionali alle Convenzioni di Ginevra del 1949, adottati nel 1977; la Convenzione del 1980 sulle armi classiche e la conferenza internazionale per la protezione delle vittime della guerra del 1993[2].

Una parte della dottrina ritiene che oltre alle norme convenzionali esistano norme consuetudinarie, che vincolano gli Stati indipendentemente dalla conclusione di accordi: si parla del divieto di appropriarsi di oggetti d'arte come bottino di guerra; dell'obbligo di restituzione in caso di violazione del divieto; della restituzione degli archivi; e in una visione più ampia, dell'obbligo di conservare e proteggere i beni culturali iscritti nella Lista del Patrimonio mondiale prevista dalla Convenzione di Parigi del 1972[3]. Non esiste, però, univocità di pensiero sul punto, in quanto sono stati messi in discussione la qualificazione ed il contenuto della presunta norma non scritta. La questione è particolarmente rilevante dal momento che l'esistenza di una norma internazionale consuetudinaria eliminerebbe il problema degli Stati

[2] Cfr. TOMAN, *La protection des biens culturels en cas de conflit armé-Commentaire de la Convention de La Haye du 14 mai 1954*, cit. p. 42 ss.

[3] Cfr. NAHLIK, *Biens culturels*, cit., pp. 69, 77, 89, 145; FRIGO, *La protezione dei beni culturali nel diritto internazionale*, Milano, 1986, p. 62 ss.; GALENSKAYA, *International Co-operation in Cultural Affairs,* in *Rec. des Cours,* 1986, p. 319; LEANZA, *La protezione dei beni culturali*, cit., p. 472; NAHLIK, *Some Deficiencies of the Hague Convention of 1954 on the Protection of Cultural Property in the Event of Armed Conflict*, in *Ann. A.A.A.*, 1974, Vol. 44, p. 100; BOYLAN, *Review of the Convention for the Protection of Cultural Property in the Event of Armed Conflict (The Hague Convention of 1954)*, Parigi, 1993, pp. 7, 91, 94, 104, 139; FRANCIONI, *Patrimonio comune della cultura. Sovranità e conflitti armati*, in *Studi Senesi*, 1994, fasc. 1, p.18.

legibus soluti, ossia quegli Stati che non avendo assunto impegni convenzionali sono liberi da qualsiasi obbligo. L'esclusione dell'esistenza di norme consuetudinarie in materia fa leva sul fatto che dalla rassegna dei conflitti armati, a partire dai più remoti, emerge una prassi contrastante ed anche in quei casi in cui si è avuta una reiterazione più costante non si può parlare di effettivo convincimento delle parti di agire in modo giuridicamente vincolante: così sarebbe per l'obbligo di restituzione in caso di violazione del divieto di appropriarsi dei beni culturali del nemico, ed in particolare della restituzione degli archivi, che normalmente si presentano come clausole inserite nei trattati di pace dalle potenze vincitrici e subìte come tali dagli sconfitti[4]. Un altro elemento posto a sostegno della tesi negativa è che si tratterebbe di obblighi continuamente violati.

Senza entrare specificamente nel merito della questione, che esula dall'economia del presente lavoro, ci limitiamo ad osservare che se nel caso di un generale obbligo di protezione quale quello previsto dalla Convenzione di Parigi del 1972, potrebbe non essere sufficiente il carattere quasi universale dello strumento convenzionale, qualora ad esso non si accompagni l'individuazione del contenuto specifico dell'obbligo stesso[5], a parere di chi scrive, conclusioni diverse meritano altre manifestazioni della prassi internazionale: le distruzioni e i danneggiamenti provocati dai più recenti conflitti armati sono stati vagliati, insieme ad altri crimini, dal Tribunale de L'Aja appositamente istituito e la costituenda Corte penale permanente, tra le competenze previste, dovrà giudicare anche i crimini contro i beni culturali; perché definirlo un crimine se non si fosse convinti della necessità giuridica e sociale del divieto? Né l'argomentazione negativa basata sulla continua violazione dell'obbligo sembra sufficientemente valida, se si considera che diritti ormai acquisiti alla consuetudine internazionale, quali i diritti dell'uomo ed il diritto dell'ambiente, sono frequentemente violati. Si tenga conto anche che il riferimento esplicito al diritto consuetudinario è sempre più frequente nei documenti ufficiali, quali i Rapporti del Dipartimento della difesa al Congresso degli Stati Uniti

[4] Cfr. PANZERA, *La tutela internazionale dei beni culturali in tempo di guerra*, Torino, 1993, pp. 13 ss. e 43 ss.

[5] In tema di obbligo di valorizzazione del patrimonio culturale si veda MUCCI, *La valorizzazione del patrimonio culturale e naturale: significato e strumento di una "tutela sostenibile"*, in CICIRIELLO (a cura di), *La protezione del patrimonio mondiale culturale e naturale a venticinque anni dalla Convenzione*, Napoli, 1997, p. 269 ss.

d'America, le Note di informazione dell'UNESCO, taluni progetti di esperti giuridici[6].

Sul piano del diritto convenzionale, che rappresenta il profilo di nostro esplicito interesse, è in atto un tentativo di aggiornare e rafforzare, mediante un Protocollo aggiuntivo[7], il meccanismo di protezione previsto dalla Convenzione de L'Aja del 1954, tentativo che merita grande considerazione quale espressione della volontà di fornire al diritto internazionale nuovi strumenti per fronteggiare i pericoli che possono derivare ai beni culturali da un conflitto armato, con la speranza di non dover più assistere, impotenti, a barbarie come quelle perpetrate nella ex Jugoslavia.

Sulla base di uno studio, noto come Rapporto Boylan, commissionato per analizzare l'applicazione della Convenzione e, al tempo stesso, per individuare misure pratiche per migliorarla[8], l'UNESCO ha convocato diverse riunioni di esperti, chiamati a puntualizzare e ad articolare le modifiche necessarie a migliorare i punti deboli e a colmare le lacune esistenti. La prima riunione si è tenuta a L'Aja nel luglio 1993 ed ha esaminato e discusso le proposte contenute nel Rapporto Boylan; la seconda a Lauswolt, nei Paesi Bassi, nel febbraio 1994 ha portato alla stesura di un documento che puntualizza ed articola le modifiche che si intendono apportare; e la terza a Parigi tra novembre e dicembre dello stesso anno che commenta le principali questioni trattate, attualmente sottoposte all'esame degli Stati[9]. L'orientamento è quello di

[6] Cfr. BOYLAN, *Review of the Convention for the Protection of Cultural Property*, cit., p. 201 ss.; UNESCO Doc. CLT-95/CONF. 009/INF. 1, 1995, p. 2; UNESCO Doc. CLT/95/CONF.009/2, 1995, p. 1.

[7] Appurata l'opportunità di introdurre nuove disposizioni giuridiche per rafforzare la Convenzione de L'Aja, si è posto il problema delle modalità di adozione di siffatte disposizioni, ossia tramite lo strumento della revisione oppure tramite un protocollo aggiuntivo. In generale, la prassi internazionale cerca di evitare di revisionare il testo di una convenzione consolidata per diversi motivi. In primo luogo, la revisione potrebbe coinvolgere disposizioni che sono state oggetto di difficili negoziati e comportare, quindi, un indebolimento della protezione giuridica; inoltre, si complica il rapporto tra gli Stati che sono parte del vecchio testo e quelli che aderiscono al testo revisionato, senza considerare che alcuni Stati potrebbero non divenire mai parti al nuovo testo. Già il Rapporto Boylan aveva suggerito di ricorrere, nel caso specifico, ad un Protocollo aggiuntivo; nello stesso senso si è espressa l'UNESCO e la maggioranza dei partecipanti alla seconda riunione della Alte Parti Contraenti, tenutasi a Parigi il 13 novembre 1995. Cfr. UNESCO Doc. CLT/94/608/1, 1994, p. 28; UNESCO Doc. CLT-95/CONF. 009/5, 1995, p. 3.

[8] Cfr. UNESCO Doc. CLT-93/WS:12, 1993.

[9] Cfr. UNESCO Doc. 142 EX/15, 1993; UNESCO Doc. CLT/95/CONF/009/2, 1995;

assicurare ai beni culturali, o almeno ad una certa categoria di beni culturali, una protezione incondizionata, di snellire la procedura di iscrizione, di creare un sistema interno di applicazione e di supervisione della Convenzione, di stabilire una maggiore responsabilità non solo degli Stati ma anche degli individui, e, relativamente al tema specifico del presente lavoro, di includere la disciplina dei trasporti dei beni culturali mobili, attualmente previsto dal Protocollo facoltativo, nel testo della Convenzione. L'esposizione che segue, quindi, intende verificare le proposte di modifica avanzate e i possibili sviluppi del settore.

2. Il sistema di protezione dei beni culturali nella Convenzione de L'Aja del 1954: da protezione subordinata a protezione primaria

Un sistema di protezione esteso al maggior numero possibile di beni culturali non può fornire la stessa garanzia di efficacia che più facilmente deriva da una tutela concentrata su un numero ristretto dei beni, la quale, però, resta pur sempre parziale. La Convenzione de L'Aja del 1954 ha trovato una soluzione di compromesso nella previsione di due livelli di protezione: una protezione generale di cui godono tutti i beni che rientrano nella definizione contenuta nell'articolo 1[10]; ed una protezione speciale, riservata ad un numero limitato di beni di altissima importanza[11].

La protezione generale si basa su due principi, ossia la salvaguardia ed il rispetto dei beni culturali. La salvaguardia prevede un obbligo di fare: ogni Stato parte si impegna a predisporre le misure *che ritiene* necessarie affinché i beni presenti sul *proprio* territorio siano salvaguardati. Una forte discrezionalità, quindi, caratterizza la competenza attribuita allo Stato possessore che, dovendo agire in tempo di pace contro effetti prevedibili di un conflitto armato, ha la possibilità, facendo una estrema ipotesi, di non agire se questo è ciò che "ritiene appropriato"[12]. Probabilmente una previsione di questo tipo risponde

UNESCO Doc. CLT/94/608/1, 1994.

[10] Disciplinata dal capo I della Convenzione.

[11] Disciplinata dal cap. II della Convenzione.

[12] Cfr. BOYLAN, *Review of the Convention for the Protection of Cultural Property*, cit., p. 59 ss.; TOMAN, *La protection des biens culturels en cas de conflit armé- Commentaire de la Convention de La Haye du 14 mai 1954*, cit., p.79.

alla esigenza di facilitare l'adesione degli Stati, che di fronte a disposizioni molto rigide sarebbero stati più reticenti; in questo modo, però, si corre il rischio di vanificare la normativa con contenuti eccessivamente "soft". La stessa discrezionalità si trova nella competenza sussidiaria attribuita in questo settore allo Stato occupante[13].

Il rispetto dei beni culturali racchiude i doveri negativi delle parti in conflitto: *tutti* gli Stati contraenti si impegnano a rispettare sia i beni culturali presenti sul proprio territorio sia quelli presenti sul territorio di *altri* Stati contraenti. Il rispetto consiste nel non utilizzare tali beni, i loro dispositivi di protezione e le loro immediate vicinanze per fini che potrebbero esporli a distruzione o deterioramento in caso di conflitto armato e nell'astenersi da ogni atto di ostilità nei loro confronti.

Per soddisfare la necessità di una protezione rafforzata di particolari categorie di beni il capitolo II della Convenzione attribuisce a "un nombre restreint de refuges destinés à abriter des biens culturels meubles en cas de conflit armé, de centres monumentaux et d'autres biens culturels immeubles de très haute importance" una protezione speciale. Condizioni essenziali sono che essi si trovino ad una distanza adeguata da obiettivi militari e che non siano *usati* a fini militari; quest'ultima condizione fa sì che beni situati presso un obiettivo militare possano ugualmente beneficiare della protezione speciale sempre che la Alta Parte Contraente si impegni a non fare uso di tali obiettivi[14]. È richiesta, inoltre, l'iscrizione dei beni culturali ad un apposito registro internazionale, tenuto dal Direttore generale dell'UNESCO, su domanda dello Stato interessato, in base alla procedura prevista dal Regolamento di esecuzione[15]. Ciò che lo Stato Parte ottiene

[13] Cfr. art. 5 della Convenzione del 1954.

[14] In proposito una questione di particolare rilievo si è posta in occasione della domanda di iscrizione della Città del Vaticano: perché fossero soddisfatte tutte le condizioni richieste è stato necessario l'impegno da parte del governo italiano di non utilizzare la via Aurelia, grande via di comunicazione in prossimità della Città del Vaticano, a scopi militari. La particolarità consiste nel fatto che l'impegno è stato assunto da uno Stato diverso da quello che aveva chiesto l'iscrizione. Cfr. MALINTOPPI, *La protezione "speciale" della Città del Vaticano in caso di conflitto armato*, in *Riv. Dir. Inter.*, vol. XLIII, p. 607 ss.

[15] Poiché è data la possibilità di opporsi all'iscrizione di un bene, una eventuale infrazione assume un carattere di estrema gravità: la Parte che commette la violazione non potrà certo invocare la scusa dell'ignoranza, considerata la pubblicità che accompagna la procedura. Cfr. DE BREUCKER, *Pour les vingt ans de la Convention de La*

dall'iscrizione nel Registro è l'immunità dei beni, che consiste nell'interdizione di "tout acte d'hostilité à leur égard" e di "toute utilisation de ces biens ou de leurs abords à des fins militaires" (art. 9)[16]; in contropartita deve sottomettersi ad un controllo internazionale[17]. Gli obblighi di immunità e di rispetto dei beni culturali, appena esaminati, possono essere derogati in due casi eccezionali: la condotta dell'avversario che, qualora contravvenga agli impegni assunti in virtù dell'iscrizione del bene sotto protezione speciale, autorizza lo Stato parte a sospendere l'immunità del bene stesso (art. 11)[18]; e la necessità militare (artt. 4 e 11) che senza dubbio ha una portata molto più vasta e dirompente[19].

Haye du 14 mai 1954 pour la protection des biens culturels, in *RBDI*, 1975, Vol. XI, p. 259; TOMAN, *La protection des biens culturels en cas de conflit armé-Commentaire de la Convention de La Haye du 14 mai 1954*, cit., p.160.

[16] La differenza tra la previsione dell'art. 9 e quella dell'art. 4, oltre a riguardare la sostanza del privilegio (protezione speciale in un caso e protezione generale nell'altro), riguarda alcune circostanze collaterali. L'utilizzazione di beni sotto protezione speciale per fini militari deve essere abbandonata al momento dell'iscrizione al Registro, quindi già in tempo di pace; mentre l'interdizione prevista per i beni sotto protezione generale non necessariamente si riferisce al periodo di pace. Cfr., NAHLIK, *Biens culturels*, cit., p. 126 s.

[17] Dal punto di vista dell'applicazione pratica, la protezione speciale ha avuto un successo molto limitato. Secondo un rapporto dell'UNESCO solo cinque Stati contraenti (Austria, Repubblica Federale di Germania, Repubblica Khmer, Paesi Bassi e Santa Sede) hanno chiesto di iscrivere rifugi o centri monumentali. La domanda della Repubblica Khmer ha incontrato l'opposizione di quattro Alte Parti Contraenti (Cuba, Egitto, Romania e Jugoslavia) e, pertanto è stata rigettata. TOMAN (*La protection des biens culturels en cas de conflit armé-Commentaire de la Convention de La Haye du 14 mai 1954*, cit., p. 130 s.) individua in considerazioni esclusivamente politiche gli ostacoli alle iscrizioni, difficilmente giustificabili se si considera che si tratta del patrimonio culturale dell'umanità intera.

[18] Tale ipotesi è esplicitamente esclusa nel caso della protezione generale (art. 4, par. 5).

[19] L'inclusione di siffatta clausola è stata fortemente voluta dagli USA, in quanto, secondo il loro punto di vista, avrebbe facilitato l'adesione degli Stati rendendo la Convenzione "military operable"; ed altrettanto osteggiata dall'Unione Sovietica, che poneva la protezione del patrimonio culturale dell'umanità su un piano superiore a quello delle necessità militari, senza riuscire, però, ad ottenere la soppressione della clausola. Il capo della delegazione sovietica, Kemenov, evocando l'ipotesi della distruzione dell'Acropoli o Versailles o Westminster, così si espresse: "Sera-ce une consolation de penser que ces destructions ont été faites légalement, en application de la Convention de La Haye?". Cfr. NAHLIK, *Biens culturels*, cit., p. 128 ss.; DE BREUCKER, *Pour les vingt ans*, cit., p. 260 ss.; TOMAN, *La protection des biens culturels en cas de conflit armé-Commentaire de la Convention de La Haye du 14 mai 1954*, cit., p. 94 ss.

Il caso della necessità militare riguarda entrambi i livelli di protezione, anche se è diversamente qualificata. Per i beni sotto protezione generale è sufficiente che si tratti di una necessità militare *imperativa*, nulla è detto su chi è responsabile della decisione o sui criteri di valutazione da seguire. Si tratta di una decisione soggettiva lasciata ai militari. Sebbene la riserva in parola trovi maggiori specificazioni nella protezione speciale, in quanto è esplicitamente previsto il suo carattere eccezionale (nel caso della protezione generale, invece, l'eccezionalità si ricava indirettamente dalla sua assenza nel preambolo), l'autorità responsabile è individuata nella figura del comandante di una formazione di importanza pari o superiore a quella di una divisione, è posto un limite temporale[20] e l'obbligo della notifica, e sebbene all'aggettivo "imperativo" sia stato sostituito l'aggettivo "ineluttabile", resta il problema di fondo della mancanza di disposizioni relative ai criteri per stabilire se e quando esista una necessità militare, ma soprattutto della inesistenza di una nozione di necessità militare, in modo da chiarire obiettivamente il significato della riserva[21]. L'eccezione, così, rischia di vanificare il contenuto della disciplina prevista. Lasciando ai militari la possibilità di contravvenire agli obblighi di rispetto e protezione normalmente vigenti in nome di "necessità" non meglio definite, si fornisce ai beni culturali un tipo di protezione parziale. Anche qualora la clausola in esame fosse meglio definita, si tratterebbe pur sempre di una protezione subordinata al non verificarsi di una certa circostanza. Una grande conquista sarebbe, quindi, l'accettazione in sede di revisione della Convenzione del 1954 della proposta fatta dagli esperti di Lauswolt, di rinunciare all'articolo 4, paragrafo 2 e all'articolo 11, paragrafo 2 della Convenzione de L'Aja. Il riferimento alle necessità militari imperative scompare nel nuovo articolo 1, che pure contiene la maggior parte delle regole previste nell'articolo 4 della Convenzione del 1954. Si capovolge così la qualifica della protezione dei beni culturali in caso di conflitto armato, che diventa prioritaria anche rispetto alle necessità militari[22]. Lo stesso

[20] L'art. 11, par. 2 prevede che: "l'immunité (...) peut être levée (...) seulement aussi longtemps que cette nécessité subsiste".

[21] Nonostante le specificazioni, perplessità sono espresse da NAHLIK, *Some Deficiencies of the Hague Convention of 1954*, cit., p. 103 ss.; IDEM, *Biens culturels*, cit., p. 132; STAVRAKI, *La Convention pour la protection des biens culturels en cas de conflit armée*, Atene, 1996, p. 73 ss.

[22] Solo un ristretto numero di Stati si è finora pronunciato a favore dell'abolizione

orientamento è stato mantenuto nel corso della riunione delle Alte Parti Contraenti tenutasi a Vienna nel maggio 1998[23], in cui è ribadita l'esigenza di esplicitare gli elementi qualificanti il concetto di necessità militare.

In contrasto con la tendenza ad affrancare la tutela prevista dalla Convenzione del 1954 dalle precedenti limitazioni, gli stessi esperti propongono nuove ipotesi di annullamento della protezione speciale: le gravi e continue infrazioni agli obblighi derivanti dal regime di protezione speciale o la perdita del valore culturale intrinseco di un bene culturale. Nel primo caso si fornisce uno strumento sanzionatorio la cui importanza potrebbe essere indebolita dal fatto che, pur essendo diretto ad uno Stato contraente, esplica i suoi effetti sul bene rispetto al quale viene meno l'obbligo di immunità. La seconda ipotesi è stata mutuata da una decisione adottata dal Comitato sul Patrimonio mondiale, istituito dalla Convenzione sul Patrimonio mondiale, culturale e naturale del 1972, che stabilisce di escludere dalla Lista del Patrimonio mondiale i beni culturali in caso di deterioramento tale da far perdere le caratteristiche che avevano determinato la loro iscrizione[24].

3. Segue: in particolare i beni culturali mobili

I beni culturali mobili, a causa della loro natura, vanno protetti oltre che dai pericoli di danneggiamento e di distruzione, anche da azioni di saccheggio e di illecito trafugamento. Nell'ambito della protezione ordinaria, l'articolo 4 al paragrafo 3 prevede che le Parti Contraenti si impegnino a proibire, a prevenire e, occorrendo, a far cessare qualsiasi atto di furto, di saccheggio o di sottrazione di beni culturali sotto qualsiasi forma, nonché qualsiasi atto di vandalismo nei riguardi di detti beni. Viene vietata anche la requisizione di beni culturali mobili situati sul territorio di un'altra Alta Parte Contraente. Nell'ambito della protezione speciale, l'articolo 8 dopo aver precisato le condizioni, soddisfatte le quali, un limitato numero di rifugi destinati a proteggere beni culturali mobili possono essere posti sotto protezione speciale, al

della clausola e si tratta per lo più di quei Paesi che hanno vissuto tragicamente le conseguenze di un conflitto armato, come Slovenia e Croazia. Cfr. UNESCO Doc. CLT-96/CONF.603/INF. 4, 1996, p. 4.

[23] Cfr. Rapporto finale alla riunione di Vienna 11-13 maggio 1998, UNESCO Doc. 155 EX/51, 1998.

[24] Cfr. UNESCO Doc. C. 79/CONF.003/13, 1997, p. 5.

paragrafo 2 specifica che un rifugio può beneficiare di detta protezione ovunque sia situato purché sia costruito in modo che con ogni probabilità i bombardamenti non possano danneggiarlo.

Grande rilevanza ai nostri fini assumono le parti relative al trasporto ed al trasferimento illecito dei beni culturali. Riguardo al primo punto la Convenzione prevede la possibilità per una Parte Contraente di effettuare trasferimenti sotto protezione speciale, con l'obbligo degli altri Stati Contraenti di astenersi da ogni atto di ostilità contro siffatto trasporto (art.12). Si deve trattare, però, *esclusivamente* di trasporto di beni culturali e devono essere rispettate le condizioni previste dal Regolamento di esecuzione (art. 17 del Regolamento). Qualora particolari situazioni di emergenza non permettano di seguire la normale procedura, lo Stato interessato può ugualmente usufruire dell'immunità prevista dall'articolo 12, a meno che non sia già stata presentata e respinta una domanda in tal senso e ammesso che il trasporto avvenga all'interno del territorio e non all'estero. Lo Stato interessato inoltre, *nel limite del possibile*, notifica il trasporto alle parti avverse e queste ultime, *nella misura del possibile*, prendono le precauzioni necessarie ad impedire atti di ostilità contro il trasporto stesso. Viene, così, attribuita una protezione meno rigida rispetto a quella contenuta nell'articolo 12. In base a quanto previsto dall'articolo 14 i beni culturali trasportati ed i mezzi utilizzati godono dell'immunità dal sequestro, dalla cattura e dalla presa.

Nel caso del trasporto dei beni culturali mobili all'estero, alle disposizioni *ex* articolo 12 della Convenzione ed articolo 17 del Regolamento si aggiunge la disciplina prevista dall'articolo 18 del Regolamento che attribuisce allo Stato che accoglie il bene la qualifica di *depositario*, al fine di evitare qualsiasi velleità di appropriazione da parte sua[25]. Una ulteriore garanzia è data dalla previsione che, durante i successivi trasporti e durante la permanenza sul territorio di un altro Stato, i beni culturali sono immuni da qualsiasi provvedimento di sequestro ed indisponibili tanto per il depositante quanto per il depositario. La restituzione non avverrà prima della cessazione del conflitto, anche se il depositante fa una richiesta in tal senso, al di fuori, quindi, dello schema dell'istituto tipico del deposito.

[25] Sul punto diffusamente si sofferma TOMAN, *La protection des biens culturels en cas de conflit armé-Commentaire de la Convention de La Haye du 14 mai 1954*, cit., p. 179 ss.

Si può verificare l'ipotesi che una Potenza occupante trasporti beni culturali in un rifugio situato in un altro punto del territorio occupato senza poter seguire la procedura *ex* articolo 17 del Regolamento. Secondo l'articolo 19 del Regolamento tale evenienza non dà luogo ad un caso di appropriazione indebita ai sensi dell'articolo 4 della Convenzione, qualora il Commissario generale per i beni culturali certifichi per iscritto che le circostanze hanno reso necessario il trasporto così eseguito.

Veniamo ora al secondo punto. Una disciplina dettagliata del trasferimento illecito all'estero di beni culturali mobili in costanza di conflitto armato non può limitarsi a trattare solo gli aspetti di diritto pubblico, ma necessariamente deve riferirsi anche agli aspetti di diritto privato. Considerata la diversità delle singole legislazioni nazionali in materia e le difficoltà che un settore così controverso avrebbe potuto procurare agli Stati interessati alla ratifica, si è preferito disciplinare esclusivamente la parte pubblicistica, e farne oggetto di un Protocollo separato, soggetto ad autonoma ratifica, evitando sì eventuali contrapposizioni ma fornendo una normativa abbastanza scarna[26]. A termini del dispositivo del Protocollo, ogni Parte Contraente, che durante un conflitto armato occupa *un* territorio, indipendentemente se esso appartenga o meno ad una Parte Contraente, si impegna ad impedire l'esportazione di beni culturali da detto territorio (art. 1); se beni culturali vengono illecitamente esportati *tutte* le Parti Contraenti si impegnano a sequestrare i beni culturali presenti sul proprio territorio e provenienti direttamente o indirettamente da un *qualsiasi* territorio occupato (art. 2), come pure si impegnano a consegnare tali beni alle autorità competenti del territorio prima occupato al termine delle ostilità, poiché in nessun caso possono essere trattenuti a titolo di bottino di guerra (art. 3)[27]. Spetta all'Alta Parte Contraente, su cui pesava l'obbligo di impedire l'esportazione dei beni culturali, indennizzare i possessori di buona fede (art. 4); sulla forma dell'indennizzo nulla è detto. A conferma di quanto disposto nell'articolo 18 del Regolamento, l'articolo 5 del Protocollo prevede l'obbligo di riconsegna al termine

[26] Cfr. PANZERA, *La tutela internazionale dei beni culturali in tempo di guerra*, cit., p.76 s.

[27] Il ritorno non è sottoposto ad alcuna condizione ed è *imprescrittibile*, cfr. TOMAN, *La protection des biens culturels en cas de conflit armé-Commentaire de la Convention de La Haye du 14 mai 1954*, cit., p. 374.

delle ostilità alle autorità competenti dello Stato di provenienza nel caso di beni depositati.

Quanto disposto dal Protocollo appena esaminato non esaurisce la disciplina convenzionale in materia, che prevede un sistema di conservazione dei beni culturali mobili esteso al tempo di pace. L'UNESCO, cosciente del fatto che l'uscita di un bene culturale dallo Stato di origine diminuisce lo spessore culturale del suo patrimonio, ha promosso la conclusione della Convenzione sulle misure da adottare per vietare e impedire ogni illecita importazione, esportazione e trasferimento di proprietà dei beni culturali, adottata a Parigi nel 1970[28]. Si tratta di un accordo multilaterale che prevede obblighi sia per gli Stati possessori dei beni, la cui azione sarà diretta ad evitare l'esportazione dei beni culturali dal proprio territorio senza autorizzazione, sia per quegli Stati cosiddetti "importatori di arte", destinati a svolgere un ruolo altrettanto importante, in quanto il traffico di beni culturali è molto intenso laddove trova un mercato di sbocco. Fondamentale è, quindi, la collaborazione tra gli Stati. La Convenzione di Parigi del 1970 non contiene specifici riferimenti al Protocollo de L'Aja del 1954, ma applicandosi essa al tempo di pace come al tempo di guerra è utile soffermarsi su alcune sue disposizioni[29]. Ciò che sostanzialmente qualifica la Convenzione di Parigi del 1970 rispetto al Protocollo de L'Aja del 1954 è il maggiore ruolo affidato ai singoli Stati contraenti. Costante è il richiamo alle legislazioni nazionali.

La Convenzione del 1970 dà una definizione di beni culturali diversa da quella fornita dall'articolo 1 della Convenzione de L'Aja del 1954, applicabile anche al Protocollo[30]: mentre la Convenzione de L'Aja del 1954 definisce essa stessa i beni culturali ammessi a godere della

[28] Cfr. PROTT, *The 1970 UNESCO Convention on Illicit Traffic-Present Practice and Future Development*, in *La protezione internazionale dei beni culturali*, Atti del Convegno celebrativo del 30° anniversario della Convenzione dell'Aja sulla protezione dei beni culturali nei conflitti armati, Firenze, 1984, p. 121 ss.; WILLIAMS, *Recent Developments in Restitution and Return of Cultural Property*, *ibid.*, p. 139 ss.

[29] Per una analisi approfondita della Convenzione di Parigi del 1970 si veda anche CARACCIOLO, *Analogie e differenze tra la Convenzione UNESCO del 1970 sui mezzi per vietare e prevenire il trasferimento illecito di proprietà del patrimonio culturale e la Convenzione Unidroit sulla restituzione dei beni culturali rubati o illecitamente esportati*, in questo stesso volume, *sufra*, p. 41 ss.

[30] Cfr. Secondo TOMAN (*La protection des biens culturels en cas de conflit armé-Commentaire de la Convention de La Haye du 14 mai 1954*, cit., p. 386) la definizione contenuta nella Convenzione di Parigi del 1970 è "plutôt maladroite".

relativa protezione, la Convenzione di Parigi del 1970 demanda a ciascuno Stato di individuare i beni che sono importanti per l'archeologia, la preistoria, la storia, la letteratura, l'arte o la scienza con il solo limite che devono essere compresi in una delle categorie indicate nell'articolo 1.

Conformemente agli obiettivi, la Convenzione del 1970 contempla due ipotesi di atti illeciti (artt. 3 e 11). Secondo l'articolo 3 sono considerati illeciti l'importazione, l'esportazione ed il trasferimento di proprietà di beni culturali che siano in contrasto con le disposizioni che ogni Stato parte ha adottato in virtù della Convenzione. La normativa interna, quindi, costituisce il punto di riferimento rispetto al quale viene stabilita la illiceità sul piano internazionale di azioni svolte in violazione della stessa normativa[31]. Non manca una esplicita previsione delle misure di protezione che gli Stati parte devono adottare per fronteggiare l'importazione, l'esportazione ed il trasferimento di proprietà illeciti dei beni culturali: si tratta di istituire sul proprio territorio uno o più servizi nazionali di tutela del patrimonio culturale con la funzione di contribuire all'elaborazione di progetti di testi legislativi e regolamentari; costituire e tenere aggiornata la lista dei beni culturali importanti pubblici e privati, la cui esportazione costituirebbe un impoverimento sensibile del patrimonio culturale nazionale; promuovere lo sviluppo o la creazione di istituzioni scientifiche e tecniche deputate alla conservazione e valorizzazione dei beni culturali; organizzare il controllo degli scavi archeologici; stabilire regole etiche; esercitare un'azione educativa e vigilare affinché sia data adeguata pubblicità a tutti i casi di trafugamento di un bene culturale.

Poiché, come abbiamo accennato sopra, è indispensabile agire sia sul fronte dell'esportazione che su quello dell'importazione, da un lato, gli Stati parte devono istituire un certificato che accompagna il bene culturale e che attesti la legittimità della sua esportazione e, dall'altro, devono impedire l'acquisizione da parte di musei ed altre istituzioni similari situati sul proprio territorio di beni culturali esportati illecitamente, informare, nella misura del possibile, lo Stato di origine di offerte di tali beni, adottare misure appropriate per recupe-

[31] Cfr. TOMAN, *La protection des biens culturels en cas de conflit armé-Commentaire de la Convention de La Haye du 14 mai 1954*, cit., p.387.

rare e restituire su richiesta dello Stato di origine tutti i beni rubati o importati illecitamente[32].

Il secondo tipo di atti illeciti previsto dalla Convenzione di Parigi del 1970 è contenuto nell'articolo 11, che più direttamente è legato al tema della presente indagine. L'ipotesi prevista è quella dell'esportazione e trasferimento di proprietà forzati che risultano direttamente o indirettamente dall'occupazione di uno Stato da parte di una potenza straniera[33]. Con questa disposizione la Convenzione di Parigi del 1970 rafforza l'obbligo previsto dal Protocollo de L'Aja del 1954 a carico delle Alte Parti Contraenti, estendendolo alle categorie di beni individuate nell'articolo 1. Più punti qualificano la normativa del 1970 rispetto a quella del 1954. In primo luogo, i destinatari delle disposizioni sono diversi: il Protocollo del 1954 rivolge il divieto di esportazione solo all'Alta Parte Contraente che occupa un territorio; l'articolo 11 della Convenzione di Parigi del 1970 coinvolge tutti gli Stati contraenti. Inoltre, mentre l'articolo 11 parla in generale di "occupation d'un Pays", e quindi di una occupazione che non è strettamente legata ad un conflitto armato, l'articolo 1 del Protocollo del 1954 limita il divieto al solo periodo del conflitto armato. Un'altra considerazione va fatta sull'oggetto del divieto, che consiste nella sola esportazione nel caso del Protocollo del 1954 e nella esportazione e trasferimento di beni culturali forzati nel caso della Convenzione di Parigi del 1970.

Per l'attuazione dell'obbligo previsto dal suo articolo 1, il Protocollo del 1954 prevede misure specifiche, come il sequestro dei beni, la riconsegna dei beni culturali al termine delle ostilità, l'obbligo di indennizzo del possessore di buona fede. L'articolo 11 della Convenzione di Parigi del 1970, invece, non contiene disposizioni in tal senso, in quanto fissa solamente l'obbligo e si affida alla legislazione interna degli Stati per la sua attuazione, a conferma della rilevanza attribuita agli ordinamenti statali.

[32] L'espressione "restituzione" si riferisce al caso di beni culturali trasferiti senza il consenso dello Stato di origine; l'espressione "ritorno" è utilizzato per il caso in cui il trasferimento illecito è avvenuto nel periodo della colonizzazione. Cfr. TOMAN, *La protection des biens culturels en cas de conflit armé-Commentaire de la Convention de La Haye du 14 mai 1954*, cit., p. 391; WILLIAMS, *Recent Developments in Restitution and Return of Cultural Property*, cit., p. 140.

[33] L'esportazione ed il trasferimento di proprietà di un bene culturale sono considerati forzati quando sono effettuati contro la volontà del legittimo proprietario. Cfr., TOMAN, *La protection des biens culturels en cas de conflit armé-Commentaire de la Convention de La Haye du 14 mai 1954*, cit., p. 388.

4. Responsabilità degli Stati e responsabilità individuale

Il momento sanzionatorio rappresenta una fase molto importante nell'applicazione di una norma, potendo essa agire quale deterrente preventivo ad una eventuale infrazione. Tale effetto è tanto più evidente quanto più chiara è la definizione di responsabilità e degli effetti ad essa collegati. Considerato che la prevenzione è la migliore forma di protezione dei beni culturali e diventa l'unica nel caso di danneggiamenti irreversibili, è indispensabile una normativa più chiara e completa di quella attuale.

L'articolo 28 della Convenzione del 1954 si limita a demandare alle Alte Parti Contraenti il compito di adottare, nel quadro del loro sistema di diritto penale, tutte le misure necessarie perché siano perseguite e colpite da sanzioni penali o disciplinari le persone, di qualsiasi nazionalità, che hanno commesso o dato l'ordine di commettere una violazione della Convenzione. Tale previsione merita considerazioni positive nella misura in cui fa derivare la responsabilità non solo da atti definibili come "crimini", ma da tutte le infrazioni alla Convenzione, ampliando così la sua sfera di applicazione; nello stesso tempo, però, presta il fianco a molte critiche di incompletezza e parzialità: il ricorso alle legislazioni nazionali, data la loro diversità, impedisce una interpretazione uniforme; non è chiaro come sanzioni penali e disciplinari possano coesistere nel sistema di diritto penale dei singoli Stati; non è specificato se le infrazioni commesse contro i beni culturali abbiano carattere ordinario oppure internazionale[34].

Diversi, quindi, sono i punti che vanno approfonditi e meglio definiti. In questo senso sembra dirigersi il progetto di Lauswolt, che, pur lasciando delle zone d'ombra, si inserisce nella tendenza del diritto internazionale verso un rafforzamento delle misure di esecuzione. Esso affronta la questione distinguendo due aspetti, ossia la responsabilità dello Stato e la responsabilità penale individuale.

Le violazioni della prevista norma convenzionale sono state gerarchicamente distinte in due categorie: le "infrazioni gravi", ossia la distruzione, il deterioramento o i danni deliberatamente commessi contro beni culturali *sotto protezione speciale* e le "altre violazioni" che

[34] Cfr. NAHLIK, *Some Deficiencies*, cit., p. 105; GALENSKAYA, *International Cooperation*, cit., p.324 ss.; TOMAN, *La protection des biens culturels en cas de conflit armé-Commentaire de la Convention de La Haye du 14 mai 1954*, cit., p. 319.

comprendono gli attacchi contro beni culturali che non sono sotto protezione speciale[35]. La sussistenza di una responsabilità degli Stati contraenti è limitata all'ipotesi di infrazioni gravi ad essi attribuibili in virtù del diritto internazionale, né tale responsabilità viene meno qualora si perseguano i responsabili e sussistano atti o omissioni ascrivibili allo Stato. Questa impostazione sembra limitare la responsabilità degli Stati alla violazione dei soli obblighi da cui derivano effetti diretti sui beni culturali: la definizione di "infrazione grave" corrisponde sostanzialmente agli obblighi di rispettare i beni culturali indipendentemente dal fatto che sono situati sul proprio territorio oppure sul territorio di un'altra Alta Parte Contraente e di astenersi da ogni atto di ostilità nei confronti di un trasporto sotto protezione speciale e di un trasporto di urgenza[36]. Ebbene, la Convenzione del 1954 prevede altri obblighi a carico degli Stati contraenti, come predisporre misure di salvaguardia dei propri beni culturali, istruire le forze armate ai principi della Convenzione e istituire servizi specializzati, rispettare il personale addetto alla protezione dei beni culturali. Nonostante il ruolo determinante degli Stati nel rispetto di questi obblighi, la loro violazione non è suscettibile di far sorgere la responsabilità degli Stati stessi, ma al limite solo la responsabilità penale individuale, trattandosi di obblighi che rientrano nella categoria delle "altre violazioni". Nella previsione del progetto di Lauswolt l'individuo risulta responsabile di fronte ad *ogni atto* commesso in violazione "des dispositions du présent instrument". Qualora la violazione si concretizzi in una "infrazione grave", la responsabilità penale individuale sorge non solo per chi ha commesso l'infrazione ma anche per chi ha progettato, preparato, intrapreso, ordinato l'infrazione o soltanto collaborato e contribuito ad una di queste fasi. Per evitare che il presunto colpevole possa sottrarsi alla responsabilità prevista ricorrendo alla qualifica "ufficiale" della sua azione, l'articolo 8 esplicitamente esclude che un Capo di Stato o di governo o un altro funzionario possa essere esonerato da una responsabilità penale, né tale qualifica può servire a mitigare la sanzione. Ugualmente soggetto a responsabilità penale è il superiore per gli atti commessi da un suo subordinato, qualora sapesse o avesse ragione di ritenere che un atto del genere sarebbe stato com-

[35] Cfr. artt. 9 e 10 del progetto di Lauswolt, UNESCO Doc. CLT/95/CONF/009/2, 1995.

[36] Cfr. artt. 4, 12 e 13 della Convenzione de l'Aja del 1954.

messo senza adottare le misure necessarie e ragionevoli per impedire l'atto o sanzionare l'autore. Se, invece, un individuo agisce per ordine di un rappresentante del governo o di un superiore rimane soggetto alla responsabilità penale, ma la sua condizione di subordinato agisce come circostanza attenuante.

In materia di competenza ad esercitare la funzione giurisdizionale, il progetto di Lauswolt cerca di porsi sul piano dello sviluppo progressivo, seppure con qualche difficoltà. È diventata opinione sempre più diffusa che la regola dell'universalità della giurisdizione, ossia il diritto di giudicare qualunque sia la nazionalità dell'autore della violazione e qualunque sia il luogo in cui essa è stata commessa, dovrebbe applicarsi anche ai crimini gravi commessi contro i beni culturali, in modo da estendere la possibilità di reprimere siffatti crimini[37]. Così, l'articolo 6 del progetto di Lauswolt prevede a carico degli Stati membri l'obbligo di perseguire e sanzionare i responsabili che si trovano sul proprio territorio e di adottare, quindi, le disposizioni legislative e amministrative appropriate.

Competente a giudicare sarebbe il tribunale nazionale di ogni Stato contraente dichiarato tale oppure un tribunale internazionale dello stesso tipo di quello chiamato a giudicare i crimini commessi nella ex Jugoslavia. Nonostante lo sforzo compiuto dagli esperti di Lauswolt, sembrano permanere alcuni punti oscuri. In primo luogo, restano escluse dalla disciplina in parola le persone, presunte colpevoli, che si trovano al di fuori del territorio di ciascuno Stato contraente, in contrasto con quanto avviene nel caso della repressione degli atti di pirateria[38]; in secondo luogo, l'individuazione dell'organo giudicante sembra riferirsi ai soli individui, ma chi giudicherà la eventuale responsabilità degli Stati?

È probabile che la formulazione definitiva di siffatta disciplina risenta della evoluzione che il diritto internazionale potrebbe subire dai lavori della Commissione di diritto internazionale, relativamente al Progetto dell'articolo 19 sulla responsabilità e dalla istituzione della Corte penale internazionale chiamata a giudicare i crimini internazionali, compresi quelli commessi in costanza di conflitti armati[39]. Il rife-

[37] Cfr. UNESCO Doc. CLT/94/608/1, 1994, p. 12.

[38] Cfr. FRANCIONI, Voce "Crimini internazionali", in *Digest. Pubbl.*, 1989, vol. IV, p. 464 ss.

[39] Lo Statuto della Corte penale internazionale, aperto alla firma il 17 luglio 1998, entrerà in vigore con la ratifica da parte di almeno 60 Stati. Al momento in cui si scri-

rimento a questi strumenti giuridici ha indotto alcune delegazioni presenti alla riunione intergovernativa di Vienna[40] ad auspicare una razionalizzazione del sistema di tutela internazionale, evitando azioni ripetitive. La soluzione fornita dalle stesse delegazioni, ossia un mero rinvio a quanto stabilito in altre sedi, ha incontrato l'opposizione della maggioranza dei delegati che ha ribadito l'opportunità di prevedere esplicitamente la responsabilità degli Stati e degli individui per atti commessi contro i beni culturali in caso di conflitto armato.

5. Il Comitato come organo interno di applicazione della Convenzione

L'attuale testo della Convenzione del 1954 prevede un meccanismo di controllo che individua i soggetti preposti all'esterno della Convenzione. Si tratta di una procedura lenta e tortuosa, basata sull'intervento delle Potenze protettrici e la nomina di commissari generali[41]; ma in caso di conflitto armato la rapidità di azione può essere determinante per la efficacia dell'azione stessa. Nella pratica, infatti, si è aggirato l'ostacolo inviando, in sostituzione dei commissari generali dei beni culturali, rappresentanti personali del Direttore generale dell'UNESCO[42], che hanno, evidentemente, agito non in forza di una esplicita previsione, ma sulla base di una interpretazione estensiva degli articoli 19 e 23 della Convenzione de L'Aja del 1954 e del mandato generale dell'UNESCO[43]. Tale prassi potrebbe trovare un chiaro fondamento giuridico, qualora in sede di revisione venisse approvato l'articolo 13 del progetto di Lauswolt che invita il Direttore generale ad esercitare le mansioni di controllo. Queste ultime sarebbero, in

ve sono state depositate 59 firme.

[40] Cfr. *supra* nota 23.

[41] Cfr. art. 21 della Convenzione e artt. 5 e 6 del Regolmento di esecuzione.

[42] Cfr. UNESCO Doc. CLT/94/608/1, 1994, p. 20; UNESCO Doc. CLT-96/CONF. 603/INF.1, 1996, p. 3.

[43] L'art. 19 al suo par. 3 dice che: "l'Organizzazione delle Nazioni Unite per l'educazione, la scienza e la cultura può offrire i suoi servizi alle parti in conflitto". L'art. 23, par. 1, invece, così recita: "le Alte Parti Contraenti possono ricorrere alla collaborazione tecnica dell'Organizzazione delle Nazioni Unite per l'educazione, la scienza e la cultura per l'organizzazione della protezione dei loro beni culturali, o a proposito di ogni altro problema derivante dalla applicazione della presente Convenzione e del suo Regolamento di esecuzione. L'Organizzazione accorda questa collaborazione nei limiti del suo programma e delle sue possibilità".

realtà, lo strumento operativo di un nuovo organo, il cosiddetto Comitato, incaricato di "suivre et superviser l'application du présent instrument"[44] e strutturato sul modello del Comitato del Patrimonio mondiale operante nella Convenzione di Parigi del 1972[45]. Esso è chiamato a rispondere anche ad un'altra esigenza: snellire la procedura di iscrizione nel Registro internazionale dei beni culturali sotto protezione speciale e soprattutto renderla obiettiva ed imparziale. In realtà, se dovesse essere approvata la normativa di Lauswolt l'obiettivo non sarebbe pienamente raggiunto, perché il nuovo Comitato dovrebbe stabilire solo i criteri in base ai quali procedere all'iscrizione ed, inoltre, gli Stati contraenti manterrebbero la possibilità di opporsi all'iscrizione stessa di un bene.

Un ulteriore profilo da definire è quello della natura che il nuovo Comitato deve assumere: organo di rappresentanti degli Stati oppure organo di esperti? Un Comitato intergovernativo avrebbe, probabilmente, il vantaggio di garantire la rappresentanza degli Stati contraenti, ma la presenza parziale ed alternata degli Stati contraenti potrebbe creare difficoltà nell'attribuzione di poteri esecutivi allo stesso Comitato relativamente ad un conflitto armato che vede coinvolti questi Stati. Inoltre, la convocazione di un Comitato numericamente ampio potrebbe rallentare l'applicazione della procedura d'urgenza. Un Comitato di esperti, invece, sarebbe per ovvi motivi meno rappresentativo, ma a suo favore giocano la rapidità di azione e la possibilità di acquisire informazioni dalle sezioni nazionali, che possono essere considerate una sorta di "antenne" sul territorio, e veicolare queste informazioni in sede internazionale.

Per queste ragioni, appare conveniente la soluzione di compromesso prospettata dal Segretariato dell'UNESCO, ossia affiancare al Comitato un *Bureau* composto da un presidente, quattro vice presidenti e un relatore sulla base di una ripartizione geografica equa; esso potrebbe essere consultato dal Direttore generale qualora lo ritenga opportuno oppure potrebbe riunirsi regolarmente e discutere le questioni singolarmente sollevate dagli Stati contraenti. Del Comitato, invece, dovrebbe far parte il Direttore generale dell'ICOMOS, il Direttore

[44] Il progetto di Lauswolt precisa in una nota al punto c) dell'art. 17 che l'esercizio di siffatta funzione, che è tra le più importanti, deve essere ancora precisata.

[45] Cfr. artt. 14, 15 e 16 del progetto di Lauswolt, UNESCO Doc. CLT/95/CONF/009/2, 1995.

dell'ICCROM ed il Segretario generale dell'ICOM[46], esperti quindi che dovranno operare in caso di urgenza e coadiuvare il Direttore generale dell'UNESCO nelle situazioni di crisi. Il legame tra i due organi sarebbe rappresentato dalla possibilità per i componenti del Comitato di partecipare alle riunioni del *Bureau* con diritto al voto consultivo.

[46] Sulla struttura ed il funzionamento dell'ICCROM, ICOMOS ed ICOM cfr., tra gli altri, CICIRIELLO, *L'ICCROM, l'ICOMOS e l'IUCN e la salvaguardia del patrimonio mondiale culturale e naturale,* in CICIRIELLO (a cura di), *La protezione del patrimonio mondiale culturale e naturale a venticinque anni dalla Convenzione*, Napoli, 1997, p. 109 ss.

PIERLUIGI SIMONE*

IL RUOLO DELL'INTERPOL NELLA PREVENZIONE DEL TRAFFICO ILLECITO DI BENI CULTURALI E NEL RECUPERO DEI BENI TRAFUGATI

1. Introduzione

Le opere d'arte, siano esse a carattere laico o religioso, recano la testimonianza della storia dei popoli e del loro grado di civiltà; esse sono tracce del passato per le generazioni future e parte integrante del pa-

* *Cultore di diritto internazionale e di diritto delle Comunità europee, Facoltà di giurisprudenza, Università di Roma "Tor Vergata".* L'Autore desidera ringraziare sentitamente, per le preziose informazioni e per il materiale fornito per la stesura del presente contributo, l'Organizzazione internazionale di polizia criminale nelle persone di Souheil El Zein, *Director of Legal Affairs*, Jean-Pierre Jouanny, *Specialist Officer, Art Theft Division* e Serge Sabourin, *Assistant Director in Charge of Communications*, nonché la dott.ssa Marina Schneider, *Research Officer* presso l'Unidroit. Un particolare ringraziamento per la collaborazione ricevuta va inoltre al prefetto Rino Monaco, Direttore centrale della polizia criminale, al gen. Roberto Conforti, Comandante dei Carabinieri che operano per la tutela del patrimonio artistico ed al col. Gianfranco Linzi, Capo dell'Ufficio pubbliche relazioni presso il Comando generale dell'Arma dei Carabinieri.

trimonio culturale di ogni Stato: il saccheggio dei siti archeologici o degli edifici di culto, così come il furto degli oggetti custoditi nei musei, costituiscono pertanto un serio danno per tutta l'umanità[1]. Il traffico illecito di beni culturali ha ormai assunto proporzioni tali da non aver lasciato indenne praticamente alcun Paese; numerosissimi sono infatti gli Stati i cui patrimoni nazionali hanno subito furti e spoliazioni, con l'asporto di collezioni museali ed il danneggiamento o la distruzione di chiese e complessi archeologici. L'internazionalizzazione dei canali usati dai trafficanti d'arte ha condotto al rafforzamento dei collegamenti investigativi tra i Governi, ma ha anche obbligato ciascuno Stato ad istituire particolari strutture inquirenti con conseguente creazione di archivi specializzati, scambio di informazioni ed addestramento mirato per gli ufficiali addetti; la battaglia in tal modo intrapresa non potrà comunque mai essere vinta senza l'aiuto di organismi internazionali che hanno il compito di predisporre convenzioni e strumenti di collaborazione o, più semplicemente, di fare in modo che i responsabili del settore possano avere dei luoghi appositi nei quali incontrarsi e discutere insieme.

L'idea di una cooperazione internazionale di polizia si è imposta come una necessità sociale all'inizio del XX secolo in seguito allo sviluppo dei mezzi di comunicazione che permettevano ai criminali di sottrarsi alla cattura nello Stato nel quale avevano commesso dei reati; nonostante l'esistenza di numerosi accordi di estradizione, riusciva infatti molto difficile pervenire al rintraccio e all'arresto di un delinquente riparato in uno Stato estero ed ottenerne la consegna, sia per gli ostacoli burocratici, in quanto la diplomazia rappresentava l'unico canale utilizzabile per la realizzazione di tali finalità, sia soprattutto per la mancanza di sicuri ed omogenei dati di identificazione e di tutti gli altri elementi indispensabili per un corretto avvio delle indagini[2].

[1] Proprio per questo, è necessario sensibilizzare sull'argomento non soltanto chi vi è già coinvolto perché addetto ai lavori, ma anche la società nel suo complesso.

[2] L'iniziativa per una cooperazione sistematica nel settore della criminalità ordinaria non scaturì dall'azione dei Governi ma dagli ufficiali di polizia riuniti in varie conferenze agli inizi del secolo: un primo incontro ebbe luogo nel 1902 a Buenos Aires, dove venne affermato il principio dell'utilità dell'identificazione universale personale; si continuò poi nel 1909 a Madrid e nel 1912 a San Paolo del Brasile, quando fu propugnata l'opportunità di una identificazione civile separata da quella criminale. Sebbene sia stato sostenuto che la Conferenza tenutasi a Roma dal 24 novembre al 21 dicembre 1898 per coordinare l'azione internazionale contro gli attentati anarchici possa considerarsi come l'antesignana dell'Interpol (JENSEN, *The International Anti-*

All'indomani della Prima Guerra Mondiale, i tempi per creare una regolare e diretta collaborazione in materia erano ormai maturi: nel corso dei lavori del 2° congresso internazionale di polizia criminale, svoltosi a Vienna dal 3 al 7 settembre 1923, venne quindi istituita la Commissione internazionale di polizia criminale (CIPC); quest'ultima si dimostrò ben presto di una utilità superiore ad ogni aspettativa e si organizzò efficacemente per lo svolgimento di servizi ordinari ed attivi di cooperazione in campo internazionale, per la ricerca e cattura dei criminali latitanti fra Stato e Stato, per la lotta contro il falso monetario ed il traffico illecito degli stupefacenti, costituendo un importante centro di studi giuridico-criminalistici, con uffici specializzati, schedari di informazione, servizi di segnalazione, riviste e pubblicazioni tecniche[3]. In occasione della 25° sessione della sua Assemblea generale

Anarchist Conference of 1898 and the Origins of Interpol, in *Journal of Contemporary History*, 1981, p. 323 ss.), i principi fondamentali per una vera e propria organizzazione futura vennero in realtà fissati solamente nell'ambito del 1° congresso internazionale di polizia criminale, svoltosi a Monaco nell'aprile del 1914 su invito del principe Alberto I, al quale parteciparono funzionari di polizia, magistrati e giuristi provenienti da quattordici Stati; nel corso di esso ci si propose "de voir se généraliser et améliorer les rapports directs officiels de police à police entre les différents pays à l'effet de permettre toutes investigations de nature à faciliter l'action de la justice répressive", ma l'improvviso scoppio della Prima Guerra Mondiale impedì purtroppo l'attuazione pratica di tali intendimenti. Si vedano LARNAUDE e ROUX (par le soin de), *Premier Congrès de Police Judiciaire Internationale (Monaco, 1914). Actes du Congrès*, Parigi, 1926, nonché MARABUTO, *La collaboration policière internationale*, Nizza, 1935, p. 17; SICOT, *A la barre de l'Interpol*, Parigi, 1961, p. 18 ss.; MANOPULO, Voce "Polizia internazionale", in *NDI*, XIII, Torino, 1966, p. 215 s.; FOONER, *Interpol: The Inside Story of the International Crime-Fighting Organization*, Chicago, 1973, p. 16 ss.; NEPOTE, *Interpol. 50th Anniversary (1923-1973)*, Parigi, 1973, p. 4 ss.; ID., *Interpol: The Development of International Policing*, in STEAD (ed.), *Pioneers in Policing*, Montclair, New Jersey, 1977, p. 291; LANGLAIS, *Polizeiliche Zusammenarbeit in Europa und die Rolle der IKPO*, in *Zweite Fachtagung Kripo International 74*, 1° ed., Berlino, 1974, p. 50 ss.; ANDERSON, *Policing the World. Interpol and the Politics of International Police Cooperation*, Oxford, 1989, p. 38 s.; BRANCACCIO, Voce "Organizzazione internazionale di polizia criminale (Interpol)", in *EG*, XXII, Roma, 1990, p. 1.

[3] L'idea di una collaborazione internazionale nelle investigazioni criminali venne ripresa nel 1919 dal capitano olandese M. C. van Houten e dall'ufficiale di polizia belga A. Keffer, il quale se ne fece portavoce presso una apposita conferenza indetta a New York nel 1920 per discutere l'importante problema. Promotore del Congresso del 1923 che diede vita alla CIPC fu invece il capo della polizia di Vienna Johann Schober, il cui invito fu raccolto dai colleghi di altri sei Stati (Danimarca, Egitto, Francia, Germania, Grecia e Ungheria). Fino al 1938 la Commissione, che aveva sede nella capitale austriaca, operò regolarmente, anche se la sua attività si svolse principalmente in ambito europeo, ma in seguito all'annessione dell'Austria alla Germania (c.d. *An-*

(Vienna, 7-13 giugno 1956), venne poi approvato un nuovo Statuto e la Commissione assunse l'attuale denominazione di Organizzazione internazionale di polizia criminale (OIPC-Interpol)[4].

Le finalità perseguite dall'organizzazione in questione si evincono dall'articolo 2 del suo Statuto[5]; esse consistono nell'assicurare e promuovere l'assistenza reciproca più ampia possibile fra tutte le autorità di polizia criminale entro i limiti delle leggi esistenti nei diversi Paesi nello spirito della Dichiarazione universale dei diritti dell'uomo del 10 dicembre 1948, e nello stabilire e sviluppare tutte le istituzioni in gra-

schluss) il suo funzionamento fu seriamente compromesso. Il tentativo francese di trasferire gli uffici della CIPC a Losanna non ebbe successo e la presidenza di essa, spettante per Statuto al capo della polizia di Vienna, fu affidata dal Governo nazista al colonnello tedesco Otto Steinhausl. A partire dal 1939 i contatti con la Francia, il Regno Unito e la Polonia furono praticamente interrotti e l'anno successivo, grazie ad una votazione effettuata per corrispondenza in condizioni di palese irregolarità, la sede e gli archivi vennero trasferiti a Berlino: la presidenza fu conferita al generale delle SS Reinhard Heydrich, al quale subentrò poi Ernst Kaltenbrunner, e la Commissione venne così totalmente asservita agli scopi perseguiti dalla *Gestapo*, con completo stravolgimento delle sue funzioni originarie. Al termine della Seconda Guerra Mondiale i motivi che avevano determinato nel 1923 la creazione di detto organismo si fecero sentire più insistenti ed urgenti; l'ispettore generale della polizia belga Florent E. Louwage convocò pertanto una conferenza, che ebbe luogo a Bruxelles dal 6 al 9 giugno 1946 con la partecipazione di diciassette Paesi, nel corso della quale venne ricostituita la CIPC, adottando un nuovo Statuto e spostandone la sede, per evidenti ragioni politiche, da Vienna a Parigi (MARABUTO, *Les institutions de police internationale*, in *Revue internationale de criminologie et de police technique*, 1948, p. 3 ss.; LOUWAGE, *La Commission internationale de police criminelle*, *ibid*., 1949, p. 156 ss.; SICOT, *A la barre de l'Interpol*, cit., p. 20 ss.; MANOPULO, Voce "Polizia internazionale", cit., p. 216; VALLEIX, *Interpol*, in *RGDIP*, 1984, p. 39 ss.; FOONER, *Interpol. Issues in World Crime and International Criminal Justice*, New York-Londra, 1989, p. 7; BRANCACCIO, Voce "Organizzazione internazionale di polizia criminale (Interpol)", cit., p. 1).

[4] La sigla "Interpol" deriva dalla contrazione delle parole "*International police*" e venne usata per la prima volta a Parigi il 22 luglio 1946 dal Segretariato della Commissione internazionale di polizia criminale, d'accordo con le autorità postali, per esigenze telegrafiche; in occasione della 16° sessione dell'Assemblea generale (Parigi, 9-12 giugno 1947), su proposta del delegato italiano dott. Giuseppe Dosi, venne stabilito di adottare come indirizzo postale e telegrafico di ogni Ufficio centrale nazionale il suddetto termine seguito dal nome della città in cui l'Ufficio aveva la propria sede. Cfr. SICOT, *A la barre de l'Interpol*, cit., p. 27; NEPOTE, *Interpol. 50th Anniversary*, cit., p. 3; e BRANCACCIO, Voce "Organizzazione internazionale di polizia criminale (Interpol)", cit., p. 2.

[5] Il testo dello Statuto del 1956 (più volte modificato, da ultimo nel corso della 46° sessione dell'Assemblea generale, svoltasi a Stoccolma dal 1° all'8 settembre 1977), si trova pubblicato, unitamente a quello del Regolamento generale dell'organizzazione, in FOONER, *Interpol. Issues in World Crime*, cit., pp. 185 ss. e 197 ss.

do di contribuire efficacemente alla prevenzione e repressione delle infrazioni di diritto comune[6]. Da tale contesto risulta pertanto evidente che la cooperazione si esercita essenzialmente nel quadro della sovranità nazionale poiché le autorità di polizia si garantiscono reciprocamente la più ampia assistenza nel quadro delle leggi esistenti nei differenti Paesi. Ciò sta a significare che qualora uno Stato accordi il suo aiuto, l'azione della sua polizia procederà sui binari della legge nazionale sia per quanto concerne la sostanza sia dal punto di vista formale. Se ne deduce che non esiste un principio di sovranazionalità e la cosa è ovvia, data l'inesistenza di un diritto penale unico che possa valere al di là delle frontiere dei singoli Stati. La cooperazione si svolge inoltre nel solo ambito del diritto penale comune: questo criterio è indirettamente confermato dal successivo articolo 3 dello Statuto, che preclude all'organizzazione ogni attività che abbia un riflesso politico, militare, religioso o razziale[7]. Possono beneficiare della cooperazione internazionale le amministrazioni di polizia che concorrono all'applicazione della legge penale e che contribuiscono all'azione penale, senza distinguere la loro denominazione e la loro appartenenza amministrativa; quando si parla di polizia criminale o giudiziaria non si fa perciò riferimento agli organi ma alle funzioni concretamente svolte[8].

L'Interpol non è un'organizzazione di investigatori con mandato internazionale, capaci cioè di operare al di là di qualsiasi frontiera, bensì un organismo di coordinamento rapido e costante tra i servizi di polizia dei vari Stati, il cui fine ultimo è quello di prevenire la criminalità e reprimerla nei suoi molteplici aspetti, compreso quello del traffico illecito di opere d'arte; la sua attività, che ha avuto origine da un incontro non ufficiale di rappresentanti delle forze di polizia, si è ormai evoluta esprimendosi in una organizzazione intergovernativa esplicitamente riconosciuta, come vedremo, dalle Nazioni Unite, il Consiglio

[6] SICOT, *A la barre de l'Interpol*, cit., p. 28 s.

[7] In caso di dubbi al riguardo, il Segretario generale è autorizzato a sospendere la diffusione di qualsiasi richiesta di informazioni o di ricerca proveniente da un Ufficio centrale nazionale (risoluzione n. 14, approvata dall'Assemblea generale dell'Interpol, riunita nella sua 20° sessione a Lisbona dall'11 al 15 settembre 1951).

[8] MANOPULO, Voce "Polizia internazionale", cit., p. 217; LAZZONI, *Cooperazione internazionale tra le polizie di tutto il mondo*, in *Polizia moderna*, 5, 1980, p. 20 ss.; VALLEIX, *Interpol*, cit., p. 637 s.; BRANCACCIO, Voce "Organizzazione internazionale di polizia criminale (Interpol)", cit., p. 2.

d'Europa, la Francia, la Thailandia e gli Stati Uniti d'America, e nella quale sono coinvolti oggigiorno ben 177 Stati[9].

Per il raggiungimento dei suoi scopi, l'OIPC-Interpol dispone di due strumenti fondamentali: un circuito di telecomunicazioni, in quanto uno dei suoi principali obiettivi è quello di assicurare uno scambio di informazioni permanente, rapido, affidabile e sicuro[10]; ed

[9] Gli Stati e territori attualmente partecipi delle attività dell'OIPC-Interpol sono i seguenti: Albania, Algeria, Andorra, Angola, Antigua e Barbuda, Antille olandesi, Arabia Saudita, Argentina, Armenia, Aruba, Australia, Austria, Azerbaigian, Bahamas, Bahrein, Bangladesh, Barbados, Belgio, Belize, Benin, Bielorussia, Birmania, Bolivia, Bosnia Erzegovina, Botswana, Brasile, Brunei, Bulgaria, Burkina Faso, Burundi, Cambogia, Camerun, Canada, Capo Verde, Ciad, Cile, Cina, Cipro, Colombia, Corea del Sud, Costa d'Avorio, Costa Rica, Croazia, Cuba, Danimarca, Dominica, Ecuador, Egitto, El Salvador, Emirati Arabi Uniti, Estonia, Etiopia, Figi, Filippine, Finlandia, Francia, Gabon, Gambia, Germania, Georgia, Ghana, Giamaica, Giappone, Gibuti, Giordania, Grecia, Grenada, Guatemala, Guinea, Guinea Bissau, Guinea equatoriale, Guyana, Haiti, Honduras, India, Indonesia, Iran, Iraq, Irlanda, Islanda, Israele, Italia, Kazakistan, Kenya, Kirghizistan, Kiribati, Kuwait, Laos, Lesotho, Lettonia, Libano, Liberia, Libia, Liechtenstein, Lituania, Lussemburgo, Macedonia, Madagascar, Malawi, Malaysia, Maldive, Mali, Malta, Marocco, isole Marshall, Mauritania, Mauritius, Messico, Moldavia, Monaco, Mongolia, Mozambico, Namibia, Nauru, Nepal, Nicaragua, Niger, Nigeria, Norvegia, Nuova Zelanda, Oman, Pakistan, Paesi Bassi, Panama, Papua Nuova Guinea, Paraguay, Perù, Polonia, Portogallo, Qatar, Regno Unito, Repubblica ceca, Repubblica centrafricana, Repubblica democratica del Congo, Repubblica dominicana, Repubblica popolare del Congo, Romania, Ruanda, Russia, Saint Kitts e Nevis, Saint Lucia, Saint Vincent e Grenadines, São Tomé e Principe, Senegal, Seychelles, Sierra Leone, Singapore, Siria, Slovacchia, Slovenia, Somalia, Spagna, Sri Lanka, Stati Uniti d'America, Sudafrica, Sudan, Suriname, Svezia, Svizzera, Swaziland, Tanzania, Thailandia, Togo, Tonga, Trinidad e Tobago, Tunisia, Turchia, Ucraina, Uganda, Ungheria, Uruguay, Uzbekistan, Venezuela, Vietnam, Yemen, Zambia e Zimbabwe. Sezioni distaccate dei rispettivi Uffici centrali nazionali sono state inoltre istituite dalla Cina (Hong Kong), dal Portogallo (Macao), dal Regno Unito (Anguilla, Bermuda, isole Cayman, Gibilterra, Montserrat, Turks e Caicos e isole Vergini britanniche), e dagli Stati Uniti (Guam, isole Marianne, Portorico, Samoa americane e isole Vergini americane).

[10] Le informazioni vengono solitamente inoltrate dagli Uffici centrali nazionali e riversate tramite il Segretariato dell'organizzazione agli Uffici centrali nazionali degli altri Stati sotto forma di notiziari. L'*Interpol Telecommunication Network* comprende sette categorie di notiziari, denominate, secondo l'accezione inglese, nel modo seguente: 1) *red notices*, richieste di arresto di latitanti per conseguente estradizione; 2) *blue notices*, richieste di informazioni su individui colpevoli di aver commesso crimini; 3) *green notices*, circolazione di notizie sull'attività criminale di individui che hanno già commesso o stanno per commettere reati in più Stati; 4) *black notices*, informazioni sul rinvenimento di cadaveri non identificati o su persone decedute che potrebbero aver usato false generalità; 5) *yellow notices*, ricerca di persone scomparse; 6) *stolen property notices*, dettagli e descrizioni su tutti i tipi di beni rubati o sequestrati, inclu-

una moderna rete informatica gestita dal Segretariato, che ha permesso di creare l'assistenza tecnica e professionale necessaria alla realizzazione di un sistema di ricerca automatica indispensabile per la lotta contro la criminalità internazionale[11]. In tal modo, è possibile portare avanti una adeguata azione di repressione dei fenomeni delinquenziali nonché una indispensabile, vasta ed efficace opera di prevenzione, aspetti questi che si presentano immancabilmente connessi nell'affrontare qualsiasi manifestazione antisociale.

La necessità di superare i tre grandi ostacoli che si frappongono alla compiuta esplicazione della cooperazione investigativa (differenze strutturali tra le polizie nazionali, barriere linguistiche e diversità degli ordinamenti giuridici dei vari Stati) hanno inoltre reso necessaria la costituzione in ogni singolo Stato di appositi Uffici centrali nazionali, il cui ruolo fondamentale verrà meglio evidenziato in seguito. D'altra parte, il collegamento tra le autorità di polizia non può essere occasionale e dipendere dalle circostanze o dagli uomini; la sua efficacia è invece direttamente proporzionale alla sistematicità e, di conseguenza, ad una precisa pianificazione: man mano che essa si intensifica e si espande dovrà sempre più poggiare su basi solide per quanto attiene alle strutture e procedere su un piano di razionalizzazione e di metodo. A tale riguardo, è innegabile che uno dei più vistosi ed apprezzati risultati conseguiti dall'Interpol sia proprio la realizzazione di strutture e metodi specifici che consentono una cooperazione permanente e multinazionale tra le polizie dei diversi Stati e che presentano due momenti, uno a livello interno e l'altro a livello internazionale, che si integrano e si completano a vicenda, pur rappresentando sul piano formale e sostanziale elementi ben differenziati[12]; prima di analizzare

si gli oggetti culturali ed artistici (cfr. in merito quanto detto più approfonditamente *infra*, par. 3); 7) *purple notices*, informazioni sui più inusuali modi di operare dei criminali, inclusi i nuovi canali di ricettazione e possibili nascondigli; 8) *grey notices*, informazioni sui vari gruppi criminali organizzati e sulle loro attività; 9) *orange notices*, relative alle attività criminali con ramificazioni internazionali che non coinvolgono una persona o un gruppo specifici. Con i *FOPAC Bulletins* vengono inoltre diffuse notizie sul riciclaggio di denaro (FOONER, *Interpol. Issues in World Crime*, cit., p. 153 ss.).

[11] Per una applicazione di tale sistema nella lotta contro il traffico illecito di beni culturali si veda *infra*, par. 3.

[12] Oltre ai testi già citati nelle note precedenti, per ulteriori approfondimenti sulle caratteristiche dell'Interpol cfr. anche FORREST, *Interpol*, Londra, 1954; TULLET, *Inside Interpol*, Londra, 1963; PEZARD, *L'Organisation internationale de police criminelle*, in *AFDI*, 1964, p. 212 ss.; FERAUD-NEPOTE, *La coopération policière internationale dans*

dettagliatamente l'azione di contrasto dell'OIPC relativa alla circolazione illegale di oggetti di interesse artistico, sarà pertanto opportuno procedere ad una disamina della stessa dal punto di vista della sua qualificazione legale e della sua ripartizione interna.

2. Natura giuridica e struttura organizzativa dell'Interpol

Il fondamento giuridico dell'Organizzazione internazionale di polizia criminale è importante per due ragioni. Innanzitutto, considerando che attraverso il suo sistema di comunicazioni vengono diffuse informazioni per contribuire a risolvere i crimini e giungere alla cattura dei responsabili, è essenziale che le relative procedure non forniscano il pretesto per muovere accuse circa l'avvenuta violazione dei diritti della persona. In secondo luogo, la base giuridica di una organizzazione è indicativa del rilievo politico a questa attribuito: l'esistenza di un trattato internazionale con il quale gli Stati firmatari hanno assunto degli obblighi conferisce ad essa un peso sicuramente maggiore rispetto all'ipotesi di una accettazione tacita di vincoli di cooperazione[13].

Per sapere se l'Interpol sia o meno una organizzazione intergovernativa a tutti gli effetti occorre verificare la presenza delle caratteristiche tradizionalmente richieste al riguardo dal diritto internazionale: l'avvenuta firma di un trattato istitutivo e l'attribuzione della qualità di membro a degli Stati, il riconoscimento della personalità giuridica interna ed internazionale dell'organizzazione e l'esistenza di una autonomia strutturale di quest'ultima rispetto agli Stati che ad essa hanno dato vita.

La partecipazione degli Stati ad una organizzazione internazionale si sostanzia attraverso la conclusione di un accordo sottoposto alle re-

ses rapports avec le droit pénal européen, Amburgo, 1970; GUILLEMOT, *Les grandes enigmes de l'Interpol*, Ginevra, 1970; GARRISON, *The Secret World of Interpol*, New York-Londra, 1976; SCHWITTERS, *Dossier Interpol*, Amsterdam, 1978; MELDAL-JOHNSEN e YOUNG, *The Interpol Connection: An Enquiry into the International Criminal Police Organization*, New York, 1979; COLITRE, *Interpol: The International Criminal Police Organization*, in *FBI Law Enforcement Bulletin*, 1984, p. 1 ss.; SIMPSON, *Interpol. Dedicated to Survival*, in *The Police Chief*, 1984, p. 31 ss.; WILKINSON, *European Police Cooperation*, in ROACH-THOMANECK (eds.), *Police and Public Order in Europe*, Beckenham, 1985, p. 273 ss.; KENDALL, *Interpol: quarante ans après la Conference de Bruxelles*, in *Revue internationale de police criminelle*, 1986, p. 148 ss.; LA MONICA-MARINI-MAZZA-RIONDATO, *Manuale del diritto di polizia*, Milano, 1993, p. 609 ss.

[13] ANDERSON, *Policing the World*, cit., p. 57.

gole del diritto internazionale tramite il quale essi esprimono il loro consenso a cooperare in una determinata materia, ottenendo di conseguenza la qualifica di membri dell'organizzazione medesima. L'OIPC non è stata istituita con un accordo formale tra Stati; essa si basa invero su uno Statuto, ma tale atto costitutivo non ha in apparenza la natura di trattato internazionale, non essendo oltretutto il risultato di un negoziato condotto da rappresentanti di Stati riuniti in una conferenza diplomatica con successiva sottoposizione del testo in tal modo predisposto a dei procedimenti interni di ratifica[14]. Secondo taluna dottrina, lo Statuto stesso viene considerato oggetto di un accordo tacito degli Stati interessati che sembra giustificarsi nel caso di specie con gli antecedenti storici dell'Interpol ed in relazione al quale non mancano nella prassi più risalente altri esempi applicativi[15]. Se l'accordo tacito degli Stati sul quale si fonda l'Interpol non solleva in ultima analisi particolari difficoltà per quanto riguarda la sua conformità al diritto internazionale, ci si potrebbe domandare se esso sia conforme rispetto al diritto interno degli Stati membri e segnatamente alle varie procedure costituzionali; un esame del genere è però praticamente impossibile e senza dubbio di scarsa utilità, in quanto si potrebbe giungere a conclusioni diverse a seconda degli ordinamenti dei vari Stati, senza per questo modificare la situazione dell'OIPC nell'ordine giuridico internazionale[16].

Per quanto concerne l'attribuzione della qualità di membro, l'articolo 4 dello Statuto afferma nel suo 1° comma che "any country may delegate as a member of the organization any official body whose functions come within the framework of the activities of the organiza-

[14] Cfr. NEPOTE, *The Legal Status of ICPO-Interpol: An Essential Consolidation*, Parigi, 1966, p. 2; FOONER, *Interpol. Issues in World Crime*, cit., p. 45.

[15] Con un accordo tacito è sorta anche l'Unione panamericana: fondata il 14 aprile 1890, essa non ebbe infatti alcuna base convenzionale fino al 30 aprile 1948, quando venne siglata la Carta di Bogotà che la trasformò in Organizzazione degli Stati americani. Una analoga considerazione può essere fatta con riferimento alla stessa Commissione internazionale di polizia criminale. La CIPC non aspirava del resto ad essere considerata come organizzazione intergovernativa: nella sua sede operavano infatti funzionari del dipartimento di polizia di Vienna, assunti e pagati dal Governo austriaco; non a caso, l'art. 15 della Convenzione di Ginevra del 20 aprile 1929 per la repressione del falso nummario, il cui testo si trova riprodotto in FOONER, *Interpol. Issues in World Crime*, cit., p. 227 ss., descriveva la Commissione come "the central international information office for this task".

[16] VALLEIX, *Interpol*, cit., p. 630.

tion"; una stretta interpretazione di tale norma indurrebbe dunque a ritenere che siano le forze di polizia ad essere membri dell'Interpol e non gli Stati; il 2° comma della medesima disposizione riconosce però la natura ufficiale dell'appartenenza all'organizzazione e fa anche una ulteriore allusione alle autorità governative nel prevedere che "the request for membership shall be submitted to the Secretary General by the appropriate governmental authority of that country": in realtà, sono quindi gli Stati ad essere membri e questo è anche il punto di vista espresso dai Governi nelle rare occasioni in cui hanno avuto modo di pronunciarsi in proposito[17]. Oltre a ciò, appare significativo il fatto che gli inviti a partecipare alle sessioni dell'Assemblea generale siano oggetto di una duplice comunicazione: la prima è inviata dal Segretariato agli Uffici centrali nazionali, ma l'altra viene inoltrata per via diplomatica dallo Stato ospite agli altri Stati secondo un procedimento mai utilizzato per la convocazione dei componenti degli organi plenari di organizzazioni non governative[18].

In considerazione delle sue funzioni riguardanti la prevenzione e la repressione del crimine, l'OIPC-Interpol intrattiene delle stabili relazioni anche con altri soggetti di diritto internazionale, ponendo in essere degli atti destinati a produrre i loro effetti sia nell'ordinamento giuridico internazionale che nell'ordinamento giuridico interno dello Stato sul territorio del quale l'organizzazione in parola ha la propria sede[19].

[17] Il Dipartimento della Giustizia americano ha ad esempio affermato, nel corso di una audizione dinanzi al Congresso, che "Interpol members are nations" (ANDERSON, *Policing the World*, cit., p. 59). In effetti, gli Stati sono considerati come membri *de facto*, sebbene in passato abbia fatto parte dell'organizzazione anche una entità non statale come la Saarland. Il recesso di quest'ultima, avvenuto il 1° gennaio 1957 in seguito alla sua reintegrazione in qualità di *Land* nella Repubblica federale tedesca, conferma però che la rappresentanza nell'Interpol avviene comunque a livello statale; le Antille olandesi, che del resto già aderivano alla CIPC, sono invece tuttora presenti in seno all'organizzazione unitamente ad Aruba (che si è distaccata da esse il 1° gennaio 1986 conseguendo uno statuto separato): la permanenza di questi territori non indipendenti tra i membri dell'Interpol è tuttavia dovuta a delle reminiscenze storiche e al fatto che essi godono nell'ambito del Regno dei Paesi Bassi di una ampia autonomia che consente loro anche l'eventuale partecipazione ad organizzazioni internazionali pur non trattandosi di Stati sovrani.

[18] Si veda l'art. 7 del Regolamento generale.

[19] L'art. 41 dello Statuto afferma in proposito che "whenever it deems fit, having regard to the aims and objects provided in the Constitution, the Organization shall establish relations and collaborate with other intergovernmental or non-governmental international organizations (...)", predisponendo una procedura di approvazione

Particolare interesse assumono al riguardo i rapporti intrattenuti con le Nazioni Unite e con il Consiglio d'Europa. L'Interpol ha infatti stipulato un Accordo speciale con il Consiglio economico e sociale (ECOSOC) e viene invitata a partecipare come osservatore alle riunioni di vari organi delle Nazioni Unite; l'articolo 3 del suddetto Accordo, oltre a contatti di tipo documentale e informativo, ammette anche una collaborazione nello studio di progetti comuni su tutti i problemi riguardanti la criminalità internazionale[20]. Le relazioni con il Consiglio d'Europa si basano invece su un Accordo formale concluso mediante

dell'Assemblea generale. L'Interpol conclude anche accordi con gli Stati che ospitano annualmente le sessioni della stessa Assemblea generale: cfr. a tale riguardo l'art. 12 dello Statuto, in base al quale "during the final meeting of each session, the General Assembly shall choose the place of meeting for the following session. The date of this meeting shall be fixed by agreement between the inviting country and the President after consultation with the Secretary General" (LEE, *Interpol*, Hagen, 1976, p. 215; BOSSARD, *La coopération policière en Europe*, in *Revue internationale de police criminelle*, 1980, p. 288; VALLEIX, *Interpol*, cit., p. 640).

[20] Quando la Commissione internazionale di polizia criminale chiese al Consiglio economico e sociale dell'ONU il riconoscimento del rango consultivo, questo le venne rifiutato (23 febbraio 1947), ritenendosi che non potesse essere concesso ad un'organizzazione priva di adeguate credenziali; in assenza di un atto costitutivo fondato su un trattato formale, la CIPC ottenne comunque nel 1949 lo statuto consultivo B delle organizzazioni non governative, in quanto, ai sensi del par. 8 della risoluzione ECOSOC 27 febbraio 1950, n. 288, "toute organisation internationale qui n'est pas créée par voie d'accords intergouvernementaux sera, aux fins des présentes dispositions, considérée comme organisation non gouvernementale internationale" (GOLDENBERG, *La Commission internationale de police criminelle*, Parigi, 1953, p. 117; NAPOMBEJRA, *L'évolution de la coopération internationale de police*, Strasburgo, 1957, p. 37; SICOT, *A la barre de l'Interpol*, cit., p. 38). In seguito, questa situazione non apparve però corrispondente alla effettiva natura dell'OIPC-Interpol, tanto è vero che già nel suo rapporto al Consiglio economico e sociale dell'8 marzo 1971, il Segretario generale delle Nazioni Unite la indicò come una organizzazione intergovernativa; con la risoluzione 20 maggio 1971, n. 1579 L, venne infine approvato un Accordo speciale tra l'Interpol e l'ECOSOC (*Special Arrangement between the International Criminal Police Organization and the Economic and Social Council*), con il quale, pur non modificandone formalmente la posizione, venne comunque consacrato il fatto che l'Interpol fosse differente rispetto alle altre organizzazioni non governative dotate di *status* consultivo presso il Consiglio. Con una nota dell'Ufficio direttivo dell'ECOSOC del 10 luglio 1975, venne inoltre raccomandato al Consiglio stesso di designare a titolo permanente le organizzazioni intergovernative invitate a partecipare ai suoi lavori: tra queste figura anche l'Organizzazione internazionale di polizia criminale (NEPOTE, *The Legal Status of ICPO-Interpol*, cit., p. 5 ss.; ID., *Interpol, 50th Anniversary*, cit., p. 78 ss.; VALLEIX, *Interpol*, cit., p. 634 s.; ANDERSON, *Policing the World*, cit., p. 69 s.; FOONER, *Interpol. Issues in World Crime*, cit., pp. 51 ss. e 159).

Scambio di lettere del 1° e 9 febbraio 1960[21]; tale Accordo prevede l'invio di documenti, consultazioni reciproche e la partecipazione di osservatori alle riunioni di entrambe le organizzazioni quando vengono discussi argomenti di comune interesse. Il Consiglio d'Europa fornisce dati di valore statistico e giuridico, permettendo in particolare all'Interpol di presenziare ai lavori del Comitato europeo per i problemi criminali, in modo tale da consentire ad essa di interloquire nelle discussioni sull'applicazione del diritto che si svolgono a livello politico; l'Organizzazione internazionale di polizia criminale, da parte sua, mette il suo sistema di telecomunicazioni a disposizione degli Stati membri del Consiglio d'Europa che vogliano effettuare una trasmissione rapida di informazioni giudiziarie urgenti[22]. L'Interpol si trova inoltre associata alle procedure dettate in diverse convenzioni multilaterali elaborate nell'ambito del Consiglio d'Europa (la sua attività viene perciò sanzionata in modo espresso da apposite norme aventi forza di legge)[23] e mantiene stretti rapporti con numerose altre organizzazioni governative,[24] tra le quali, per quanto concerne l'oggetto della no-

[21] Cfr. COUNCIL OF EUROPE, *Exchange of Letters between Mr. Lodovico Benvenuti and Mr. Marcel Sicot (February 1960)*, Doc. TN 142/KO.WM.

[22] ANDERSON, *Policing the World*, cit., p. 68 s.; FOONER, *Interpol. Issues in World Crime*, cit., p. 160; BRANCACCIO, Voce "Organizzazione internazionale di polizia criminale (Interpol)", cit., p. 2. Per quanto riguarda più dettagliatamente i rapporti intrattenuti con il Consiglio d'Europa nel settore dei beni culturali, cfr. *infra*, nota 68.

[23] Si vedano, con i riferimenti in essi contenuti, l'art. 16 della Convenzione europea di estradizione, firmata a Parigi il 13 dicembre 1957; l'art. 15 della Convenzione europea di assistenza giudiziaria in materia penale, adottata a Strasburgo il 20 aprile 1959; l'art. 27 della Convenzione europea per la sorveglianza delle persone condannate o liberate con la condizionale (Strasburgo, 30 novembre 1964); l'art. 15 della Convenzione europea sulla validità internazionale dei giudizi repressivi (L'Aja, 28 maggio 1970); l'art. 21 della Convenzione europea sul rimpatrio dei minori, aperta alla firma a L'Aja il 28 maggio 1970; l'art. 13 della Convenzione europea di Strasburgo del 15 maggio 1972 sulla trasmissione dei procedimenti penali; e l'art. 9 della Convenzione europea di Strasburgo del 28 giugno 1978 sul controllo dell'acquisto e della detenzione di armi da fuoco da parte dei privati.

[24] Oltre agli Accordi con l'ECOSOC ed il Consiglio d'Europa, ed a parte le relazioni intrattenute con l'UNESCO, l'ICOM, il Comitato intergovernativo per la promozione del ritorno dei beni culturali nel loro Paese di origine o della loro restituzione in caso di appropriazione illecita e l'Organizzazione mondiale delle dogane (sulle quali si veda *infra*, par. 3, note 63 e 68), l'Interpol ha rapporti ufficiali con l'Organizzazione internazionale dell'aviazione civile (ICAO) e con l'Organizzazione delle Nazioni Unite per lo sviluppo industriale (UNIDO). Altri contatti vengono mantenuti con la Conferenza delle Nazioni Unite sul commercio e lo sviluppo (UNCTAD), l'*International Narcotics Control Board* (INCB) e l'*United Nations Interregional Crime and Justice Research*

stra disamina, rivestono particolare importanza l'UNESCO e l'ICOM, e non governative[25].

Fino al 1972 l'OIPC non era ufficialmente riconosciuta dalla Francia, Stato nel quale era situata la sua sede da oltre venticinque anni[26]; a causa della rapida crescita del numero dei suoi membri e dei potenziali problemi creati dalla presenza di poliziotti stranieri ivi residenti, si giunse tuttavia alla conclusione di un primo Accordo tra il Governo della Repubblica francese e l'Organizzazione internazionale di polizia criminale relativo alla sede dell'Interpol ed ai suoi privilegi ed immunità sul territorio francese, firmato a Parigi il 12 maggio 1972[27]. Il suc-

Institute (UNICRI); sussistono inoltre collegamenti con il Tribunale amministrativo dell'Organizzazione internazionale del lavoro, l'Ufficio arabo per la prevenzione del crimine, l'Organizzazione per l'unità africana (OUA), la *Commonwealth Commercial Crime Unit* (CCU), il Gruppo di cooperazione per la lotta contro l'abuso ed il traffico illecito di droga (Gruppo Pompidou), l'*European Drugs Trends Observatory*, l'Istituto europeo per la prevenzione e il controllo del crimine, affiliato alle Nazioni Unite (HEUNI), l'Ufficio europeo di polizia (Europol), a proposito del quale cfr. anche *infra*, par. 5 e note 107 e 108, la *Financial Action Task Force on Money Laundering* (FATF), la Conferenza de L'Aja sul diritto internazionale privato (HCOPIL), la Commissione interamericana sull'abuso di droghe (CICAD), l'Ufficio internazionale arabo di polizia criminale, il *Pan Arab Bureau for Narcotics Affairs*, il Segretariato che opera nell'ambito della Convenzione di Washington del 3 marzo 1973 sul commercio internazionale delle specie di fauna e di flora selvatica in pericolo di estinzione (Segretariato CITES), il Gruppo di Trevi ed il Programma delle Nazioni Unite sul controllo internazionale della droga (UNDCP). Contrariamente a quanto si crede, non esiste invece accordo tra l'Interpol e l'Unione internazionale delle telecomunicazioni (ITU): l'art. 7, sez. 6, n. 467 del Regolamento delle radiocomunicazioni del 1968 si riferisce in effetti all'azione dell'Interpol, ma quest'ultima interviene per mezzo dei suoi membri e non direttamente (NEPOTE, *Interpol, 50th Anniversary*, cit., p. 80 s.).

[25] Vengono mantenuti contatti con l'*Airports Council International* (ACI), l'Associazione internazionale del trasporto aereo (IATA), l'*International Association of Airport and Seaport Police* (IAASP), l'*International Centre of Sociological, Penal and Penitentiary Research and Studies* (INTERCENTER), l'*International Organization for Forensic Odonto-Stomatology* (IOFOS), l'*End Child Prostitution in Asian Tourism* (ECPAT) e l'Associazione internazionale di polizia (IPA).

[26] Nel 1989, per far fronte alle sue accresciute esigenze e in attuazione di una decisione assunta cinque anni prima dall'Assemblea generale (53° sessione-Lussemburgo, 4-11 settembre 1984), l'Interpol ha trasferito la sua sede da Parigi (Saint Cloud) a Lione; per consentire ciò l'art. 1 dello Statuto, che faceva espresso riferimento alla capitale francese, è stato opportunamente emendato, affermando ora riguardo all'organizzazione che "(...) its seat shall be in France". Maggiori dettagli sono riportati in BRANCACCIO, Voce "Organizzazione internazionale di polizia criminale (Interpol)", cit., p. 2.

[27] Si vedano la Legge 23 dicembre 1972, n. 72-1165 ed il Decreto del Ministero degli affari esteri 22 novembre 1974, n. 74-992, pubblicati rispettivamente in *Journal of-*

cessivo sviluppo delle attività investigative e le insufficienze dell'Accordo del 1972 fecero però sentire ben presto il bisogno di una tutela più incisiva[28]; l'approvazione ad opera dell'Assemblea nazionale della legge sulla libertà dell'informazione[29] rese poi oltremodo necessaria l'apertura di nuovi negoziati. Attualmente, la Francia riconosce dunque all'Interpol la qualità di organizzazione intergovernativa in base all'Accordo di sede del 3 novembre 1982[30]. Tale Accordo assicura i privilegi e le immunità di cui beneficiano le missioni diplomatiche ed i loro agenti e, in misura variabile, le organizzazioni internazionali ed i loro funzionari. Vengono anche previsti l'inviolabilità della sede, le immunità dalla giurisdizione e dall'esecuzione, l'inviolabilità degli archivi e della corrispondenza ufficiale, privilegi di cambio ed esoneri fiscali. Viene altresì garantita la libertà di circolazione dei rappresentanti degli Stati membri convocati per partecipare alle sessioni dei vari organi: essi beneficiano delle immunità dalla giurisdizione anche dopo la cessazione della loro missione o delle loro funzioni, e nei periodi di tensione internazionale godono delle facilitazioni per il reimpa-

ficiel n. 302 del 28 dicembre 1972 e n. 280 del 30 novembre 1974. Con tale Accordo il Governo francese riconobbe all'organizzazione il diritto di acquisire proprietà, esentandole dai sequestri e dalle confische, e di porre in essere transazioni finanziarie; venne inoltre stabilita l'esenzione dai controlli sugli scambi con l'estero, da ogni tassazione diretta e da esazioni doganali sui beni necessari alle attività dell'organizzazione, la libertà di ingresso e di residenza in Francia di persone che avevano ufficialmente rapporti con l'Interpol e la garanzia di alcuni limitati privilegi doganali per gli impiegati stranieri della stessa. Gli immobili, i beni e il personale dell'organizzazione rimanevano tuttavia soggetti alla legge francese. Cfr. VALLEIX, *Interpol*, cit., p. 642 e ANDERSON, *Policing the World*, cit., p. 61 s.; per un commento della situazione esistente prima del 1972 si veda FOONER, *Interpol. Issues in World Crime*, cit., p. 59 s., mentre per approfondimenti sulla tematica degli accordi di sede si rinvia a DURANTE-SPATAFORA, *Gli accordi di sede. Immunità e privilegi degli enti e dei funzionari internazionali in Italia*, Milano, 1993.

[28] In effetti, in base all'Accordo del 1972 l'Interpol godeva di privilegi ed immunità di grado inferiore rispetto a quelli riconosciuti alle altre organizzazioni internazionali: i suoi ufficiali non beneficiavano dell'immunità dalla giurisdizione e la sua sede non era inviolabile, in quanto l'unico limite imposto agli agenti francesi consisteva nella necessità di avvertire entro un tempo ragionevole il Segretario generale prima di penetrare all'interno dei locali; la riservatezza degli archivi non era inoltre sancita in maniera evidente.

[29] Si tratta della Legge 6 gennaio 1978, n. 78-17 (*Loi relative à l'informatique, aux fichiers et aux libertés*), pubblicata in *Journal officiel* n. 6 del 7 gennaio 1978 e sulla quale cfr. VALLEIX, *Interpol*, cit., p. 646 ss.

[30] La relativa approvazione è stata in seguito autorizzata con la Legge 2 dicembre 1983, n. 83-1023 (*Journal officiel* n. 280 del 3 dicembre 1983).

trio accordate ai componenti delle missioni diplomatiche; i funzionari non sono inoltre soggetti all'imposta nazionale[31]. L'articolo 2 dell'Accordo di sede del 1982 riconosce poi all'Organizzazione internazionale di polizia criminale la personalità giuridica interna, affermando che "l'Organisation jouit de la personnalité civile"; l'Interpol può inoltre compiere diversi atti nell'ordinamento giuridico francese, come acquistare ed alienare beni, aprire conti bancari o trasferire fondi[32].

Le immunità specificate nell'Accordo finora menzionato vincolano ovviamente il solo Governo francese e sono valide unicamente in Francia; quando l'Interpol ha deciso di installare un Ufficio regionale in Thailandia, è stato pertanto necessario intraprendere un laborioso procedimento negoziale per giungere alla conclusione di uno specifico accordo di sede con lo Stato ospite: esso venne firmato a Bangkok nel 1987 dopo che il suddetto Ufficio era di fatto operativo da almeno un decennio[33]. Il riconoscimento dell'OIPC-Interpol è stato compiuto anche dagli Stati Uniti d'America, dopo alcuni anni di accesi dibattiti sulla legittimità della condotta tenuta dai poliziotti in servizio presso l'Ufficio centrale nazionale di Washington e sulle relazioni tra l'organizzazione e le altre agenzie federali[34]; in seguito al positivo interes-

[31] Si considerino in particolare gli artt. 5, 7, 9, e 18 dell'Accordo di sede del 1982, per un commento approfondito del quale cfr. VALLEIX, *Interpol*, cit., p. 643 ss. e ANDERSON, *Policing the World*, cit., p. 64 ss. Questo insieme di privilegi ed immunità non è stato mai accordato ad una organizzazione non governativa; anche per questo, e riprendendo per un momento le considerazioni fatte in precedenza sull'attribuzione della qualità di membro a degli Stati, è insostenibile dire che è il servizio di polizia francese e non la stessa Francia ad essere parte dell'Interpol; l'importo corrispondente al contributo per il funzionamento dell'organizzazione viene peraltro iscritto nel bilancio del Ministero degli affari esteri al pari di quanto avviene per le somme destinate alle altre organizzazioni intergovernative, mentre le spese sostenute dai componenti della delegazione francese alle sessioni dell'Assemblea generale sono poste a carico del medesimo Ministero con le stesse modalità previste per i rappresentanti ufficiali della Francia presso le organizzazioni internazionali.

[32] VALLEIX, *Interpol*, cit., p. 639 e LEWIN, *Quelques souvenirs en marge de l'accord de siège entre le gouvernement français et l'Organisation internationale de police criminelle*, in *Revue internationale de police criminelle*, 1985, p. 49 ss.

[33] ANDERSON, *Policing the World*, cit., p. 64.

[34] Fu soprattutto la Chiesa di *Scientology* a contestare, in assenza di regole precise, il diritto dell'Interpol di diffondere schede segnaletiche su persone sospette. Tra il 1978 ed il 1981 vennero anche intrapresi quattro procedimenti giudiziari dinanzi alle Corti federali, due dei quali (*Sami* v. *United States* del 1979 e *Steinberg* v. *International Criminal Police Organization* del 1981) giunsero alla fese dibattimentale pur non risolvendosi in una condanna per l'organizzazione (cfr. KENNEY, *Structures and Methods of International and Regional Cooperation in Penal Matters*, in *New York Law*

samento del Dipartimento della Giustizia, si è comunque giunti a designare l'Interpol come una organizzazione internazionale destinata a beneficiare dei privilegi, delle esenzioni e delle immunità previsti dall'*International Organizations Immunities Act* del 29 dicembre 1945, limitandoli però ai soli atti di diritto pubblico con esclusione delle attività privatistiche e con la possibilità di una loro revoca in caso di abuso[35].

Per quanto riguarda la struttura interna, l'organizzazione è composta da organi rappresentativi (Assemblea generale e Comitato esecutivo) che si riuniscono periodicamente con funzione deliberante e da organi tecnici permanenti (Segretariato generale e Uffici centrali nazionali) che assicurano un costante funzionamento della cooperazione e provvedono a tradurre in pratica le decisioni adottate dagli organi competenti; l'OIPC comprende inoltre un Presidente, eletto per quattro anni con il compito di presiedere l'Assemblea generale e il Comitato esecutivo, che è anche il custode e il garante dell'applicazione dello Statuto, e tre Vicepresidenti, eletti per tre anni[36].

School Law Review, 1984, p. 39 ss.; PAIKIN, *Problems of Obtaining Evidence in Foreign States for Use in Federal Criminal Prosecutions*, in *Colum. J. Transnat'l. L.*, 1984, p. 233 ss.; SLOMANSON, *Civil Actions against Interpol. A Field Compass*, in *Temple Law Review*, 1984, p. 567 ss.; ELLIS-PISANI, *The United States Treaties on Mutual Assistance in Criminal Matters: A Comparative Analysis*, in *International Lawyer*, 1985, p. 189 ss.; ANDERSON, *Policing the World*, cit., p. 62 s.; FOONER, *Interpol. Issues in World Crime*, cit., p. 53 ss.).

[35] Si legga in merito l'*Executive Order* n. 12425 promulgato dal presidente Ronald Reagan il 16 giugno 1983 e riprodotto in FOONER, *Interpol. Issues in World Crime*, cit., p. 184. La partecipazione degli Stati Uniti d'America all'Organizzazione internazionale di polizia criminale deve essere fatta risalire alla *Public Law* 10 giugno 1938, n. 75-587 (22 *USC* 263a; 52 *Stat.* 640), con la quale il Segretario alla Giustizia venne "(...) authorized to accept and maintain, on behalf of the United States, membership in the International Police Commission (...); si veda inoltre GULBINOWICZ, *The International Criminal Police Organization: A Case Study of Oversight of American Participation in an International Organization*, New York, 1978.

[36] Cfr. gli artt. 5, 17 e 18 dello Statuto. Sull'assetto interno dell'Interpol si vedano PAPA, *Ordinamento e compiti dell'O.I.P.C. (Interpol)*, Palermo, 1957; SICOT, *A la barre de l'Interpol*, cit., p. 40 ss.; MANOPULO, Voce "Polizia internazionale", cit., p. 216 s.; FARIELLO, *Interpol-organizzazione internazionale di polizia criminale*, in *Dizionario enciclopedico di polizia*, coord. da D. Palazzo, III, Latina, 1977, p. 1482 ss.; LAZZONI, *OIPC-Interpol: tutto il mondo sotto gli occhi*, in *Polizia moderna*, 6, 1980, p. 22 ss.; BONICHI, *Le leggi di pubblica sicurezza*, II, Roma, 1985, p. 117 ss.; ANDERSON, *Policing the World*, cit., p. 74 ss.; FOONER, *Interpol. Issues in World Crime*, cit., p. 65 ss.; BRANCACCIO, Voce "Organizzazione internazionale di polizia criminale (Interpol)", cit., p. 2 s.; JOVINE, *O.I.P.C. Interpol. Funzionari e struttura dell'Organizzazione interna-*

L'Assemblea generale è l'istituzione principale ed è formata da delegati designati dai vari Stati membri; in considerazione del carattere esclusivamente tecnico dell'Interpol, l'articolo 7 dello Statuto prevede che le delegazioni debbano essere composte di preferenza da alti funzionari appartenenti agli organismi che assicurano le funzioni di polizia, nonché da specialisti o studiosi di problemi iscritti all'ordine del giorno delle riunioni. L'Assemblea, alla quale possono presenziare anche rappresentanti di altre organizzazioni internazionali con il rango di osservatori, fissa inoltre i principi e stabilisce le misure generali necessarie per il conseguimento dei fini dell'organizzazione[37]; le decisioni, risoluzioni o raccomandazioni, tra le quali rilevano per la nostra indagine quelle aventi ad oggetto l'attività per la protezione del patrimonio artistico e la lotta contro il commercio illecito dei beni culturali, sono adottate a maggioranza semplice o dei due terzi a mezzo di votazioni ed in ragione di un voto per Paese[38].

Il Comitato esecutivo è invece costituito dal Presidente dell'Interpol, dai tre Vicepresidenti e da nove delegati eletti dall'Assemblea generale secondo una ripartizione dei seggi che rispecchia le quattro grandi aree geografiche continentali ad eccezione dell'Oceania ed in modo tale che non vi siano due membri dello stesso Paese[39]; funzioni primarie del Comitato sono la sorveglianza sull'esecuzione delle decisioni prese dall'Assemblea e la predisposizione dell'ordine del giorno

zionale di polizia criminale, Napoli, 1992. La carica di Presidente dell'organizzazione è attualmente ricoperta da Norman D. Inkster.

[37] Secondo l'art. 8 dello Statuto, "the functions of the General Assembly shall be the following:

(*a*) to carry out the duties laid down in the Constitution;

(*b*) to determine principles and lay down the general measures suitable for attaining the objectives of the Organization as given in Article 2 of the Constitution;

(*c*) to examine and approve the general programme of activities prepared by the Secretary General for the coming year;

(*d*) to determine any other regulations deemed necessary;

(*e*) to elect persons to perform the functions mentioned in the Constitution;

(*f*) to adopt resolutions and make recommendations to Members on matters with which the Organization is competent to deal;

(*g*) to determine the financial policy of the Organization;

(*h*) to examine and approve any agreement to be made with other organizations".

[38] Cfr. l'art. 14 dello Statuto e gli artt. 16-25 del Regolamento generale.

[39] Per tacito accordo, all'Europa vengono assegnati quattro seggi, tre alle Americhe, tre all'Africa e tre all'Asia.

delle relative sessioni, il controllo della gestione del Segretariato e l'esercizio di tutti i poteri ad esso delegati dall'Assemblea[40].

Quanto al Segretariato generale, si tratta di un organo permanente che svolge diverse funzioni, sia sul piano amministrativo che su quello strettamente tecnico e di polizia, assicurando l'amministrazione ed il funzionamento dell'organizzazione e facendo altresì in modo che le decisioni dell'Assemblea generale e del Comitato esecutivo vengano applicate. Secondo le disposizioni dello Statuto (artt. 26-30), il Segretariato, che è ripartito in quattro divisioni specializzate, funziona come centro internazionale di coordinamento nella lotta contro la criminalità di diritto comune ed è l'organo centralizzatore delle informazioni criminali, incaricato di assicurare le necessarie relazioni con le autorità nazionali ed internazionali[41]. L'adempimento del compito da ultimo menzionato appare del resto strettamente collegato proprio al raggiungimento di risultati ottimali quando si tratti di svolgere una efficace azione di prevenzione del traffico illecito di opere d'arte e di recupero di beni che siano usciti illegalmente dallo Stato di origine. A capo del Segretariato vi è un Segretario, eletto per cinque anni dall'Assemblea generale tra le personalità che offrano una grande competenza in questioni di polizia e responsabile davanti al Comitato esecutivo e all'Assemblea stessa[42]. Il Segretariato dispone inoltre di un personale composto da agenti a contratto e da funzionari: nella prima categoria figurano persone reclutate dall'Interpol, vincolate ad essa con un contratto di lavoro e soggette alla legislazione francese sulla sicurezza sociale; le persone appartenenti alla seconda categoria hanno invece il rango di funzionari internazionali, distaccati dalle amministrazioni nazionali presso l'Interpol e da questa direttamente stipendiati[43]. Nell'espletamento delle loro funzioni, il Segretario generale ed il personale del Segretariato non possono accettare indebite sollecitazioni o seguire istruzioni di alcuno dei Governi degli Stati membri, dovendo invece esplicare la loro attività nell'esclusivo interesse della Comunità internazionale[44].

[40] Si vedano gli artt. 15-24 dello Statuto.

[41] In tal senso si esprime l'art. 26 dello Statuto. Il NEPOTE, *Interpol, 50th Anniversary*, cit., p. 12, ha definito il Segretariato un "corpo amministrativo internazionale".

[42] Dal 1985 Segretario generale dell'Interpol è Raymond E. Kendall.

[43] VALLEIX, *Interpol*, cit., p. 637.

[44] Si è voluto in tal modo salvaguardare il carattere esclusivamente internazionale della missione dei componenti del Segretariato generale, al fine di impedire che pos-

L'articolo 31 dello Statuto impone ai Paesi membri di fare tutti gli sforzi compatibili con la loro legislazione interna per partecipare con diligenza alle attività dell'organizzazione; per concretizzare ed assicurare la cooperazione al riguardo è fatto obbligo ad ogni Stato di designare un organismo che possa funzionare come Ufficio centrale nazionale incaricato di mantenere i collegamenti con gli altri servizi di polizia del Paese, gli altri Uffici centrali nazionali ed il Segretariato generale dell'Interpol. Tenuto conto del fatto che ciascuno Stato è libero di dare al proprio Ufficio la forma e la struttura ritenute più convenienti[45], occorre precisare che tali strutture sono le uniche responsabili rappresentanti dell'organizzazione nei vari Stati e possono essere viste come l'apparato nazionale di polizia incaricato di attuare la cooperazione: il ruolo degli Uffici è quindi fondamentale in quanto essi identificano tutti i servizi di polizia esistenti in un determinato Paese; in base all'articolo 32 dello Statuto, qualsiasi amministrazione di polizia operante in uno Stato, per entrare in contatto con la polizia degli altri Paesi, deve quindi far capo al proprio Ufficio centrale nazionale che costituisce il canale obbligato e garantisce il rispetto dei principi internazionali della cooperazione nonché, al tempo stesso, il rispetto delle legislazioni interne. Compito precipuo dell'Ufficio centrale nazionale è quello di promuovere ed agevolare le ricerche dei c.d. malfattori internazionali[46]; gli Uffici curano inoltre l'attiva partecipazione di ciascun Paese nel quale hanno sede alla cooperazione internazionale, adoperandosi affinché vengano attuate a livello nazionale le risoluzio-

sano ripetersi le tristi ingerenze che nel 1938 e negli anni immediatamente successivi sconvolsero il regolare funzionamento dell'organizzazione (cfr. *supra*, nota 3).

[45] L'istituzione dei rispettivi Uffici centrali nazionali è stata oggetto in alcuni Paesi di una apposita previsione normativa che ha conferito agli Uffici stessi una speciale autorità: è il caso dell'Argentina (art. 2 del Decreto 22 gennaio 1962, n. 684), del Belgio (Decreto del Ministro della giustizia del 14 settembre 1925), del Brasile (Decreto 11 settembre 1962, n. 1380), della Francia (Decreto ministeriale 18 dicembre 1928 e Decreto del Ministero dell'interno 26 maggio 1975, n. 75-431), della Germania (art. 7 della Legge 8 marzo 1951) e del Libano (Decreto presidenziale 11 marzo 1960, n. 3844). Per quanto concerne l'Ufficio centrale nazionale italiano si veda *infra*, par. 6.

[46] Per "malfattore internazionale" si intende "colui che ha commesso un delitto in uno Stato diverso dal proprio o da quello dove ha eletto domicilio, oppure colui che è dedito ad azioni criminose dirette ad arrecare danno a persone o a beni che si trovano in un altro Stato o, infine, chi, appena commesso il delitto, si rifugia all'estero e, continuando a delinquere, si sposta successivamente in diversi Paesi rendendo, così, difficile il proprio rintraccio e la cattura" (MANOPULO, Voce "Polizia internazionale", cit., p. 217).

ni adottate dall'organizzazione e siano applicati i principi fondamentali espressi dallo Statuto[47].

La struttura dell'Interpol è infine completata da consiglieri che possono essere consultati individualmente o collettivamente dall'Assemblea generale, dal Comitato esecutivo, dal Presidente o dal Segretario su specifiche questioni di natura tecnica; essi vengono scelti dal Comitato esecutivo e la loro nomina deve essere ratificata dall'Assemblea. Oltre a presenziare alle sessioni come osservatori, i consiglieri, su invito del Presidente, possono anche prendere parte alle discussioni assembleari[48].

Da quanto fin qui esposto, ed anche alla luce dell'articolazione funzionale appena descritta, appare difficile mettere in dubbio la qualificazione dell'OIPC come organizzazione intergovernativa, sia pure *sui generis*, nonostante una parte della dottrina sia ancora oggi di avviso contrario o incerto[49]. Il carattere intergovernativo dell'Interpol era in dubbio fino all'inizio degli anni Settanata, ma oramai, oltre ai riconoscimenti espliciti ricordati in precedenza, si può parlare di riconoscimento tacito da parte di un gran numero di altre organizzazioni internazionali che con essa intrattengono contatti di vario tipo ed anche da parte degli stessi Stati membri; l'attiva partecipazione di questi ultimi, sempre più qualificata ed attenta, è anzi oltremodo significativa del grado di autonomia e di ufficialità raggiunto, soprattutto se si considera che, in effetti, le attività dell'Interpol interessano un settore pienamente sottoposto alla sovranità degli Stati: le leggi di polizia

[47] LAZZONI, *OIPC-Interpol: "Uffici Centrali Nazionali"*, in *Polizia moderna*, 7, 1980, p. 48 ss.; FOONER, *Interpol. Issues in World Crime*, cit., p. 209 ss.

[48] Cfr. gli artt. 34-37 dello Statuto e gli artt. 46-50 del Regolamento generale.

[49] Il MANOPULO, Voce "Polizia internazionale", cit., p. 217, afferma ad esempio che "sul piano giuridico l'Organizzazione Interpol non è un organo di diritto internazionale, in quanto membri dell'Organizzazione stessa non sono gli Stati, bensì i loro organismi di polizia, regolarmente autorizzati dai rispettivi governi ad aderirvi"; tale opinione è stata ripresa più recentemente da NUNZIATA, *Appunti sull'attuale configurazione dell'Interpol*, in *Nuovo diritto*, 1997, p. 783, secondo il quale l'originale configurazione strutturale dell'Interpol "impedisce la sua secca qualificazione come 'organizzazione internazionale' in senso proprio". A parere del BRANCACCIO, Voce "Organizzazione internazionale di polizia criminale (Interpol)", cit., p. 4, "l'OIPC-Interpol ripete la sua origine da un accordo internazionale intervenuto tra le polizie di vari Stati e non tra gli Stati stessi, per cui non è un soggetto di diritto internazionale, bensì un ente di fatto e, come tale, va inquadrato nel novero delle organizzazioni internazionali create per realizzare delle forme di cooperazione tra gli Stati che non comportano l'esercizio di poteri di sovranità".

rientrano infatti nel concetto di ordine pubblico e non possono non appartenere alla competenza statale[50].

Nella situazione attuale, l'unica vera lacuna è l'assenza di una convenzione internazionale; non sono mancate negli anni scorsi decise prese di posizione in tal senso, ma i progressi compiuti fino ad oggi sono stati piuttosto scarsi, anche per la sostanziale assenza di un concreto interesse al riguardo da parte degli Stati membri più influenti, e non sembra che possano esserci apprezzabili sviluppi in un prossimo futuro. L'adozione di una convenzione richiederebbe di sicuro una revisione dello Statuto, in quanto molti argomenti sarebbero suscettibili di essere inclusi in entrambi i testi, e comporterebbe certamente un aumento di prestigio dell'organizzazione nel sistema internazionale dato che i Governi riconoscerebbero formalmente che la funzione svolta dall'Interpol è essenziale nel mondo contemporaneo. Gli ostacoli pratici che si frappongono ad un simile esito sono tuttavia notevoli; a parte i tempi necessariamente lunghi richiesti dal negoziato, un accordo formale attribuirebbe all'organizzazione una connotazione marcatamente politica che mal si concilierebbe con l'attività, la tradizione e le esigenze dell'Interpol: la polizia criminale è interessata soprattutto alla rapida circolazione delle informazioni ed alle consultazioni informali, per cui l'introduzione di un elemento politico viene considerato da numerosi Stati membri di ostacolo al raggiungimento di questi obiettivi. A tutto ciò si aggiungono i sospetti per cui una convenzione renderebbe l'organizzazione più burocratizzata e costosa, con conseguente probabile aumento dei contributi finanziari a carico dei singoli Stati[51]. Presto o tardi, occorrerà comunque affrontare il problema a

[50] Si consideri in merito ICPO-INTERPOL, *Legal Status of the ICPO-Interpol*, Doc. n. 4/D.3/STA/36-B del 23 febbraio 1983, nel quale viene compiuta una approfondita analisi sulla natura dell'organizzazione sotto forma di una lettera inviata al Segretario generale dell'Interpol da Eric Suy, consigliere giuridico delle Nazioni Unite.

[51] L'Interpol dispone di un bilancio autonomo, le cui risorse derivano dai contributi versati annualmente dagli Stati membri. Le quote di partecipazione, che fino al 1956 erano ripartite a seconda della popolazione di ciascuno Stato, vengono oggi fissate in base ad una scala di valori (*unités budgetaires*) che distingue gli Stati membri in dodici gruppi, tenendo conto del tenore di vita, del numero di abitanti, delle risorse economiche e dell'utilità pratica tratta dall'amministrazione di ogni singolo Stato. Nel corso della sua 48° sessione (Nairobi, 4-11 settembre 1979), l'Assemblea generale ha assegnato ai vari gruppi le rispettive unità contributive, secondo una progressione che va da una unità al dodicesimo gruppo fino ad ottanta unità al primo; di quest'ultimo fanno parte gli Stati Uniti, la Germania, la Francia, l'Italia ed il Regno Unito. Ogni Paese membro dell'OIPC ha comunque diritto a ricevere uguale trattamento indipendente-

causa della crescita e dell'importanza sempre maggiore che col passare del tempo sta assumendo la dimensione internazionale dell'attività criminale[52].

3. Le modalità operative e gli strumenti per la lotta contro il furto di opere d'arte: il formulario CRIGEN/ART, *l'Automated Search Facility* ed il CD-Rom "*Interpol-Theft Works of Art*"

Lo scopo dell'Organizzazione internazionale di polizia criminale, come già detto, è quello di promuovere ed assicurare la cooperazione internazionale nelle investigazioni criminali; ciò implica evidentemente anche la ricerca di oggetti d'arte rubati e la identificazione dei responsabili quando l'evento delittuoso si sia manifestato su scala internazionale, cioè quando il furto, pur essendosi verificato nel territorio di uno Stato determinato, sia poi destinato ad avere ripercussioni nella sfera giuridica di altri Stati, magari perché compiuto su commissione o perché il bene trafugato viene in seguito venduto a privati sul mercato straniero. La riduzione dei controlli entro i confini dell'Unione europea ed i recenti sconvolgimenti politici accaduti nell'Europa orientale hanno certamente incoraggiato ed avvantaggiato simili attività. È pur vero che praticamente tutti gli Stati appartenenti all'ex blocco sovietico sono ormai entrati a far parte dell'Interpol[53], ma è ancora troppo presto per sapere quale incremento abbia avuto in quei Paesi il traffico di opere d'arte; gli Stati dell'Est europeo non sono però le uniche vittime di questo continuo saccheggio: la sola Italia si è vista sottrarre negli ultimi anni decine di migliaia di reperti ed oggetti di notevole pregio, recuperati purtroppo soltanto in minima percentuale[54].

mente dalla propria contribuzione finanziaria (VALLEIX, *Interpol*, cit., p. 638; BRANCACCIO, Voce "Organizzazione internazionale di polizia criminale (Interpol)", cit., p. 4).

[52] ANDERSON, *Policing the World*, cit., p. 71 ss., ritiene che "since a government is unlikely to take the initiative, it will probably require action by the President and the Secretary General of Interpol". Cfr. altresì NUNZIATA, *Appunti sull'attuale configurazione dell'Interpol*, cit., p. 785 s.

[53] L'adesione all'organizzazione da parte degli Stati europei centro-orientali è totale; per quanto concerne invece gli Stati successori dell'Unione Sovietica, le uniche eccezioni sono attualmente costituite dal Tagikistan e dal Turkmenistan (cfr. anche *supra*, nota 9).

[54] JOUANNY-LEVY, *Interpol's Role*, in *International Criminal Police Review*, 1994, p. 83 ss.

Sebbene tali reati destino un notevole allarme sociale in quanto compromettono il patrimonio culturale dell'intera comunità umana, essi tuttavia, per numerose autorità di polizia, non rivestono che una importanza secondaria, venendo accordata la massima priorità ad altre emergenze, quali la lotta al terrorismo, la repressione del traffico di stupefacenti ed i crimini contro la persona. Nonostante questo, e pur essendo molto difficile avere una idea precisa del rilievo assunto dai furti di opere d'arte nel mondo in assenza di dati precisi[55], fin dal 1947 l'OIPC si è particolarmente distinta nella lotta contro la sottrazione illecita di beni culturali, sviluppando un programma specifico per contrastare questo tipo di criminalità a livello internazionale[56].

In origine, l'Interpol si è soprattutto occupata della custodia materiale delle opere d'arte e della loro tutela in transito. Nel 1959 l'organizzazione ha ad esempio compiuto uno studio approfondito sulla sicurezza nei musei e sulla protezione dai furti delle opere in essi esposte. Considerando il sempre maggiore sviluppo che andavano as-

[55] Le statistiche nazionali, infatti, sono spesso basate sulle caratteristiche del furto (furto semplice, con effrazione o a mano armata), piuttosto che sulla natura degli oggetti rubati. Il Segretariato generale ha tuttavia domandato recentemente a tutti gli Stati membri di fornire delle indicazioni più aggiornate in proposito. Fino ad oggi sono state raccolte quarantasei risposte, ma solamente trenta di esse sono risultate complete. Un gran numero di furti viene eseguito a danno dei musei durante l'orario di apertura; seguono quelli compiuti con effrazione e quelli commessi con l'aiuto di un basista interno o nei magazzini: in quest'ultimo caso, la scomparsa viene constatata dai responsabili dei musei tramite la consultazione degli inventari. Un *modus operandi* particolare è poi quello di sostituire l'opera originale con una copia. Si vedano i dati forniti da Jean-Pierre Jouanny durante il suo intervento all'*International Art Theft Symposium*, svoltosi a Washington dal 10 al 14 novembre 1997, ed il cui testo si trova riprodotto in ICPO-INTERPOL, *International Art Theft Symposium*, Lione, 1997.

[56] SCHMIDT-NOTHEN, *Interpol et ses activités dans le domaine des vols et du trafic d'objects d'art*, in *Quaderni di scienze criminali*, 1983, p. 219 ss.; FOONER, *Interpol. Issues in World Crime*, cit., p. 156. Il ruolo svolto dall'Interpol negli ultimi cinquanta anni a tutela delle antichità ha avuto una vasta eco anche sulla stampa; notevole interesse suscitano i seguenti articoli: *Le secours d'Interpol*, in *Le Progrès*, 31 gennaio 1989; REIX, *Trafiquants d'oeuvres d'art: Interpol conduit la trague*, in *Lyon Figaro, Bulletin n. 53*, 27 novembre 1989; *Interpol: 10% d'objet retrouvés*, in *Le Figaro*, 17 dicembre 1991; AHRENS, *Cultura alerta a la Interpol, ante el peligro de exportación de las piezas seaquadas*, in *El Pais*, 15 maggio 1993; ESTEBAN, *La Interpol recibe 250 denuncias al año por robo de obras de arte, ibid.*, 29 ottobre 1993; O'NEILL, *The Discerning Stately Home Thieves. Interpol Is Alerted after Priceless Works of Art Are Stolen in Raids "Carried out to Order"*, in *Daily Telegraph*, 16 maggio 1994; VACHER, *La longue trague des oeuvres d'art volées*, in *Le Progrès*, 16 aprile 1995; KYRIAKIDOU, *Art Boom Lures World Crime Networks to Antiquities*, in *Reuters*, 31 luglio 1995.

sumendo gli scambi culturali sul piano internazionale e constatando che i vari organi statali incaricati della sicurezza nel trasporto di oggetti d'arte facevano sempre più spesso riferimento agli Uffici centrali nazionali per ottenere il supporto dei servizi specializzati, con la risoluzione n. 3, adottata nell'ambito della 37° sessione dell'Assemblea generale, riunitasi a Teheran dal 1° all'8 ottobre 1968, gli Uffici stessi vennero inoltre invitati a far conoscere le rispettive possibilità di intervento nel settore e ad intraprendere i contatti necessari per giungere ad una efficace sincronizzazione del controllo al fine di consentire un adattamento simultaneo dei metodi e dei mezzi d'azione[57].

Per rendere più chiaro il ruolo attualmente svolto dall'Interpol nella salvaguardia del patrimonio artistico, occorre comunque tenere presenti in via preliminare le caratteristiche fondamentali che guidano la sua azione, caratteristiche alle quali peraltro è già stato fatto cenno in precedenza. L'Interpol non dispone di brigate internazionali di ricerca ed i suoi ufficiali non hanno la competenza giuridica per effettuare investigazioni negli Stati membri; essa è invece un centro organizzativo incaricato di garantire un coordinamento internazionale permanente tra gli apparati di polizia. Le forze operative in servizio sono quelle dei singoli Stati membri ed agiscono attraverso il canale degli Uffici centrali nazionali, veri e propri intermediari tra le singole realtà particolari ed il Segretariato generale. Contrariamente a quanto alcuni ritengono, l'OIPC non agisce pertanto come un archivio centrale per i delitti commessi nel mondo, ma si limita a perseguire i reati che si ritiene abbiano avuto un seguito oltre frontiera, aprendo un *dossier* solo per i malfattori internazionali[58].

[57] Doc. AGN/37/RES/3. Agli Uffici centrali nazionali veniva inoltre richiesto di "donner au sujet des transports qui leur sont signalés, le maximum de précision sur les dates, les modalités, l'itineraire choisi ainsi que sur la nature et la valeur des objets transportés afin d'assurer une protection efficace". La risoluzione n. 3 del 1968 è stata in seguito sostituita dalla risoluzione n. 6 del 1995 (*infra*, nota 77), il cui punto 10 reca una previsione del medesimo tenore.

[58] Cfr. UNESCO, *Interpol's Role in Dealing with Thefts of Cultural Property. Meeting of International Intergovernmental and Non-governmental Organizations, Organized by UNESCO and the Belgian National Commission for UNESCO, to Make a Preliminary Study of the Problem of Risks Incurred by Works of Art, and the Coverage of These Risks, Brussels, 13-15 September 1972*, Doc. SHC-72/CONF.44/4 del 24 luglio 1972, p. 1. Nell'attività posta in essere dall'OIPC assumono perciò particolare rilievo i c.d. "reati a carattere internazionale", cioè quei reati che per loro natura interessano più Stati; su di essi si vedano NEPOTE, *Interpol, 50th Anniversary*, cit., p. 2, nonché

I mezzi di cui l'organizzazione dispone per lottare contro la criminalità collegata al furto di beni culturali consistono innanzitutto in una ampia e rapida circolazione delle informazioni tra gli Stati membri secondo quanto previsto dalle norme generali contenute nel Regolamento relativo alla cooperazione internazionale di polizia ed al controllo interno degli archivi Interpol[59]. A tale riguardo, il messaggio radio è di sicuro la via più breve; non appena la polizia di uno Stato viene messa a conoscenza del furto di un'opera d'arte e se gli investigatori hanno motivo di credere che l'oggetto sia stato trasferito all'estero, l'Ufficio centrale nazionale competente può quindi inviare un messaggio radio con tutti i dettagli del caso agli Stati nel cui territorio si ritiene che l'opera in questione sia giunta o sia stata rivenduta. Una seconda tipologia di intervento consiste nelle circolari descrittive divulgate dal Segretariato generale a beneficio di coloro che sono incaricati delle indagini. Il Segretariato, su espressa richiesta di un Ufficio centrale nazionale, che a sua volta agisce su invito della polizia locale[60], predispone infatti dei notiziari internazionali di oggetti rubati; essi contengono la descrizione, anche fotografica, di beni valutabili secondo criteri storici, culturali o economici: si può trattare di oggetti catalogati come parte del patrimonio nazionale di uno Stato, di beni di interesse archeologico oppure di opere di artisti internazionalmente noti. Per facilitare la diffusione di questi bollettini, l'Interpol ha inoltre realizzato il formulario CRIGEN/ART, stampato in quattro lingue (francese, inglese, spagnolo ed arabo), e destinato ad agevolare i poliziotti, che potrebbero avere una conoscenza molto limitata delle opere d'arte, nella rappresentazione degli oggetti rubati[61]. In alcuni casi, soprattut-

LANGLAIS, *Polizeiliche Zusammenarbeit in Europa*, cit., p. 1 e BONICHI, *Le leggi di pubblica sicurezza*, cit., p. 350.

[59] Se ne legga il testo riprodotto in FOONER, *Interpol. Issues in World Crime*, cit., p. 217 ss.

[60] Le richieste provengono per la gran parte da Stati europei, dal Canada e dagli Stati Uniti d'America.

[61] Cfr. le spiegazioni fornite al riguardo da Jean-Pierre Jouanny nel corso dell'*International Art Theft Symposium*, al quale è già stato fatto riferimento *supra*, nota 55. Le opere d'arte sono state inventariate in venticinque categorie differenti, secondo una classificazione che ha reso necessaria la creazione di nove versioni diverse di formulario, e precisamente: 1) disegni, smalti, stampe, pitture, tappezzerie, mosaici; 2) mobili; 3) ceramica, vetreria, oreficeria d'oro e d'argento/gioielleria; 4) oggetti religiosi o liturgici; 5) strumenti musicali, armi da fuoco, armi; 6) monete/medaglie, documenti/libri, ricami, merletti, francobolli; 7) tappeti, orologi, bambole/giocattoli; 8) sculture/statue, varie; 9) icone. Questi nove schemi, oltre a delle sezioni specifiche,

to quando uno Stato membro dispone di un nucleo di polizia giudiziaria specializzato nella repressione del traffico illecito di opere d'arte, la compilazione di tale formulario potrà essere effettuata da un appartenente al nucleo stesso, altrimenti il relativo compito spetterà all'Ufficio centrale nazionale, che provvederà poi a trasmetterne il testo al Segretariato generale a Lione. Ad ogni modo, prima che lo stampato venga riempito, è opportuno che nel periodo immediatamente successivo al verificarsi del furto un telegramma contenente la descrizione degli oggetti trafugati venga inviato ai posti di dogana, essendo in effetti possibile giungere ad un ritrovamento degli stessi durante un controllo alle frontiere[62]. In seguito all'arrivo del formulario CRIGEN/ART, viene redatta una nota sintetica sul furto da inserire nella documentazione informatizzata dell'organizzazione e viene aperto un *dossier* utilizzando un ordinatore che dispone di un certo numero di banche-dati, una delle quali è riservata agli oggetti d'arte rubati. Dopo questa operazione, gli ufficiali addetti preparano il notiziario, che viene spedito a tutti gli Stati membri in numero corrispondente alle loro richieste ed alle loro necessità, nonché all'ICOM e all'UNESCO[63]. Cia-

hanno una sezione comune a tutte le categorie sopra elencate, nella quale devono essere indicati il tipo di oggetto, la sua denominazione (possibilmente quella che risulta ufficialmente da un catalogo di opere d'arte o da atti emanati da autorità nazionali incaricate di tutelare il patrimonio e i beni culturali), il nome dell'artista, la data ed il periodo di esecuzione dell'opera, i materiali impiegati, la forma dell'oggetto, le sue dimensioni ed i colori predominanti, l'eventuale esistenza di marchi speciali di identificazione, il riferimento numerico del catalogo o dell'inventario ed il valore; occorre inoltre allegare una fotografia di buona qualità e specificare se l'opera ha subito restauri o appare rovinata in qualche sua parte (ICPO-INTERPOL, *Manual of Guidance on the Completion of the CRIGEN/ART Form*, Part one, Lyon, 1996). I principali criteri identificativi che figurano sui formulari CRIGEN/ART sono stati ripresi anche dal *Getty Institute* nella sua scheda "OBJECT ID".

[62] Ciò è particolarmente importante soprattutto in seguito all'apertura delle frontiere all'interno dell'Unione europea: la prospettiva di un mercato unico e l'eliminazione dei dazi doganali tra gli Stati membri hanno in effetti determinato una nuova situazione non soltanto per i beni culturali ma anche per un gran numero di altre merci.

[63] JOUANNY-LEVY, *Interpol's Role*, cit., p. 83 ss. Com'è noto, l'UNESCO è un'agenzia specializzata dell'ONU; istituita con la Convenzione di Londra del 16 novembre 1945, essa ha preso il posto dell'*International Institute of Intellectual Cooperation*, fondato il 9 agosto 1925. L'ICOM (*International Council of Museums*) è stato invece costituito il 16 novembre 1946 nell'ambito dell'UNESCO con lo scopo di incoraggiare la cooperazione tra i musei, proteggendone e promuovendone gli interessi, di ampliare la loro influenza e di accentuare l'importanza del ruolo da essi rivestito nell'educazione e nella promozione della conoscenza e della cultura tra i popoli.

scuno Stato destinatario è invitato a diffonderlo presso i vari dipartimenti di polizia, le gallerie d'arte, i musei, le case d'asta, i banchi di pegno, gli antiquari e gli uffici doganali; gli Uffici centrali nazionali di Washington e Londra hanno d'altra parte approntato altri strumenti come IFAR, *Art Loss Register* e *Trace*[64].

Evidentemente, più è estesa la circolazione di un notiziario, più esso si rivela efficace; il successo nel settore considerato dipende spesso dalla completezza con la quale gli operatori interessati vengono informati. A tal fine, e facendo seguito alla risoluzione n. 9 adottata nel corso della 41° sessione dell'Assemblea generale, tenutasi a Francoforte dal 19 al 26 settembre 1972[65], il Segretariato pubblica due volte l'anno a cadenza semestrale anche una circolare speciale, il c.d. *poster*, che ogni volta riproduce le sei opere d'arte maggiormente ricercate descrivendole in inglese ed in francese (*The Most Wanted Works of Art-Les oeuvres d'art les plus recherchées*); questi *posters* seguono lo stesso circuito dei notiziari e vengono inviati a tutti gli Uffici centrali nazionali, che a loro volta devono curarne la pubblicazione presso la stampa specializzata (riviste d'arte e giornali professionali), favorendone inoltre la diffusione tramite i mezzi di comunicazione di massa[66]. Quando tali oggetti vengono ritrovati, il Segretariato generale dell'Interpol provvede con un avviso a far sospendere le ricerche; talvolta viene edito un bollettino anche per le opere d'arte recuperate dalla polizia, soprattutto nel caso in cui i relativi proprietari risultino sconosciuti.

[64] Si veda in merito *infra*, par. 5.

[65] Doc. AGN/41/RES/9.

[66] A seconda di quanto previsto dalle varie legislazioni nazionali, tali manifesti devono anche essere affissi in tutti i luoghi pubblici, come stazioni, uffici postali, aereoporti, biblioteche, ecc. Redigendo il formulario CRIGEN/ART è inoltre possibile indicare se si hanno o meno obiezioni per questo metodo di diffusione. In caso negativo, il Segretariato generale non può comunque garantire che tutte le richieste potranno essere soddisfatte, essendo riconosciuta una certa priorità agli oggetti di grande valore e di notevole interesse nazionale ed internazionale. Gli ultimi due *posters* editi a tutt'oggi sono il n. 27(*b*) del dicembre 1997 ed il n. 28(*a*) del giugno 1998: in essi figurano tra l'altro una icona di autore sconosciuto rubata da una galleria d'arte in Germania il 24 gennaio 1994; una testa in pietra ed una in marmo, anch'esse di autori sconosciuti, sottratte rispettivamente da un sito archeologico in Cina il 27 novembre 1996 e da un museo algerino il 22 dicembre 1996; due dipinti, rispettivamente di Pieter Balten e di Pieter Brueghel II, trafugati il primo da un museo olandese il 13 aprile 1997 ed il secondo da un museo belga il 4 maggio 1997; e l'antico libro "Cosmografia" di Tolomeo, rubato da una biblioteca francese tra il 1° agosto ed il 17 ottobre 1997.

I delitti riguardanti i beni artistici sono in genere compiuti da specialisti; nell'ipotesi in cui costoro fossero già stati identificati dagli uffici inquirenti dei singoli Paesi membri, l'OIPC-Interpol provvede a diffondere i relativi dati segnaletici. È anche possibile realizzare un notiziario apposito: esso comprende tra l'altro la fotografia dell'individuo, la sua identità, i suoi pseudonimi, le sue impronte digitali, se conosciute, e tutti gli altri elementi utili. Alcuni di questi notiziari fanno seguito all'emissione di un mandato di cattura internazionale oppure servono a localizzare una persona coinvolta in un affare criminoso o per richiamare l'attenzione di uno Stato su un soggetto più volte recidivo. Al fine di poter effettuare dei collegamenti con altri episodi delittuosi che presentino eventuali caratteristiche analoghe, possono anche essere rese note le particolari modalità con le quali un determinato furto è stato commesso[67].

Oltre a ciò, gli ufficiali dell'Interpol hanno anche la responsabilità di organizzare e di partecipare a convegni, conferenze e gruppi di lavoro concernenti tutti i tipi di crimine o delitto, ivi compresi quelli commessi a danno del patrimonio culturale. A tale proposito, si è rivelata particolarmente fruttuosa la stretta collaborazione instaurata con l'UNESCO, l'ICOM, il Comitato intergovernativo per la promozione del ritorno dei beni culturali nel loro Paese di origine o della loro restituzione in caso di appropriazione illecita, il Consiglio d'Europa e l'Organizzazione mondiale delle dogane (WCO)[68].

[67] Una delle critiche mosse più frequentemente nei confronti dell'Interpol riguarda la pesantezza del suo apparato e la lentezza nella trasmissione delle informazioni richieste. In realtà, l'organizzazione possiede un sistema di telecomunicazioni molto funzionale, il sistema X400, e per trasferire le informazioni non occorrono che pochi secondi; il problema deriva invece dall'eccessiva burocraticità di numerosi dipartimenti di polizia: l'informazione richiesta da uno Stato passa infatti prima attraverso il suo Ufficio centrale nazionale, perviene poi all'Ufficio centrale nazionale dell'altro Stato e giunge infine all'Ufficio inquirente localizzato sul territorio.

[68] Il Segretariato generale non ha stipulato un accordo formale di collaborazione con l'UNESCO né con l'ICOM o con il Comitato intergovernativo per la promozione del ritorno dei beni culturali nel loro Paese di origine o della loro restituzione in caso di appropriazione illecita (costituito anch'esso in seno all'UNESCO nel 1978); ciononostante, l'Interpol intrattiene strette relazioni con tali organismi, procedendo a regolari consultazioni e a scambi di informazioni, e partecipando attivamente ai *regional work groups* organizzati congiuntamente o disgiuntamente dall'UNESCO e dall'ICOM relativamente al traffico illecito di beni culturali (si vedano anche CLEMENT, *Retour et restitution de biens culturels. Vers une coordination des efforts pour combattre le trafic illicite*, in *Museum*, 1992, p. 1 ss. e UNESCO, *Report by the Intergovernmental Committee for Promoting the Return of Cultural Property to its Countries of Origin or Its*

L'altro metodo di lotta contro la forma di criminalità fin qui presa in considerazione consiste nell'incremento degli archivi informatizzati. L'Assemblea generale dell'Interpol, riunita nella sua 52° sessione a Cannes dal 18 al 25 ottobre 1983, emanò la risoluzione n. 5 con la quale venne decisa la creazione di un Comitato di normalizzazione e di documentazione incaricato di studiare le possibili applicazioni presenti e future dell'informatica nel campo dei beni culturali rubati, e di individuarne gli specifici criteri operativi[69]. In seguito allo studio di diversi sistemi informatici, venne constatato che esistevano numerosi punti comuni alle varie banche-dati e che era necessario giungere ad una standardizzazione delle informazioni in esse contenute. Come primo risultato di questi lavori è stato creato il già menzionato formulario CRIGEN/ART, approvato successivamente nel corso della 56° sessione dell'Assemblea generale (Nizza, 23-27 novembre 1987), con la risoluzione n. 6[70]. Dopo il 1987 la tecnologia ha però subito una notevole

Restitution in Case of Illicit Appropriation on Its Activities (1991-1993), Doc. 27/C/102 del 21 settembre 1993). Per ciò che concerne i rapporti tra l'OIPC-Interpol ed il Consiglio d'Europa, oltre a quanto è stato detto *supra*, par. 2, occorre precisare che anche nel settore qui considerato la cooperazione tra le due organizzazioni in parola si sostanzia soprattutto nella partecipazione di rappresentanti dell'Interpol alle riunioni del Comitato europeo per i problemi criminali; per contro, il Consiglio d'Europa viene sistematicamente invitato a tutti i convegni curati dall'Interpol, contribuendo a volte anche alla loro preparazione: il Segretariato, insieme al Consiglio d'Europa e all'Ufficio centrale nazionale ungherese, ha ad esempio organizzato di recente la 2° Conferenza sul traffico di opere d'arte rubate in Europa centrale ed orientale (Budapest, 9-11 giugno 1998), a proposito della quale si legga il dispaccio di agenzia *Hungary to Host Art Smuggling Conference*, in *Agence France Presse*, 25 febbraio 1998. Neanche l'Organizzazione mondiale delle dogane, che è stata istituita con il Trattato di Bruxelles del 15 dicembre 1950 come Consiglio di cooperazione doganale e che ha assunto la denominazione attuale nel 1994, mantiene rapporti formali con l'Interpol; anche in tal caso sussiste però un collegamento giustificato dalle peculiari finalità della WCO.

69 Doc. AGN/52/RES/5. Questo gruppo di lavoro internazionale, istituito sotto la responsabilità del Segretariato generale, era composto da rappresentanti di Austria, Canada, Germania, Italia, Paesi Bassi, Spagna e Stati Uniti d'America; il Belgio, la Francia ed il Regno Unito erano presenti in qualità di osservatori.

70 Con tale atto, oltre ad aver stabilito che questi due documenti avrebbero dovuto essere diffusi presso tutti gli Uffici centrali nazionali, l'organizzazione ha anche chiesto agli Uffici medesimi, al fine di facilitare il trattamento informatico dei dati, "d'utiliser ces documents aussi souvent que possible et de s'assurer, lorsqu'ils envoient un télégramme avant le formulaire ou même à sa place, que les renseignements fournis dans le télégramme correspondent aux rubriques du formulaire approprié et suivent l'ordre de ces rubriques" (Doc. AGN/56/RES/6).

evoluzione, per cui tale formulario, pur mantenendo inalterata la sua importanza sul piano documentale, non si è dimostrato più sufficiente per garantire da solo l'informatizzazione dei dati. Il Segretariato generale dell'Interpol, dopo aver approntato nel 1990 un archivio specifico per le opere d'arte rubate, ha risolto il problema estendendo a queste ultime l'*Automated Search Facility* (ASF) che abbina il testo all'immagine, con una descrizione dell'oggetto semplice, visiva ed alla portata di tutti gli operatori di polizia, e che può essere consultato da tutti gli Stati membri che si siano dotati dell'equipaggiamento tecnico indispensabile[71]. Attualmente, il formulario CRIGEN/ART assolve perciò ad una duplice funzione: da un lato, costituisce una richiesta di pubblicazione di un notiziario internazionale relativo ad opere d'arte rubate; dall'altro, è il documento di base per l'inserimento delle informazioni da esso desumibili nel sistema ASF. In questa banca-dati sono stati inclusi tutti i bollettini editi dal 1947 ad oggi, purché ancora attuali; essa non è stata tuttavia concepita per registrare tutti gli oggetti rubati nel mondo ma solamente quelli, perfettamente identificabili, che possono interessare i mercati esteri[72]. Il Segretariato, perciò, continua comunque a raccogliere informazioni, anche se questo nuovo strumento tecnico permette per la prima volta un accesso diretto agli Stati membri per la effettuazione di ricerche a distanza.

Al fine di consentire una diffusione delle notizie sulle opere d'arte rubate anche a soggetti privati, come musei, antiquari o collezionisti, il Segretariato generale sta inoltre predisponendo un CD-Rom denominato "*Interpol-Theft Works of Art*" ed ottenibile previo abbonamento,

[71] CHARREYRON, *Gestion économique de documents. La lutte contre la criminalité internationale passe par le RNIS*, in *Decision Micro*, 1° gennaio 1994; JOUANNY-LEVY, *Interpol's Role*, cit., p. 86; *Electronic Net Closes on Global Art Thieves*, in *The European*, 14 dicembre 1995; *Interpol: l'informatique au secours de l'art*, in *Eurostar*, 1° marzo 1996.

[72] Il sistema ASF riveste ad ogni modo un ruolo primario nell'attività svolta dall'Interpol per la standardizzazione dei criteri descrittivi delle opere d'arte nell'ambito della polizia internazionale, consentendo una individuazione semplice e precisa degli oggetti, accessibile a tutti gli operatori specializzati. Le sue principali caratteristiche sono il collegamento tra testo ed immagine, il facile utilizzo, la ricerca fonetica sul nome dell'artista, la ricerca delle dimensioni dell'oggetto, l'apparizione di quarantotto immagini e l'uso delle figure a schermo pieno: si veda la presentazione effettuata da Jean-Pierre Jouanny nel corso del 2° Incontro tecnico sull'accesso alle banche-dati sugli oggetti d'arte rubati che ha avuto luogo a Washington il 17 e 18 novembre 1997 (OIPC-INTERPOL, *Deuxième rencontre technique sur l'accès aux bases de données des objets d'art volés*, Lione, 1997).

che recherà però esclusivamente le informazioni che gli Stati membri hanno segnalato al Segretariato stesso accettando altresì di comunicarle al pubblico a titolo di prevenzione; di conseguenza, questo CD-Rom non potrà in nessun modo rappresentare una banca-dati completa su tutte le opere d'arte scomparse nel mondo ed il fatto che un determinato oggetto non vi si trovi inserito non significa che esso non sia stato rubato[73].

Si sta ancora discutendo circa la possibilità di un trasferimento su Internet delle informazioni contenute nei notiziari Interpol. Seri dubbi sono stati espressi al riguardo dai delegati inglese, danese e statunitense nel corso della 1° conferenza sul traffico illecito di opere d'arte rubate in Europa centrale ed orientale, svoltasi a Praga dal 20 al 22 giugno 1995, mentre il rappresentante francese ha messo in luce i due grossi inconvenienti legati ad una simile operazione: l'impossibilità di identificare gli utenti che si connettono in rete ed il rischio che i dati in tal modo registrati vengano modificati; un accesso incontrollato all'archivio computerizzato potrebbe inoltre mettere a repentaglio l'azione investigativa della polizia[74]. In realtà, numerosi Stati membri rifiutano tuttora di immettere nei siti Internet i bollettini pubblicati dietro loro richiesta, per cui essi stessi decidono caso per caso se utilizzare o meno tale mezzo per diffondere le informazioni relative ai furti di oggetti d'arte commessi sul loro territorio: nel momento in cui ricevono un determinato notiziario, gli Uffici centrali nazionali possono pertanto trasferirlo su Internet soltanto con l'autorizzazione espressa dell'Ufficio che ne ha domandato la pubblicazione; basandosi anche sulla crescente importanza acquisita dalla rete telematica nel campo generale della lotta alla criminalità, il Segretariato si tiene costantemente informato sulle evoluzioni relative all'utilizzo di Internet per contrastare il furto di opere d'arte, riservandosi la possibilità di predisporre adeguate proposte che potranno essere presentate agli organi competenti per l'adozione delle opportune decisioni[75].

[73] Si tratta pertanto solamente di uno degli strumenti accessibili al pubblico ai sensi della Convenzione Unidroit del 1995; su quest'ultimo aspetto cfr. più approfonditamente *infra*, par. 4.

[74] IPCO-INTERPOL, *Conference on Illicit Traffic in Works of Art Stolen in Central and Eastern Europe (Prague, Czech Republic, 20th-22nd June 1995)*, Lione, 1995, p. 7.

[75] Si veda in proposito la raccomandazione emanata al termine del 3° colloquio internazionale sul traffico illecito ed il furto di oggetti d'arte, di beni culturali e di oggetti antichi, svoltosi a Lione il 17 e 18 settembre 1996 e riprodotta in OIPC-INTERPOL,

Nella strategia globale approntata dall'Organizzazione internazionale di polizia criminale a tutela delle opere d'arte, particolare importanza assumono la prevenzione e la formazione. Dal primo punto di vista, al fine di giungere ad una cooperazione maggiormente efficace, è stata infatti più volte ribadita la necessità di predisporre l'inventario descrittivo e fotografico degli oggetti di grande valore situati non soltanto nei musei o istituzioni similari, ma anche nelle collezioni private, accentuando la protezione di tali beni anche tramite una sorveglianza più accurata dei siti archeologici e contribuendo all'educazione ed alla sensibilizzazione del pubblico per una migliore presa di coscienza della necessità di salvaguardare il patrimonio culturale; quanto alla formazione, è stata invece evidenziata la necessità di assicurare un tirocinio adeguato al personale degli organi di polizia, delle dogane, dei musei e delle altre istituzioni responsabili della protezione dei beni artistici[76].

Le risoluzioni nn. 5 e 6, emanate entrambe nel corso della 64° sessione dell'Assemblea generale (Pechino, 4-10 ottobre 1995)[77], forniscono infine un quadro completo ed aggiornato delle azioni che l'organizzazione considera come prioritarie per combattere il furto di opere d'arte: in esse si raccomanda che le informazioni concernenti gli oggetti d'arte, perfettamente identificabili e che abbiano un certo valore culturale o commerciale, rubati o rinvenuti in circostanze sospette, siano diffuse il più rapidamente possibile attraverso i canali Interpol, all'attenzione soprattutto degli uffici doganali e di tutti gli organismi culturali o professionali capaci di recare un aiuto concreto per il ritrovamento degli oggetti in questione o per la restituzione degli stessi ai legittimi proprietari; notevole rilievo viene attribuito allo sviluppo ed al consolidamento dei sistemi informatici nazionali ed internazionali, in modo da favorire un sempre maggiore interscambio di dati compatibilmente con le legislazioni nazionali, consentendo così di identificare gli individui sospettati di traffico, di riciclaggio o di importazione ille-

3éme Colloque international sur le vol et le trafic illicite d'objets d'art, de biens culturels et d'objets anciens. Procès verbal, Lione, 1996, p. 12.

[76] Cfr. i punti 1 e 2 della risoluzione n. 9 (Doc. AGN/59/RES/9), adottata dalla 59° sessione dell'Assemblea generale, tenutasi ad Ottawa dal 27 settembre al 3 ottobre 1990, nonché le osservazioni fatte da DES PORTES, *Traffic in Cultural Property. A Priority Target for Museum Professionals*, in *International Criminal Police Review*, 1994, p. 79 ss.

[77] Doc. AGN/64/RES/5 e AGN/64/RES/6.

cita di opere d'arte e di sgominare le associazioni criminali internazionali che operano nel settore[78]. In buona sostanza, si tratta della ulteriore specificazione di alcune misure contro il commercio illecito di oggetti appartenenti al patrimonio culturale delle nazioni già evidenziate dalla Carta di Courmayeur del 1992, che ha auspicato in proposito anche una intensificazione della cooperazione tra l'ONU, l'UNESCO e l'Interpol. Al Segretariato generale è stato poi chiesto di pubblicare periodicamente un notiziario aggiuntivo in edizione speciale; esso dovrà ricomprendere alcune tra le più importanti opere d'arte rubate e dovrà essere inviato a tutti gli Uffici centrali nazionali per favorire le inchieste, per mettere in evidenza l'azione svolta dall'OIPC e per sensibilizzare l'opinione pubblica, invitando gli stessi Uffici ad assicurare a tali edizioni la più ampia pubblicità nei *media*. Il Segretariato è stato inoltre autorizzato ad adattare ulteriormente il formulario CRIGEN/ART ed il suo manuale di utilizzazione al fine di permettere una sempre più precisa identificazione informatica degli oggetti rubati.

4. La necessità di una cooperazione internazionale e l'importanza dei registri nazionali secondo le norme della Convenzione UNESCO del 1970 e della Convenzione Unidroit del 1995

La collaborazione tra l'UNESCO e l'Interpol è estremamente significativa, attesa la complementarietà dei ruoli da esse rispettivamente svolti nel combattere il traffico dei beni culturali. Come è ben noto, l'UNESCO è una organizzazione intergovernativa il cui scopo principale consiste, tra l'altro, nella preservazione del patrimonio culturale mondiale, aiutando gli Stati membri a predisporre leggi nazionali di protezione ed adottando apposite convenzioni internazionali, prima fra tutte, per quanto concerne i beni culturali mobili, la Convenzione di Parigi del 14 novembre 1970 concernente le misure da adottare per interdire e impedire l'illecita importazione, esportazione e trasferimento di proprietà dei beni culturali[79]. Quando si tratta di applicare queste

[78] La risoluzione n. 6 del 1995 raccomanda inoltre di "communiquer toutes les informations nécessaires aux autorités judiciaires du pays requérant d'origine, en vue de faciliter l'identification des biens en cause, ainsi que la poursuite des responsables".

[79] Pubblicata in UNESCO, *Conventions and Recommendations of Unesco Concerning the Protection of the Cultural Heritage*, Parigi, 1985, e riprodotto in LANCIOTTI, *La circolazione dei beni culturali nel diritto internazionale privato e comunitario*, Na-

convenzioni o leggi, il coordinamento con la polizia diviene essenziale: a livello locale, non è infatti possibile adottare una legislazione efficace senza garantire una adeguata preparazione alle forze inquirenti se si vuol sperare che esse siano in grado di recuperare le opere rubate; allo stesso modo, la Convenzione del 1970 non sarebbe in grado di esplicare compiutamente tutti i suoi effetti sul piano internazionale se le informazioni concernenti i beni trafugati non potessero circolare in maniera appropriata[80]. Uno dei problemi più frequentemente menzionati

poli, 1996, p. 193 ss.. Tale Accordo è stato adottato nel corso della XVI sessione della Conferenza generale dell'organizzazione, svoltasi a Parigi dal 12 ottobre al 14 novembre 1970, ed è entrato in vigore il 24 aprile 1972. Di particolare interesse, sempre in ambito UNESCO, sono anche la Raccomandazione del 19 novembre 1964 concernente le misure volte ad interdire ed impedire l'illecita esportazione, importazione e trasferimento di proprietà dei beni culturali e la Raccomandazione del 28 novembre 1978 sulla protezione dei beni culturali mobili.

[80] Il fondamentale proposito della Convenzione UNESCO del 1970 è quello di incrementare la solidarietà internazionale nel combattere il traffico illecito dei beni culturali, instaurando una stabile cooperazione tra gli Stati firmatari ed individuando dei parametri etici che sovrintendano al commercio dei beni stessi; proprio per questo, ai sensi dell'art. 9, "any State Party (...) whose cultural patrimony is in jeopardy from pillage of archaeological or ethnological materials may call upon other States Parties who are affected (...)" e gli Stati aderenti alla Convenzione "undertake (...) to participate in a concerted international effort to determine and to carry out the necessary concrete measures, including the control of exports and imports and international commerce in the specific materials concerned". L'Accordo in esame contiene importanti disposizioni in materia di esportazione e di importazione di opere d'arte: per quanto concerne l'esportazione, si veda *infra*, nota 81; sull'importazione, invece, l'art. 7 *a*) e *b*) *i*) afferma che gli Stati parte "(...) undertake:

(*a*) to take the necessary measures, consistent with national legislation, to prevent museums and similar institutions within their territories from acquiring cultural property originating in another State party which has been illegally exported (...) in the State concerned. Whenever possible, to inform a State of origin Party to this Convention of an offer of such cultural property illegally removed from that State (...);

(*b*)(*i*) to prohibit the import of cultural property stolen from a museum or a religious or secular public monument or similar institution in another State Party to this Convention (...), provided that such property is documented as appertaining to the inventory of that institution". La Convenzione detta inoltre norme di natura penale: gli Stati si sono infatti impegnati a comminare ammende o sanzioni amministrative nei confronti di ogni persona colpevole di aver violato le previsioni sull'importazione o l'esportazione di beni artistici. Gli antiquari sono inoltre obbligati, rischiando in difetto sanzioni penali o amministrative, a registrare la provenienza di ogni oggetto d'arte, il nome e l'indirizzo del fornitore nonché la descrizione ed il prezzo di ogni bene venduto; essi sono poi obbligati ad informare il compratore in merito ad ogni divieto di esportazione al quale il bene acquistato può essere sottoposto (artt. 8 e 10). Per maggiori dettagli ed una più approfondita analisi si veda CARACCIOLO, *Analogie e differenze tra la Convenzione UNESCO del 1970 sui mezzi per vietare e prevenire il trasferi-*

nei rapporti redatti dai singoli Stati in merito all'applicazione della Convenzione suddetta è come determinare quando un bene culturale debba essere soggetto a controlli all'esportazione. Ciò potrebbe essere estremamente difficile in alcuni casi, ad esempio quando la legislazione interna definisca tale categoria di oggetti in termini molto generici. Un metodo efficace per identificare i beni soggetti a simili controlli può essere la predisposizione di inventari, l'utilità dei quali si renderebbe evidente nell'ipotesi in cui si ricevesse una richiesta di restituzione da un museo o da un'altra istituzione del genere, oppure l'introduzione di certificati di esportazione secondo quanto previsto dall'articolo 6 della Convenzione[81]. Ovviamente, tali misure di controllo possono essere applicate soltanto qualora tutto il personale delle strutture interessate (musei, dogane, polizia) sia stato adeguatamente addestrato ad identificare gli oggetti la cui esportazione è proibita: ed è in questo frangente che può rivelarsi maggiormente utile una cooperazione dell'Interpol con l'UNESCO, l'ICOM e l'Organizzazione mondiale delle dogane. Per consentire l'applicazione corretta della Convenzione sopra richiamata, i responsabili dei musei, gli archeologi, tutti i funzionari governativi con responsabilità nella protezione del patrimonio culturale, la polizia ed i servizi di dogana devono quindi avere contatti regolari tra di loro per poter agire congiuntamente quando si verifica un furto; questo sforzo comune è del resto in piena sintonia con quanto auspicato dall'articolo 13 *b*) della Convenzione, secondo il quale "the States Parties (...) also undertake (...) to ensure that their competent services co-

mento illecito di proprietà del patrimonio culturale e la Convenzione Unidroit del 1995 sulla restituzione dei beni culturali rubati o illecitamente esportati, in questo stesso Volume.

[81] Secondo l'art. 6, "the States Parties to this Convention undertake:

(*a*) to introduce an appropriate certificate in which the exporting State would specify that the export of the cultural property in question is authorized. The certificate should accompany all items of cultural property exported in accordance with the regulations;

(*b*) to prohibit the exportation of cultural property from their territory unless accompanied by the above-mentioned export certificate;

(*c*) to publicize this prohibition by appropriate means, particularly among persons likely to export or import cultural property". Cfr. CLEMENT, *The 1970 UNESCO Convention*, in *International Criminal Police Review*, 1994, p. 72 nonché UNESCO, *Reports of Member States on Measures they Have Adopted to Implement the Convention on the Means of Prohibiting and Preventing the Illicit Import, Export and Transfer of Ownership of Cultural Property (1970)*, Doc. 28C/35 dell'11 luglio 1995.

operate in facilitating the earliest possible restitution of illicitly exported cultural property to its rightful owner"[82].

Per comprendere l'importanza delle disposizioni della Convenzione Unidroit sui beni culturali rubati o illecitamente esportati, firmata a Roma il 24 giugno 1995[83], occorre invece focalizzare l'attenzione sulla necessità dell'esistenza di un registro accessibile al pubblico e sui problemi di cooperazione tanto tra il Segretariato generale dell'OIPC-Interpol e le autorità nazionali di polizia quanto tra queste ultime e gli operatori privati.

L'obiettivo della Convenzione del 1995 è quello di assicurare la reciprocità per ciò che concerne lo *status* giuridico dei beni sottratti, ri-

[82] Cfr. in senso analogo gli artt. 14, 15 e 16 della Raccomandazione UNESCO del 1964 e l'art. 25 *b*) della Raccomandazione del 1978, entrambe citate *supra*, nota 79. Un chiaro esempio al riguardo è ugualmente fornito dalla situazione esistente in Cambogia. Tale Stato possiede infatti un ricco patrimonio culturale che è però costantemente oggetto di svariati furti e saccheggi, oltre ad aver subito in passato pesanti devastazioni. Basti pensare a quanto accadde al complesso di Angkor nel periodo in cui i Khmer rossi al potere avevano il pieno controllo della provincia di Siem Reap (1975-1979): l'area circostante il famoso tempio di Angkor Vat (che divenne esso stesso una importante base militare) fu trasformato in risaia, mentre centinaia di statue raffiguranti Buddha vennero decapitate, le teste furono fatte uscire dal Paese come merce di contrabbando e rivendute a gallerie d'arte di Tokyo, Londra, Parigi e New York; negli ultimi sei anni, anche a causa della guerriglia combattuta nella zona tra l'esercito filo-governativo e i ribelli khmer, i depositi situati intorno ad Angkor, nei quali vengono custoditi molti reperti antichi, sono stati attaccati da bande armate in diverse occasioni (FRANKLIN, *Cri d'alarme contre le trafic international d'oeuvres d'art. Le Conseil international des musées publie la liste des objets pillés à Angkor*, in *Libération*, 13 novembre 1993). Su richiesta delle autorità cambogiane ed in seguito al pressante appello del principe Norodom Sihanouk, l'UNESCO sta organizzando dal 1993 dei corsi di formazione per i responsabili dei musei e per gli ufficiali di polizia e di dogana, in stretta collaborazione con l'Interpol, l'ICOM, la polizia francese, i servizi doganali statunitensi e varie altre istituzioni. In considerazione dell'incremento del numero dei furti, gli addetti alla sicurezza dei musei e dei siti archeologici maggiormente colpiti si sono inoltre riuniti per discutere quale fosse il metodo più efficiente per diffondere i dati relativi alle opere d'arte rubate. Come prima cosa, è stata realizzata una scheda informativa in lingua khmer compatibile con il formulario CRIGEN/ART; in secondo luogo, la polizia locale ha acquisito l'equipaggiamento tecnico necessario per poter trasmettere rapidamente informazioni utili all'Interpol in vista della successiva circolazione internazionale delle stesse (CLEMENT, *The 1970 UNESCO Convention*, cit., p. 73).

[83] Tale Convenzione, il cui testo si trova riportato in LANCIOTTI, *La circolazione dei beni culturali*, cit., p. 203 ss. ed in MARLETTA, *La restituzione dei beni culturali. Normativa comunitaria e Convenzione Unidroit*, Padova, 1997, p. 229 ss., non è ancora entrata in vigore ed è stata adottata nell'ambito di una conferenza diplomatica tenutasi a Roma dal 7 al 24 giugno 1995 su invito del Governo italiano.

cercando una soluzione uniforme in materia di restituzione o ritorno dei beni culturali rubati o illecitamente esportati. In effetti, il testo della Convenzione rende obbligatoria la restituzione del bene al suo legittimo proprietario; essa può essere accompagnata o meno da un risarcimento per il possessore a seconda che questi fosse in buona o in malafede, ed è proprio sulla nozione di buona fede che è opportuno soffermarsi, in quanto i problemi maggiori nascono dalla prova che il possessore di un bene culturale rubato deve fornire in merito alla sua condizione soggettiva e dai mezzi che egli è in grado di porre in essere per esercitare la diligenza richiesta al momento dell'acquisizione del bene stesso[84]. L'articolo 4, 4° comma dispone in proposito che "pour déterminer si le possesseur a agi avec la diligence requise, il sera tenu compte de toutes les circonstances de l'acquisition, notamment de la qualité des parties, du prix payé, de la consultation par le possesseur de tout registre ralatif aux biens culturels volés raisonnablement accessible et de toute autre information et documentation pertinentes qu'il aurait pu raisonnablement obtenir et de la consultation d'organismes auxquels il pouvait avoir accès ou de toute autre démarche qu'une personne raisonnable aurait entreprise dans les mêmes circonstances"[85]. L'idea generale espressa da questa disposizione deve certamente essere approvata: essa consiste nel dire che la corresponsione di un indennizzo al possessore di un bene che dovesse in seguito risultare rubato è giustificata solamente se costui dimostra di aver esercitato le necessarie cautele al momento dell'acquisto dell'oggetto; il riferimento ad un registro accessibile al pubblico di cui al suddetto articolo 4 condiziona poi ogni azione in materia, laddove il possesso (ritenuto di buona fede) dei beni in questione non è più sufficiente per giustificare la non restituzione di tali beni al proprietario di origine.

[84] Secondo l'art. 4, c. 1° della Convenzione, il possessore è di buona fede a patto che "(...) il n'ait pas su ou dû raisonnablement savoir que le bien était volé et qu'il puisse prouver avoir agi avec la diligence requise lors de l'acquisition".

[85] Il medesimo principio si trova formulato in maniera implicita anche nel successivo art. 6, c. 1° e 2°, secondo il quale "le possesseur d'un bien culturel qui acquis ce bien après que celui-ci a été illicitement exporté a droit, au moment de son retour, au paiement par l'Etat requérant d'une indemnité équitable, sous réserve que le possesseur n'ait pas su ou dû raisonnablement savoir, au moment de l'acquisition, que le bien avait été illicitement exporté. Pour déterminer si le possesseur a su ou aurait dû raisonnablement savoir que le bien culturel a été illicitement exporté, il sera tenu compte des circonstances de l'acquisition, notamment du défaut du certificat d'exportation requis en vertu du droit de l'Etat requérant".

L'Accordo in esame offre pertanto un criterio preciso per valutare la diligenza dei possessori, consistente per l'appunto nell'avvenuta consultazione di un registro[86].

Uno dei problemi giuridici più importanti al quale la Comunità internazionale deve far fronte per la prevenzione e la eliminazione del traffico illecito dei beni culturali è del resto la tendenza, prevalsa negli ultimi tempi nella maggior parte dei sistemi giuridici, di promuovere il commercio proteggendo l'acquirente di buona fede di un bene a titolo oneroso nei confronti del proprietario spossessato[87]. La Convenzione Unidroit, dal canto suo, ha il merito di proporre che, per ciò che concerne l'acquisto dei beni culturali rubati, la dottrina "*caveat emptor*" sia universalmente seguita, e che la buona fede non sia rilevante che

[86] EL ZEIN, *The Unidroit Draft Convention and the Importance of a Register of Stolen Works of Art*, in *International Criminal Police Review*, 1994, p. 68 s. Cfr. inoltre l'ampia bibliografia menzionata da CARACCIOLO, *Analogie e differenze*, cit., in questo stesso Volume.

[87] Si veda UNIDROIT, *Comité d'experts gouvernementaux sur la protection internationale des biens culturels. Observations des organisations internationales sur l'avant-projet de Convention d'Unidroit sur les biens culturels volés ou illicitement exportés (OIPC-Interpol)*, Doc. LXX/21, Roma, 1991, p. 2 ss. I due principali sistemi giuridici contemporanei, quello anglo-americano fondato sulla *common law* e quello romanistico, non esprimono regole molto divergenti su tale controversa questione. È certamente vero che la *common law* inglese aveva adottato in un primo tempo una posizione conservatrice che proteggeva la proprietà privata consacrando il principio espresso nella massima latina *nemo plus iuris transferre potest quam ipse habuit*; ciò significava che se il titolo di proprietà del venditore era viziato, quello dell'acquirente lo era altrettanto. È anche vero però che nel corso dei secoli questa regola giuridica, destinata in origine a proteggere i proprietari, ha subito diverse eccezioni per eliminare gli ostacoli frapposti alla libera circolazione delle merci: il *Sale of Goods Act*, adottato dal Parlamento britannico nel XIX secolo ed esteso successivamente agli Stati membri del *Commonwealth*, ha infatti posto il principio secondo il quale nel caso di beni venduti in *market overt*, l'acquirente ne ottiene la proprietà a condizione che egli li abbia acquistati in buona fede e non abbia avuto conoscenza di alcun difetto o assenza di titolo idoneo in capo al venditore. Negli Stati i cui sistemi giuridici sono basati sul diritto romano vige invece il principio "possesso vale titolo" ("*en fait de meubles possession vaut titre*", secondo quanto affermato dall'art. 2279 del *Code civil* francese), per cui il diritto del proprietario, spossessato in seguito ad un furto, al recupero del proprio bene è soggetto a prescrizione trentennale. Ciononostante, se il ladro ha rivenduto il bene ad un acquirente di buona fede, il diritto al recupero si prescrive in tre anni; inoltre, se il bene è stato venduto in *market overt* o nel corso di un'asta pubblica, il proprietario deve rimborsare all'acquirente di buona fede anche il prezzo pagato da quest'ultimo. La medesima posizione si trova espressa negli artt. 3 e 5 della Convenzione del 1995.

per ottenere un equo indennizzo per la restituzione del bene; tale esigenza, avvertita peraltro già nella Convenzione UNESCO del 1970[88], è stata pienamente condivisa dall'Assemblea generale della stessa Interpol, che con la risoluzione n. 6 del 1995, richiamata nel paragrafo precedente, ha raccomandato agli Stati membri "de soutenir les efforts en cours au sein d'autres institutions internationales, visant à l'amelioration des normes internationales en matière de restitution et à une meilleure définition de la notion d'"acquisition de bonne foi"", richiedendo altresì "de faciliter la restitution au propriétaire légal de tout bien culturel découvert dans un pays, mais obtenu à la suite d'une infraction"[89].

L'istituzione di registri nazionali in collaborazione con le varie autorità di polizia e gli altri organismi incaricati di applicare la Convenzione dovrebbe quindi favorire una prevenzione efficace contro il traffico illecito di opere d'arte: ciò è sicuramente possibile in quei Paesi che, essendo oltretutto dotati delle infrastrutture tecniche necessarie, hanno già provveduto o stanno provvedendo a redigere un inventario dei più importanti beni culturali presenti sul loro territorio secondo quanto richiesto dalla Convenzione del 1970[90]; il problema permane invece in tutta la sua gravità per quei Paesi che, pur avendo un notevole patrimonio artistico, sono poveri di mezzi e non dispongono di una amministrazione efficiente o dell'esperienza nella gestione di sistemi informatizzati.

[88] Si consideri infatti l'art. 7 *b*) *ii*), in base al quale "the States Parties (...) undertake (...), at the request of the State Party of origin, to take appropriate steps to recover and return any such cultural property imported (...), provided, however, that the requesting State shall pay just compensation to an innocent purchaser or to a person who has valid title to that property (...); un principio analogo si trova espresso anche nell'art. 18 della Raccomandazione del 1964 (*supra*, nota 79).

[89] Si veda *supra*, note 77 e 78.

[90] Cfr. l'art. 5 di tale Accordo, ai sensi del quale "to ensure the protection of their cultural property against illicit import, export and transfer of ownership, the States Parties (...) undertake, as appropriate for each country, to set up within their territories one or more national services, where such services do not already exist, for the protection of the cultural heritage, with a qualified staff sufficient in number for the effective carrying out of the following functions: (...)

(*b*) establishing and keeping up to date, on the basis of a national inventory of protected property, a list of important public and private cultural property whose export would constitute an appreciable impoverishment of the national cultural heritage; (...)". Si vedano anche gli artt. 10 e 11 *b*) *i*) della Raccomandazione UNESCO del 1964 e gli artt. 12 *a*) e 14 *a*) della Raccomandazione del 1978, menzionate *supra*, nota 79.

Gli Uffici centrali nazionali che operano nell'ambito dell'Organizzazione internazionale di polizia criminale, in quanto interlocutori privilegiati del Segretariato generale e profondi conoscitori delle realtà locali, devono essere dunque incoraggiati a predisporre simili registri: in alcuni Stati, come il Canada, ciò sta già avvenendo[91], ma se ne avverte sempre più l'esigenza anche a livello comunitario, atteso che la Direttiva n. 93/7/CEE del Consiglio del 15 marzo 1993 relativa alla restituzione dei beni culturali usciti illecitamente dal territorio di uno Stato membro[92] auspica nel suo quinto "considerando" che venga istituita "una cooperazione amministrativa tra gli Stati membri per quanto riguarda i loro patrimoni nazionali, in stretto collegamento con la loro cooperazione nel settore delle opere d'arte rubate, prevedendo in particolare la registrazione, presso l'Interpol ed altri organismi qualificati che elaborano elenchi analoghi, di oggetti culturali perduti, rubati o usciti illecitamente e facenti parte dei loro patrimoni nazionali e delle loro collezioni pubbliche"[93]. Un ostacolo non trascurabile è tuttavia rappresentato dal fatto che i registri di cui dispone attualmente l'Interpol non sono accessibili al pubblico ma soltanto agli Uffici centrali nazionali. È certamente possibile che il Segretariato inoltri ad organismi privati informazioni su beni culturali rubati, a patto però di avere la preventiva autorizzazione dell'Ufficio abilitato a disporre dell'informazione in questione[94]: anche in quest'ultima ipotesi, però, la

[91] Per maggiori dettagli cfr. *infra*, par. 5.

[92] Pubblicata in *GUCE* L 74 del 27 marzo 1993.

[93] In materia di sottrazione illecita di opere d'arte, gli Stati membri delle Comunità europee possono peraltro comunicare e scambiare informazioni tra loro e con la Commissione attraverso il *System of Customs Enforcement Network* (SCENT), al quale sono connessi le amministrazioni doganali centrali di ogni singolo Stato, alcuni importanti enti di ricerca ed i dipartimenti competenti della Commissione stessa. Il sistema SCENT consente anche l'accesso a diverse banche-dati pubbliche e private, quali l'archivio Comext, riguardante le statistiche sull'importazione e l'esportazione nell'Unione europea, l'archivio Celex per i regolamenti comunitari, inclusi quelli sui beni culturali, l'archivio Lloyd's, che contiene informazioni sulle navi (nomi, tipi, rotte, ecc.), e l'archivio Dun & Bradstreet sulle società operanti in tutto il mondo, dal quale si possono ottenere notizie in merito al loro assetto finanziario, ai beni posseduti, alla gestione aziendale, alle relazioni commerciali, alle attività perseguite ed alle evantuali consociate (RAVAILLARD, *Co-operation against Traffic in Cultural Property within the European Union*, in *International Criminal Police Review*, 1994, p. 74 ss.).

[94] Ciò può avvenire in conformità a quanto disposto dall'art. 8, n. 5) del Regolamento relativo alla cooperazione internazionale di polizia ed al controllo degli archivi Interpol, in base al quale "(...) the General Secretariat shall not communicate or publish police information without prior authorization from the National Central Bu-

politica attuata dal Segretariato rimane pur sempre fondata su un rinvio preferenziale agli Uffici competenti, di modo che siano essi stessi a decidere sull'opportunità di effettuare una simile comunicazione. Si tratta perciò di sapere se tale prassi sia suscettibile di una apertura nei confronti del settore privato interessato ai dati internazionali relativi alle opere d'arte rubate. La questione è piuttosto delicata, tanto è vero che tale apertura esiste oggi solo a titolo occasionale, si pensi alla diffusione dei *posters* sulle opere d'arte più ricercate o ai numerosi convegni organizzati dal Segretariato generale; occorre però sottolineare ancora una volta come la caratteristica principale dell'Interpol sia quella di favorire la cooperazione con le autorità di polizia per assicurare la repressione e la prevenzione delle infrazioni di diritto comune: non si potrebbe pertanto far assumere un carattere permanente ad una simile apertura senza correre il rischio concreto di attirare forti critiche all'organizzazione, con l'accusa per quest'ultima di aver addirittura oltrepassato i limiti della sua competenza[95].

Se le autorità di polizia, ed in particolare gli Uffici centrali nazionali, accettano che i dati non nominativi in loro possesso e relativi ai beni culturali rubati siano comunicati al pubblico, esse potranno indirettamente rendere noti a tale pubblico gli archivi del Segretariato generale nella misura in cui tutti i dati dell'OIPC siano diffusi agli Uffici centrali nazionali, salvo limiti imposti dall'Ufficio che è all'origine dell'informazione. In altri termini, la questione essenziale diventa il sapere se è possibile per gli Uffici centrali nazionali rendere le loro banche-dati accessibili al pubblico a fini di prevenzione. La risposta dipende dalla legislazione interna di ciascuno Stato, in quanto gli scambi di informazioni tra i servizi nazionali di polizia e gli operatori privati sono disciplinati dalle leggi nazionali. In alcuni Stati si assiste ad una evoluzione nelle relazioni tra le compagnie di assicurazione o le gallerie d'arte e la polizia, per cui è stato possibile per delle società private far circolare delle riviste specializzate nelle quali i dati vengono completati con delle informazioni diffuse sul piano internazionale, informazioni che divengono così accessibili al pubblico sotto forma di stampa o di sistema computerizzato con immagini a colori che permet-

reaus empowered to dispose of the information under the terms of Article 5(3) and (4). General authorization may be given by National Central Bureaus for certain categories of information and for certain categories of communication".

95 EL ZEIN, *The Unidroit Draft Convention*, cit., p. 70.

tono di identificare i beni rubati[96]. Se un soggetto interessato ad un'opera d'arte disponibile sul mercato è abbonato ad una di queste riviste o ad uno di questi repertori informatici, costui non potrà più acquistare l'opera se essa viene indicata come rubata, sotto pena di essere considerato acquirente in malafede; al contrario, se l'opera non figura nei cataloghi ai quali il cliente è abbonato, egli sarà considerato come una persona che ha esercitato la diligenza richiesta e di conseguenza come un acquirente di buona fede (fatta ovviamente salva la sussistenza degli altri elementi che provano tale condizione). Un primo passo in questa direzione sta per essere compiuto dalla stessa Organizzazione internazionale di polizia criminale mediante la prossima diffusione del già citato CD-Rom "*Interpol-Theft Works of Art*", sebbene tale strumento, pur essendo di indubbio rilievo, non possa comunque rappresentare allo stato attuale un mezzo sicuro di conoscenza a causa dei limiti intrinseci a suo tempo evidenziati[97].

Il problema della fattibilità dei registri aperti al pubblico rimane dunque aperto. Il coordinamento tra i gestori dei registri privati ed i responsabili dei registri pubblici acquisisce così una importanza fondamentale; è dunque opportuno che nell'ambito degli Uffici centrali nazionali la diffusione di informazioni a registri privati sia subordinata al rispetto di certe regole in materia di aggiornamento e di conservazione dei dati trasmessi. Il Segretariato generale dell'OIPC-Interpol dispone di un archivio internazionale dei beni culturali rubati o che sono stati oggetto di una infrazione penale. Questo schedario informatizzato è accessibile agli Uffici centrali nazionali, che hanno la possibilità di gestire la loro cooperazione con i privati rimasti vittime dei reati commessi. La Convenzione Unidroit fornisce un importante strumento giuridico per la prevenzione di tali infrazioni. In ogni caso, la creazione di un registro internazionale accessibile al pubblico pone tuttora dei problemi giuridici e tecnici di cooperazione, sia tra gli Uffici centrali nazionali ed il settore privato, sia tra gli stessi Uffici ed il Segretariato generale dell'Interpol. Tali problemi possono essere risolti con un accordo internazionale che coinvolga tutti gli interessati, al

[96] Questi organismi privati, finanziati da assicuratori o da altri professionisti, agiscono a scopo di lucro ed esigono la firma da parte dei privati di appositi contratti di consultazione; essi hanno inoltre perfezionato il loro sistema informatico e dispongono di un importante circuito internazionale negli Stati maggiormente industrializzati (Stati Uniti d'America, Canada, Regno Unito, ecc.).

[97] Si vedano in merito le considerazioni svolte *supra*, par. 3 e nota 73.

fine di rafforzare la lotta contro il traffico di beni culturali; in attesa che ciò avvenga, il pubblico può comunque essere messo a conoscenza delle notizie sugli oggetti d'arte rubati tramite i consueti canali Interpol sopra menzionati, dopo che gli Uffici centrali nazionali abbiano manifestato il loro consenso secondo quanto previsto dalle norme vigenti in seno all'organizzazione[98].

5. La circolazione illegale degli oggetti d'arte e l'azione di salvaguardia dell'OIPC-Interpol nei singoli contesti regionali

I beni culturali mobili, in qualunque parte del mondo si trovino, sono notoriamente considerati una preda molto ambita a causa della loro bellezza, del loro valore economico e del loro significato; sebbene una simile condizione sia sempre esistita, soltanto da un tempo relativamente recente sono state approntate, presso i vari servizi di polizia nazionali e con l'ausilio di organizzazioni specializzate come l'Interpol e l'UNESCO, delle apposite strutture con il compito di proteggere le antichità dai furti o di recuperarle una volta che esse siano state rubate. Sicuramente, l'aspetto economico, fattore essenziale nel traffico internazionale di opere d'arte, non deve essere ignorato: queste vengono infatti prelevate da Stati economicamente poveri ma culturalmente ricchi per essere trasferite verso Stati ad economia avanzata la cui sensibilità culturale appare però piuttosto modesta. Anche il traffico di sostanze stupefacenti è strettamente collegato con questo tipo di commercio, in quanto il mercato dell'arte rappresenta un ottimo canale per il riciclaggio di denaro[99]. Il crescente numero dei falsi in circolazione si rivela poi un elemento alquanto significativo: la contraffazione ed il furto non possono in effetti essere considerati separatamente, dato che finiscono comunque per coinvolgere le stesse persone; le varie attività investigative svolte nel settore sono state al centro dei dibattiti svoltisi nell'ambito di diversi incontri curati dal Segretariato generale dell'Organizzazione internazionale di polizia criminale al fine di trarre risultati ed insegnamenti utili da quanto fatto fino ad oggi per poter meglio operare in futuro.

[98] EL ZEIN, *The Unidroit Draft Convention*, cit., p. 70.

[99] Si veda in proposito BLACKMAN, *Fine Art and Funny Money. Police Forces Worldwide are Closing in on Crime Bosses Who Buy Old Masters to Launder the Proceeds of Illicit Deals*, in *Sunday Express*, 5 marzo 1995.

Tra le prime vittime dei furti di beni culturali in Europa occidentale figurano, oltre all'Italia[100], il Belgio e la Francia. In Belgio, il traffico di opere d'arte appare in costante aumento; per affrontare questa emergenza, le autorità inquirenti hanno deciso di istituire una unità centrale presso il *Commissariat général de la police judiciaire* di Bruxelles, composta da ufficiali specializzati sul tema ed aggiornati costantemente tramite la frequentazione di *stages* di formazione. La suddetta unità si preoccupa di raccogliere a livello centrale tutti i dati relativi ai furti ed alla circolazione illecita di beni culturali nonché di coordinare le attività di prevenzione nel settore, di promuovere la cooperazione internazionale di polizia in stretto contatto con l'OIPC-Interpol e di stabilire rapporti di lavoro con le varie istituzioni interessate (musei, ministeri, ecc.). A partire dal 1993 è stato anche reso operativo un archivio informatizzato, collegato con l'*Institut royal pour le patrimoine artistique*, nel quale vengono immesse tutte le informazioni o le richieste provenienti da Paesi stranieri e diffuse via Interpol[101].

Tra le iniziative adottate nell'ordinamento francese per favorire la protezione ed il recupero degli oggetti d'arte rubati spicca invece la costituzione dell'*Office central pour la répression du vol d'oeuvres et d'objets d'art* (OCRVOOA), avvenuta con il Decreto del Ministero dell'interno 2 giugno 1975, n. 75-432[102], e del programma informatico TREIMA, realizzato grazie alla collaborazione tra lo stesso OCRVOOA e l'Ufficio studi della polizia tecnico-scientifica. In tale archivio, le informazioni sui furti verificatisi in musei, chiese, gallerie, edifici di interesse storico o artistico, residenze private o altrove, sono conservate sotto forma di schede principali contenenti notizie sul reato commesso e schede secondarie, ognuna delle quali riguarda una specifica categoria di oggetti; ciascuna di esse è completata da un sussidio fotografico e le opere d'arte vi sono descritte semplicemente ma con estrema precisione in base alle loro singole caratteristiche[103]. Notevole impulso è

[100] Sulla situazione italiana cfr. più ampiamente quanto detto *infra*, par. 6.

[101] MOULIN, *The Situation in Belgium*, in *International Criminal Police Review*, 1994, p. 55 s.

[102] Pubblicato in *Journal officiel* n. 128 del 4 giugno 1975, tale Decreto è stato in seguito completato con un Regolamento ministeriale emanato il 2 ottobre 1987. Cfr. MIMRAN, *The French Central Office for Art Theft*, in *International Criminal Police Review*, 1994, p. 60.

[103] Si vedano MIMRAN, *The French Central Office for Art Theft*, cit., p. 61, nonché PELLETIER, *Lutte contre le vol d'objets d'art. TREIMA au secours de la police*, in *Le Figaro*, 14 dicembre 1995; *Grâce au nouveau logiciel TREIMA, la police restitue des toi-*

stato inoltre dato nel campo della lotta alla contraffazione delle opere d'arte mediante la creazione dell'*Association internationale anticontrefaçon* e l'emanazione della Legge 5 febbraio 1994, n. 94-102[104]. Occorre poi considerare che con il Decreto del Ministero della giustizia 25 gennaio 1996, n. 96-74 l'Ufficio centrale nazionale di Parigi dell'OIPC-Interpol è stato incluso a pieno titolo tra gli organi di cooperazione internazionale di polizia cui devono fare riferimento tutte le varie strutture inquirenti, compresa quella che si occupa dei furti di opere d'arte[105].

L'elaborazione e l'utilizzazione di banche-dati computerizzate sulle opere d'arte rubate si sono rivelate molto efficaci anche nello svolgimento delle indagini condotte dalla polizia inglese: gli investigatori si avvalgono infatti al riguardo di strumenti come *Thesaurus Group*, *Trace* e l'*International Art and Antique Loss Register* (ALR). Quest'ultimo archivio è il risultato di una associazione tra le compagnie di assicurazione ed il mondo dell'arte, è operativo a Londra, New York e Perth, e comprende circa 45.000 oggetti rubati; le voci sul catalogo derivano da notizie di reato comunicate dai vari dipartimenti di polizia, unitamente a *Scotland Yard*, l'FBI e l'Interpol, oltre che da assicuratori, periti e singoli individui[106].

Un sicuro impulso alla conduzione di una valida lotta alla criminalità organizzata deriverà in futuro dal coordinamento tra l'azione svolta dall'Organizzazione internazionale di polizia criminale e quella

les volées, in *Libération*, 15 dicembre 1995; *L'arme informatique contre les voleurs d'oeuvres d'art*, in *Le Progrés*, 19 dicembre 1995.

[104] GRARD-DESAIX-DE TARLE, *Création: attention faussaires*, in *Civic*, 1995, p. 32 ss. La Legge n. 94-102 (*Loi relative à la répression de la contrefaçon et modifiant certaines dispositions du Code de la propriété intellectuelle*) è stata pubblicata in *Journal officiel* n. 32 del 7-8 febbraio 1994.

[105] Cfr. *Journal officiel* n. 27 del 1° febbraio 1996; il provvedimento in questione ha modificato gli artt. D.2.1-D.8 del Codice di procedura penale.

[106] HILLIARD, *The Art in Computer*, in *Police Review*, 11 gennaio 1985; *Theft in Discovery of Cultural Property. How Interpol Can Help You!*, in *Interpol Newsletter*, 1° gennaio 1990; *England. High-Tech Art Slenths Snare Thieves*, in *CJ International*, 1993, p. 6; ROBERTS, *London is Smuggling Capital of Art World*, in *The Times*, 24 febbraio 1993; MAJENDIE, *Interpol to Fight Art Theft with New Database*, in *Reuters*, 14 novembre 1995; *Database for Stolen Art*, in *The European*, 16 novembre 1995; *Northamptonshire: Art Theft Squad Appeal*, in *Police Review*, 17 novembre 1995; GARGAN, *Art Crime. The Stolen Art Trade is Perceived as a Relatively Small Problem in the UK but with its Known Links to Organized Crime, ibid.*, 1° marzo 1996; ULPH, *The Art of Database*, in *International Criminal Police Review*, 1997, p. 21 s.

compiuta dall'Ufficio europeo di polizia (Europol), che dovrà instaurare un sistema di scambio di informazioni tra le diverse strutture inquirenti degli Stati membri dell'Unione europea. Istituita con la Convenzione di Bruxelles del 26 luglio 1995, a sua volta basata sull'articolo K3 (nuovo art. 30) del Trattato di Maastricht, l'Europol si propone di migliorare, nell'ambito del terzo pilastro dell'Unione, l'efficacia dei servizi competenti degli Stati membri e la loro cooperazione al fine di prevenire e combattere il terrorismo, il traffico illecito di stupefacenti ed altre gravi forme di criminalità internazionale[107]. In effetti, l'Ufficio europeo di polizia è stato incaricato in un primo tempo soltanto della prevenzione e della lotta contro il traffico illecito di stupefacenti e di materie nucleari e radioattive, le organizzazioni clandestine di immigrazione, la tratta degli esseri umani ed il traffico di autoveicoli rubati; l'ultimo comma dell'articolo 2, n. 2 dell'Accordo di Bruxelles sopra menzionato, afferma però che il Consiglio, deliberando all'unanimità conformemente alla procedura contemplata nel titolo VI del Trattato di Maastricht, potrà decidere di incaricare l'Europol di occuparsi anche di altre forme di criminalità individuate tra quelle enumerate nell'Allegato alla Convenzione stessa o di specifici aspetti di tali forme di criminalità: tra queste ultime, l'Allegato in parola prevede espressamente il traffico illecito di beni culturali, compresi gli oggetti di antiquariato e le opere d'arte, nonché i furti organizzati, le truffe e frodi e la falsificazione in materia di prodotti[108].

Particolarmente critica appare la situazione nella parte orientale del continente europeo, interessata da un intenso processo di democratizzazione della vita politica e culturale ed in piena transizione verso l'economia di mercato. È molto difficile dire se il grande aumento del numero dei reati commessi a danno del patrimonio artistico che si registra da alcuni anni in tutta Europa sia dovuto all'apertura delle frontiere dei Paesi dell'Est: è risaputo che tali Stati sono abbondantemente interessati da questo triste fenomeno, ma sfortunatamente le

[107] Si veda in proposito il testo della Convenzione di Bruxelles sopra citata, pubblicato in *GUCE* C 316 del 27 novembre 1995.

[108] Con le sue potenzialità informative e le sue capacità di analisi, l'Ufficio europeo di polizia rivoluzionerà completamente le diverse metodologie investigative, accrescendo l'incisività dell'attività di contrasto al crimine organizzato; oltretutto, la struttura dell'Europol richiama quella dell'OIPC, essendo previste la predisposizione di un archivio centrale nel quale verranno introdotti i dati trasmessi dai singoli Stati membri nonché la costituzione di Unità nazionali nell'ambito del territorio di detti Stati.

notizie sui furti ivi compiuti vengono diffuse tramite l'Interpol soltanto in minima parte. Il problema maggiore consiste nel determinare l'origine di un bene culturale rubato: ciò è molto difficile quando si tratta di Paesi dell'Europa orientale, anche in considerazione della scarsità di cataloghi ed inventari esistenti nei singoli musei[109].

Nella Repubblica ceca, come nella maggior parte degli Stati con essa confinanti, i reati in esame sono aumentati dopo il 1990, e la cosa più spiacevole in tutto ciò è la violenza con la quale tali crimini vengono abitualmente commessi. L'apertura dei confini ha reso il mercato straniero più accessibile e molti oggetti, prelevati non soltanto da musei, luoghi di culto o case signorili, ma sempre più spesso anche da archivi e biblioteche, hanno lasciato il Paese illegalmente. Prima del 1989, vigevano delle norme molto severe sulle esportazioni e dato che una quantità limitata di persone aveva la possibilità di recarsi all'estero, era facile effettuare controlli rigorosi alle frontiere; adesso, invece, la situazione è drammaticamente cambiata. I Ministeri dell'interno e della cultura hanno inoltre predisposto il sistema elettronico SEUD, che è basato sulla stessa struttura del formulario CRIGEN/ART e prevede la combinazione di testo ed immagine[110].

Stando a quanto rivelato da stime recenti, la Repubblica ceca sta diventando sempre più territorio di transito delle opere d'arte trafugate in Polonia e nell'ex Unione Sovietica e dirette verso gli Stati europei occidentali. Per prevenire la dispersione e la distruzione delle grandi collezioni private, il Governo polacco ha adottato fin dal 1964 misure di tutela del patrimonio nazionale che non hanno però portato ai risultati sperati, tanto è vero che i furti si sono moltiplicati fino ad assumere le preoccupanti proporzioni di questi ultimi anni. Tale situazione è dovuta soprattutto all'assenza di moderni strumenti di protezione; malgrado i successi ottenuti tramite la cooperazione di polizia internazionale[111], l'adozione di leggi severe ed il controllo del mercato nazio-

[109] IBRAM, *Looting Unlimited. Eastern Europe Looses its Art Treasures*, in *Forum*, 1° marzo 1994.

[110] ZAVADSKY-HORACKOVA, *Art and Antique Thefts in the Czech Republic. Present Situation and Trends*, in *International Criminal Police Review*, 1994, p. 51 ss.

[111] Un esempio al riguardo è dato dal ritrovamento di tre dipinti rubati nel 1993 dal Museo di Tallinn, in Estonia, e recuperati in territorio polacco a conclusione di indagini condotte in seguito alla trasmissione di una *stolen property notice* dell'Interpol.

nale, l'esportazione illecita non ha infatti accennato a diminuire[112]. In seguito allo smembramento dell'Unione Sovietica, anche in Russia e negli altri Paesi che aderiscono alla Comunità degli Stati Indipendenti si è verificata una recrudescenza del crimine organizzato; il numero dei furti di beni culturali, soprattutto di icone, è di conseguenza cresciuto in modo considerevole. Anche in tal caso, la collaborazione internazionale e la conclusione di accordi bilaterali giocano un ruolo fondamentale nella lotta contro questo tipo di criminalità[113].

Il problema della devastazione del patrimonio culturale si esprime in maniera più complessa ed allarmante in Croazia; il rapido sviluppo del turismo a partire dai primi anni Sessanta è stato senza dubbio il principale responsabile della notevole crescita dei furti di beni culturali, ma non bisogna dimenticare le migliaia di oggetti storico-artistici scomparsi nel corso degli eventi bellici che hanno interessato il Paese fin dalla metà del 1991: inestimabili opere d'arte sono state rubate o requisite da numerosi siti abbandonati, danneggiati o distrutti nonostante tutti gli accorgimenti adottati per evitare che ciò accadesse e gli sforzi fatti per portare le opere stesse in luoghi sicuri. I dati sui beni trafugati durante la guerra sono ancora in fase di elaborazione e non si sa a tutt'oggi che fine abbiano fatto gli oggetti che si trovavano nei territori già occupati dai Serbi[114]. La cooperazione con le autorità doganali ha comunque subito un deciso incremento al fine di impedire che preziose antichità venissero portate all'estero. In diverse occasioni, poi, si è instaurata una ottima collaborazione tra l'Istituto per la pro-

[112] KOWALSKI, *Theft and Illegal Traffic in Works of Art in Poland*, in *International Criminal Police Review*, 1994, p. 11 ss.

[113] Facendo seguito alle richieste provenienti da numerosi servizi di polizia di differenti Paesi, il Segretariato generale dell'Organizzazione internazionale di polizia criminale ha proceduto alcuni anni fa ad una revisione del formulario CRIGEN/ART, in modo da consentire una classificazione accurata delle icone, poco conosciute dagli investigatori che agiscono in Stati membri privi di una tradizione artistica in tal senso (ICPO-INTERPOL, *Manual of Guidance on the Completion of the CRIGEN/ART Form*, Part two, Lione, 1996). Si vedano sull'argomento KOZACHOV, *El pillaje deja Rusia sin iconas*, in *El Pais*, 29 luglio 1992; MEFTI, *Crime Prevention: Russia Intent on Applying Tourniquet*, in *Trace*, 1993, p. 4 ss.; SERIO, *Russia. Organized Crime in Former Soviet Union: New Directions, New Locations*, in *CJ International*, 1993, p. 15 ss.; e NEROTH, *Hand of Russian Mafia Detected in Icon Killings*, in *The European*, 11 febbraio 1994.

[114] Si sa tuttavia che sono state requisite l'intera collezione custodita nel Museo di Vukovar e migliaia di icone provenienti dall'entroterra dalmata; inoltre, secondo notizie non confermate, alcuni beni sottratti dalle zone occupate sarebbero in seguito apparsi sul mercato internazionale.

tezione dei beni culturali, l'Ufficio centrale nazionale di Zagabria e le forze di polizia, e tutte le volte in cui è stato possibile riferire immediatamente la notizia del furto agli inquirenti, fornendo anche una documentazione fotografica di alta qualità, i beni rubati sono stati recuperati e restituiti ai legittimi proprietari[115].

Per quanto concerne il continente americano, conviene dar conto dell'attività svolta dall'OIPC in Canada (attraverso il sistema ROSA) e negli Stati Uniti. Il ROSA (*Register of Stolen Art and Artefacts*) è stato istituito nel 1983 come parte integrante del programma di protezione del patrimonio culturale predisposto dall'Interpol canadese; si tratta di un archivio centrale di testi ed immagini usato per documentare furti, falsificazioni e recuperi di oggetti qualificabili come beni culturali ai sensi dell'articolo 1 della Convenzione UNESCO del 1970 e della normativa vigente sull'importazione ed esportazione di opere d'arte[116]. I dati vengono immessi direttamente in inglese e in francese dai funzionari della *Cultural Property Unit* dell'Ufficio centrale nazionale di Ottawa e si basano soprattutto sulle informazioni contenute nei notiziari sulle opere d'arte rubate editi dal Segretariato generale dell'Organizzazione internazionale di polizia criminale nonché sui rapporti inviati dalle forze di polizia canadesi, dagli Uffici centrali nazionali e dalle associazioni di volontariato; le informazioni che provengono direttamente da chi ha subito un furto o da una compagnia di assicurazione vengono invece verificate dal dipartimento di polizia competente prima di essere inserite nella banca-dati[117]. Non c'è un preciso limite di tempo entro il quale una determinata scheda può essere conservata, in quanto un *file* non viene chiuso fino a che l'oggetto trafugato non sia stato rinvenuto o la richiesta della sua ricerca venga revoca-

[115] PERCINIC-KAVUR, *Theft and Illicit Traffic in Cultural Property in the Republic of Croatia*, in *International Criminal Police Review*, 1994, p. 20 ss.

[116] Le immagini vengono registrate su un disco ottico che può immagazzinare 54.000 riproduzioni a colori; ogni immagine ha un numero di riferimento collegato ad un testo descrittivo che può essere contemporaneamente richiamato su uno schermo separato. Cfr. SCHUR, *ROSA: Interpol Ottawa's Register of Stolen Art and Artefacts*, in *Royal Canadian Mounted Police Gazette*, 1993, p. 21 s. ed in *International Criminal Police Review*, 1994, p. 65 s.

[117] In via approssimativa, circa il 70% degli oggetti registrati provengono da notiziari Interpol, mentre soltanto il 10% di essi derivano da rapporti della polizia canadese (*Le vol de biens culturels*, in *Sûreté*, 1990, p. 11 ss.).

ta[118]. Le informazioni contenute nel ROSA non hanno carattere riservato e, come nel caso dei bollettini sui beni culturali rubati diffusi a cura dell'OIPC-Interpol, possono essere portati a conoscenza del pubblico e della polizia. Il ROSA è stato inoltre concepito anche per fornire statistiche sui dati in esso immagazzinati, in modo tale da fornire una idea generale sui furti commessi, per esempio sul numero e tipo di oggetti rubati in diversi Paesi in un determinato periodo, i luoghi in cui i furti si verificano con maggiore frequenza o la stima dei ritrovamenti. Mensilmente i notiziari contenenti i dati registrati nel ROSA e provenienti da furti denunciati da fonti canadesi sono inviati a musei, gallerie, sale d'asta e rivenditori in genere. Questi notiziari vengono diffusi unitamente ad un catalogo annuale, intitolato "*Theft of Cultural Property in Canada*", che contiene liste di oggetti d'arte rubati e viene distribuito ai dipartimenti di polizia canadesi, agli ufficiali di polizia all'estero e a tutti gli altri organismi sopra menzionati. La combinazione di un notiziario mensile con una pubblicazione annuale si è rivelata di estrema utilità per il recupero delle opere d'arte rubate anche perché costituisce uno stretto legame tra il mondo dell'arte e la polizia. Il ROSA ha quindi ottenuto riconoscimenti internazionali ed il sistema è stato presentato in numerosi convegni nazionali ed internazionali per illustrare lo scambio computerizzato di informazioni nel combattere i reati riguardanti i beni culturali mobili; l'archivio viene revisionato regolarmente per assicurare che i dati in esso contenuti siano sempre aggiornati in modo tale da poter fornire un servizio che sia il più efficiente possibile[119].

Negli Stati Uniti d'America, la prima struttura ad occuparsi della lotta al traffico illecito di opere d'arte fu invece il dipartimento di polizia di New York, che nel 1972 istituì l'*Art Identification Team*[120]. Durante lo stesso periodo e nella stessa città, i circoli artistici maggiormente impegnati si fecero inoltre promotori dell'*International Founda-*

[118] Alcune schede contenute nel ROSA risalgono al 1966 ed alcuni dei reati sono stati commessi negli anni Quaranta e Cinquanta; la maggior parte dei *files* sono tuttavia posteriori al 1981, anno nel quale venne istituita la *Cultural Property Unit*.

[119] SCHUR, *ROSA: Interpol Ottawa's Register*, cit., p. 22.

[120] Si vedano GATES-MARTIN, *Art Theft: A Need for Specialization*, in *The Police Chief*, 1990, p. 60 ss.; MARTIN, *Art Theft in the United States*, in *International Criminal Police Review*, 1994, p. 57. Tale unità investigativa, composta in un primo tempo dai due *detectives* Joseph Volpe e Marie Cirile, venne avviata in una città, New York per l'appunto, che era all'epoca il principale centro del mercato dell'arte negli Stati Uniti; ad essa si sono oggi aggiunte Los Angeles e Miami.

tion for Art Research (IFAR), una organizzazione senza fini di lucro nell'ambito della quale è stato approntato un archivio dei beni culturali rubati ed un servizio di autenticazione, con la pubblicazione mensile di un periodico contenente non soltanto una lista dei beni trafugati ma anche articoli dedicati alle diverse problematiche del settore ed alla denuncia di casi di contraffazione. Il contributo dato dall'IFAR alla lotta contro i furti di oggetti artistici è sempre più aumentato con il passare degli anni; attualmente, essa intrattiene stabili rapporti ed attua costanti scambi di informazioni con le principali compagnie di assicurazione britanniche e con l'Interpol. Le indagini su alcuni episodi eclatanti hanno poi visto un crescente coinvolgimento del *Federal Bureau of Investigation* (FBI), al punto che nel 1979 venne approntato il *National Stolen Art File*, un archivio computerizzato permanente di beni culturali rubati composto da notizie riferite dagli organismi locali e dalla stessa FBI ed abbinate ad un supporto visivo[121]. L'emergenza in esame è stata infine affrontata anche dal dipartimento di polizia di Los Angeles mediante la costituzione di una unità specializzata denominata *Art Theft Detail*, composta da due ufficiali responsabili di indagare su tutti i furti commessi a danno del patrimonio culturale nella contea della città californiana e sulle relative frodi che hanno ad oggetto i beni artistici. A causa dei frequenti movimenti internazionali dei beni d'arte rubati, l'*Art Theft Detail* coopera attivamente con gli apparati di polizia di tutto il mondo ed agisce in stretto contatto con l'Interpol e con i singoli Uffici centrali nazionali, circostanza quest'ultima che ha anzi determinato il completo superamento delle differenze linguistiche e la possibilità di avvalersi dell'assistenza dell'organizzazione per il compimento di specifiche attività di investigazione[122].

I trafficanti di beni culturali sono sempre alla ricerca di nuove fonti di approvvigionamento ed una di queste è costituita dalle testimonianze delle antiche civiltà extraeuropee: oggetti sottratti dai siti incaici peruviani, statue di terracotta rinvenute in Ghana, Mali e Nigeria, manufatti in oro precolombiani, sculture nepalesi, bronzi africani, ceramiche del Guatemala, dell'Honduras o del Costa Rica ed antiche monete greche, fenicie o assiro-babilonesi affiorate in seguito agli scavi archeologici effettuati in diversi Stati asiatici. Negli ultimi venticinque anni i collezionisti sono divenuti sempre più avidi al punto tale che la

[121] MARTIN, *Art Theft in the United States*, cit., p. 58.
[122] *Ibid.*, p. 59.

situazione si sta rivelando incontrollabile ed i patrimoni culturali di numerosi Paesi in via di sviluppo sono stati ormai irrimediabilmente impoveriti da simili attività illecite: l'azione di contrasto promossa dall'OIPC-Interpol non può dunque non tener conto anche di queste realtà[123].

Da vari decenni, nonostante sia finita l'epoca del colonialismo, inestimabili antichità vengono ad esempio trafugate dal territorio africano e sottoposte ad un incessante commercio illegale che continua tuttora inesorabilmente, essendo sempre vivo l'interesse degli antiquari per questo genere di reperti[124]. Il Kenya ed il Mali sono due tra i Paesi maggiormente colpiti. Il furto di opere d'arte keniote si svolge oggi con notevole intensità ed ha avuto inizio agli albori del secolo attuale, quando i funzionari dell'amministrazione coloniale inglese, rendendosi conto del grande valore degli antichi manufatti espressione della civiltà Swahili, cominciarono a prelevare molti di questi oggetti dalle zone costiere rivendendoli ad aristocratici europei, che a loro volta li collocavano nelle proprie residenze a scopo puramente decorativo[125]. Da numerosi anni ormai, si verifica inoltre un flusso massiccio verso

[123] BRENT, *Pillaging Archaeological Sites. Depriving the Future of the Past*, in *International Criminal Police Review*, 1994, p. 25.

[124] Le sculture africane hanno iniziato ad essere considerate come espressione d'arte fin dai primi anni del XX secolo, anche grazie alla diffusione del movimento cubista e alle opere di Pablo Picasso; è stato però soprattutto nell'ultimo cinquantennio che questi oggetti sono stati ampiamente conosciuti, ricevendo l'apprezzamento di numerosi estimatori. Tali opere (in special modo oggetti intagliati in legno, maschere tribali e statue votive), sono ora esposte a pieno titolo nei musei accanto a quelle europee ed asiatiche. Sfortunatamente, come conseguenza del successo ottenuto, l'arte africana ha suscitato una tra le forme più scandalose di commercio illegale conosciute nella nostra epoca.

[125] Negli anni Settanta ed Ottanta ha subito un notevole incremento la sottrazione illecita dei *Vigango*, un tipo di stele funeraria propria dell'etnia Girama usata per simbolizzare i defunti, e delle porte intarsiate e dei mobili antichi provenienti dall'arcipelago di Lamu. Tali oggetti sono ricompresi tra i beni tutelati ai sensi dell'*Antiquities and Monument Act*, ma in effetti di vera e propria protezione può parlarsi solamente nel caso in cui le opere in questione vengano intercettate e recuperate prima di aver lasciato il territorio keniota, non essendo possibile agire adeguatamente al di fuori dei confini nazionali (BWANA, *Illicit Traffic in Cultural Property in Kenya*, in *International Criminal Police Review*, 1994, p. 4 ss.). La razzia non risparmia dunque neanche gli oggetti che testimoniano le varie usanze religiose: nella parte occidentale del Madagascar, diverse migliaia di statue erette in onore degli antenati della tribù Sakalava sono state infatti asportate con la complicità di alcuni stranieri residenti nel Paese per essere poi rivendute ai maggiori collezionisti di arte africana (BRENT, *Pillaging Archaeological Sites*, cit., p. 30 s.).

l'Europa e gli Stati Uniti d'America di beni provenienti dal Mali ed asportati principalmente dall'entroterra del delta del fiume Niger e dai siti archeologici di Timbuctu, Djenne e Bandiagara, siti peraltro non a caso iscritti nella Lista del Patrimonio mondiale dell'UNESCO ai sensi della Convenzione di Parigi del 16 novembre 1972 sulla protezione del patrimonio mondiale culturale e naturale[126]. È quindi in tale contesto che l'Organizzazione internazionale di polizia criminale, attraverso gli Uffici centrali nazionali di Nairobi e Bamako, ha avuto modo di compiere un lavoro particolarmente significativo e capillare, sia a livello regionale, curando lo svolgimento di numerosi convegni ed incontri di studio sulla problematica in esame[127] e fornendo una preziosa consulenza per la predisposizione di appositi strumenti normativi ad opera degli stessi Stati africani interessati, in modo tale da istituire controlli all'esportazione, prevenire gli scavi clandestini e regolamentare l'attività dei venditori professionisti[128], sia a livello internazionale, diffondendo con estrema rapidità al Segretariato generale, e di conseguenza agli Uffici centrali nazionali situati negli altri Stati

[126] Cfr. BRENT, *Pillaging Archaeological Sites*, cit., pp. 26 e 33 s., e SIDIBE, *Mali's Cultural Heritage: Combating Plundering. National Measures and International Cooperation*, in *International Criminal Police Review*, 1994, p. 6 ss. Anche la Nigeria è spesso vittima dei trafficanti d'arte: si veda in merito MARINGUES, *Les musées pillés du Nigéria: les vols d'oeuvres d'art se multiplient en Afrique noire devenue terrain privilegié des trafiquants*, in *Le Monde*, 29 maggio 1994.

[127] Si considerino, tra i più recenti, l'*Atelier sur le trafic illicite des biens culturels*, svoltosi ad Arusha dal 24 al 29 settembre 1993, ed il *Workshop on the Protection of the African Heritage* (Amsterdam, 22-24 ottobre 1997), entrambi organizzati in stretta collaborazione con l'ICOM e l'UNESCO.

[128] Fin dal 1985, il Governo del Mali ha ad esempio adottato i seguenti provvedimenti per la tutela del patrimonio culturale nazionale: Decreto n. 203/PG-RM del 13 agosto 1985 relativo all'istituzione di un Comitato nazionale per la salvaguardia del patrimonio culturale; Legge n. 85-40/AN-RM del 26 luglio 1985 sulla protezione del patrimonio culturale; Decreto n. 275/PG-RM del 4 novembre 1985 contenente norme per gli scavi archeologici; Legge n. 86-61/AN-RM del 26 luglio 1986 sullo svolgimento della professione di commerciante di oggetti d'arte; Decreto n. 299/PG-RM del 19 settembre 1986 recante norme per la vendita e l'esportazione di beni culturali; Decreto n. 93-203/P-RM dell'11 giugno 1993 sull'istituzione delle campagne culturali di protezione a Timbuctu, Djenne e Bandiagara, confermato dal successivo Decreto n. 93-5699/MCC-CAB del 28 settembre 1993 riguardante le condizioni operative per la conduzione di tali campagne. L'elenco appena fornito mostra chiaramente come anche gli Stati in via di sviluppo siano perfettamente capaci di predisporre una apposita legislazione, che deve essere osservata da tutti, a garanzia del rispetto e dell'integrità del loro patrimonio culturale (BRENT, *Pillaging Archaeological Sites*, cit., p. 35; SIDIBE, *Mali's Cultural Heritage*, cit., p. 9).

membri dell'organizzazione, le notizie relative ai furti commessi e la descrizione completa degli oggetti sottratti; notevole rilievo assume in proposito la Dichiarazione emessa di recente al termine dell'*Atelier de travail sur le trafic illicite de biens culturels*, tenutosi a Kinshasa dal 26 al 28 giugno 1996, con la quale, dinanzi alle gravi proporzioni raggiunte dal saccheggio e dal traffico illecito di beni culturali in Africa centrale, si è tentato di rafforzare la cooperazione interna ed internazionale tra gli Stati più esposti a tali fenomeni. Stando alle informazioni in possesso dell'Interpol, negli ultimi anni si è verificata una grande affluenza di questi oggetti di dubbia provenienza soprattutto sul mercato francese: ciò ha richiesto un aumento del controllo, reso però oltremodo difficile dalla presenza, in diversi Stati europei, di intermediari che non è sempre facile individuare e dal fatto che alcuni Paesi africani incontrano serie difficoltà nel realizzare inventari fotografici del proprio patrimonio artistico; al tempo stesso, nell'intento di incoraggiare la richiesta di assistenza e di cooperazione internazionale ad opera delle autorità locali, particolare attenzione è stata riservata alla formazione del personale impiegato nei musei e degli agenti di polizia a fini di prevenzione, non trascurando anche tentativi di sensibilizzazione presso le popolazioni indigene[129]. Dal punto di vista più propriamente investigativo e repressivo, degna di rilievo è infine l'attività svolta in Mali dall'Ufficio centrale nazionale di Bamako il quale, attraverso una complessa opera di coordinamento tra le gendarmerie del posto ed un tempestivo collegamento con i funzionari dell'Ufficio centrale di Nouakchott, hanno ottenuto notevoli successi nel contrastare i furti perpetrati nel nord del Paese con riferimento ad oggetti d'arte poi trasferiti via terra nella vicina Mauritania[130].

[129] Nel 1990 si è purtroppo verificato un episodio emblematico che testimonia quanto sia necessario agire con una costante opera di "apostolato culturale" che preveda anche un coinvolgimento attivo delle comunità stanziate sul territorio: il sito maliano di Natamatao, nel distretto di Ténenkou, venne infatti letteralmente spogliato dagli stessi abitanti dei villaggi vicini dopo che una statuetta di terracotta era stata rinvenuta lì del tutto casualmente; anche a causa delle condizioni di estrema povertà in cui vive la popolazione locale, è molto difficile far comprendere che un reperto, essendo una ricchezza per tutta la collettività, andrebbe conservato e protetto piuttosto che asportato e rivenduto in quanto facile fonte di guadagno.

[130] I saccheggi effettuati su larga scala nel Mali settentrionale (specialmente nella regione di Gao) vengono sistematicamente eseguiti da gruppi di predoni appartenenti alla tribù dei Mauri: a causa di tale attività, il sito di Gao Sané, splendida testimonianza dell'antico Impero Songhai e sottoposto a continui furti protrattisi per oltre sei

6. *Segue*: La protezione dei beni culturali mobili in Italia: i compiti dell'Ufficio centrale nazionale di Roma e del Comando Carabinieri per la tutela del patrimonio artistico

Le opere d'arte italiane illegalmente trasportate all'estero e poi messe in vendita provengono genericamente da tre canali: i veri e propri furti nei musei pubblici o anche nelle collezioni private o nelle chiese, le esportazioni illecite di oggetti d'arte legalmente posseduti ma non catalogati e gli oggetti provenienti da scavi clandestini, dei quali si ha notizia solamente quando si scorgono in altri Stati europei o d'oltreoceano determinati esemplari che non possono che provenire da aree archeologiche situate nel nostro territorio. Considerando soprattutto il fatto che ogni angolo d'Italia è espressione e testimonianza di una millenaria civiltà disseminata in pinacoteche, biblioteche, chiese, archivi, enti, abitazioni private e quant'altro, sembra quindi opportuno fornire brevi cenni sull'attività posta in essere a tutela di tali opere dall'Organizzazione internazionale di polizia criminale e dall'Arma dei Carabinieri.

La nascita dell'Ufficio centrale nazionale italiano, con sede a Roma, risale al 28 luglio 1930 in seguito all'adesione del nostro Paese alla Commissione internazionale di polizia criminale, ma esso, per evidenti ragioni politiche, finì per svolgere una funzione meramente formale sul piano della collaborazione internazionale[131]. Negli anni immediatamente successivi al secondo dopoguerra l'Ufficio venne riorganizzato su nuove basi, svolgendo la sua attività nell'ambito del Centro nazionale di coordinamento delle operazioni di polizia criminale (Criminalpol), parte integrante della Direzione generale di Pubblica Sicurezza presso il Ministero dell'interno, ed assunse la denominazione di Ufficio

anni, deve ormai considerarsi irrimediabilmente perduto (SIDIBE, *Mali's Cultural Heritage*, cit., p. 8).

[131] Cfr. BRANCACCIO, Voce "Organizzazione internazionale di polizia criminale (Interpol)", cit., p. 3; come giustamente osservato dal MANOPULO, Voce "Polizia internazionale", cit., p. 216, "la collaborazione internazionale era in genere, in ogni campo, tenuta dal governo fascista in scarsa considerazione, pur facendosi ossequio puramente formale alle proposte che venivano dall'estero; l'organizzazione delle polizie veniva in realtà tenuta in sospetto, come un'associazione di carattere democratico, poiché la maggior parte degli Stati aderenti erano contro i regimi totalitari. Comunque, venne allora costituito presso il Ministero dell'interno un apposito ufficio che però fu inquadrato nella Divisione di polizia politica".

centrale italiano di polizia criminale internazionale[132]; il servizio Interpol, comandato da un dirigente superiore, costituisce attualmente una articolazione della Direzione centrale di polizia criminale ed è strutturato in varie divisioni, la cui competenza è distinta in linea di massima per specificità criminosa.

La funzione attribuita all'Ufficio centrale nazionale di Roma si concretizza in una complessa e vasta attività consistente non solo nell'assistenza giudiziaria (esecuzione di estradizioni o espletamento di rogatorie) ma anche nell'assistenza informativa (segnalazioni di malfattori internazionali, scambio di informazioni su connazionali e stranieri, nonché di fotografie e di materiale segnaletico). Tra i reati a carattere internazionale devoluti alla competenza dell'Interpol italiana assume particolare rilievo quello riguardante il trafugamento di beni culturali, anche in considerazione del fatto che l'Ufficio stesso si trova a dover operare in un contesto notoriamente ricco di manifestazioni artistiche uniche al mondo. L'Ufficio dispone di personale altamente specializzato nella trattazione di tali questioni ed è ovviamente collegato con il Segretariato generale dell'OIPC e con i vari Stati aderenti all'organizzazione, in particolare con quelli europei, attraverso il telegrafo, il servizio telex internazionale ed un servizio di telefoto che consente la trasmissione a distanza di fotografie ed impronte digitali di individui coinvolti in attività criminali compiute a danno del patrimonio artistico. In considerazione dei molteplici interventi che occorre svolgere in tale settore, vengono inoltre mantenuti stretti rapporti di lavoro con le Questure, il Comando Carabinieri per la tutela del patrimonio artistico, la Guardia di Finanza, ed anche con i Ministeri de-

[132] Una apposita Circolare ministeriale del 1° gennaio 1947 ha stabilito quali sono i compiti del particolare organismo in questione: accertare e sviluppare ogni studio, rapporto e informazione con l'estero, relativi ai malfattori o delinquenti internazionali, promuovendone le ricerche e sollecitandone la cattura, con ogni più moderno sistema scientifico o tecnico; eseguire i relativi provvedimenti giudiziari ed amministrativi, ai sensi della legge di Pubblica Sicurezza; curare le pratiche di estradizione consentite dagli accordi internazionali; corrispondere con le polizie estere, anche per quanto riguarda lo studio comparativo delle rispettive organizzazioni dei servizi d'ordine e di sicurezza, da utilizzare eventualmente per una sempre maggiore efficienza dei corrispondenti servizi della polizia italiana. A tali compiti vanno aggiunti tutti i problemi di ordine penale, amministrativo, sociale e umanitario che abbiano in qualche modo attinenza con i servizi di polizia ed un riflesso internazionale (LAZZONI, *OIPC-Interpol: "Uffici Centrali Nazionali"*, cit., p. 50 s.).

gli affari esteri e di grazia e giustizia[133]. Il servizio Interpol di Roma filtra quotidianamente un costante e continuo flusso di richieste ed in merito ad esse, dopo aver effettuato una accurata valutazione circa la loro rispondenza alle norme del Codice di procedura penale italiano, il servizio stesso provvede ad interessare opportunamente gli enti appena indicati affinché esperiscano le indagini e gli accertamenti necessari; qualora l'azione di polizia non potesse esplicarsi in via autonoma, investendo settori di competenza dell'autorità giudiziaria, sarà solo su disposizioni della magistratura che si potrà procedere all'esecuzione degli atti dovuti, quali perquisizioni e sequestri; altre volte invece, soprattutto nei casi di urgenza, è lo stesso Ufficio centrale che investe la competente autorità giudiziaria, sottoponendole direttamente richieste di intervento sul piano nazionale: a ben vedere, quindi, l'Interpol italiana può agire sia come organismo in grado di far scattare la cooperazione internazionale, sviluppando indagini di polizia giudiziaria o istruttorie penali, sia come celere canale di tramite tra autorità giudiziarie di uno o più Stati[134].

L'impiego di personale specializzato si è reso utile anche per l'assolvimento dei compiti devoluti al Ministero per i beni culturali ed ambientali concernenti la sicurezza del patrimonio culturale, la vigilanza sugli enti, istituti e associazioni e la promozione delle attività necessarie per la protezione del patrimonio storico-artistico[135]: a tale proposito, particolarmente significativi appaiono l'alta specializzazione ed il notevole patrimonio informatico acquisiti dai Carabinieri nel corso dell'attività da essi svolta fin dal 1969, quando, su richiesta del Ministero della pubblica istruzione, venne costituito un apposito Nucleo che si occupava del settore qui preso in esame. Considerando l'opportunità di definire in modo più sistematico i collegamenti funzionali esistenti tra l'Arma ed il Ministero per i beni culturali ed ambientali attraverso una precisa individuazione dei rispettivi compiti ed attività, con Decreto ministeriale 5 marzo 1992[136] si è provveduto ad istitui-

[133] BRANCACCIO, Voce "Organizzazione internazionale di polizia criminale (Interpol)", cit., p. 4.

[134] LAZZONI, *OIPC-Interpol: "Uffici Centrali Nazionali"*, cit., p. 52.

[135] Si veda in proposito quanto affermato dall'art. 2 del Decreto-Legge 14 dicembre 1974, n. 657 recante istituzione del Ministero per i beni culturali ed ambientali e convertito con modificazioni nella Legge 29 gennaio 1975, n. 5 (*GU* n. 332 del 19 dicembre 1974 e n. 43 del 14 febbraio 1975).

[136] Pubblicato in *GU* n. 64 del 17 marzo 1992.

re presso il suddetto Ministero il Comando Carabinieri per la tutela del patrimonio artistico, delegando ad esso le funzioni spettanti al Ministero per tutto ciò che concerne la sicurezza del patrimonio culturale e l'acquisizione di notizie atte a far promuovere le iniziative necessarie per la protezione dei beni interessati; i Carabinieri per la tutela del patrimonio artistico, nelle materie demandate alla potestà del Ministero competente, svolgono inoltre attività di prevenzione e repressione per quanto attiene alla tutela e alla salvaguardia del patrimonio storico, artistico e culturale nonché il recupero dei beni culturali e del materiale scientifico e didattico inerente ai beni stessi, e svolgono anche ogni altra attività che il Ministero ritenga necessaria per l'assolvimento delle funzioni a quest'ultimo attribuite dalla legge[137].

L'attività di vigilanza, prevenzione e repressione, sviluppata nel rispetto delle competenze istituzionali dell'Arma dei Carabinieri e con le modalità previste dalle norme vigenti, si sostanzia nel recupero delle opere d'arte, nell'attività informativa e nel controllo dei siti archeologici ed è svolta per la tutela degli interessi pubblici indicati in special modo nelle Leggi 1° giugno 1939, n. 1089 (Tutela delle cose d'interesse artistico e storico), 20 novembre 1971, n. 1062 (Norme penali sulla contraffazione o alterazione di opere d'arte) e 1° marzo 1975, n. 44 (Misure intese alla protezione del patrimonio archeologico, artistico e storico nazionale)[138]. Per quanto attiene più specificatamente alla tutela dell'autenticità delle opere d'arte, occorre poi risalire, oltre alla Legge n. 1062/1971, anche ad alcune fattispecie previste dal Codice penale, e cioè al reato di truffa (art. 640), al reato di frode nell'esercizio del commercio di cui all'articolo 515, all'articolo 485 (falsità in scrittura privata), nonché agli articoli 473 e 474 (contraffazione, alterazione o uso di segni distintivi di opere dell'ingegno o di prodotti industriali ed introduzione nello Stato e commercio di prodotti con segni falsi); queste ultime due norme trovano applicazione in ragione della particolare e ricorrente pratica falsificatoria delle opere grafiche, quali litografie, acqueforti o xerigrafie, laddove, oltre all'illecito fenomeno della tiratura delle riproduzioni in misura largamente superiore a quella uffi-

[137] Si consideri in ogni caso che le funzioni ed i compiti già spettanti al Ministero per i beni culturali ed ambientali sono state di recente trasferite al nuovo Ministero per i beni e le attività culturali, istituito con il Decreto Legislativo 20 ottobre 1998, n. 368, in *GU* n. 250 del 26 ottobre 1998.

[138] Pubblicate rispettivamente in *GU* n. 184 dell'8 agosto 1939, n. 318 del 17 dicembre 1971 e n. 71 del 13 marzo 1975.

cialmente dichiarata, vengono spacciate per opere grafiche riproduzioni meccanicamente ottenute in fotolitografia, concretandosi in tal caso per l'appunto il reato di truffa e di falso in scrittura privata per apposizione di firma apocrifa del titolare.

A causa dell'aumento dei crimini commessi a danno del patrimonio artistico, sono stati compiuti notevoli sforzi per il potenziamento qualitativo e tecnologico del Reparto, dotato di un Centro di elaborazione dati all'avanguardia, in grado di consentire una accurata catalogazione e memorizzazione delle riproduzioni fotografiche e delle notizie riguardanti le opere d'arte trafugate. Un ruolo fondamentale è comunque svolto anche dal personale che giornalmente controlla le case d'asta nazionali ed internazionali ed i relativi bollettini, nonché fiere, mercati, antiquari e quanti sono noti gravitare nel mondo del mercato dell'arte; lo stesso personale, altamente specializzato grazie alla frequentazione di speciali corsi tenuti da docenti e tecnici del Ministero per i beni culturali ed ambientali, oltre al classico lavoro della vera polizia giudiziaria, si è rivelato particolarmente capace nel mettere in evidenza i vari casi di provenienza non documentabile, nota illiceità o apparente falsità delle opere, fissando poi il tutto su pellicola fotografica o videocassetta e trasferendo quindi il materiale al Centro elaborazione dati che svolge in seguito la comparazione di immagini[139].

Il Comando Carabinieri per la tutela del patrimonio artistico, articolato nei Nuclei di Bari, Bologna, Firenze, Monza, Napoli, Palermo e Venezia e strutturato nelle Sezioni antiquariato, archeologia e falsi, opera inoltre su tutto il territorio nazionale, d'intesa con le varie forze di polizia, ed anche all'estero, attuando in tal caso una intensa collaborazione con gli organismi interessati nei limiti delle convenzioni esistenti e della prassi internazionale. Numerosissimi sono stati i recuperi effettuati sia al di fuori dell'Italia, con localizzazioni avvenute soprattutto in America e in Europa, sia nel territorio nazionale, ed i sempre maggiori successi ottenuti al riguardo hanno giustamente avuto un notevole e crescente riscontro presso la stampa e gli altri mezzi di comunicazione[140].

[139] Cfr. CONFORTI, *The Carabinieri and the Protection of Italy's Heritage*, in *International Criminal Police Review*, 1994, p. 50; ID., *La tutela penale dei beni culturali*, in *Studi senesi*, 1998, p. 55 ss.

[140] Tra le opere recuperate nei mesi scorsi figurano anche tre capolavori dell'arte contemporanea, rubati dalla Galleria nazionale d'arte moderna di Roma il 19 maggio

Nell'intento di incrementare ed agevolare la collaborazione tra gli organi preposti alla tutela del patrimonio artistico nazionale e tutti coloro che operano nel campo dell'arte per dare slancio alla lotta intrapresa contro quella particolare forma di criminalità che incide su beni comuni di inestimabile valore storico e culturale, il Comando Carabinieri per la tutela del patrimonio artistico ha infine istituito un bollettino periodico, denominato "Servizio per le ricerche delle opere d'arte rubate", nel quale sono riportate le riproduzioni fotografiche e le possibili notizie relative alle opere d'arte di maggiore interesse tra quelle trafugate e non ancora recuperate e per le quali i legittimi proprietari hanno inoltrato denuncia e relativa documentazione[141].

Alla luce di quanto fin qui esposto, appare pertanto innegabile la valenza sociale racchiusa nell'attività svolta dall'Ufficio centrale nazionale italiano dell'OIPC e dall'Arma dei Carabinieri, in quanto i crimini compiuti in danno del nostro patrimonio artistico non riguardano soltanto gli italiani, ma i fruitori di cultura del mondo intero; in questo senso, l'attività di prevenzione e repressione compiuta dall'Interpol e dal Comando Carabinieri per la tutela del patrimonio artistico, anche con l'ausilio di conferenze e convegni organizzati a scopo divulgativo e di sensibilizzazione ed ai quali partecipano i maggiori esperti nazionali e stranieri[142], diviene perciò un modo attraverso cui diffondere all'estero un'immagine più efficiente e responsabile del nostro Paese, impegnato in modo sempre più concreto nella lotta contro la criminalità internazionale.

1998: "*Le cabanon de Jourdan*" di Paul Cézanne ed "Il giardiniere" e "L'Arlesiana" di Vincent van Gogh.

[141] Il bollettino in esame è articolato in diverse sezioni che comprendono opere di pittura, scultura, archeologia, oggetti chiesastici ed ebanisteria.

[142] A tale riguardo, di particolare interesse si è rivelato il 4° convegno internazionale sul tema "Cooperazione internazionale per il contrasto alla circolazione illecita dei beni culturali", organizzato dal Ministero per i beni culturali ed ambientali unitamente al Comando Carabinieri per la tutela del patrimonio artistico e svoltosi a Roma dal 28 al 30 aprile 1988, che ha visto la partecipazione, tra gli altri, dell'OIPC-Interpol, rappresentata da esponenti del Segretariato generale e degli Uffici centrali nazionali di Germania e Regno Unito, oltre che dell'Unione europea, dell'Unidroit, e delle polizie belga, francese, irlandese, italiana, portoghese, spagnola, svizzera e tedesca.

Vincenzo Di Baldassarre[*]

LA DEFINIZIONE DELLO STATO D'ORIGINE NELLA PROBLEMATICA DELLA RESTITUZIONE DEI BENI CULTURALI

Sommario: 1. Cenni sull'evoluzione normativa. – 2. Provvedimenti conseguenti all'abolizione delle frontiere comunitarie. – 3. L'azione di restituzione. Presupposti e legittimazioni. – 4. Considerazioni conclusive.

1. Cenni sull'evoluzione normativa

L'esame della disciplina dei beni culturali, nel suo aspetto evolutivo, si mostra particolarmente significativo nell'analisi del "conflitto" tra le posizioni nazionaliste e le aspirazioni comunitarie che, con differenti intensità, da sempre ispirano le decisioni dei Governi e delle Istituzioni degli Stati membri.

I valori storici e culturali, infatti, caratterizzano ciascuno Stato che, a ragione e con orgoglio è quindi legittimato a far valere ed a rivendicare la paternità e l'unicità di determinati traguardi e di testimonianze raggiunti dal proprio popolo.

I campanilismi ed i nazionalismi velatamente affermati e sottesi in tanti comportamenti trovano, perciò, nella tutela normativa dei beni culturali la loro celebrazione[1].

[*] *Cultore di diritto delle Comunità europee, Facoltà di giurisprudenza, Università di Roma "Tor Vergata".*

[1] "La ragion d'essere di questa normativa è nel significato che la cultura presenta per ciascuna collettività nazionale, così come si manifesta attraverso i beni che ne sono espressione. Il livello di civiltà di una Nazione si commisura sulla base delle creazioni artistiche o comunque culturali, oltre che della sua storia; per cui i beni, che sono le entità materiali attraverso le quali questi pregi culturali si esprimono, devono essere conservati, come complesso di oggetti dotati di tali valori" (Catelani-De Marco-Gasparini-Casari-Papa-Tivelli, *La circolazione dei beni culturali, Commento alla Legge 30 marzo 1998, n. 88*, Milano, 1998, p. 20).

Lo stesso Trattato di Roma sancisce la peculiarità di tali beni, prevedendo, all'articolo 36, una specifica eccezione ai divieti ed alle restrizioni all'importazione, all'esportazione ed al transito per motivi "di protezione del patrimonio artistico, storico o archeologico nazionale", con l'unico limite della dissimulazione di una restrizione o discriminazione arbitraria. In sostanza la peculiarità di tali beni fa sorgere, in contrapposizione al principio di libera circolazione, un concetto di legame tra lo Stato membro ed il bene culturale, concetto definito da alcuni autori "principio di staticità"[2].

È fuor di dubbio che, al di là degli altri valori unitari espressi dal Trattato, è la preminenza degli interessi economici a stimolare l'alleanza tra i partners europei, con una particolare attenzione volta ai mercati che la Comunità economica europea apre [3].

La nuova nozione di "Unione europea", sembra, invece, spostare l'interesse dal sistema economico ad un concetto di coesione ed ancor oltre di fusione tra popoli.

Nessuna materia si presta più della cultura storica tipica di ciascun Paese membro a stimolare il tentativo di evoluzione perseguito dagli accordi di Maastricht, inteso a raggiungere quell'idea di "cultura europea" unica ed al contempo composita di diverse, distinte ed a volte discordanti, tradizioni [4].

[2] "Nei rapporti fra Stati, così come all'interno di ciascuno Stato, il vincolo che concerne i beni culturali si ispira a quello che potremmo chiamare il principio di staticità in contrapposizione a quello di libera circolazione, che caratterizza i beni aventi soltanto un valore economico" (CATELANI-DE MARCO-GASPARINI-CASARI-PAPA-TIVELLI, *op. cit.*, p. 23).

[3] La stessa Corte di giustizia, inizialmente, aveva riduttivamente considerato i beni culturali esclusivamente per la loro rilevanza economica nella causa 7/68, in *Foro Italiano*, 1969, V, c. 89.

[4] Sul punto v. CHITI, *Beni culturali e Comunità europea*, Milano 1994, p. 145 ss.: "Sul piano comunitario, nuove competenze della Comunità, alcune in forma esplicita tramite la integrazione del Trattato, altre in forma indiretta con la tecnica prevista dall'art. 235 del Trattato o con quella dei poteri impliciti, hanno superato ad ogni effetto il carattere esclusivamente economico della Comunità e previsto le prime competenze nei settori della ricerca, della cultura e del patrimonio culturale europeo. Di particolare rilievo è risultata l'azione del Parlamento europeo, a partire dalle Risoluzioni del 13 maggio 1974 e dell'8 marzo 1976 sulla salvaguardia del patrimonio culturale europeo e l'azione comunitaria nel settore culturale. Con il recente Trattato di Maastricht, infine, la cultura diviene una delle competenze della Comunità, ormai avviata verso la dimensione giuridica tipica degli ordinamenti e fini generali. Il nuovo titolo IX, art. 128 e ss., è ispirato al principio della competenza concorrente di Comunità e Stati nella materia governata dal principio della sussidiarietà, secondo cui gli obiettivi

Esaminando l'evoluzione normativa del nostro paese in materia di beni culturali, sino alla recente adozione della Legge 30 marzo 1998, n. 88, è possibile cogliere il mutamento del contesto sociale e la conseguente modifica delle problematiche che investono l'odierno Legislatore, in stretta connessione con la creazione dello spazio unico europeo, prima, e con l'Unione europea in avvenire.

La Legge 1° giugno 1939, n. 1089 si proponeva di tutelare e valorizzare il patrimonio culturale del Paese costruendo una conoscenza ed una consapevolezza sino ad allora privilegio di pochi.

I primi passi furono, nel tempo, l'istituzione delle "Soprintendenze"[5] e del "Ministero per i beni culturali e per l'ambiente"[6].

Le prime problematiche affrontate dal Legislatore si incentrarono nell'individuazione, il recupero, la conservazione e la tutela del patrimonio storico-culturale dello Stato. L'istituzione dello specifico Ministero segnò il raggiungimento, almeno formale, dello scopo.

Gli strumenti utilizzati furono di varia natura, ma tutti di spiccato carattere vincolistico e sanzionatorio. Ogni aspetto, dalla scoperta, alla conservazione, alla valorizzazione, alla circolazione dei beni culturali fu ricondotto, in un modo o nell'altro, direttamente od indirettamente allo Stato. Di qui le norme sulla "catalogazione"[7] sulle scoperte, i ritro-

dell'azione prevista non possono essere sufficientemente realizzati dagli Stati membri e possono invece essere meglio realizzati a livello comunitario. Nel caso, l'azione della Comunità è intesa, da un lato, ad incoraggiare la cooperazione tra gli Stati membri e, se necessario, ad appoggiare ed integrare l'azione di questi ultimi in vari campi, tra cui «la conservazione e la salvaguardia del patrimonio culturale di importanza europea»; dall'altro, al pieno sviluppo delle culture degli Stati membri nel rispetto delle diversità regionali, evidenziando nel contempo il «retaggio culturale comune».

[5] Legge 7 dicembre 1961, n. 1264 – "Riordinamento dell'amministrazione centrale e di uffici dipendenti dal Ministero della pubblica istruzione e revisione dei ruoli organici. Art. 13 – (Soprintendenze ed istituti di antichità e belle arti) – Organi periferici del Ministero della pubblica istituzione, per i compiti concernenti gli interessi archeologici, artistici, monumentali, storici e panoramici, sono le Soprintendenze alle antichità e belle arti, il cui numero complessivo è fissato in 66".

[6] D. L. 14 dicembre 1974, n. 657 – Istituzione del Ministero per i beni culturali e per l'ambiente – convertito con modificazioni nella Legge 29 gennaio 1975, n. 5.

[7] R.D. 28 luglio 1911, n. 916 – Norme per la compilazione dell'elenco indicativo degli oggetti d'arte mobili del Regno; R.D. 14 giugno 1923, n. 1889 – Norme per la compilazione del catalogo dei monumenti e delle opere d'interesse storico, archeologico ed artistico.

vamenti ed il restauro[8], sull'obbligo di denuncia, la prelazione e l'espropriazione e sulla demanialità[9].

Il Trattato di Roma ed in seguito la Convenzione dell'UNESCO adottata a Parigi il 14 novembre 1979, ratificata con Legge 30 ottobre 1975, n. 873 segnarono la seconda fase dell'evoluzione normativa sui beni culturali che si protrarrà sino all'entrata in vigore dell'Atto unico europeo.

La necessità più sentita diventò quella di tutelare e di mantenere entro i confini il patrimonio nazionale, proteggendolo particolarmente dalle illecite esportazioni. Il fattore "rischio" permea la normativa del periodo e le stesse procedure di catalogazione si trasformano da strutture informative a strumenti di controllo costante e periodico sulla consistenza del patrimonio culturale nazionale[10].

La Convenzione UNESCO costituì il primo vero tentativo di affrontare il problema dell'affermazione sovranazionale del diritto dello Stato alla tutela del proprio patrimonio culturale[11].

Le enunciazioni di principio degli Stati aderenti alla Convenzione volte ad esortare ad una stretta collaborazione fra gli stessi al fine di assicurare la protezione dei beni culturali di ciascuno Stato contro l'importazione, l'esportazione e la trasmissione di proprietà illecite, trovarono un primo concreto riscontro.

[8] R.D. 30 gennaio 1913, n. 363 – Regolamento di esecuzione delle Leggi 20 giugno 1909, n. 364 e 23 giugno 1912, n. 688 per l'antichità e le belle arti (tale regolamento è tutt'oggi vigente).

[9] Legge 1° giugno 1939, n. 1089 – Tutela delle cose d'interesse artistico e storico – sezione II – art. 30 ss. In giurisprudenza v. Consiglio di Stato, VI, 3 aprile 1992, n. 266, in *Consiglio di Stato*, 1992, I, p. 585; Consiglio di Stato, IV, 10 giugno 1987, n. 400, in *Consiglio di Stato*, 1987, I, p. 919; Consiglio di Stato, VI, 31 gennaio 1984, n. 26, in *Consiglio di Stato*, 1984, I, 83; Cassazione, 25 ottobre 1957, n. 4118, in *Giustizia civile*, 1957, I, p. 1108; Consiglio di Stato, IV, 27 aprile 1984, n. 289, in *Consiglio di Stato*, 1984, I, p. 390.

[10] Legge 19 aprile 1990, n. 84 – Piano organico di inventariazione, catalogazione ed elaborazione della carta del rischio dei beni culturali, anche in relazione all'entrata in vigore dell'Atto unico europeo: primi interventi; D.M. 9 luglio 1990 – Programma di interventi nell'ambito delle attività e dei compiti istituzionali di catalogazione, inventariazione, prevenzione e salvaguardia di beni culturali e ambientali, elaborazione di una carta consuntiva aggiornabile della situazione di rischio con la relativa banca dati e potenziamento delle attività di ricerca e formazione.

[11] Già in tale Convenzione, seppur con i limiti insiti in tutti i protocolli di collaborazione internazionale, si prevedevano principi comuni volti a tutelare i beni culturali dal traffico illecito, sia mediante azioni repressive che di prevenzione.

In concreto furono previsti l'istituzione di un certificato accompagnatorio dei beni culturali regolarmente esportati ed un controllo sui grandi compratori (musei ed istituzioni similari).

Accanto a tali accorgimenti burocratici, fu normalmente riconosciuto l'impegno di ciascun Stato aderente ad impedire, nell'ambito della legislazione vigente in ciascun Paese, l'alienazione, l'esportazione e l'importazione illecite dei beni culturali, attraverso una stretta collaborazione dei competenti settori statali, consentendo ai legittimi proprietari ogni diritto di rivendicazione, oltre il riconoscimento a ciascuno Stato della facoltà di dichiarare inalienabili determinati beni consentendone il recupero, se oggetto di illegittimi trasferimenti[12].

2. Provvedimenti conseguenti all'abolizione delle frontiere comunitarie

Il Trattato di Maastricht costituisce, anche nell'ambito della tutela dei beni culturali, un momento fondamentale: la cultura entra finalmente nelle competenze operative della Comunità[13].

I problemi più volte sottolineati dalle Istituzioni comunitarie inerenti la catalogazione, la circolazione e la tutela dei beni culturali[14],

[12] Legge 30 ottobre 1975, n. 873 – Ratifica ed esecuzione della Convenzione concernente le misure da adottare per interdire e impedire la illecita importazione, esportazione e trasferimento di proprietà dei beni culturali, adottata a Parigi il 14 novembre 1970. Traduzione non ufficiale. Art. 13: "Gli Stati parti della presente convenzione s'impegnano inoltre, nel quadro della legislazione di ciascuno Stato: a) a impedire con tutti i mezzi adeguati, i trasferimenti di proprietà di beni culturali diretti a favorire l'importazione o l'esportazione illecite di tali beni; b) a fare in modo che i propri servizi competenti collaborino al fine di facilitare la restituzione, a chi di diritto, nello spazio di tempo più rapido, dei beni culturali esportati illecitamente; c) a consentire un'azione di rivendicazione dei beni culturali perduti o rubati esercitata dal proprietario legittimo o in suo nome; d) a riconoscere, inoltre, il diritto imprescindibile di ciascuno Stato parte della presente Convenzione, di classificare e dichiarare inalienabili alcuni beni culturali che per questo motivo non debbono essere esportati e, facilitare il recupero di tali beni da parte dello Stato interessato nel caso in cui essi siano stati esportati".

[13] Vedi sul punto CHITI, *Beni culturali e Comunità europea*, in *Quaderni della Rivista Italiana di diritto pubblico comunitario*, 1994, p. 141 ss. L'Autore riporta, fra gli altri, i seguenti puntuali riferimenti bibliografici: LOMAN-MORTELMANS-POST-WATSON (eds.), *Culture and Community Law. Before and After Maastricht*, Deventer-Boston, 1992; CASSESE-CLAPHAN-WEILER, *Human Rights and the European Community*, Baden-Baden, 1991, p. 138; BEKEMANS, *European Integration and Cultural Policies*, in *European Union Integration. Working Paper*, 1, 1990; LECRENIER, *La libre circulation des oevres d'art dans la Communauté européenne*, in *ISWA*, II, 1990, p. 89.

iniziano, attraverso il principio di sussidiarietà, a trovare concrete soluzioni.

Tali iniziative costituiscono quella che potremmo definire la terza fase, quella attuativa, della problematica dei beni culturali, i cui pilastri sono costituiti dal Regolamento CEE n. 3911/92 del Consiglio del 9 dicembre 1992, relativo all'esportazione di beni culturali e dalla Direttiva n. 93/7/CEE del Consiglio del 15 marzo 1993, avente ad oggetto la restituzione dei beni culturali usciti illecitamente dal territorio di uno Stato membro.

Il periodo di adozione dei provvedimenti non fu casuale, ma fu dettato dall'esigenza di tutelare i patrimoni dei Paesi del sud europeo dai rischi conseguenti all'abolizione delle frontiere interne decorrente dal 1° gennaio 1993[15].

La risposta della Commissione ai paventati timori fu tanto tempestiva, quanto innovativa.

Essenzialmente la nuova regolamentazione assume caratteristiche di natura prevalentemente pubblicistica, sia riconoscendo l'esclusiva competenza nazionale sulla qualificazione del bene assoggettato alla disciplina, sia escludendo, o forse eludendo, qualsiasi rilevanza alla titolarità del bene, attraverso il riconoscimento del rapporto diretto che lega in primo luogo il bene con lo Stato. L'interesse tutelato è di natura pubblica e ciò giustifica il sacrificio del diritto del privato in favore

[14] Varie erano state le richieste politiche ed istituzionali subito dopo la Convenzione dell'UNESCO del 1970: "Risoluzione sulla proposta di risoluzione presentata, a nome del gruppo liberale e misto, sulla difesa del patrimonio culturale dell'Europa", in *GUCE* C 62 del 30 maggio 1974; "Raccomandazione della Commissione del 20 dicembre 1974 agli Stati membri, relativa alla protezione del patrimonio architettonico e naturale", in *GUCE* C 21 del 28 gennaio 1975; "Risoluzione dei ministri responsabili degli affari culturali, riuniti in sede di Consiglio del 13 novembre 1986 sulla conservazione degli oggetti e delle opere d'arte, in *GUCE* C 320 del 13 dicembre 1976.

[15] Plaude gli effetti della caduta delle frontiere LEMME, *La circolazione dei beni culturali nella prospettiva del 1993*, in *Cassazione penale*, 1990, p. 989 ss. il quale ritiene che "l'art. 36 del Trattato di Roma non solo non costituisce un attentato al nostro patrimonio nazionale, ma rappresenta un salutare intervento correttivo, che può solo giovare alla concreta efficacia della tutela " ed ancora "Quanto meno a partire dal 1° gennaio 1993, la circolazione dei beni dall'Italia verso il resto dell'Europa va modificata, evitandosi l'attuale politica di indiscriminata proibizione. L'amministrazione dei beni culturali deve, in proposito, attuare i dovuti interventi correttivi e, tempestivamente, richiamandosi anche all'art. 30 dell'Atto unico (con il quale si definiscono le linee di una politica esterna unitaria della Comunità), promuovere una normativa coordinata in materia di tutela di un patrimonio che è sempre meno «italiano» e sempre più «europeo»".

dello Stato, all'esplicito scopo di consentire la conservazione del patrimonio culturale nazionale. In realtà, con le peculiarità del caso, l'azione può essere inquadrata in una sorta di espropriazione, in sostanziale deroga al principio costituzionale inviolabile della proprietà[16].

In tale contesto normativo deve essere analizzato il diritto alla restituzione, muovendo dalla fase più prettamente amministrativa, inerente la licenza di esportazione, e ponendo attenzione, per quanto concerne il nostro diritto nazionale alla Legge 30 marzo 1998, n. 88, che costituisce la normativa di collegamento con l'ordinamento comunitario.

Il Regolamento sostanzialmente non si sovrappone alle normative degli Stati membri[17], ma, armonizzandosi con esse, attuando l'articolo 36 del Trattato, colma il deficit operativo ed esecutivo di quest'ultimo nel controllo della circolazione delle opere d'arte nel mercato europeo, conseguente alla realizzazione del mercato unico del 1° gennaio 1993.

In conseguenza, lo Stato membro conserva il proprio diritto a controllare la circolazione oltre i confini nazionali di determinati beni, che ritiene particolarmente significativi e rappresentativi del proprio patrimonio culturale attraverso la propria legislazione nazionale, che ben potrà essere maggiormente restrittiva del Regolamento, in esecuzione della specifica deroga consentita dall'articolo 36 del Trattato.

[16] Tale problematica meriterebbe uno specifico approfondimento, ma schematicamente è stato affermato che "Le modalità secondo le quali l'azione può essere esercitata fanno sì che venga derogato alle norme del Codice civile sulla proprietà, attraverso una normativa pubblicistica la quale configura un caso anomalo di espropriazione, garantito dalla Costituzione per ciò che concerne l'indennizzo. Tutto questo che la normativa comunitaria sancisce è coerente con i precetti costituzionali del nostro ordinamento sulla proprietà, in riferimento alla salvaguardia dei diritti del proprietario attraverso l'indennizzo" (CATELANI-DE MARCO-GASPARINI-CASARI-PAPA-TIVELLI, *op. cit.*, p. 28).

[17] Per l'Italia si ricorda la Legge 1° giugno 1939, n. 1089 che nei primi due articoli definisce il proprio campo di applicazione: "1 – Sono soggette alla presente Legge le cose, immobili e mobili, che presentano interesse artistico, storico, archeologico o etnografico, compresi: a) le cose che interessano la paleontologia, la preistoria e le primitive civiltà; b) le cose di interesse numismatico; c) i manoscritti, gli autografi, i carteggi, i documenti notevoli, gli incunaboli, nonché i libri, le stampe e le incisioni aventi carattere di rarità e pregio. Vi sono pure compresi le ville, i parchi e i giardini che abbiano interesse artistico o storico. Non sono soggette alla disciplina della presente Legge le opere di autori viventi o la cui esecuzione non risalga ad oltre cinquanta anni". Il secondo articolo pone l'attenzione sugli immobili oggetto di notificazione in forma amministrativa, da trascriversi presso le competenti Conservatorie dei RR.II.

A tutela di tale diritto la Comunità fornisce lo strumento attuativo di controllo, sia attraverso il Regolamento che la Direttiva, in occasione del passaggio delle frontiere[18].

Il sistema previsto dal Regolamento trova nella sua semplicità la propria efficienza e prevede la verifica, da parte delle autorità doganali degli Stati membri, della licenza di esportazione rilasciata dall'autorità competente dello Stato membro. Lo Stato competente all'emanazione del provvedimento è quello sul cui territorio il bene si trovi, lecitamente e definitivamente, alla data del 1° gennaio 1993[19].

Due sono quindi i requisiti oggettivi da cui deriva la "titolarità" del potere di certificazione: a) la liceità della presenza del bene nel territorio dello Stato, con conseguente esclusione di ogni possibile catalogazione di opere illecitamente importate prima dell'entrata in vigore del mercato unico; b) la definitività della presenza sul territorio.

Tale ultimo aspetto merita un approfondimento. Il concetto di definitività, connesso con la liceità della presenza del bene nello Stato, sembra porre l'accento sulla necessaria inesistenza, presente o futura, di azioni di rivendicazione da parte di altri Stati membri o terzi, o, ancora, da parte di soggetti che possano comunque vantare diritti sul bene. In sostanza il Legislatore ha voluto evitare un astratto consolidamento di posizioni soggettive dei singoli Stati derivante dalla sola presenza del bene, non dichiarata illecita, con riferimento alla data del 1° gennaio 1993, dilatando nel tempo la verifica, attraverso il concetto di

[18] V. sul punto ALIBRANDI-FERRI, *I beni culturali e ambientali*, Milano, 1995, p. 516 ss. Gli Autori riconoscendo all'art. 36 del Trattato una funzione di salvaguardia dei singoli patrimoni nazionali, affermano che "si trattava di ottenere puramente e semplicemente il rispetto di una norma comunitaria quale è appunto l'art. 36. Principio codesto che in teoria nessuno contestava ma che, in pratica, correva il rischio di essere eluso per la mancanza di strumenti adeguati, in questa specifica ottica, e come tentativo di risposta comunitaria ai problemi della circolazione delle opere d'arte nel mercato europeo, debbono essere considerati il regolamento e la direttiva recentemente adottati dal Consiglio delle Comunità europee. I due testi perseguono il dichiarato scopo di introdurre degli strumenti comunitari volti a compensare gli effetti dell'apertura delle frontiere".

[19] In realtà la norma è più precisa e dettagliata e spinge la propria attenzione anche ai casi di importazione del bene da altri Paesi membri e/o terzi, all'uopo definendo specifici limiti. L'art. 14 della Direttiva, invero, consentiva un'anticipazione degli effetti della norma, lasciando libera iniziativa in tal senso agli Stati membri. Il Legislatore italiano, però, non ha ritenuto opportuno discostarsi dal termine minimo imposto dalla Comunità.

definitività, proprio in funzione della specifica azione di restituzione, prevista dalla Direttiva n. 93/7[20].

L'Autorità competente[21] ai sensi della norma in questione rilascerà, dopo aver verificato la sussistenza dei requisiti di legge, la licenza di esportazione che consente al bene la circolazione anche oltre i confini comunitari[22].

Lo spirito di collaborazione tra gli Stati membri deve fungere da garanzia del rispetto del Regolamento, in uno al mutuo riconoscimento delle specifiche autorizzazioni amministrative.

Se la lettura dell'articolo 2 del Regolamento ora esposta è corretta, sembrerebbe sussistere un contrasto tra la previsione della norma comunitaria ed il dettato dell'articolo 2 della Legge 30 marzo 1998, n. 88 che, al primo comma, individua nei "beni culturali usciti illecitamente dal territorio di uno Stato membro dell'Unione europea dopo il 31 dicembre 1992" quelli che possono essere oggetto dell'azione di restituzioni. Tale è la rigidità della norma nazionale che alcuni commentatori hanno ritenuto trattarsi "di un obbligo che incombe solo per il futuro, e che non riguarda il passato. L'innovazione introdotta si traduce anche nel mantenimento, e quindi nella legittimazione, dello «status quo». Tutto ciò che è accaduto prima della data indicata non può essere oggetto di modificazione. Il patrimonio culturale dei singoli Stati, che si intende salvaguardare, è soltanto quello che sussiste alla data indicata. Tutti gli avvenimenti che in precedenza ne hanno modificato la consistenza sono estranei a tale disciplina"[23].

Non vuole essere oggetto del presente lavoro l'esame e la critica della normativa italiana di adeguamento alle recenti norme comunitarie, ma è evidente che il Legislatore, nell'individuare i presupposti dell'azione di restituzione ha omesso ogni riferimento alla definitività della presenza di un bene nel territorio dello Stato, specificamente

[20] È perciò possibile sostenere che, ferme restando le disposizioni costituzionali di alcuni Stati, come la Grecia, che prevedono l'imprescrittibilità dell'azione di restituzione, la definitività della presenza di un bene sul territorio di uno Stato, potrà essere raggiunta incontestabilmente solo dopo che sia trascorso un trentennio dal 1° gennaio 1993.

[21] Ai sensi dell'art. 3 della Legge 30 marzo 1998, n. 88, per lo Stato italiano l'autorità centrale prevista dall'art. 3 della Direttiva CEE è il Ministero dei beni culturali ed ambientali.

[22] È in ogni caso prevista la verifica da parte dell'autorità doganale, se lo Stato attraverso il quale il bene viene esportato, se diverso da quello di provenienza.

[23] V. CATELANI-DE MARCO-GASPARINI-CASARI-PAPA-TIVELLI, *op. cit.*, p. 19.

prevista dall'articolo 2, capoverso 2 del Regolamento n. 3911/92, norma, peraltro, immediatamente applicabile[24].

Così delimitato il criterio di lecita circolazione dei beni culturali, resta da esaminare come la Comunità abbia disciplinato l'azione di restituzione dei beni culturali usciti illecitamente da uno Stato membro.

3. L'azione di restituzione. Presupposti e legittimazioni

La Direttiva n. 93/7 individua i mezzi e le procedure atte all'invocata tutela[25].

Il primo aspetto innovativo che risulta evidente consiste nel riconoscimento della legittimazione attiva per l'azione di restituzione, prescindendo dall'esame del rapporto giuridico esistente col bene stesso[26].

Sul piano sostanziale si individua un diritto dello Stato a mantenere sul proprio territorio nazionale determinati beni, che prescinde dal rapporto diretto con il bene.

[24] Affrontare le problematiche conseguenti a tali riflessioni fuorvierebbe dalle finalità del presente contributo, ma certamente, in un prossimo futuro, non mancherà occasione di affrontare approfonditamente la questione, nella considerazione che frequenti sono i casi di contestazione sulla titolarità dei beni, aventi le loro radici in epoca antecedente il 1° gennaio 1993.

[25] In vero sorprende il dettaglio e la puntualità delle definizioni offerte dalla norma, tese evidentemente all'uniformazione dei criteri da seguire nei differenti ordinamenti degli Stati membri, al fine di ottenere il più omogeneo risultato. Descrive quindi la Direttiva: a) «il bene culturale», quale ricompreso tra quelli del patrimonio nazionale, in applicazione della legislazione nazionale, delle procedure amministrative nazionali, nel rispetto del disposto di cui all'art. 36 del Trattato, purché ricompreso nelle categorie elencate nell'allegato alla Direttiva stessa, o facente parte di collezioni pubbliche, così come risultanti da specifici inventari; b) «bene uscito illecitamente dal territorio di uno Stato membro», con espresso riferimento alla violazione delle leggi nazionali di tutela del patrimonio artistico e del Regolamento n. 3911/92, o degli accordi di esportazione temporanea; c) «Stato membro richiedente» quello che ha subito l'illecita uscita del bene; d) «Stato membro richiesto», quello sul cui territorio si ritiene si trovi il bene; e) «restituzione», cioè rientro nello Stato richiedente; f) «possessore», il detentore materiale del bene, per conto proprio; g) «detentore», colui che dispone materialmente del bene, ma per conto altrui.

[26] V. CHITI, *op. cit.*, p. 153 ss.: "Con l'azione di restituzione si offre la possibilità allo Stato membro (unicamente ad esso) di proporre contro il possessore o detentore una specifica azione di restituzione del bene culturale uscito illecitamente dal suo territorio, davanti al giudice competente dello Stato ove si trovi il bene in questione. Si tratta della prima azione giurisdizionale genuinamente comunitaria, nel senso che la direttiva ne disciplina tutti i profili più rilevanti, pur lasciando agli Stati membri gli inevitabili raccordi con i propri sistemi processuali".

Si tratta di un diritto che non si sovrappone a quelli legittimamente esercitabili dal proprietario o dal detentore, ma che a questi si aggiunge ed anzi si affianca, posto che solo in casi particolari le posizioni potrebbero essere contrastanti.

L'inesistenza di una norma sostanziale che qualifichi la portata dei diritti dello Stato, se da un lato non semplifica l'individuazione dei limiti e delle potenzialità, dall'altro non costituisce un ostacolo al concreto riconoscimento di una posizione soggettiva attraverso la verifica dell'esistenza della corrispondente norma di natura processuale[27].

È, d'altronde, attuale il ricorso a posizioni di interessi diffusi o collettivi, pienamente tutelati dal nostro ordinamento, che prescindono da un qualsiasi collegamento diretto con il bene da tutelare[28], e che consentono, ed anzi agevolano, un concreto e rapido adeguamento del diritto alle nuove realtà[29].

Le implicazioni conseguenti alla legittimazione dello Stato, comunque, propongono non pochi interrogativi.

La direttiva individua lo «Stato membro richiedente» in funzione della illecita uscita del bene.

La definizione non è delle più felici, posto che l'elemento determinante della titolarità dell'azione viene spostato dalla legittimità della presenza del bene nello Stato, alla illiceità dell'uscita del bene stesso. Si pensi alla confusione che potrebbe sorgere nel caso in cui un bene, presente in uno Stato membro in virtù di un'autorizzazione temporanea all'esportazione di un altro Stato membro, dovesse illecitamente uscire dal Paese ospitante. Dal disposto della direttiva potrebbe derivare una legittimazione per ambedue gli Stati membri: l'uno per viola-

[27] Non è ipotizzabile una legittimazione ad agire cui non corrisponda una situazione giuridicamente rilevante e degna di tutela, così come non è immaginabile scindere una posizione di «dovere» da una corrispondente ed antitetica posizione di «diritto».

[28] Alcuna rilevanza assume il rapporto tra titolare dell'azione e bene da tutelare, bene che a volte può anche risultare difficilmente definibile o solo vagamente identificabile. Tipiche sono le azioni promosse dalle associazioni in materia di tutela ambientale, di definizione urbanistica ecc.

[29] Sostiene CHITI (*op. cit.*), che "pare preferibile affermare che la Direttiva non costituisce alcun nuovo diritto sostanziale, ma prevede invece una nuova figura di legittimazione straordinaria. Come hanno indicato i processualisti, tale figura si ha nei casi – a rigorosa base legale, trattandosi di eccezioni al principio generale – nei quali un attore agisce al posto di colui che subirà gli effetti del provvedimento, ma in nome proprio per legittimazione conferitagli direttamente dalla legge per ragioni di pubblico interesse".

zione dei termini della spedizione temporanea, l'altro per violazione della legislazione interna[30].

Tralasciando tale estrema valutazione, sicuramente legittimato all'azione sarà lo Stato di legittima provenienza del bene e dal cui territorio il bene sia uscito illegittimamente.

È da escludere, in forma assoluta, una legittimazione del proprietario del bene che, se vorrà vedere affermato il proprio diritto, dovrà procedere con le rivendicazioni ordinarie, inseguendo il bene illecitamente sottratto. Tale azione, però, potrebbe interferire e, in certi casi, ostacolare l'azione dello Stato. Il Legislatore comunitario nulla ha previsto per tale evenienza, ma è da ritenere che l'azione dello Stato, essendo volta a tutelare interessi di natura pubblicistica, dovrebbe essere favorita e salvaguardata da ogni interferenza, anche nell'ulteriore considerazione che l'azione comunitaria sembrerebbe, almeno nella sua concezione, di ben più rapida ed immediata soluzione e non risulta affatto preclusiva di una qualsiasi seguente azione del proprietario fondata sul diritto interno.

Il secondo comma dell'articolo 1 condiziona l'esercizio dell'azione di restituzione all'intervenuta violazione delle norme nazionali, del Regolamento n. 3911/92 o dei termini dell'autorizzazione temporanea[31].

Il richiamo al Regolamento n. 3911/92, avente ad oggetto le modalità di esportazione al di fuori dei confini comunitari, pare, quantomeno, anomalo nella considerazione che l'azione di restituzione disciplina esclusivamente i rapporti fra gli Stati membri[32].

[30] Non offre chiarimenti di sorta l'art. 5 della Direttiva che condiziona l'ammissibilità dell'azione alla presentazione di un documento descrittivo del bene, qualificativo della natura culturale e ad una dichiarazione di illecita uscita del bene.

[31] Il Regolamento n. 752/93 della Commissione del 30 marzo 1993, recante "Disposizioni d'applicazione del Regolamento CEE n. 3911/92 del Consiglio relativo all'esportazione dei beni culturali", all'art. 9 prevede che l'autorizzazione di esportazione non può eccedere dodici mesi dalla data del rilascio, con facoltà per le autorità competenti di fissare un diverso termine per la reimportazione.

[32] V. Regolamento CEE n. 3911/92, art. 2, 1° c.: "L'esportazione di beni culturali, al di fuori del territorio della Comunità, è subordinata alla presentazione di una licenza di esportazione"; Direttiva CEE n. 93/7, art. 5, 1° c.: "Lo Stato membro richiedente può proporre contro il possessore e, in mancanza, contro il detentore, davanti al giudice competente dello Stato membro richiesto, l'azione di restituzione del bene culturale uscito illecitamente dal suo territorio".

La questione trova generica risposta nell'ultimo capoverso del secondo comma, dell'articolo 2 del citato Regolamento[33], che però sembrerebbe ridurne la portata al caso in cui l'autorità doganale di uno Stato membro individui nel proprio territorio un bene destinato all'esportazione verso Paesi terzi, con provenienza non autorizzata da altro Stato membro.

Il riferimento alle norme comunitarie e nazionali, invece, ha portata più rilevante e consente di individuare quale sia lo Stato di origine del bene culturale attraverso l'individuazione dello Stato e dell'Autorità competenti al rilascio della licenza di esportazione.

Si è visto in precedenza che l'articolo 2, secondo paragrafo, del Regolamento individua attraverso il termine temporale del 1° gennaio 1993 e la liceità e definitività della presenza del bene nel territorio, i presupposti per la titolarità dello Stato al rilascio dell'autorizzazione.

Trasponendo tale definizione nell'ambito dell'azione di restituzione, si può affermare che uno Stato membro potrà correttamente reclamare il bene a condizione che:

– con riferimento alla data del 1° gennaio 1993 la presenza del bene sul proprio territorio sia incontrastata ed incontestabile;

– dopo tale data, il bene si trovi sul territorio per una lecita e definitiva importazione da altro Stato membro o terzo, ed in tal caso, sempre che lo Stato terzo ne sia legittimo possessore.

La normativa, che come detto, è solo apparentemente condivisa anche dalla Legge n. 88/98, si manifesta alquanto singolare sia per i criteri seguiti, sia per la particolare commistione tra accertamenti di natura prettamente amministrativa e competenze specifiche dell'autorità giudiziaria.

L'accertamento dell'appartenenza di uno specifico bene al patrimonio di un determinato Stato membro, non è infatti rimessa all'istruttoria ed al giudizio di un'autorità giudiziaria, bensì è demandato esclusivamente alle valutazioni dell'Autorità centrale del Paese richiedente. È questa, infatti, che dovrà preventivamente al giudizio, svolgere un'attività istruttoria volta ad affermare la sussistenza di un proprio regime vincolistico su specifici beni rintracciati in altri Stati.

[33] "Se necessario, l'autorità di cui al primo comma, secondo trattino, prende contatto con le autorità competenti dello Stato membro da cui proviene il bene culturale, in particolare le autorità competenti ai sensi della Direttiva n. 93/7/CEE del Consiglio del 15 marzo 1993, relativa alla restituzione dei beni culturali usciti illecitamente dal territorio di uno Stato membro".

È auspicabile che l'azione amministrativa sia ispirata a quei principi di trasparenza e di collaborazione che permeano l'intera normativa posta a tutela della circolazione dei beni culturali. Ma ciò potrebbe non bastare[34].

Sarà compito dell'autorità amministrativa procedere nell'accertamento attraverso valutazioni non discrezionali, ma rigidamente tecniche. Deve, però, evidenziarsi che il campo operativo è quello dei beni culturali, in cui le valutazioni sono spesso di natura soggettiva, non essendo agevole schematizzare a *priori* il valore artistico di un'opera. In pratica, se per casi scolastici riferiti ai grandi artisti del passato indubbio sarà il valore culturale del bene, su quali incerte valutazioni si dovrà operare per quei lavori di artisti meno noti o contemporanei, la cui sottoposizione al regime vincolistico pare quantomeno opinabile.

Queste incertezze assumono ancor più rilievo allorché si pensi che la legittimazione all'azione e l'individuazione dello Stato d'origine, dipendono proprio da tali valutazioni, poiché, in sostanza, è lo stesso attore nel giudizio di restituzione (lo Stato richiedente) a qualificarsi legittimato attivo, sulla scorta di una certificazione da esso stesso predisposta.

Se a ciò si aggiunge che l'autorità giudiziaria adita presso lo Stato in cui il bene è detenuto non ha facoltà di entrare nell'istruttoria di base, ma può esclusivamente verificare la sussistenza degli elementi formali e procedere alla determinazione, dell'eventuale indennizzo, si comprende come l'intero procedimento rischia di configurarsi come un giudizio meramente formale, il cui esito è in realtà rimesso all'operato dell'attore ed alle "prove" da questo precostituite. In pratica è lo Stato-attore che si autolegittima all'azione ed è sempre questi che garantisce il proprio diritto sul bene[35].

[34] Potrebbe infatti accadere che due Stati membri, operando legittimamente secondo le proprie normative interne, siano ambedue in condizione di certificare la sussistenza dei requisiti per l'esperibilità della propria azione di restituzione.

[35] Non suscita perplessità tale impostazione a CATELANI-DE MARCO-GASPARINI-CASARI-PAPA-TIVELLI, *op. cit.*, p. 30, che esprimono le seguenti considerazioni: "L'accertamento può dunque essere compiuto occasionalmente ai fini della restituzione, quando il bene non risulti sottoposto ad alcun vincolo giuridico; oppure l'autorità amministrativa in tale occasione può limitarsi a verificare la presenza di un regime giuridico vincolistico, che presuppone già compiuta antecedentemente tale verifica. Nell'un caso e nell'altro, il bene risulta di interesse culturale non per effetto di decisioni discrezionali dell'autorità amministrativa, bensì per sue caratteristiche intrinseche che l'autorità amministrativa si deve limitare ad accertare. Si tratta di un atto ricognitivo e non costitutivo, che in quanto tale si limita a verificare la presenza di pregi culturali insiti nell'oggetto. Non è dunque che l'atto di accertamento non sia discrezionale, è che

Il giudice nazionale adito per la restituzione non avrà, perciò, margini discrezionali dovendo operare una semplice verifica di carattere oggettivo sulla qualificazione del bene ad opera della normativa interna dello Stato e sulla titolarità dell'azione attraverso le disposizioni comunitarie.

Accertata la sussistenza di tali requisiti, l'autorità giudicante procederà secondo il disposto della direttiva, alla verifica della non intervenuta prescrizione dell'azione[36], esplicitamente prevista dalla direttiva ed all'esame della posizione del legittimato passivamente all'azione.

Così delineati i criteri operativi della disciplina comunitaria, attraverso la normativa interna, sarà possibile individuare le competenze, le modalità, le condizioni ed i termini per il rilascio della licenza all'esportazione e, soprattutto, i divieti[37].

Meno problematica si presenta la normativa comunitaria nell'individuazione dei soggetti legittimati passivi: il detentore ed il possessore.

Tale distinzione non riveste importanza ai fini dell'esercizio dell'azione, posto che sarà proposta nei confronti di chi materialmente avrà nella propria sfera di disponibilità il bene reclamato. L'unico aspetto di rilievo investe il diritto ad un indennizzo, riconosciuto al possessore che sia in grado di dimostrare la diligenza richiesta nell'acquisizione del bene[38].

tale discrezionalità ha carattere tecnico, e quindi si limita – o dovrebbe limitarsi – a rilevare la presenza di pregi culturali, quale dato oggettivo ed estraneo alle scelte di chi compie gli accertamenti".

[36] Circa la prescrizione, la direttiva prevede un primo termine annuale, decorrente dalla conoscenza del luogo in cui si trova il bene culturale; un secondo trentennale decorrente dalla data di illecita uscita dal territorio dello Stato, estensibile sino a 75 anni per i beni facenti parte delle collezioni pubbliche e dei beni ecclesiastici, salva l'imprescrittibilità dell'azione per i paesi che espressamente la prevedano (ad esempio la Grecia). Non specifica la Direttiva se la prescrizione operi d'ufficio o ad eccezione di parte, ed i conseguenti oneri probatori. Oltre ciò, tenuto conto delle difficoltà inerenti sia la prova sulla conoscenza, sia quella sulla fuoriuscita del bene, presumibilmente clandestina, non sembra un termine suscettibile di agevole verifica.

[37] Si confronti sul punto la normativa italiana e, segnatamente, il capo IV, sez. I, della Legge 1° giugno 1939, n. 1089, in materia di esportazione. V. sul punto ALIBRANDI-FERRI, *op. cit.*, p. 522, i quali correttamente affermano che la disposizione o l'atto di diritto interno decidono della qualità del bene culturale, come bene protetto ed ammissibile all'azione di restituzione.

[38] L'onere della prova dell'uso della «richiesta diligenza» grava sul possessore ed è una prova non assimilabile alla buona fede del possesso prevista dal nostro art. 1153 del Codice civile, ai fini dell'acquisizione della proprietà di cose mobili. Oltre che per il difetto di presunzione, le due figure differiscono richiedendo la norma comunitaria che

Adempiute le prescritte verifiche e soddisfatto l'eventuale indennizzo, il giudice adito ordinerà la restituzione che, è bene sottolinearlo, consiste nel materiale ritorno del bene nello Stato membro d'origine, prescindendo dalla titolarità pubblica o privata del bene stesso.

Ogni contrasto inerente la proprietà è infatti rimesso al giudice nazionale, che opererà secondo le norme di diritto interno, sulle quali la legislazione comunitaria non ha voluto assolutamente interferire. Scelta, questa, che ribadisce la natura pubblicistica della tutela accordata in sede comunitaria alla circolazione dei beni culturali, volta ad assecondare l'interesse dello Stato membro, consistente nel controllo e nel regime di circolazione di determinati beni. Tutelata tale necessità, riemerge la sovranità dello Stato richiedente che deciderà su eventuali reclamati diritti.

4. Considerazioni conclusive

Un ultimo approfondimento ha ad oggetto il silenzio della direttiva sull'individuazione del giudice nazionale competente per il giudizio di restituzione, problema che riguarda in primo luogo l'Italia, per la peculiare distinzione tra giurisdizione ordinaria ed amministrativa.

Il silenzio della direttiva è dettato dalla sostanziale indifferenza che riveste, nel sistema comunitario, ed in gran parte degli ordinamenti nazionali, tale differenziazione ed ancor più quella tra diritto soggettivo ed interesse legittimo.

I nostri giuristi, ovviamente hanno espresso opinioni discordanti esprimendo preferenze, con giustificate motivazioni, ora in favore della giustizia amministrativa, ora in favore di quella ordinaria[39]. La Legge

al momento dell'acquisizione, con riferimento al caso concreto, il possessore abbia verificato la possibile provenienza illecita del bene, che, proprio perché culturale, è solitamente accompagnato da specifica documentazione d'origine.

[39] V. sul punto CHITI, *op. cit.*, p. 159: "In questo senso avevo da tempo proposto, non trovando per altro molto seguito, che fosse preferibile la scelta del giudice amministrativo, rispetto a quella più ovvia del giudice ordinario. In effetti, secondo la Direttiva in esame il giudice competente deve solo limitarsi ad accertare che si tratti di uno dei beni tutelati dalla Direttiva e che tale bene sia uscito illecitamente dal territorio dello Stato richiedente. Nel far ciò, il giudice non esprime alcuna valutazione discrezionale, ma è vincolato dalla verifica della certificazione prodotta dallo Stato richiedente, non a caso prevista come condizione di ammissibilità dell'atto introduttivo. Tale certificazione consta di un documento che descrive il bene e dichiara che si tratta di un

30 marzo 1998, n. 88, ha previsto la competenza del giudice ordinario, radicando la competenza del tribunale del luogo in cui il bene è stato individuato.

Tale scelta ha consentito di affermare l'atipicità della procedura prevista dalla legge sull'azione di restituzione in quanto, pur contemplando una procedura sostanzialmente espropriativa, è devoluta al controllo dell'autorità giudiziaria ordinaria.

In realtà il problema va risolto solo dopo un attento esame della concreta attività posta in essere dal giudice. Si è affermato che questi sostanzialmente effettuerà una mera indagine ricognitiva sulla sussistenza degli atti formali, forniti dallo Stato richiedente, con esclusione di qualsiasi valutazione di merito, limitandosi, nel caso ne sussistano i presupposti, a determinare un equo indennizzo.

Se questa è l'attività cui è chiamato il giudice dell'azione, la competenza del giudice ordinario è una naturale conseguenza proprio della determinazione dell'indennità "di esproprio". Diversamente ritenendo, infatti, la funzione del giudice amministrativo risulterebbe radicalmente stravolta dal divieto, sancito dalla norma comunitaria e da quella nazionale, di entrare nel merito della legittimità degli atti amministrativi posti a fondamento dell'azione di restituzione.

A modesto avviso di chi scrive, la soluzione prescelta dal Legislatore italiano sembra, senza dubbio, la più adeguata, proprio per la peculiarità dell'azione comunitaria, sicuramente differente dal nostro giudizio amministrativo, che volge all'esame dei provvedimenti della P.A., e che si definisce con una decisione, sostanzialmente volta a decretare la legittimità o l'annullamento dell'atto dell'Amministrazione.

L'azione di restituzione, pur nell'immediatezza del testo della Direttiva, offre il fianco ai consueti problemi attuativi e di collegamento col diritto interno. Al fine di superare ogni difficoltà, è la stessa norma comunitaria ad indicare gli spunti, le riflessioni ed i mezzi per rendere concreta ed immediata la tutela della circolazione dei beni culturali, rilevando l'esigenza di collaborazione tra le diverse autorità degli Stati membri e chiedendo alle Amministrazioni l'adozione di provvedimenti trasparenti, corretti e, soprattutto, legittimi, idonei assicurare la dovuta tutela attraverso le attività ispettive, di controllo, di polizia, di prevenzione, di conservazione, giudiziarie, di esecuzione, ecc.

bene culturale, e di una dichiarazione delle autorità competenti secondo il quale il bene è uscito illecitamente dal territorio medesimo".

FEDERICA MUCCI*

I BENI CULTURALI MOBILI NEL TRATTATO DELLA COMUNITÀ EUROPEA

1. Premessa

In generale, la qualificazione "culturale" sottolinea quei valori inerenti ai beni, diversi dai pregi materiali, che li rendono significativi per motivi storici o artistici, non in base a criteri meramente economici ma in base ad altri criteri di collegamento o ad un legame che si crea tra l'uomo e le cose. È diffuso ad ogni livello sociale ed è riconosciuto dagli ordinamenti giuridici il concetto che esistono dei beni per la cui disciplina, oltre alla loro natura mobile o immobile, materiale o immateriale, diventa determinante un altro valore, che può essere storico, artistico o archeologico[1].

Ciò non significa che si intenda cristallizzare in una definizione la realtà culturale, ma che si ritiene alle volte opportuno stabilire alcune regole giuridiche con riferimento a particolari tipi di beni per impedire il furto, il traffico illecito o altri tipi di abuso, e ciò rende necessario determinarne con certezza l'ambito di applicazione[2]. È dunque necessario chia-

* *Dottore di ricerca in diritto pubblico.*

[1] Cfr. MELEGARI, *La protezione giuridica del patrimonio culturale italiano,* in *Salvaguardia del patrimonio artistico mondiale – Problematiche e prospettive, Atti del primo convegno AIDA, AIDANEWS*, 1995, p. 40.

[2] In realtà non ci si può certamente aspettare una definizione giuridica della cultura, tanto difficile quanto inopportuna, poiché otterrebbe l'effetto di cristallizzare un concetto di tale complessità in una formula limitante e comunque destinata ad invec-

rire quale tipo di connotazione "culturale" possa assumere rilevanza ai fini della disciplina dei beni mobili secondo il Trattato, poiché un bene mobile è, per il Trattato, "culturale" quando a tale aggettivo è attribuita in generale rilevanza giuridica ai fini della configurazione della fattispecie.

Nella struttura del Trattato del 1957 istitutivo della Comunità economica europea, la libera circolazione di merci, persone, servizi e capitali, insieme ai settori dell'agricoltura e dei trasporti, costituiva il fondamento della Comunità, seguito dalla enunciazione della sua politica[3]. Ad alcune di queste regole fondamentali, destinate a realizzare il mercato comune, era ed è comunque prevista la possibilità di derogare, entro certi limiti, per preservare interessi generali di natura diversa da quelli in vista dei quali è posta la norma, che nelle situazioni di specie possono venire compromessi da un'applicazione indiscriminata delle normative sulla libera circolazione.

L'unico riferimento ai beni culturali nell'originario Trattato della CEE si trovava appunto nell'ambito di tale disciplina, laddove, nel titolo dedi-

chiare. Tecnicamente la soluzione più corretta appare proprio quella di non definire, di affidare alla elaborazione pregiuridica la nozione di ciò che è "cultura", secondo lo schema della "definizione aperta" (in questo senso ALIBRANDI, *Considerazioni sulla nuova legislazione*, in AA.VV., *Il concetto di centro storico, ricerca archeologica, recupero, conservazione, riuso, protezione dei beni culturali*, Milano, 1990). Sembra interessante ricordare, in una breve digressione, che la nozione di cultura come tratto caratteristico del genere umano è una idea, certamente familiare sia agli antropologi sia ai sociologi, che ha trasformato lo studio della società negli ultimi trenta anni, insieme alla convinzione che gli esseri umani costruiscano essi stessi, creino, le varie culture in cui vivono, e quindi abbiano la capacità di trasformare la società e creare nuovi ambienti umani. È stata proprio tale enfasi sulla cultura come prodotto umano malleabile a suscitare l'interesse non soltanto degli antropologi, ma anche degli storici e dei sociologi. La cultura non è più concepita come un insieme di abitudini e conoscenze accumulate nel passato; oggi, alla luce di più raffinate teorie sul simbolismo umano e sulla vita istituzionale, essa è vista come interpretazione, da parte di uno specifico popolo, di circostanze storiche nel loro contesto geografico e temporale. Studiare una cultura significa, dunque, focalizzare una specifica istanza della vita sociale ed anche, spesso, riconoscere la capacità creativa del genere umano, la propensione dei gruppi umani e degli individui a differenziarsi uno dall'altro (Cfr. AUSTIN-BROOS, *Creating Culture, Profiles in the Study of Culture*, Sydney, Londra, Boston, 1987, introduzione).

[3] Le parti seconda – Fondamenti della Comunità – e terza – Politica della Comunità – del Trattato di Roma, rimaste separate anche in seguito agli emendamenti apportati dall'Atto unico, sono state riunite dall'art. G lett. D del Trattato sull'Unione europea ed ora, sotto il titolo "Politiche della Comunità" costituiscono la parte terza del Trattato che istituisce la Comunità europea. Nel corso di questo elaborato ci si riferirà d'ora in poi al Trattato che istituisce la Comunità europea chiamandolo semplicemente "il Trattato" e ad i suoi articoli con il solo numero.

cato alla libera circolazione delle merci, l'articolo 36 consente deroghe al divieto di mantenere restrizioni quantitative tra gli Stati membri quando i divieti o le restrizioni all'importazione, all'esportazione o al transito siano giustificati "da motivi (...) di protezione del patrimonio artistico, storico o archeologico nazionale"[4]. È dunque necessario analizzare innanzitutto il significato della ricordata disposizione dell'articolo 36, eventualmente specificato nelle normative di diritto comunitario derivato.

Passando dal piano delle normative specificamente dirette a tutelare i beni culturali alla rilevanza, per l'ordinamento comunitario, della realtà culturale in genere, si osserva che, sebbene tra le disposizioni originarie del Trattato di Roma solo l'articolo 36 in materia di libera circolazione delle merci faccia esplicitamente riferimento a possibili flessioni della disciplina a causa di esigenze culturali, la giurisprudenza della Corte di giustizia delle Comunità europee ha ricostruito una possibile rilevanza generale degli obiettivi culturali per eventuali restrizioni alle libertà del mercato comune[5].

Dopo gli emendamenti di Maastricht, inoltre, gli espliciti riferimenti alla cultura e al patrimonio culturale nel Trattato non sono più limitati al solo articolo 36. Alla cultura, dopo il Trattato sull'Unione, sono dedicati la lettera *p)* dell'articolo 3, secondo cui, ai fini enunciati all'articolo 2, l'azione della Comunità comporta "un contributo (...) al pieno sviluppo delle culture degli Stati membri", ed il titolo IX, formato dal solo articolo 128, nonché la nuova disposizione in tema di aiuti concessi agli Stati, secondo la quale possono considerarsi compatibili con il mercato comune gli aiuti destinati a promuovere la cultura e la conservazione del patrimonio.

[4] Lo stesso articolo consente deroghe anche per motivi di moralità pubblica, di ordine pubblico, di pubblica sicurezza, della tutela della salute e della vita delle persone e degli animali o di preservazione dei vegetali, o di tutela della proprietà industriale e commerciale. Con riferimento alle altre libertà di circolazione, va ricordato che per motivi di ordine pubblico, pubblica sicurezza e sanità pubblica era ed è inoltre possibile che gli Stati membri appongano limiti alla libera circolazione dei lavoratori, alla libertà di stabilimento ed alla libera prestazione dei servizi; per motivi di ordine pubblico o di pubblica sicurezza gli Stati membri possono poi adottare misure che importino restrizioni ai movimenti di capitali (cfr. artt. 48, par. 3, 56, par. 1, quest'ultimo richiamato dall'art. 66 in materia di servizi, e 73D).

[5] In merito alla "rule of reason" elaborata in questo campo dalla giurisprudenza della Corte cfr. *infra*, par. 4. Una analisi mirata al settore dei servizi è in MASTROIANNI, *Il ruolo del principio di sussidiarietà nella definizione delle competenze statali e comunitarie in materia di politiche culturali*, in *Riv. Ital. Dir. Pubbl. Comun.*, 1994, pp. 63-86.

Tali innovazioni sono confermate e rafforzate dal Trattato di Amsterdam, ancora non entrato in vigore[6].

Ciò sembra indicare che qualcosa, negli equilibri tra gli obiettivi considerati nel Trattato, si potrebbe spostare verso una concezione più completa, e senz'altro più complessa, dei compiti, e quindi delle competenze della Comunità nella materia culturale in genere. Gli interessi culturali non compaiono più nel Trattato solamente come possibile motivazione di deroghe al regime del libero mercato, segno di una considerazione incidentale ed indiretta degli stessi, bensì vengono inseriti a pieno titolo tra le competenze della Comunità, sia pure, come d'altra parte è naturale, di tipo concorrente e nei limiti di una stretta applicazione del principio di sussidiarietà. È quindi necessario indagare se tale nuova competenza non possa riguardare, almeno in parte, anche la disciplina specificamente diretta alla tutela dei beni culturali.

2. La clausola derogatoria dell'articolo 36 relativa al "patrimonio culturale"

Come già ricordato, tra le disposizioni originarie del Trattato di Roma, solo l'articolo 36 in materia di libera circolazione delle merci fa esplicitamente riferimento alle esigenze culturali degli Stati membri attraverso la menzione della "protezione del patrimonio artistico, storico o archeologico nazionale". L'articolo 36 si occupa della circolazione intracomunitaria dei beni culturali mobili; per quanto riguarda la circolazione dei beni all'esterno della Comunità, le stesse esigenze di "protezione del patrimonio artistico, storico o archeologico nazionale" vengono prese in considerazione dal Regolamento n. 2603/69, sul regime comune delle esportazioni e, in ambito non solo comunitario, dall'articolo XX del

[6] Cfr. art. 92, par. 2, lett. *d*); in merito agli emendamenti del Trattato introdotti dalle modifiche di Maastricht, del 1992, che introducono disposizioni in materia di cultura e beni culturali cfr. *infra*, par. 5. Le modifiche e la rinumerazione effettuati dal successivo Trattato di Amsterdam (cfr. versione consolidata del Trattato CE che incorpora i cambiamenti apportati dal Trattato di Amsterdam, CONF/4001/97, del 19 giugno 1997) avranno efficacia solo al momento dell'entrata in vigore di quest'ultimo, come previsto dall'art. 14, par. 2, dopo la ratifica di tutti gli Stati membri, conformemente alle loro rispettive norme costituzionali. Hanno finora ratificato il Trattato di Amsterdam del 2 ottobre 1997 Germania (7.5.1998), Svezia (15.5.1998), Regno Unito (15.6.1998), Danimarca (24.6.1998), Finlandia (15.7.1998), Austria (21.7.1998), Italia (24.7.1998), Irlanda (30.7.1998), Lussemburgo (4.9.1998), Paesi Bassi (31.12.1998) e Spagna (5.1.1999).

GATT[7]. Dunque anche alle frontiere esterne della Comunità, nell'ambito della politica commerciale comune, la competenza comunitaria lascia spazio a misure nazionali di protezione di beni particolari, che comportano restrizioni quantitative[8].

La Corte di giustizia ha avuto modo di precisare, con riferimento all'articolo 36 ma statuendo un principio che si ritiene poter riferire anche agli scambi extracomunitari, che la disposizione in oggetto "non ha lo scopo di riservare talune materie alla competenza esclusiva degli Stati membri, ma ammette che le norme interne deroghino al principio della libera circolazione nella misura in cui ciò sia e continui ad essere giustificato per conseguire gli obiettivi contemplati da quest'articolo"[9].

In cosa consistono tali obiettivi? L'articolo 36 presenta delle differenze terminologiche nelle diverse versioni del Trattato nelle lingue ufficiali

[7] L'Accordo generale sulle tariffe doganali e il commercio del 1994, allegato all'Accordo che istituisce l'organizzazione mondiale del commercio, a sua volta compreso nell'Atto finale che raccoglie i risultati dei negoziati commerciali multilaterali dell'Uruguay Round (cfr. Doc. GATT MTN/FA del 15 dicembre 1993), ha mantenuto l'"eccezione culturale" all'art. XX. In merito alle recenti evoluzioni in ambito GATT, collegate alla istituzione dell'organizzazione mondiale del commercio, si veda QUICK, *I risultati dell'Uruguay Round del GATT e l'istituzione dell'organizzazione mondiale del commercio*, in *Com. Int.*, 1994, p. 675.

[8] GAJA ricostruisce tale liceità delle misure nazionali di protezione importanti restrizioni quantitative negli scambi extracomunitari applicando per analogia la previsione dell'art. 36, (cfr. GAJA, *Le rôle de la C.E.E. à l'égard de l'exportation des biens culturels*, in *Riv. Dir. Int. Priv. Proc.*, 1989, p. 791 e ss.), mentre PESCATORE ritiene che sia la disposizione del Regolamento in causa ad aver riservato la protezione del patrimonio artistico alla competenza degli Stati membri (cfr. PESCATORE, *Le commerce de l'art et le Marché commun*, in *Rev. Trim. Dr. Eur.*, 1985, p. 451 e ss., a p. 461). La disposizione in questione è quella prevista dall'art. 11 del Regolamento n. 2603/69, secondo la quale: "Senza pregiudizio di altre disposizioni comunitarie, il presente Regolamento non è di ostacolo all'adozione od all'applicazione, da parte degli Stati membri, di restrizioni quantitative all'esportazione giustificate da motivi di moralità bubblica, di ordine pubblico, di pubblica sicurezza, di tutela della salute e della vita delle persone e degli animali o di preservazione dei vegetali, di protezione del patrimonio artistico, storico o archeologico nazionale, o di tutela della proprietà industriale e commerciale." (cfr. Regolamento (CEE) n. 2603/69 del Consiglio, del 20 dicembre 1969, in *GUCE* L 324 del 27 dicembre 1969, p. 25, modificato dal Regolamento (CEE) n. 3918/91 del Consiglio, del 19 dicembre 1991, in *GUCE* L 372 del 31 dicembre 1991, p. 31).

[9] Cfr. par. 24 della sentenza 15 dicembre 1976, *Simmenthal*, 35/76, in *Raccolta CGCE,* 1976, p. 1871. Per l'applicazione analogica di tale principio, affermato dalla Corte, agli scambi extracomunitari e per ulteriore giurisprudenza su questo punto, si veda GAJA, *op. cit.*, p. 792. Cfr. inoltre GRASSI, *La circolazione dei beni culturali nella Comunità europea*, in MEZZETTI (a cura di), *I beni culturali, esigenze unitarie e pluralità di ordinamenti*, Padova, 1995, p. 1.

degli Stati membri, differenze che hanno dato adito a problemi interpretativi. Alcune versioni si riferiscono al concetto, che appare più limitato, di "tesoro", altre a quello, più vasto, di "patrimonio", e la versione tedesca parla di "bene culturale nazionale"[10].

L'affermazione della Commissione secondo cui "spetta a ciascuno Stato membro determinare i criteri atti ad identificare i beni culturali suscettibili di essere considerati come facenti parte del "patrimonio nazionale" non permette di superare la questione, poiché rimane l'esigenza di criteri uguali per tutti, che costituiscano, in un certo senso, il quadro entro il quale gli Stati possono applicare le loro legislazioni[11]. Se, infatti, è lasciata agli Stati, com'è naturale, la definizione del proprio "patrimonio nazionale", non può parimenti essere lasciato alla libera ed autonoma interpretazione dei differenti Stati membri il senso della disposizione dell'articolo 36. Esso va ricostruito in modo unitario, attraverso la lettura comparata delle diverse formulazioni linguistiche, alla luce dello spirito complessivo del Trattato[12].

[10] Più specificamente, il greco "ethnikon thesauron", il francese "trésors nationaux", l'inglese "national treasures" e il danese "nationale skatte" si riferiscono al concetto di tesoro; lo spagnolo e portoghese "patrimonio nacional" e la versione italiana si riferiscono al concetto di patrimonio. È "national kulturgut" nella versione tedesca e "national bezit" in quella olandese (cfr. MARESCA COMPAGNA, *Competenze nazionali e comunitarie nel settore culturale*, in MARESCA COMPAGNA-PETRAROIA (a cura di), *Beni culturali e mercato europeo, norme sull'esportazione nei paesi della Comunità*, Roma, 1991). Nella versione irlandese non compare l'aggettivo "nazionale", mentre le versioni svedese e finlandese corrispondono a quella italiana.

[11] Cfr. Comunicazione della Commissione [89] 594 def., par. 5. Secondo GAJA, *op. cit.*, la differenza tra i testi non riveste una grande importanza, dal momento che è in ogni caso competenza di ciascuno Stato membro definire quali beni culturali intende proteggere, con riserva di un controllo comunitario delle definizioni che siano manifestamente irragionevoli.

[12] Secondo l'art. 33, par. 4 della Convenzione di Vienna sul diritto dei trattati "salvo il caso in cui un testo determinato sia destinato a prevalere ai sensi del par. 1, quando il raffronto dei testi autentici fa rilevare una differenza di senso che l'applicazione degli artt. 31 e 32 non permette di eliminare, si adotterà il senso che, tenuto conto dell'oggetto e del fine del trattato, permette meglio di conciliare i testi in questione". Cfr. anche LEMME, *La circolazione dei beni culturali nella prospettiva del 1993*, in *Cassazione Penale*, 1990, pp. 989-993. Sulla Convenzione di Vienna cfr. CONFORTI, *Diritto internazionale*, Napoli, 1995, p. 101 e ss. Si veda inoltre BISCARETTI DI RUFFIA, *Il Regolamento n. 3911/92 del Consiglio relativo all'esportazione di beni culturali ed il Trattato sull'Unione europea*, in *Dir. Comm. Int.*, 1992, 485-502, alla p. 488, secondo cui "Il problema non sta, infatti, in una traduzione più o meno corretta del testo originario del Trattato (nel caso del Trattato CEE, infatti, contrariamente al Trattato CECA – la cui versione originale è in lingua francese – fanno uguale fede le

Ciò significa che il patrimonio nazionale, identificato secondo i criteri determinati dagli Stati membri, è protetto dal diritto comunitario solo nei limiti di cui alla disposizione dell'articolo 36. La Commissione ha avuto infatti modo di ricordare che gli Stati membri sono in linea di principio liberi di definire il campo di applicazione concreto delle misure "autonome" adottate a livello nazionale, nell'ambito del diritto comunitario[13].

Se andiamo ad analizzare gli unici due limiti espressamente contemplati dall'articolo 36 all'apposizione di divieti o restrizioni all'importazione, all'esportazione e al transito per motivi, tra l'altro, di protezione del patrimonio artistico, storico o archeologico nazionale, constateremo che viene esclusa solo la possibilità, per tali deroghe, di "costituire un mezzo di discriminazione arbitraria" o "una restrizione dissimulata al commercio tra gli Stati membri." Secondo la Commissione ciò significa che l'articolo 36 non potrà essere invocato per giustificare legislazioni, procedure e prassi che provochino discriminazioni o restrizioni sproporzionate allo scopo[14]. Dunque, pur nell'ambito della necessaria interpretazione restrittiva[15], sulla base dell'articolo 36 si possono anche giustificare discriminazioni, purché non arbitrarie o sproporzionate rispetto agli obiettivi che ci si prefigge di raggiungere, obiettivi che devono autenticamente essere di "protezione del patrimonio artistico, storico o archeologico nazionale", e non risolversi in misure la cui principale ricaduta è di tipo economico.

versioni scritte in tutte le lingue ufficiali della Comunità), ma nel dare all'espressione di cui sopra un'interpretazione che deve essere comunque uniforme – pur nelle inevitabili diversità di espressione imposte dalle diverse lingue nazionali – per tutto il territorio comunitario." La stessa Corte ha affermato nella sentenza 27 ottobre 1977, *Regina c. Pierre Bouchereau* (domanda di pronuncia pregiudiziale proposta dalla Marlborough Street Magistrates' Court di Londra), 30/77, in *Raccolta CGCE,* 1977, p. 1999, par. 14, che "le varie versioni linguistiche di un testo comunitario vanno interpretate in modo uniforme e perciò, in caso di divergenza fra le versioni stesse, la disposizione in questione dev'essere intesa in funzione del sistema e delle finalità della normativa di cui essa fa parte" (cfr. anche CARTERI, *op. cit.* a p. 99).

[13] Cfr. par. 18 della citata Comunicazione [89] 594 def.

[14] In questi termini si esprime la Commissione, *ibid.*, par. 5. Cfr. PETRAROIA, *I patrimoni culturali nazionali e la loro protezione nel mercato interno europeo*, in MARESCA COMPAGNA-PETRAROIA (a cura di), *Beni culturali e mercato europeo*, cit., a p. 37.

[15] Così la Corte di giustizia, nella sentenza 9 giugno 1982, *Commissione c. Italia, 95/81,* in *Raccolta CGCE,* 1982, 2187 e DUQUESNE, *Il regime degli scambi di beni culturali nell'Europa dei dodici*, pubblicato tra gli "Studi e proposte" della Commissione (X/CULTURE/15/1988), par. II.3.2.1.

Poiché tali limitazioni non comportano in realtà una interpretazione restrittiva della norma, bensì discendono da ragioni di ordine generale, quali gli stessi principi di legalità e proporzionalità[16], i margini di applicazione della deroga continuano ad essere determinati esclusivamente dal significato dell'espressione "protezione del patrimonio artistico, storico o archeologico nazionale".

È diffusa in dottrina l'opinione secondo cui si intendono con tale espressione oggetti o opere di qualsiasi natura, mobili o immobili, che, in ragione della loro natura o destinazione, siano legati così strettamente alla storia o alla vita di un Paese che la loro fuoriuscita da tale Paese costituirebbe una perdita di importanza nazionale, oppure rivestano un valore estetico tale che il patrimonio artistico di un Paese sarebbe impoverito in loro assenza, oppure il cui valore proprio, o quello dell'insieme di opere di cui essi fanno parte o a cui si collegano, sarebbe notevolmente diminuito in caso di separazione da tale insieme, o infine oggetti che abbiano un significato inestimabile per lo studio o la comprensione di un settore particolare delle arti o della storia[17]. Tale ampia definizione si risolve in un concetto di tutela che mira ad evitare la fuoriuscita del bene dal Paese o la sua distruzione materiale; l'articolo 36, espressione appunto di tale ottica protezionistica, si riferisce esplicitamente al patrimonio qualificato come nazionale, escludendosi, quindi, la possibilità di derogare alla libertà di circolazione delle merci per proteggere beni riconosciuti come appartenenti esclusivamente al patrimonio nazionale di un altro Stato[18].

[16] Il principio di proporzionalità è stato inserito dal Trattato sull'Unione europea all'art. 3B, subito dopo l'enunciazione delle competenze di attribuzione e della sussidiarietà. In senso contrario, ritiene che non sia possibile interpretare le due nozioni di "discriminazione arbitraria" e "restrizione dissimulata" come riguardanti il principio di proporzionalità MATTERA RICIGLIANO, *Libre circulation des oeuvres d'art et protection des trésors nationaux,* in *R.M.C.*, 1993, p. 25 ss. L'Autore però conclude che "ciò detto, la ragione d'essere di queste due nozioni è di difficile determinazione".

[17] Questa è la definizione proposta da DUQUESNE, *op. cit.*, abbracciata, tra gli altri, da MATTERA, *op. cit.*, e da LEMME, *op. cit.*

[18] È ben difficile stabilire i criteri di tale appartenenza nazionale, se non come una generica partecipazione alla definizione dell'identità culturale del Paese in questione (in questo senso MATTERA, *op. cit.*, p. 105). L'espressione "nazionale" comprende, in questo caso, i valori estetici e culturali regionali e locali (cfr. anche DUQUESNE, *op. cit.*, par. II.3.2.1. Sulla nozione di Stato di origine si veda DI BALDASSARRE, in questo stesso Volume. Ritiene KARYDIS (*Le juge communautaire et la préservation de l'identité culturelle nationale*, in *Rev. Trim. Dr. Eur.* eur., 4, 1994, pp. 551-560) che il margine di manovra degli Stati membri nella qualificazione di un bene come "nazionale" debba esse-

3. L'intervento delle normative comunitarie derivate

In seguito alla conclusione dell'Atto unico europeo (AUE), sono state emanate normative comunitarie derivate che potrebbero sembrare idonee ad apportare elementi utili ad una definizione di cosa possa essere considerato, in generale, "bene culturale mobile" nell'ordinamento comunitario. Con l'AUE non si è avuta alcuna modifica dell'articolo 36, ma si è prevista una nuova procedura di controllo preventivo della Commissione, nel caso in cui uno Stato membro ritenga necessario applicare disposizioni nazionali giustificate da esigenze importanti previste dall'articolo 36, dopo che sia già stata adottata dal Consiglio una misura di armonizzazione in quel settore. Tale previsione conferma la possibilità che gli Stati continuino, anche dopo l'intervento normativo della Comunità, a conservare la facoltà di adottare misure interne restrittive della libertà di circolazione, necessarie per la tutela degli interessi previsti all'articolo 36, oltre ad altre misure interne relative alla protezione dell'ambiente di lavoro o dell'ambiente in generale[19].

D'altra parte la dichiarazione generale relativa agli articoli da 13 a 19 dell'AUE afferma esplicitamente che "nulla in queste disposizioni pregiudica il diritto degli Stati membri di adottare le misure che essi ritengano necessarie in materia di (...) traffico delle opere d'arte e delle antichità". Ciò conferma la possibilità di adottare misure statali in materia dopo l'AUE e sottolinea come l'attenzione della Comunità, nell'imminenza dell'abbattimento delle "barriere fisiche" costituite dai controlli alle dogane interne, fosse ancora diretta soltanto all'aspetto della protezione del patrimonio nazionale dal pericolo di trasferimenti illeciti.

re molto ampio. Il controllo del giudice comunitario non dovrebbe intervenire che per condannare gli abusi manifesti (come ad esempio il caso in cui uno Stato definisce come "nazionali" dei beni culturali che si trovano lecitamente e provvisoriamente sul suo territorio, in seguito ad una esportazione lecita da un altro Stato membro). Con riferimento alla questione in parola, si ricorda che nella versione irlandese del Trattato l'aggettivo "nazionale" non compare (cfr. *supra*, nota 10).

[19] Cfr. art. 100A, introdotto dall'art. 18 dell'AUE. Su questo punto si veda ROCCELLA, *Ordinamento comunitario ed esportazione di beni culturali*, in *DCSI*, 1993, pp. 539-566, a p. 543 e ss. Anche la dichiarazione del governo del Regno di Danimarca, relativa all'art. 100A del Trattato CEE sottolinea che, nel caso in cui un paese membro ritenga che una misura di armonizzazione adottata a norma dell'art. 100A non salvaguardi esigenze più elevate relative all'ambiente di lavoro, alla tutela dell'ambiente o alle altre esigenze menzionate all'art. 36, le disposizioni dell'art. 100, par. 4, garantiscono che il paese membro interessato può applicare misure nazionali.

La preoccupazione relativa al traffico illecito di beni culturali era giustificata dalla scadenza, fissata dallo stesso AUE al 31 dicembre 1992, per la soppressione dei controlli alle frontiere interne, finalizzata a realizzare il completamento del mercato comune[20]. Tale disposizione, infatti, pur non implicando automaticamente l'abolizione delle procedure, dei divieti e delle restrizioni vigenti negli Stati membri in materia di circolazione di oggetti facenti parte del patrimonio nazionale, esclude la possibilità di controllare merci e persone al passaggio delle frontiere interne, impedendo quello che in pratica era il più incisivo e sistematico strumento di controllo del rispetto di tali divieti o restrizioni statali anche in materia di beni culturali.

Per impedire che la realizzazione del mercato interno coincidesse con la creazione di un vasto spazio in cui i trafficanti di beni culturali operassero a loro agio, la Comunità, in concomitanza con la scadenza per l'eliminazione dei controlli alle dogane, ha predisposto degli strumenti giuridici diretti ad affiancare le misure statali di protezione. Sulla base giuridica dell'articolo 113 in materia di politica commerciale comune, è stato adottato il Regolamento n. 3911/92, che subordina le esportazioni dei beni culturali all'esterno della frontiera comune all'ottenimento di una licenza valida in tutta la Comunità, rilasciata da uno Stato nel cui territorio il bene si trova, in seguito a spedizioni lecite e definitive, dopo l'1 gennaio 1993. Scopo del Regolamento è quello di evitare che i beni appartenenti al patrimonio culturale di uno Stato membro, usciti illecitamente dal suo territorio, vengano esportati verso Stati terzi, approfittando di legislazioni più permissive. La successiva Direttiva n. 93/7, adottata sulla base dell'articolo 100A, completa tale disciplina istituendo una procedura per la restituzione dei beni culturali usciti illecitamente dal territorio di uno Stato membro[21].

[20] Cfr. art. 8A del Trattato sulla Comunità economica europea, inserito dall'art. 13 dell'AUE, poi divenuto 7A secondo la nuova numerazione stabilita dall'art. G, par. 9, del TUE. Cfr. inoltre il Libro bianco della Commissione sul completamento del mercato interno, COM (85) 310 def. L'abbattimento delle "frontiere fisiche" non creava problemi solo per la protezione del patrimonio culturale nazionale; la dichiarazione politica dei governi degli Stati membri relativa alla libera circolazione delle persone allegata all'AUE si conclude, infatti, con l'affermazione che gli Stati membri "(...) cooperano anche per quanto riguarda la lotta contro il terrorismo, la criminalità, gli stupefacenti e il traffico delle opere d'arte e delle antichità".

[21] Si tratta del Regolamento (CEE) n. 3911/92 del Consiglio del 9 dicembre 1992, in *GUCE* L 395, del 31 dicembre 1992, seguito dal Regolamento di applicazione (CEE) n. 752/93 della Commissione del 30 marzo 1993, in *GUCE* L 77 del 31 marzo 1993 e

Per quanto riguarda l'intervento di simili normative comunitarie derivate, va tenuto presente che se le disposizioni nazionali di cui all'articolo 36 non possono essere giustificate che in assenza di disposizioni comunitarie dirette a raggiungere lo stesso obiettivo[22], è anche vero che, nel caso specifico, la Commissione ha ritenuto che il settore della protezione del patrimonio nazionale presenti delle particolarità per cui ben difficilmente una normativa comunitaria di armonizzazione potrebbe efficacemente soddisfare tutte le esigenze degli Stati membri. Essa, infatti, rileva come, in materia di protezione del patrimonio nazionale, gli Stati membri ragionino in termini di salvaguardia del "loro" patrimonio; gli altri motivi invocati per restringere la circolazione delle merci, nel quadro delle deroghe previste dall'articolo 36 e ricostruite dalla giurisprudenza della Corte, portano invece generalmente all'adozione di misure restrittive delle importazioni, che possono essere superate dall'adozione di normative comunitarie che assicurino un certo livello comune di protezione degli interessi in considerazione, facendo venire meno le ragioni per il mantenimento di "barriere tecniche" tra gli Stati. Se questo fosse vero, l'armonizzazione non eliminerebbe il problema perché la semplice uscita dal territorio nazionale sarebbe considerata come una violazione del patrimonio, indipendentemente dall'assicurazione che all'oggetto in questione verrà riconosciuto un uguale livello di protezione nello Stato membro di destinazione[23].

L'obiettivo dell'armonizzazione in tema di tutela culturale sarebbe dunque inaccettabile per ragioni intrinseche alle esigenze da soddisfare, che si riferiscono ad interessi espressamente connotati dall'attributo della nazionalità[24]. D'altra parte che il Regolamento e la Direttiva citati non

della Direttiva n. 93/7/CEE del Consiglio del 15 marzo 1993, in *GUCE* L 74, del 27 marzo 1993. Per un'analisi dettagliata del Regolamento e della Direttiva si veda CICIRIELLO-SIMONE, in questo stesso Volume.

[22] Cfr. DUQUESNE, *op. cit.*, riassunto delle conclusioni del cap. II, punto 2).

[23] In questi termini si esprime la Commissione nella Comunicazione [89] 594 def. cit., al punto 7. Per la giurisprudenza della Corte di giustizia sulle "esigenze imperative" si veda la sentenza 20 febbraio 1979, *Rewe c. Bundesmonopolverwaltung für Branntwein*, 120/78, in Raccolta *CGCE*, 1979, p. 649, sul caso *Cassis de Dijon*. Per quanto riguarda più in particolare le esigenze connesse a motivazioni culturali si vedano KARYDIS, *op. cit.*, MASTROIANNI, *op. cit.*, e LANE, *New Community Competences under the Maastricht Treaty*, in *CMLR*, Vol. 30, 1993, pp. 939-979, e *infra*, par. 5.

[24] In questo senso FERRI, *La tutela dei patrimoni culturali nazionali nel mercato unico europeo*, pp. 325-326, in CHITI (a cura di), *Beni culturali e Comunità europea*, Milano, 1993.

siano destinati a sostituirsi alle normative nazionali di protezione del patrimonio culturale, bensì ad affiancarle perché la protezione di specifiche categorie di beni possa risultare più efficace, è riconosciuto da quegli stessi atti nel momento in cui chiariscono che la lista di beni ad essi allegata non fornisce affatto una definizione comunitaria generale di bene culturale, ma ha solamente la funzione di delimitare il campo di applicazione delle discipline in essi previste[25].

4. Le "esigenze imperative" di carattere culturale nella giurisprudenza della Corte di giustizia delle Comunità europee

La Commissione aveva espresso la propria intenzione di pubblicare una comunicazione interpretativa concernente la libera circolazione delle opere d'arte nella Comunità, in cui fornire la propria interpretazione dell'articolo 36, ma non ci risulta che a tutt'oggi tale comunicazione sia stata pubblicata, né esiste giurisprudenza della Corte sulla nozione di "patrimonio artistico, storico o archeologico nazionale" la cui tutela può giustificare l'apposizione di ostacoli alla libera circolazione delle merci[26]. La Corte comunitaria, con riferimento ad una pretesa di sottrazione dei beni culturali al regime della libera circolazione delle merci, ha soltanto precisato che "per merci (...) si devono intendere i prodotti pecuniariamente valutabili e come tali atti a costituire oggetto di negozi commerciali (...) indipendentemente dalle caratteristiche che li distinguono dagli altri beni commerciabili (...)"[27]. Viene dunque ribadito quanto già chiara-

[25] Cfr. art. 1 del Regolamento e terzo considerando della Direttiva.

[26] Cfr. Comunicazione [89] 594 def., cit., e BISCARETTI DI RUFFIA, *op. cit.*, alla nota 4, nonché MATTERA, *op. cit.*, p. 101.

[27] Cfr. Sentenza 10 dicembre 1968, *Commissione c. Italia*, 7/68, in *Raccolta CGCE*, 1968, pp. 562-573. La Corte ha anche recentemente ribadito che così come la valutazione pecuniaria è indicativa ai fini della qualificazione come merce, la presenza della retribuzione qualifica la prestazione di un servizio come attività economica sottoposta alle regole del mercato comune (Cfr. Sentenza 24 marzo 1994, *Her Majesty's Customs and Excise c. Gerhart Schindler e Jörg Schindler*, C-275/92, in *Raccolta CGCE*, 1994, p. I-1039, par. 19.) Ciò nonostante la legge italiana 19 aprile 1990 n. 84 sul "Piano organico di inventariazione, catalogazione ed elaborazione della Carta del rischio dei beni culturali, anche in relazione all'entrata in vigore dell'Atto unico europeo: primi interventi", all'art. 1, c. 3, "proclama" che "i beni culturali, in quanto elementi costitutivi dell'identità culturale della Nazione, per quanto riguarda il regime della circolazione, non sono assimilabili a merci". (Cfr. LEMME, *op. cit*). Possiamo azzardare un'interpretazione di tale disposizione non contrastante con il diritto comunitario leggendo la norma nel senso che i beni culturali non sono assimilabili ai beni comuni, in

mente disposto dal Trattato, che i beni culturali, cioè, pur potendo essere oggetto di deroghe nazionali adeguatamente giustificate, sono in via di principio sottoposti alla libertà di circolazione, in quanto pecuniariamente valutabili, e quindi merci.

Rilevata, quindi, l'assenza di indicazioni giurisprudenziali in merito alla qualificazione di "bene culturale" nell'ordinamento comunitario, passando a verificare l'esistenza di eventuali riferimenti alla valutazione delle esigenze culturali in genere, va osservato che nella giurisprudenza della Corte di giustizia è possibile ricostruire, con riferimento alle regole del libero mercato in generale, una lettura della "eccezione culturale" che supera la lettera del Trattato. In merito alle quattro libertà fondamentali del mercato comune, la Corte ha, infatti, assai spesso combinato i mezzi delle interpretazioni letterale e teleologica, allo scopo di assicurare il massimo effetto utile alle disposizioni del Trattato. Non perdendo di vista il fondamentale criterio di "ragionevolezza" alla luce degli obiettivi del sistema nel suo complesso, nella celebre sentenza *Cassis de Dijon* essa ha, da un lato, rafforzato la libertà di circolazione, escludendo che il divieto di cui all'articolo 30 e seguenti riguardasse solo le misure discriminatorie e che il difetto di direttive armonizzatrici restituisse in ogni caso agli Stati la possibilità di intervenire con misure nazionali restrittive, e d'altro lato ha individuato, per la prima volta, la categoria delle "esigenze imperative d'interesse generale", implicite nel Trattato, in risposta alle quali è ammesso che gli Stati membri adottino misure che comportano restrizioni delle libertà di circolazione[28].

Tali clausole generali, "lette" dal giudice comunitario tra le righe del Trattato, consentono l'intervento di misure nazionali che devono sottosta-

quanto le loro caratteristiche li qualificano come merci particolari. Ricorda infatti la Commissione, nella sua comunicazione [89] 594 def., cit., che "si deve tenere conto della specificità e del carattere particolare dei beni culturali che non possono essere considerati come *semplici* merci" (corsivo dell'autore).

[28] Cfr. sentenza *Rewe c. Bundesmonopolverwaltung für Branntwein*, cit., par. 8. Il caso riguardava il liquore "Cassis de Dijon", prodotto in Francia, che ha un contenuto alcoolico più basso di quello che esigevano le norme vigenti in Germania. Le autorità tedesche vietarono la sua commercializzazione nel loro paese e furono perciò accusate di aver posto in essere, violando l'art. 30 del Trattato, una "misura d'effetto equivalente a una restrizione quantitativa all'importazione". La Corte ammise che il divieto non aveva motivazioni discriminatorie e che, in assenza di regole comuni sulla fabbricazione e la vendita degli alcoolici, competenti a governare la materia rimanevano gli Stati. Cfr. MANCINI, *Attivismo e autocontrollo nella giurisprudenza della Corte di giustizia*, in *Riv. Dir. Eur.*, 1990, p. 233.

re, come più volte ribadito nella giurisprudenza della Corte, a tre ordini di limitazioni. Esse devono innanzitutto rispondere al criterio di proporzionalità, e dunque non superare quanto obiettivamente necessario per raggiungere lo scopo; non possono perseguire in via principale obiettivi di natura economica, anche se effetti economici secondari possono essere ammessi; ed infine non possono comportare discriminazioni a danno dei cittadini di altri Stati membri. Mentre le prime due condizioni corrispondono a quanto già visto con riferimento alle disposizioni dell'articolo 36, quest'ultima limitazione è particolarmente incisiva e si ricollega alla giurisprudenza della Corte in materia di libera circolazione dei servizi, secondo cui le normative nazionali che comportano un trattamento discriminatorio a danno di un altro Stato membro sono compatibili con il diritto comunitario solo se possono trovare giustificazione in una disposizione derogatoria esplicita del Trattato[29].

Si fa riferimento alla giurisprudenza relativa alle esigenze imperative d'interesse generale perché, accanto ad esigenze quali l'efficacia dei controlli tributari, la protezione della salute pubblica, la lealtà dei negozi commerciali e la difesa dei consumatori, la Corte, conscia della fondamentale ricchezza costituita dalla diversità delle culture europee e sensibile alle necessità politiche specifiche collegate alla conservazione delle identità culturali, ha riconosciuto in alcuni casi l'esistenza di esigenze imperative di interesse generale di natura culturale. Sebbene riferita a fattispecie alquanto diverse tra loro nell'ambito della attuazione del mercato unico, tale giurisprudenza contribuisce a chiarire in quali modi le considerazioni di ordine culturale possono influenzare l'applicazione della disciplina comunitaria[30].

In particolare, in materia di libera circolazione delle merci, la Corte ha riconosciuto che l'obiettivo di dare impulso alla creazione di opere cinematografiche, senza distinzione di origine, consente ad una legislazione nazionale di imporre, per un periodo iniziale limitato, che la diffusione di dette opere avvenga innanzi tutto mediante proiezione nelle sale cinematografiche, ritenendo che gli ostacoli così derivanti alla libertà di circolazione delle videocassette non andassero al di là di quanto necessario per garantire il raggiungimento dello scopo indicato, legittimo secondo il

[29] Cfr. MASTROIANNI, *op. cit.*

[30] Per un'analisi giuridica dell'impatto del diritto comunitario sulle questioni culturali in genere si veda LOMAN-MORTELMANS-POST-WATSON, *Culture and Community Law Before and After Maastricht*, Deventer, Boston, 1992.

diritto comunitario[31]. Sempre in materia di libera circolazione delle merci, in alcuni casi relativi alla chiusura domenicale dei negozi, la Corte ha confermato che appartiene alla competenza degli Stati membri effettuare scelte riguardanti le particolarità socio-culturali nazionali o regionali, nel rispetto delle esigenze del diritto comunitario ed in particolare del principio di proporzionalità[32].

Parallelamente, sono state riconosciute come ragioni imperative di interesse generale che possono giustificare limitazioni alla libera circolazione dei servizi, oltre alla conservazione del patrimonio storico e artistico nazionale, la valorizzazione delle ricchezze storiche e la migliore divulgazione possibile delle conoscenze relative al patrimonio artistico e culturale di un paese[33]. La Corte ha inoltre riconosciuto che una politica culturale nazionale che ha lo scopo di tutelare la libertà di espressione delle diverse componenti sociali, culturali, religiose e filosofiche in uno Stato membro è autorizzata dal diritto comunitario in quanto costituisce una esigenza imperativa di interesse generale che giustifica una restrizione della libera prestazione dei servizi[34].

Anche in materia di libera circolazione dei lavoratori la Corte ha dimostrato di riconoscere esigenze di carattere culturale, in questo caso legate alla difesa ed alla promozione della lingua di uno Stato membro che è nello stesso tempo lingua nazionale e prima lingua ufficiale, purché le misure statali impiegate a questi fini non fossero sproporzionate e non comportassero discriminazioni in danno ai cittadini di altri Stati membri[35].

[31] Sentenza 11 luglio 1985, *Cinéthèque c. Fédération nationale des cinémas français*, 60 e 61/84, in *Raccolta CGCE,* 1985, p. 2605.

[32] Sentenza 16 dicembre 1992, *B & Q*, C-169/91, in *Raccolta CGCE*, 1992, p. I-6635, par. 11. Si veda inoltre, su questo argomento, la sentenza 20 giugno 1996, *Semeraro e a.*, cause riunite da C-418/93 a C-421/93, da C-460/93 a C-464/93, da C-9/94 a C-11/94, C-14/94 e C-15/94, C-23/94 e C-24/94 e C-332/94, in *Attività della Corte di giustizia e del Tribunale di primo grado delle Comunità europee*, n. 17/96, p. 6.

[33] Cfr. le sentenze dette delle "guide turistiche", del 26 febbraio 1991, *Commissione c. Italia*, C-180/89, in *Raccolta CGCE*, 1991, p. I-709, par. 20; *Commissione c. Francia*, C-154/89, in *Raccolta CGCE*, 1991, p. I-659, par.17 e *Commissione c. Grecia*, C-99/89, in *Raccolta CGCE,* 1991, p. I-727, par.21.

[34] Cfr. le sentenze dette "Mediawet" del 25 luglio 1991, *Stichting Collectieve Antennevoorziening Gouda*, C-288/89, in *Raccolta CGCE*, p. I-4007, par.23 e *Commission c. Pays-Bas*, C-353/89, in *Raccolta CGCE*, 1991 p. I-4069, par.30.

[35] Sentenza 28 novembre 1989, *Groener*, 379/87, in *Raccolta CGCE,* 1989, p. 3967, par. 19.

Risulta da questa giurisprudenza che una normativa che persegue una politica culturale di autorità nazionali o regionali può, in alcuni casi, trovare giustificazione in una esigenza imperativa di interesse generale riconosciuta dal diritto comunitario, che consente determinate restrizioni della circolazione intracomunitaria delle persone, delle merci o dei servizi. Questa esigenza imperativa può essere descritta, in modo generale, come la protezione, lo sviluppo e la divulgazione del patrimonio culturale proprio di uno Stato membro o di una sua regione, in un contesto pluralista e in quanto componente di un patrimonio culturale comune agli Stati membri[36].

Le innovazioni operate dal TUE in materia di competenza culturale realizzano, in qualche misura, la introduzione nel Trattato di questo interesse comunitario al rispetto ed allo sviluppo della cultura in genere. Nell'ambito di tali disposizioni, si tenterà di focalizzare l'attenzione, nel prossimo paragrafo, sulle norme che potrebbero riguardare più specificamente la tutela dei beni culturali mobili.

5. Beni culturali mobili e cultura dal Trattato di Roma al Trattato di Amsterdam

Così come il patrimonio culturale non rimane sempre uguale ma si arricchisce continuamente di elementi, ai quali spesso solo il trascorrere del tempo e le mutate circostanze attribuiscono dignità ed interesse, anche la sua considerazione da parte degli ordinamenti giuridici dipende dal peso che assume il valore di riferimento, nel necessario bilanciamento con gli altri valori protetti dall'ordinamento, e dalla capacità di individuarne i tratti caratteristici nelle fattispecie concrete, allo scopo di adottare adeguate misure di protezione. La considerazione degli interessi culturali nell'ordinamento comunitario non si è fatta strada solamente in via interpretativa, nella giurisprudenza della Corte, ma anche attraverso modifiche dell'originario Trattato della Comunità economica europea, divenuta Comunità europea *tout court* in seguito al Trattato di Maastricht.

Solo dopo il TUE il termine "cultura" entra nel testo del Trattato. L'esplicita statuizione della nuova competenza, pur nei limiti di una rigorosa attuazione del principio di sussidiarietà, fa sì che la Comunità possa agire direttamente in materia di cultura, e non soltanto occuparsi del set-

[36] Cfr. Conclusioni dell'avv. gen. M Walter van GERVEN nella causa *Distribudores cinematograficos*, C-17/92, in *Raccolta CGCE,* 1993, pp. I 2239-2274, al par. 26.

tore culturale nella misura in cui esso possa avere ripercussioni in quello puramente economico[37]. L'inserimento del nuovo articolo 128 non si accompagna ad una esplicita inclusione della promozione della cultura tra gli obiettivi del Trattato, menzionati all'articolo 2, ma si può, forse, ritenere tale obiettivo implicito nel testo, ad argomentare dal preambolo del TUE, in cui è detto che i capi di Stato manifestano il desiderio di "intensificare la solidarietà tra i loro popoli rispettandone la storia, la cultura e le tradizioni", dall'inserimento della "qualità della vita" tra gli obiettivi della CE e dal fatto che, secondo l'articolo 3 *p)*, l'azione comunitaria comporta "un contributo ad un'istruzione e ad una formazione di qualità e al pieno sviluppo delle culture degli Stati membri". Si è anche ritenuto, in dottrina, che l'implicita inclusione della cultura tra gli obiettivi della Comunità consenta di svolgere una azione nel campo culturale fondata sull'articolo 235 del Trattato, per gli aspetti che non rientrano nella base giuridica specifica costituita dal nuovo articolo 128[38].

[37] Cfr, *a contrario*, Umberto LEANZA (*La protezione dei beni culturali e il concetto di patrimonio comune dell'umanità*, in *Scritti in onore di Angelo Falzea*, Milano, 1991, p. 479), che si riferiva alla situazione precedente le modifiche di Maastricht. D'altra parte, la cultura non può essere scissa dalle altre politiche; ad esempio le direttive – economiche – sulle trasmissioni televisive, o sul cinema, la riguardano necessariamente. Infatti il Comitato economico e sociale ha ritenuto, in un suo parere del 1989 sul "Rilancio dell'azione culturale nella Comunità europea", che la Comunità fosse già competente in materia di politiche attinenti la sfera culturale. Il Comitato riteneva che la competenza della Comunità si basasse su:

– la libera circolazione dei beni culturali e dei servizi (artt. 8a, 59, 60);

– la libera circolazione dei lavoratori del settore della cultura (artt. 48-52);

– il miglioramento delle condizioni di vita e di lavoro dei lavoratori attivi nel campo culturale (artt. 117-118);

– il miglioramento delle possibilità occupazionali e della formazione dei lavoratori nel settore culturale, in particolare tramite il Fondo sociale europeo (artt. 123-128);

– la promozione di uno sviluppo globale ed armonioso ed il rafforzamento della coesione sociale, inclusa la promozione delle attività culturali e la creazione di nuovi posti di lavoro nel settore culturale in tutte le regioni della Comunità (art. 130 a-e);

– la creazione di un'unione sempre più stretta fra i popoli europei (Preambolo), il che comporta lo sviluppo di rapporti culturali ancor più stretti. (Cfr. Supplemento di parere del Comitato economico e sociale, Sezione "Affari sociali, famiglia, istruzione e cultura", Soc/170, Bruxelles, 20 dicembre 1989, (Ces 1372/89 ap)).

[38] In questo senso CURTI GIALDINO, *Il Trattato di Maastricht sull'Unione europea*, Roma, 1993. L'Autore si riferisce, per una conferma, agli atti del Consiglio europeo sull'impostazione generale dell'art. 3B, approvata ad Edimburgo l'11-12 dicembre 1992, punto 1, par. 4, settimo trattino in nota. Per quanto riguarda l'evidente collegamento della conservazione del patrimonio culturale con l'obiettivo di migliorare la qualità della vita, si ricordano le parole del Capo della Divisione patrimonio culturale, programmi culturali della Commissione, DG X, BOURATSIS (*Le patrimoine culturel au sein de*

Dalla lettura del testo dell'articolo 128[39], si deduce che sono possibili due tipi di approcci per l'adozione, da parte della Comunità, di misure che riguardano questioni di interesse culturale. La scelta va operata a seconda che la misura prevista sia principalmente, se non completamente, diretta al conseguimento di un obiettivo culturale, oppure, al contrario, di natura economica, sebbene possa presentare anche aspetti culturali. La distinzione tra i due approcci è della massima importanza, poiché solo nel primo caso la misura va adottata sulla base giuridica costituita dall'articolo 128 ed è sottoposta all'esplicito divieto di realizzare un'armonizzazione normativa. Nel secondo caso, invece, il paragrafo 4 dell'articolo in questione impone alle istituzioni comunitarie di valutare gli aspetti culturali nello svolgimento della propria azione, di qualsiasi altro genere e in qualsiasi altro campo.

Per quanto riguarda il primo tipo di approccio, va rilevato che si è visto, da alcuni, nella definizione delle competenze in materia culturale data dall'articolo 128, più che altro un tentativo di limitare l'impegno della

l'Union européenne, in *Salvaguardia del patrimonio artistico mondiale*, cit., p. 66): "Il patrimonio è la memoria delle società e delle civiltà, è l'espressione stessa delle identità nazionali e regionali e dei legami tra i popoli. Per il cittadino, il patrimonio mobile e immobile non offre unicamente un accesso diretto alla cultura ed alla storia, la sua conservazione fa parte di un progetto di società che mira a migliorare la qualità della vita."

39 Art. 128: "1. La Comunità contribuisce al pieno sviluppo delle culture degli Stati membri nel rispetto delle loro diversità nazionali e regionali, evidenziando nel contempo il retaggio culturale comune. 2. L'azione della Comunità è intesa ad incoraggiare la cooperazione tra Stati membri e, se necessario, ad appoggiare e ad integrare l'azione di questi ultimi nei seguenti settori: – miglioramento della conoscenza e della diffusione della cultura e della storia dei popoli europei; – conservazione e salvaguardia del patrimonio culturale di importanza europea; – scambi culturali non commerciali; – creazione artistica e letteraria, compreso il settore audiovisivo. 3. La Comunità e gli Stati membri favoriscono la cooperazione con i paesi terzi e le organizzazioni internazionali competenti in materia di cultura, in particolare con il Consiglio d'Europa. 4. La Comunità tiene conto degli aspetti culturali nell'azione che svolge ai sensi di altre disposizioni del presente trattato. 5. Per contribuire alla realizzazione degli obiettivi previsti dal presente articolo, il Consiglio adotta: – deliberando in conformità della procedura di cui all'articolo 189B e previa consultazione del Comitato delle regioni, azioni di incentivazione, ad esclusione di qualsiasi armonizzazione delle disposizioni legislative e regolamentari degli Stati membri. Il Consiglio delibera all'unanimità durante tutta la procedura di cui all'articolo 189B; – deliberando all'unanimità su proposta della Commissione, raccomandazioni." Il testo di questo "nuovo" articolo non ha subito significativi emendamenti in seguito agli esiti della Conferenza intergovernativa. Il Trattato di Amsterdam aggiunge al par. 4 la specificazione "in particolare ai fini di rispettare e promuovere la diversità delle sue culture", ribadendo così un concetto già affermato al par. 1.

Comunità in un settore molto sensibile[40]. Le istituzioni comunitarie, infatti, hanno iniziato ad occuparsi di cultura ben prima del Trattato di Maastricht, fornendo un sostegno finanziario a progetti culturalmente rilevanti rivolti, tra l'altro, per quanto riguarda più direttamente la tutela dei beni sia mobili che immobili, al restauro del patrimonio. La nuova base giuridica, se da un lato definisce, e quindi delimita, l'ambito per l'adozione di tali misure di incentivazione, d'altro lato, fornendo una specifica base giuridica, stabilizza il fondamento dell'azione comunitaria e, con specifico riferimento alla protezione dei beni culturali, menziona tra i settori di intervento la "conservazione e salvaguardia del patrimonio culturale di importanza europea"[41].

Sempre con riferimento alla salvaguardia dei beni culturali, un'altra disposizione inserita nel Trattato in seguito alle modifiche di Maastricht si avvicina, invece, più alla prospettiva di considerazione indiretta degli interessi culturali di cui alla cosiddetta "clausola di compatibilità" disposta dal paragrafo 4 dell'articolo 128 che, in generale, impone alla Comunità di tenere conto degli aspetti culturali dell'azione che svolge ai sensi delle altre disposizioni del Trattato[42]. Si tratta dell'emendamento

[40] Ritiene che l'art. 128 ottenga principalmente l'effetto di limitare l'ingerenza comunitaria in materia culturale BUTT PHILIP, *Old Policies and New Competences*, in DUFF-PINDER-PRYCE, *Maastricht and Beyond – Building the European Union*, Londra, New York, 1994, ristampa 1995.

[41] Esce, così, dalla "clandestinità" (cfr. FREDIANI, *La politique de la Communauté européenne en matière d'éducation et de culture*, in *L'Europe en formation*, 1992, p. 51 ss.) l'azione che la Comunità aveva precedentemente condotto al di fuori del procedimento normativo, grazie alla creazione, in seguito ai Vertici dei Capi di Stato e di governo svoltisi alla fine degli anni '60 ed all'inizio degli anni '70, di una unità amministrativa *ad hoc* nell'organigramma della Commissione ed allo stanziamento di una somma molto modesta, destinata ad appoggiare azioni specifiche di carattere culturale (cfr., ad esempio, il Cap. 67 degli stanziamenti di funzionamento della Sez. III – Commissione – del bilancio generale delle Comunità per l'anno 1984, intitolato "Azioni nel settore culturale e fondazione europea").

[42] Tale disposizione richiede che le istituzioni comunitarie, in qualsiasi campo agiscano, tengano conto della realtà culturale in qualche modo coinvolta dalle loro decisioni, e dunque non soltanto potrebbe influenzare l'interpretazione delle norme espresse del Trattato che si occupano di tutela del patrimonio culturale, quale l'art. 36, ma richiede che sia svolta una specie di preventiva valutazione dell'impatto culturale in occasione della adozione di qualsiasi atto comunitario. Sull'esatta portata e sulle modalità operative della "clausola di compatibilità" non vi è chiarezza. È stato notato in dottrina che l'esperienza maturata fino ad oggi relativamente all'unica disposizione equivalente del Trattato, in materia di ambiente, suggerisce che la necessità di tenere conto dell'art. 128, par. 4, non si rivelerà particolarmente onerosa (si vedano LANE, *op. cit.* e BARRERO RODRIGUEZ, *El nuevo precepto europeo en defensa del pa-*

all'articolo 92 in tema di aiuti concessi dagli Stati, secondo il quale possono considerarsi compatibili con il mercato comune anche gli aiuti destinati a promuovere la cultura e *la conservazione del patrimonio*[43].

Nonostante il carattere residuale della competenza culturale comunitaria, le innovazioni apportate dal TUE hanno dunque segnato un notevole passo avanti in questa materia. Esse consentono di chiarire in certa misura quale sia il senso della protezione del patrimonio culturale secondo il Trattato e fanno assumere alla "politica culturale" una dimensione globale. Si può, inoltre, rilevare che il Trattato di Amsterdam mantiene le disposizioni appena ricordate, apportando una piccola modifica all'articolo 128, volta a sottolineare che "La Comunità tiene conto degli aspetti culturali nell'azione che svolge a norma di altre disposizioni del presente Trattato, *in particolare ai fini di rispettare e promuovere la diversità delle*

trimonio cultural. El artículo 128 del Tratado de la Comunidad europea, in CHITI, *op. cit.*). Vi è anche, d'altra parte, chi ritiene che essa, oltre a poter costituire una fonte d'ispirazione estremamente utile ai fini di un giudizio meno severo, da parte della Corte, delle misure statali dirette alla conservazione della diversità ed alla difesa dei valori culturali contro il gioco delle forze del mercato, faccia parte del "blocco di legalità comunitario", e possa quindi facilitare l'annullamento degli atti comunitari contrari all'obbligo di conservare e rispettare tali differenze (cfr. KARYDIS, *op. cit.*, p. 559). Un segno che rivela la difficoltà, da parte delle istituzioni, nel rendere operativa la disposizione dell'art. 128, par. 4 del Trattato può essere visto nel ritardo della "Relazione al Parlamento e al Consiglio in merito alla dimensione culturale delle politiche comunitarie", prevista nei programmi di lavoro della Commissione (cfr. programma di lavoro della Commissione per il 1995, COM(95)def., Bruxelles, 8 febbraio 1995, p. 48) e poi pubblicata con il titolo "1a relazione sulla presa in considerazione degli aspetti culturali nell'azione della Comunità europea" (COM(96)160 def., Bruxelles, 17 aprile 1996).

[43] L'art. 92 dispone una compatibilità automatica con il mercato comune per a) gli aiuti a carattere sociale concessi ai singoli consumatori; b) gli aiuti destinati a ovviare ai danni arrecati dalle calamità naturali oppure da altri eventi eccezionali; c) gli aiuti concessi all'economia di determinate regioni della Repubblica federale di Germania che risentono della divisione della Germania, ed una compatibilità discrezionale ("possono considerarsi compatibili con il mercato comune") per a) gli aiuti destinati a favorire lo sviluppo economico delle regioni ove il tenore di vita sia anormalmente basso, oppure si abbia una grave forma di sottoccupazione, b) gli aiuti destinati a promuovere la realizzazione di un importante progetto di comune interesse europeo oppure a porre rimedio a un grave turbamento dell'economia di uno Stato membro, c) gli aiuti destinati ad agevolare lo sviluppo di talune attività o di talune regioni economiche, d) gli aiuti destinati a promuovere la cultura e la conservazione del patrimonio, e) le altre categorie di aiuti, determinate con decisione del Consiglio, che delibera a maggioranza qualificata su proposta della Commissione.

sue culture", a conferma dell'importanza della conservazione e del rispetto delle differenze linguistiche e culturali tra gli Stati della Comunità[44].

6. Conclusioni

Ai fini della disciplina comunitaria, la connotazione "culturale" di alcuni beni mobili ha da sempre giustificato, in certa misura, deroghe alla libertà di circolazione delle merci ad opera delle normative nazionali. Tale possibilità di limitare la libertà di circolazione delle merci continua ad esistere, anche in seguito all'adozione di atti di diritto derivato, ma ad essa si affianca, ad opera della giurisprudenza comunitaria ed in conseguenza delle modifiche del Trattato, una considerazione più completa e complessa delle esigenze culturali da parte dell'ordinamento comunitario.

In parte, tale nuova considerazione delle esigenze di tutela del patrimonio culturale europeo si risolve nella formalizzazione di una nuova competenza comunitaria, di tipo residuale, volta all'adozione di "azioni di incentivazione", per il sostegno, tra l'altro, di opere di restauro.

Va, però, in conclusione accennato che, dalla lettura delle disposizioni introdotte dal TUE, sembra potersi facilmente desumere, anche attraverso l'identificazione dei quattro settori prioritari di intervento comunitario (il miglioramento della conoscenza e della diffusione della cultura e della storia dei popoli europei; la conservazione e salvaguardia del patrimonio culturale di importanza europea; gli scambi culturali non commerciali; la creazione artistica e letteraria, compreso il settore audiovisivo) che la protezione della cultura nel Trattato sia anche e soprattutto promozione della cultura, e vada quindi attuata in modo dinamico. Il paragrafo 4 dell'articolo 128, inoltre, dispone esplicitamente che le considerazioni di natura culturale assumano una dimensione globale nell'azione comunitaria.

Forse ciò potrebbe determinare, in alcuni casi, la rilevanza, ai fini della disciplina comunitaria, di profili di interesse culturale di beni mobili di natura diversa da quelli costituenti il "patrimonio artistico, storico o archeologico" nella sua tradizionale accezione, senza per questo doversi

[44] Cfr. il testo dell'art. 128, par. 4, nella versione consolidata del Trattato CE che incorpora i cambiamenti apportati dal Trattato di Amsterdam, non ancora entrato in vigore (CONF/4001/97, del 19.6.1997, cit).

riconoscere in generale a tali categorie di beni la qualifica di "culturali" nell'ordinamento comunitario[45].

[45] Anche l'interpretazione restrittiva delle deroghe previste all'articolo 36 potrebbe, quindi, conoscere una evoluzione, purché il loro significato sia conforme all'evoluzione del diritto comunitario. Il fatto, ad esempio, che la tutela della creatività e della differenziazione culturale nel settore del libro non figurino tra i motivi nominati in tale articolo potrebbe, dunque, non essere considerato un impedimento alla adozione di misure nazionali dirette al raggiungimento di tali scopi, tenuto conto che, come già riconosciuto incidentalmente dalla Corte (Cfr. sentenza 10 gennaio 1985, *Leclerc c. au Blé Vert*, 229/83, in *Raccolta CGCE*, 1985, p. 1, par. 30 e sentenza 10 gennaio 1984, *VBVB e VBBB c. Commissione*, 43 e 63/82, in *Raccolta CGCE,* 1984, par. 46), il carattere specifico del libro come oggetto di commercio può giustificare talune particolari condizioni in materia di distribuzione e di prezzi". Va incidentalmente ricordato che la Corte nel caso *Leclerc* ha affrontato la questione principalmente sulla base dell'art. 30 perché era in causa una normativa nazionale sul prezzo fisso. In seguito all'invito contenuto nella decisione del Consiglio del 22 settembre 1997, concernente un sistema transfrontaliero di prezzi fissi per i libri in zone linguistiche europee (in *GUCE*, C 305, del 7 ottobre 1997), la Commissione ha fatto procedere ad uno studio approfondito sulla questione del prezzo del libro e sui mezzi per incoraggiarne la creazione e la diffusione, allo scopo di decidere se sia necessaria un'iniziativa in materia (cfr. *Un'integrazione esplicita degli aspetti culturali negli atti e nelle politiche della Comunità – Documento di orientamento elaborato dalla Commissione, in Comunicazione della Commissione europea al Parlamento europeo, al Consiglio e al Comitato delle regioni sul Primo programma-quadro della Comunità europea a favore della cultura* (2000-2004), COM(1998) 266 def., del 6.5.1998). Va rilevato, inoltre, che gli editori e i librai si sono schierati a favore di una estensione del prezzo fisso alle zone linguistiche omogenee, considerate come il normale ambito di diffusione dei libri (cfr. ANCILLANI, *Il mercato del libro – le prospettive dell'editoria nel mercato unico europeo*, Perugia 1992). Sempre con riferimento alla possibile rilevanza, ai fini della disciplina comunitaria del carattere "culturale" del libro, va rilevato che, nel più volte citato studio condotto per la Commissione, DUQUESNE, diversamente da quanto proposto in questo articolo, afferma "1. I termini "beni culturali" si riferiscono a tutte le produzioni dei campi letterario, musicale e artistico, qualunque sia il loro mezzo o la loro forma di espressione, purché siano fissate su di un supporto materiale; 2. I termini "beni culturali" si riferiscono anche alle produzioni del campo scientifico che sono utilizzate per la sola diffusione della scienza, ad esclusione, quindi, dei materiali o degli apparecchi utilizzati a fini di ricerca o di applicazione industriale o commerciale; 3. Sono, in particolare, beni culturali gli oggetti d'arte, da collezione o di antichità di cui al capitolo 97 del tariffario doganale comune; 4. *Sono beni culturali anche gli oggetti, articoli o prodotti che*, sebbene siano previsti in parti del tariffario doganale comune diverse da quella di cui al precedente paragrafo 3, *sono per loro natura o destinazione supporti della cultura ma sono nello stesso tempo delle merci e delle opere: libri e altri prodotti delle arti grafiche, fotografie, film, dischi, nastri magnetici registrati contenenti elementi culturali, etc.* (...)."

LUIGI SICO *

LE NORME INTERNAZIONALI E COMUNITARIE CONCERNENTI L'ILLECITA RIMOZIONE DEI BENI CULTURALI RINVENUTI SUL FONDO MARINO

1. Oggetto e scopo dell'indagine

Il presente studio ha per oggetto un aspetto particolare della ben più vasta problematica della circolazione dei beni culturali, in quanto esso è dedicato ai problemi che si pongono in tema di "primo" spostamento di beni storici e archeologici ritrovati in mare e delle conseguenze giuridiche direttamente derivanti da tale spostamento. È del tutto evidente, infatti, che ogni ulteriore vicenda che li riguardi fa sorgere per tali beni problemi non dissimili da quelli relativi alla circolazione di qualsiasi bene culturale.

In tale prospettiva, è appena il caso di precisarlo, acquista rilievo dominante la circostanza della "storica" collocazione dei beni di cui è discorso sul fondo marino, divenendo, come si vedrà, il criterio di collegamento più importante per la individuazione dello Stato competente a disciplinarne la rimozione.

Si accennerà semplicemente ai complessi e delicati problemi originati dalla imprecisione della nozione di bene culturale, alla quale è at-

* *Professore ordinario, Facoltà di giurisprudenza, Università di Napoli "Federico II".*

tribuita ampiezza variabile – soprattutto in ragione dell'origine e del valore degli oggetti di volta in volta considerati – non solo da parte di ciascun ordinamento statale, ma anche nei vari atti normativi internazionali e comunitari rilevanti. Se, infatti, una più precisa e compiuta analisi di tali problemi è indispensabile allorché si tratti di ricostruire nella sua integrità il regime giuridico dei beni culturali, essa è apparsa meno essenziale in una ricerca il cui oggetto anzitutto pone in primo piano, nell'ambito del *genus* di bene culturale, la *species* assai ristretta e specificamente caratterizzata dei beni di interesse storico od archeologico ed inoltre riguarda un aspetto così particolare del regime giuridico di tali beni.

La ricostruzione delle normative internazionali e della disciplina comunitaria applicabili alla rimozione di oggetti storici ed archeologici sottomarini dalla loro storica collocazione sarà il risultato del collegamento tra norme di diversa natura e corrispondenti a diversi scopi, in particolare di disposizioni sull'applicabilità *quoad rem* di determinati regimi, di disposizioni attributive a Stati determinati – attraverso l'impiego di specifici criteri di collegamento – della competenza a regolare la fattispecie da esaminare, ed infine di disposizioni di diritto materiale, che direttamente disciplinano specifici profili di tale fattispecie.

Le disposizioni rilevanti si raccolgono in tre distinti complessi normativi, di ineguali ampiezza e completezza e solo parzialmente integrabili reciprocamente, il primo di portata tendenzialmente universale, elaborato su impulso dell'ONU e di Istituti specializzati, segnatamente UNESCO e Unidroit; il secondo più ristretto, in quanto coincidente con il territorio entro il quale ha vigore l'ordinamento comunitario; il terzo europeo nell'accezione più ampia che possa esser data a tale aggettivo.

2. Il regime degli oggetti di interesse storico ed archeologico rinvenuti in mare nella Convezione di Montego Bay

Benchè la Convenzione di Montego Bay non abbia come specifico obiettivo la predisposizione di un sistema universale di tutela dei beni culturali sottomarini, pure l'idoneità di tale Convenzione a porsi come *lex generalis* di qualsiasi rapporto interstatale che si colleghi all'ambiente marino impone all'interprete di prendere le mosse dalle disposizioni in essa contenute che abbiano attinenza alla presente indagine, ed in particolare dalle norme che consentono l'individuazione dello Stato competente a stabilire il regime applicabile ai beni culturali sottomarini, segnatamente a disciplinare la loro rimozione dal sito nel quale sono rimasti a lungo collocati.

La Convenzione di Montego Bay si occupa di "oggetti di interesse storico ed archeologico"[1], usando un'espressione sicuramente appropriata, in quanto ciò che conferisce ad oggetti giacenti sul fondo marino la qualità di beni culturali è appunto la circostanza che essi siano elementi di una cultura materiale sviluppatosi in un'epoca distante da quella odierna[2].

Il paragrafo 1 dell'articolo 303 della Convenzione di Montego Bay enuncia con piena chiarezza un obbligo di protezione avente per oggetto qualunque bene archeologico sottomarino, che è anzitutto imposto a ciascuno Stato contraente ed è poi rafforzato attraverso la previsione

[1] La locuzione, impiegata negli artt. 149 e 313, non coincide, come meglio si vedrà *infra*, con quelle usate in altri Trattati (di portata regionale o universale) sulla protezione dei beni archeologici sottomarini. Dalle accennate discrepanze terminologiche possono nascere problemi in tema di determinazione della sfera di applicabilità oggettiva delle norme di protezione e, conseguentemente, difficoltà e dubbi circa la possibilità di individuare "sistemi"sufficientemente articolati ed efficaci di regole convenzionali. Cfr. sui problemi in tema di denominazione dei beni culturali sottomarini part. FRAOUA, *Le trafic illicite des biens culturels et leur restitution,* Friburgo, 1985, p. 3ss; CAFLISH, *Submarine Antiquities and the International Law of the Sea,* in *Neth. YIL,* 1982, p. 7 ss.; MIGLIORINO, *Il recupero degli oggetti storici archeologici sommersi nel diritto internazionale,* Milano, 1984, p. 9 ss. e FRIGO, *La protezione dei beni culturali nel diritto internazionale,* Milano, 1986, p. 163 ss.

[2] Se la precisa individuazione dei beni cui sia applicabile la normativa posta dalla Convenzione di Montego Bay non dà luogo ad alcuna difficoltà allorchè si tratti di oggetti di interesse archeologico, lo stesso non può dirsi con riguardo agli oggetti di interesse storico, fra i quali potrebbero essere inclusi, utilizzando il metodo dell'interpretazione estensiva, anche oggetti fabbricati poco tempo avanti il rinvenimento. Non essendo stato stabilito un limite cronologico, l'interprete non può che affidarsi al criterio della ragionevolezza. In proposito un'importante indicazione può essere desunta dalla Convenzione UNESCO sull'illecito spostamento dei tesori d'arte, approvata a Parigi il 24 novembre 1970, che stabilisce all'articolo 1 *c)* e *k)*, un limite pari a cento anni, anche se la medesima disposizione impiega (lett. *h)*) l'aggettivo "storico" , senza collegarne la portata al limite dei cento anni.

Va anche sottolineata l'esigenza di stabilire, in via interpretativa, utilizzando il medesimo criterio di ragionevolezza, un ulteriore limite di valore – da intendere sia in senso puramente commerciale sia in rapporto all'importanza che l'oggetto ha come testimonianza di un periodo storico, di una cultura – in quanto sarebbe iniquamente oppressivo ed inutile estendere anche ad oggetti di valore minimo l'applicabilità di un complesso regime internazionale e statale di tutela.

di un ulteriore obbligo di cooperazione, evidentemente destinato ad operare ogni volta che l'impegno individuale non appaia adeguato al pieno conseguimento dello scopo di protezione. L'obbligo di protezione, sembra appena il caso di precisarlo, ha per necessario presupposto l'esigenza di garantire che il bene che ne costituisce l'oggetto sia goduto, nella prospettiva di una utilizzazione culturale in senso lato, dall'umanità nel suo insieme, o, qualora una siffatta utilizzazione si ponga in conflitto con l'esigenza primaria di conservazione, almeno dalla comunità scientifica, a scopo di studio. Pertanto l'obbligo in parola rinvia implicitamente ad un interesse dell'umanità nel suo insieme alla fruizione dei beni culturali sottomarini[3].

L'articolo 303, paragrafo 1, prescinde del tutto dall'esistenza di uno speciale collegamento spaziale o, se si vuole, territoriale, tra il bene stesso ed un particolare Stato e dunque è ugualmente applicabile ai beni culturali giacenti sul fondale del mare territoriale, della zona contigua (o archeologica), della piattaforma continentale o della zona economica esclusiva. Pertanto, la disposizione in discorso, che pone un obbligo *erga omnes*, va considerata come un importante elemento che caratterizza il regime di tali beni, integrandosi con le altre norme internazionali e statali che lo compongono[4].

Le altre disposizioni rilevanti contenute nella Convenzione di Montego Bay sono norme sulla competenza, che mirano ad individuare, attraverso l'impiego di opportuni criteri di collegamento, lo Stato – o gli

[3] Espressa considerazione è accordata all'interesse dell'umanità nel suo insieme dall'art. 149 della Convenzione di Montego Bay, che dispone in tema di regime giuridico applicabile agli oggetti di interesse storico o archeologico rinvenuti nell'Area. L'interesse dell'umanità rileva infatti con forza almeno apparentemente maggiore allorchè si abbia riguardo a ritrovamenti che abbiano luogo in spazi sottratti alla sovranità – e ad ogni altro diritto sovrano di carattere esclusivo – di un Stato determinato. Pure, non può esservi dubbio che tale interesse costituisca l'autentica ed unica ragion d'essere della protezione degli oggetti in discorso, che altrimenti non potrebbero essere distinti da altri beni oggetto di transazione commerciale, per essere assoggettati ad un regime particolare. Il nesso che si è individuato viene pienamente esplicitato nell'art. 3 del progetto di convenzione sulla protezione del patrimonio culturale sottomarino elaborato nel luglio 1993 dal *Cultural Heritage Law Committee* dell'*International Law Association,* sul quale si tornerà più avanti.

[4] Cfr. ROUCOUNAS, *Submarine Archaeological Research: Some Legal Aspects*, in LEANZA (a cura di), *Il regime giuridico internazionale del mare Mediterraneo*, Milano, 1987, p. 313; RONZITTI, *Stato costiero, archeologia sottomarina e tutela del patrimonio storico sommerso,* in *DM*, 1984, p. 21 ss.; PECORARO, *Il regime giuridico della ricerca archeologica marina nell'ambito della zona economica esclusiva*, in LEANZA – SICO (a cura di), *Zona economica esclusiva e mare Mediterraneo*, Napoli, 1989, p. 144 ss.

Stati – ai quali è affidato il compito di stabilire, nel rispetto dell'esigenza di protezione, che si è appena menzionata, il regime applicabile ai beni culturali sottomarini, ed in particolare di disporre eventuali limitazioni alla (o divieti di) rimozione di tali beni dal sito nel quale siano storicamente collocati. In proposito trovano impiego anzitutto criteri di carattere spaziale, che si rapportano alla esistenza di differenti regimi applicabili alle acque adiacenti.

Benché non sia stata dettata una specifica disposizione in materia, non può esservi alcun dubbio in ordine alla esclusività del diritto dello Stato costiero di disciplinare la materia della rimozione di beni culturali rinvenuti nel proprio mare territoriale.

In un ambito corrispondente a quello della zona contigua l'articolo 303, paragrafo 2, della Convenzione di Montego Bay consente allo Stato costiero di equiparare la rimozione non autorizzata di tali beni dalla loro storica collocazione ad una violazione delle leggi con le quali esso tutela i poteri che gli sono attribuiti dall'articolo 33 della medesima Convenzione nella zona contigua. In realtà può ritenersi che la norma in esame accordi allo Stato costiero il potere esclusivo di disciplinare la rimozione di tali beni dalla loro collocazione storica[5]. La disposizione in esame è stata anzi generalmente interpretata in termini estensivi, anzitutto in connessione con i commi 1 e 3 del medesimo articolo 303 e

[5] La lettera dell'art. 303, par. 2, sembra accordare solo allo Stato costiero che abbia già proclamato una zona contigua per gli effetti previsti dall'articolo 33 la facoltà di disporre entro il medesimo spazio anche in materia di rimozione di oggetti di interesse storico e archeologico, vincolandolo inoltre ad equiparare le contravvenzioni al divieto di rimozione di tali oggetti alla violazione delle norme poste a tutela degli interessi statali individuati nell'art. 33. Ad una interpretazione meramente letterale delle disposizioni dell'art. 303, par. 2, allo Stato costiero che non abbia proclamato una zona contigua non sarebbe permesso disporre in ordine alla rimozione di beni di interesse storico e archeologico dal fondo marino; e comunque non sarebbe consentita neppure allo Stato che avesse proclamato la zona contigua la previsione di misure di carattere preventivo contro tale rimozione. Peraltro la dottrina ha espresso al riguardo opinioni più liberali, ritenendo che la riferita disposizione abbia in realtà istituito una "zona archeologica" di estensione pari alla zona contigua (cfr. CAFLISCH, *op. cit.*, p. 24 ss.; NORDQUIST (ed.), *UNCLOS, 1982, A Commentary*, Vol. V, Dordrecht, 1989, p. 159 ss.; LEANZA, *Considerazioni sulla protezione internazionale del patrimonio culturale subacqueo*, in *Nuovi saggi del diritto del mare*, Torino, 1988, p. 51 ss.; e BEURIER, *Pour un droit international de l'archéologie sous-marine*, in *RGDIP*, 1989, p. 52 ss.). Il TREVES (*Stato costiero ed archeologia sottomarina*, in *Riv. Dir. Int.*, 1993, p. 703 ss.) riconosce anch'egli che il regime di previa notifica delineato nell'art. 303, par. 2, consente di raggiungere effetti pratici non molto diversi da quelli di un regime di previa autorizzazione.

con l'articolo 149, traendone la convinzione che allo Stato costiero fosse consentito disciplinare in un ambito spaziale corrispondente a quello della zona contigua[6] i più importanti aspetti del regime giuridico applicabile ai beni culturali sottomarini senza che ciò comportasse necessariamente il sacrificio di diritti legittimamente acquisiti da privati in base a norme di diritto marittimo uniformi o comunque caratterizzate da una larga convergenza di contenuti negli ordinamenti della maggior parte dei Paesi marittimi[7].

[6] In dottrina è generalmente diffuso il convincimento che l'art. 303, par. 2, abbia istituito una vera e propria zona archeologica di ampiezza pari a quella della zona contigua, mentre più ponderate valutazioni si esprimono circa la competenza dello Stato costiero a regolare la rimozione di oggetti di interesse storico e archeologico dalla piattaforma continentale (o dalla zona economica esclusiva) e a disciplinare o meglio a limitare ed autorizzare le relative attività di ricerca. Anche la prassi statale riferentesi a tali aree viene dai più (cfr. BEURIER, *op. cit.*, p. 55 ss.; HONGYE ZHAO, *Recents Developments in the Legal Protection of Historic Shipwrecks in China*, in *ODILA*, 1994, p. 316 ss.; TREVES, *op. cit.*, p. 715 ss.) considerata come insufficiente a dare spessore di tendenza alla pratica estensiva di poteri statali esclusivi nei confronti di oggetti di interesse storico ed archeologico giacenti sul fondo del mare. Benché la prudenza sia certamente necessaria allorché si tratti di valutare la formazione di una norma consuetudinaria, pure va riconosciuto che la spinta verso l'appropriazione, da parte degli Stati costieri, di significativi poteri in tema di regime di beni culturali sommersi nella zona economica esclusiva (o nella piattaforma continentale) appare abbastanza consistente. Accanto a leggi che espressamente attribuiscono poteri siffatti allo Stato costiero o disciplinano la ricerca marina in termini così lati da risultare applicabili anche alla ricerca archeologica o regolano in forma del tutto generale ogni attività che si svolga nella fascia delle 200 miglia (cfr. la vasta disamina di tali leggi in PECORARO, *op. cit.*, p. 160 ss.), va infatti considerata anche la prassi, seguita da Stati all'apparenza più rispettosi delle regole di Montego Bay, di condizionare la concessione di permessi di esplorazione o di sfruttamento delle risorse minerarie della piattaforma continentale o della zona economica esclusiva al rispetto degli oggetti di interesse storico ed archeologico che siano scoperti sul fondo marino. Se gli Stati fossero privi di poteri in tale campo, non potrebbero infatti esercitarli né attraverso leggi o regolamenti né attraverso atti amministrativi e neppure attraverso contratti, a nulla evidentemente rilevando le modalità tecniche di esercizio di un diritto, quando si tratti di stabilire se esista o no la titolarità del diritto stesso.

[7] È questo il significato che va attribuito a nostro avviso al co. 3 dell'art. 303 che fa salvi i "*rights of identifiable owners, the law of salvage or other rules of admiralty or laws and practices with respect to cultural exchanges*". Più precisamente, l'art. 303, par. 2, consente allo Stato costiero di limitare in misura anche consistente – nel quadro tracciato dall'art. 303, par. 1, e per il fine in esso contemplato – il godimento e la disponibilità di un bene di interesse storico od archeologico rinvenuto nel fondale della zona contigua, ma non permette che sia messo in causa l'acquisto della proprietà del bene stesso o la facoltà del titolare di tale diritto di cederlo ad altri. Tra le limitazioni consentite allo Stato costiero deve peraltro includersi anche l'esercizio del diritto di prelazione, qualora la legislazione dello Stato in parola la preveda. Va poi osservato

Il già ricordato articolo 149 specificamente disciplina la condizione dei beni storici ed archeologici rinvenuti sul fondo dell'Area internazionale, ispirandosi essenzialmente al principio di concorrente libertà di tutti gli Stati, salvi i limiti riconducibili alle esigenze di conservazione e fruizione fatte salve in termini generali dall'articolo 303, paragrafo 1. L'articolo in esame, tuttavia, – in una disposizione certamente da considerare come diretta a realizzare lo sviluppo progressivo del diritto internazionale e non la sua codificazione – attribuisce diritti preferenziali agli Stati di origine, di origine culturale o di origine storica. In questa sede importa non tanto intraprendere una sottile indagine filologica sul significato dei termini – certo in sé poco chiari e senza riscontro né in disposizioni convenzionali né in indagini dottrinali – impiegati nella disposizione in esame per specificare il concetto di origine, quanto sottolineare che il criterio dell'origine è suscettibile di dar luogo ad indicazioni plurime e contraddittorie, se si pensa che esso può rinviare allo Stato sul cui territorio il bene è venuto ad esistenza, allo Stato nazionale dell'autore ed anche allo Stato nel cui ambito si è sviluppata – a titolo esclusivo o preferenziale – la particolare cultura della quale il bene di volta in volta considerato è espressione, o meglio a quegli Stati attualmente esistenti che possano essere considerati successori di tale Stato[8]. Va inoltre sottolineato che l'articolo 149 consente allo Stato o agli Stati collegati da un criterio qualificabile come origine ad un oggetto di interesse storico od archeologico rinvenuto nell'Area la facoltà di interferire con i diritti dei privati che abbiano rinvenuto e rimosso tale bene, limitandone la disponibilità o il godimento. Di conseguenza, la disposizione in esame, derogando al principio della libertà dei mari, che assegnerebbe allo Stato della spedizione la competenza a disciplinare ogni aspetto del regime giuridico applica-

che lo Stato costiero potrebbe far valere anche nell'ambito della zona costiera l'esigenza di garantire che siano tutelati il più rigorosamente e compiutamente possibile i diritti di sfruttamento accordati in esclusiva allo Stato costiero dalle norme regolanti le attività nella piattaforma continentale (art. 77) e nella zona economica esclusiva (art. 56). Un buon numero di Stati, in particolare, ha ritenuto che le disposizioni appena ricordate consentissero allo Stato costiero di disciplinare con proprie norme la ricerca tanto scientifica quanto archeologica. V. sul punto *infra* nota 17.

[8] V. sul punto MIGLIORINO, *op. cit.*, p. 103 ss. e FRIGO, *op. cit.*, p. 168 ss. Riferendosi al possibile conflitto fra le pretese di più Stati di origine, il ROUCOUNAS (*op. cit.*, p. 327 ss.) adombra la possibilità che essi siano risolti in base al criterio della "object's vicinity to one of the States rather than to the others". Sulla nozione di Stato di origine, v. anche CAFLISCH, *op. cit.*, p. 29 ss.

bile ai beni del tipo che si è indicato[9], riserva alla competenza dello Stato (o degli Stati) di origine taluni profili di tale regime, che peraltro non vengono precisamente individuati[10].

Da quanto fin qui osservato emerge, per differenza, che l'attività di ritrovamento e recupero che abbia luogo nella fascia di mare compresa fra il limite esterno della zona archeologica e il limite interno dell'area internazionale non è oggetto di alcuna specifica disposizione della Convenzione di Montego Bay, sicché parte della dottrina ne ha tratto la conseguenza che conservi pieno vigore in tale ambito il principio della libertà dei mari[11]. Viceversa, altri autori hanno ritenuto che nell'ipotesi qui in esame debba trovare applicazione l'articolo 59 della medesima Convenzione[12], traendone la conseguenza che lo Stato di recupero e lo Stato costiero, tenendo in considerazione gli interessi della Comunità internazionale nel suo insieme, debbano trovare un'intesa su base equitativa in ordine alla rimozione dei beni culturali sommersi e alla loro sottoposizione alla sovranità dell'uno o dell'altro Stato[13].

[9] Cfr. ROUCOUNAS, *op. cit.*, p. 326 ss.

[10] Evidenti ragioni di coerenza sistematica impongono peraltro di ritenere che la competenza dello Stato di origine *ex* articolo 149 trovi il suo limite funzionale nell'esigenza di conservazione affermata dall'articolo 303, paragrafo 1, e che essa comunque non possa essere più estesa di quella attribuita allo Stato costiero dall'articolo 303, paragrafo 2; così come la stessa formulazione della norma in esame lascia intendere che lo Stato di origine non possa interferire nell'operazione di recupero e dunque non possa vietare la rimozione del bene dal fondale marino.

[11] CAFLISCH (*op. cit.*, p. 24 s.) ed il FRIGO (*op. cit.*, p. 166) ritengono che ai ritrovamenti sulla piattaforma continentale sia applicabile il principio generale della libertà dei mari; alla stessa conclusione giunge anche il *Center for Oceans Law and Policy*, *op. cit.*, p. 162, che peraltro fa salva la possibilità che una specifica disciplina della materia sia elaborata in sede UNESCO o nasca dalla pratica degli Stati. Parla di "lacuna" il LEANZA (*op. cit.*, p. 53).

[12] L'art. 59, intitolato *Basis for the resolution of conflicts regarding the attribution of rights and jurisdiction in the exclusive economic zone*, così recita:" In cases where this Convention does not attribute rights or jurisdiction to the coastal State or to other States within the exclusive economic zone, and a conflict arises between the interests of the coastal State and any other State or States, the conflict should be resolved on the basis of equity and in the light of all the relevant circumstances, taking into account the respective importance of the interests involved to the parties as well as to the international community as a whole".

[13] Sull'applicabilità dell'art. 59, v. soprattutto MIGLIORINO, *op. cit.*, p. 165 ss.; VAN MEURS, *Legal Aspects of Marine Archaeological Research*, in *Acta juridica*, Capetown, 1986, p. 94 ss.; e TREVES, *op. cit.*, p. 711 ss. Valuta soltanto la possibilità che l'articolo 59 sia applicabile, ma non prende esplicita posizione sul tema PECORARO, *op. cit.*, p. 151.

L'applicabilità dell'articolo 59 alla fattispecie in discorso, almeno a titolo diretto, è peraltro da considerarsi tutt'altro che sicura[14]. In proposito va anzitutto sottolineato come evidenti ragioni di opportunità consiglierebbero che la problematica in esame fosse affrontata – anche a prezzo di qualche forzatura nell'interpretazione del termine "risorsa naturale" impiegato nell'articolo 77, paragrafo 1[15], – nella prospettiva della piattaforma continentale piuttosto che in quella della zona economica esclusiva. Nel caso contrario si correrebbe infatti il rischio di delineare una disciplina inapplicabile in quei mari nei quali, come nel Mediterraneo – che pure è uno dei bacini i cui fondali sono più ricchi di oggetti di interesse storico ed archeologico –, l'istituto della zona economica esclusiva non ha ancora trovato applicazione.

Anche qualora si ritenga viceversa inevitabile la ricerca della soluzione del problema nel quadro del regime della zona economica esclusiva, va ricordato che la condizione preliminare ed indispensabile perché l'articolo 59 possa essere applicato è che la materia in questione non trovi alcuna regolamentazione nel *corpus* delle disposizioni adottate a Montego Bay. Il che non sembra possa dirsi con riguardo alla ipotesi in esame, in quanto la Convenzione, come si è fin qui rilevato, contiene almeno tre disposizioni (articoli 303, comma 1; 149; e 303, comma 2) che regolano fattispecie connesse, sicché va posto il problema della possibile ricostruzione – vuoi attraverso il metodo dell'interpretazione sistematica, vuoi per semplice analogia – di una o più regole sulla competenza suscettibili di completare la disciplina della Convenzione in tema di oggetti di interesse storico ed archeologico.

Al riguardo sembra anzitutto doveroso osservare che, se è vero che lo stesso articolo 149 attribuisce diritti preferenziali allo Stato (o agli Stati) di origine del bene culturale ritrovato nell'area internazionale, la tesi che l'articolo 59 debba essere applicato ai beni archeologici ritrovati nella zona economica esclusiva condurrebbe, almeno qualora lo

[14] Sul significato e sulla portata dell'art. 59, sia permesso rinviare alle nostre *Osservazioni sull'articolo 59 della Convenzione di Montego Bay,* in LEANZA – SICO (a cura di), *Zona economica esclusiva*,l cit., p. 281 ss. V. anche PECORARO, *op. cit.*, p. 151.

[15] Pure, vi è generale accordo in dottrina in ordine alla impossibilità di includere nella nozione di "risorsa naturale" i beni di interesse storico ed archeologico. Cfr. per tutti MEENAN, *Cultural Resources Preservation and Underwater Archaeology: Some Notes on the Current Legal Framework and a Model Underwater Antiquities Statute*, in *San Diego LR*, 1978, vol. 15, pp. 646-647; CYCON, *Legal and Regulatory Issues in Marine Archaeology*, in *Oceanus*, Spring, 1985, p. 80; e PECORARO, *op. cit.*, p. 142 s. e p. 144.

Stato costiero sia anche Stato di origine del bene culturale – e si tratta di un'ipotesi tutt'altro che infrequente –, all'assurda conseguenza che tale Stato goda nell'ambito della zona economica esclusiva di una tutela internazionale meno intensa di quella che gli è riconosciuta nell'Area.

Va inoltre notato che se dal punto di vista delle attività svolte, dei mezzi impiegati e degli scopi perseguiti l'attività di ricerca scientifica pura o finalizzata allo sfruttamento delle risorse naturali è ben diversa dall'attività di ricerca di oggetti di interesse storico o archeologico, e se è vero che la Convenzione di Montego Bay sembra utilizzare l'espressione "ricerca scientifica" essenzialmente nella prima delle due accezioni appena indicate[16], nondimeno un buon numero di leggi statali in tema di ricerca nelle acque adiacenti regola congiuntamente o assoggetta alla medesima disciplina la ricerca scientifica nel senso stretto dell'espressione e la ricerca archeologica[17].

Particolare importanza va poi attribuita alla circostanza che il Progetto di Convenzione sul patrimonio culturale sottomarino elaborato nel luglio 1993 dall'*International Law Association* ha come obiettivo principale il riconoscimento a ciascuno Stato costiero del diritto di istituire una "zona di patrimonio culturale"[18], di ampiezza pari a quella della zona economica esclusiva, nella quale sono attribuiti a tale Stato poteri esclusivi in tema di ricerca e di rimozione di beni archeologici.

Vero è che forse le considerazioni appena svolte ed i fatti appena ricordati non provano al di là di ogni ragionevole dubbio l'esistenza di

[16] V. part. SOONS, *Marine Scientific Research and the Law of the Sea*, Deventer, 1982, p. 118 ss.; ROUCOUNAS, *op. cit.*, p. 316 ss.; TREVES, *op. cit.*, p. 710 s.; RONZITTI, *op. cit.*, p. 8.

[17] V. in proposito le chiare e copiose indicazioni fornite da PECORARO (*op. cit.*, p. 160 s.), che distingue le leggi nelle quali espressamente è disciplinata l'attività di ricerca archeologica nella zona economica esclusiva da quelle che regolano ogni tipo di ricerca senza definirne in dettaglio l'oggetto specifico e "pertanto risultano applicabili anche alla ricerca archeologica" da quelle, infine, che si limitano a enunciare i diritti dello Stato costiero in tema di ricerca scientifica e di strutture ed installazioni artificiali, limitando la libertà degli altri Stati nella zona economica esclusiva.

[18] V. part. l'art. 1, par. 3 e 5, del Progetto. Va riconosciuto che il Progetto – il cui obiettivo è quello di istituire meccanismi di protezione complementari a quelli stabiliti dalla Convenzione europea sulla protezione del patrimonio culturale, come riveduta nel 1992 (v. Commento al citato art. 5), nell'intento di chiarire ed ampliare la portata della Convenzione di Montego Bay (v. Commento al Preambolo) – è espressamente presentato dai suoi autori come "a progressive development of international law" (v. l'Introduzione all'intero Progetto).

una norma consuetudinaria attributiva di diritti esclusivi allo Stato costiero, ma non si può evitare di sottolineare che il chiaro delinearsi di una precisa tendenza nella direzione appena indicata si iscrive armoniosamente nello scenario dell'evoluzione dell'intero diritto del mare, che appare caratterizzato in misura determinante dalla crescente territorializzazione delle acque adiacenti.

Né, a ben guardare, gli sviluppi ai quali si è accennato si pongono in contrasto con il dettato dell'articolo 59, il quale sicuramente consente che i conflitti d'interesse ivi considerati siano risolti, oltre che attraverso la stipulazione di accordi *ad hoc*, anche attraverso pratiche statali che, acquistando carattere di stabilità, si consolidino in consuetudini internazionali.

3. La Convenzione UNESCO sull'illecita rimozione dei tesori artistici

Disposizioni applicabili in caso di rimozione di beni culturali sottomarini dal loro sito tradizionale sono contenute nella Convenzione UNESCO sull'illecito spostamento dei tesori d'arte, approvata a Parigi il 14 novembre 1970. Benché nel testo di tale Convenzione non si faccia espressa menzione di oggetti storici o archeologici di origine sottomarina, non può infatti dubitarsi che la stessa sia applicabile a tali beni culturali. In proposito va rilevato che l'ambito oggettivo di applicazione della Convenzione è definito nell'articolo 1, attraverso l'impiego cumulativo di due criteri, l'uno nazionale, l'altro internazionale. Il primo consiste nella specifica designazione, da parte dello Stato che intende avvalersi delle disposizioni della Convenzione[19], di un oggetto: "as

[19] Tale è senza dubbio il significato da attribuire nel contesto all'indefinito "each State" che vi è impiegato. Sulla questione v. GORDON, *The UNESCO Convention and the Illicit Movement of Art Treasures*, in *Harvard I.L.J.*, 1971, p. 543; GREENFIELD, *The Return of Cultural Treasures*, Cambridge, 1989, p. 252 ss.; e WILLIAMS, *The International and National Protection of Movable Cultural Property. A Comparative Study*, Dobbs-Ferry, New York, 1978, p. 180 ss. Implicitamente, la norma in esame attribuisce allo Stato interessato anche la competenza a determinare la soglia di valore, venale o di altra natura, al di là della quale troverà applicazione il sistema di protezione. Sulla Convenzione UNESCO, V. anche BATOR, *The International Trade in Art,* Chigago, Londra, 1983; FRAOUA, *Convention concernant les mesures à prendre pour interdire et empecher l'importation et le transfert de propriété illicite des biens culturels*, Parigi, 1986; LO MONACO, *Sulla restituzione dei beni culturali rubati secondo la Convenzione UNESCO,* in *Riv. Dir. Int.*, 1988, p. 842 ss.

being of importance for archaeology, prehistory, history, literature, art or science". Esso può ritenersi soddisfatto allorché lo Stato interessato abbia assoggettato con proprie norme legislative e/o con provvedimenti amministrativi singoli beni o complessi archeologici o storici sommersi ad un regime vincolistico per il loro valore culturale[20].

Il secondo criterio si sostanzia nella riconducibilità dell'oggetto ad una delle categorie elencate nel medesimo articolo. L'ampiezza delle espressioni impiegate nell'articolo 1, comma 2, della Convenzione UNESCO, nel quale fra i beni culturali sono inclusi i "products of archaeological excavations or discoveries" (lett. *c*)), gli "elements of artistic or historical monuments or archaeological sites which have been dismembered" (lett. *d*)) e le "antiquities more than one hundred years old..." (lett. *e*)), induce senza ombra di dubbio alla conclusione della applicabilità della Convenzione ai beni culturali sottomarini.

Il meccanismo di tutela previsto dalla Convenzione si incentra sulla individuazione dello Stato al quale viene attribuita "competenza" a regolare lo spostamento di beni culturali attraverso le frontiere internazionali[21]. Le disposizioni in parola, contenute nell'articolo 4, si fondano sulla nozione di appartenenza di un bene al patrimonio culturale di un certo Stato, che viene stabilita attraverso l'impiego di specifici criteri di collegamento.

Il rilievo accordato alla nozione in parola è, evidentemente, in stretta relazione con lo scopo principale della Convenzione UNESCO, che consiste nel predisporre un meccanismo di tutela – e di recupero – di beni culturali in favore non soltanto dello Stato collegato a tale bene in ragione della sua origine o della sua collocazione storica, ma anche dello Stato al quale il bene sia stato più tardi collegato, in esecuzione di un trasferimento lecito che abbia comportato la conseguenza dello

[20] La disposizione sembra riferirsi a provvedimenti o a documenti, come il certificato di cui all'art. 6 della Convenzione, che riguardino individualmente un singolo bene o un complesso singolarmente individuato. Peraltro, essa non può essere interpretata nel senso che la tutela disposta dalla Convenzione sia limitata a beni registrati in un inventario nazionale. V. GORDON, *op. cit.*, p. 543.

[21] Critica l'impostazione in parola CLEMENT (*Le concept de responsabilité collective de la communauté internationale pour la protection des biens culturels dans les Conventions et Recommendations UNESCO*, in *RBDI*, 1993, p. 534 ss.), qualificandola come nazionalista. Viceversa, a nostro avviso, è proprio tale carattere che permette una efficace integrazione delle disposizioni della Convenzione UNESCO con quelle della Convenzione di Montego Bay, consentendo la costruzione di un sistema sufficientemente armonioso ed efficace.

spostamento di esso in ambito territoriale sottoposto alla sua sovranità. Tuttavia, nella nostra prospettiva, che contempla esclusivamente l'ipotesi di rimozione di un bene culturale sottomarino dalla sua storica collocazione ed il suo trasferimento in ambito sottoposto alla sovranità di altro Stato, la disciplina della Convenzione viene in considerazione evidentemente solo in quanto essa permetta di tutelare il patrimonio culturale del primo Stato, che può essere qualificato come Stato "di origine", qualora si convenga di attribuire all'espressione appena riferita un significato ben più ampio di quello ad essa assegnato dall'articolo 149 della Convenzione di Montego Bay, ma esattamente corrispondente a quello in cui essa è impiegata nell'articolo 4, *c)*, della Convenzione UNESCO.

La disposizione appena citata rileva anche come regola di condotta in quanto essa, nello stabilire che appartengono al patrimonio culturale di uno Stato i beni culturali acquistati da missioni archeologiche con il consenso delle competenti autorità del Paese di origine di tali beni, permette di dedurre con assoluta sicurezza che nell'assenza di un siffatto consenso da parte del Paese di origine i beni archeologici ritrovati nel suo territorio (art. 4, *b)*) continuano ad appartenere al suo patrimonio culturale, anche qualora si sia prodotta una illecita rimozione del bene stesso dal sito di ritrovamento. È del tutto evidente che il riferimento al territorio nazionale ha carattere meramente riassuntivo, sicché tale espressione va sicuramente riferita a tutti gli spazi nei quali lo Stato eserciti la piena sovranità o diritti esclusivi. Deve anzi ritenersi che il riferimento in parola vada integrato secondo le indicazioni contenute negli articoli 149 e 303 della Convenzione di Montego Bay che si sono più sopra esaminati. Di conseguenza, l'espressione "territorio" va interpretata estendendone la portata anche con riguardo ai diritti accordati dall'articolo 149 allo Stato di origine, nonché, implicitamente, ai diritti dello Stato della spedizione, qualora non sia avanzata alcuna pretesa fondata sui diritti preferenziali.

Il meccanismo di tutela predisposto dalla Convenzione UNESCO è formato da tre gruppi di disposizioni dedicate rispettivamente alle misure di prevenzione, alla procedura di recupero e alla cooperazione tra le parti contraenti. In una prospettiva di prevenzione si colloca anzitutto la disposizione dell'articolo 5, *d)*, che consente allo Stato di origine di istituire servizi nazionali ai quali sia affidato il compito di organizzare la supervisione a scavi archeologici, assicurando la preservazione *in situ* di taluni beni culturali e proteggendo determinate aree riservate a ricerche archeologiche future. Ma la più importante misura preventiva è posta dall'articolo 6, che autorizza lo Stato di origine a introdurre un apposito certificato, dal quale risulti che esso ha autorizzato lo spostamento e/o il trasferimento di un determinato bene culturale. Non v'è dubbio che la disposizione implicitamente consente allo Stato competente anche di vietare del tutto, oltre che di condizionare al rispetto di determinati requisiti, la rimozione e/o il trasferimento di beni culturali sottomarini.

Post eventum trovano applicazione le disposizioni istitutive di una specifica procedura di recupero (art. 7, *b)*, n. II) che rivestono carattere supplementare rispetto agli altri strumenti di recupero utilizzabili[22]. A carico dello Stato di origine (richiedente) è posto l'onere di provare alle autorità dello Stato sul cui territorio si trovi il bene culturale illecitamente rimosso l'appartenenza di tale bene al proprio patrimonio culturale e l'assenza di autorizzazione all'esportazione e/o al trasferimento. Lo Stato richiedente è peraltro tenuto a sopportare le spese di recupero e di riconsegna del bene culturale, nonché a corrispondere un'equa indennità all'acquirente in buona fede o alla persona che abbia un valido titolo al possesso del medesimo bene.

È appena il caso di rilevare che, a fini probatori, non basta l'accertamento, di carattere puramente negativo, dell'assenza di un certificato perché possa ritenersi provata l'illiceità delle rimozioni o dei trasferimenti intervenuti anteriormente alla procedura di recupero. Una simile conclusione rimane certamente preclusa qualora si tratti di valutare la liceità di spostamenti e/o trasferimenti che abbiano avuto luogo prima dell'entrata in vigore della Convenzione UNESCO. Ma neppure le disposizioni di quest'ultima mirano a configurare il certificato come l'unica prova legalmente ammissibile della liceità di uno spostamento o di un trasferimento: l'assenza del documento previsto dalla Convenzione non fa sorgere, infatti, una presunzione generale di illiceità, *iuris tantum*, né, a più forte ragione, *iuris et de iure*. Nondimeno può ragionevolmente ritenersi che la diffusione del sistema di autorizzazione tramite certificato, istituito dalla Convenzione, ridurrà in futuro il ruolo di altri mezzi probatori.

[22] Si allude in particolare alle azioni giudiziarie che possono essere esperite dal proprietario di un bene illecitamente rimosso (art. 13, *c)*), sulle quali vedi *infra*.

La procedura di recupero si sviluppa attraverso i normali canali diplomatici e dunque è configurata come un'azione che si colloca interamente sul piano delle relazioni interstatali, anche se la Convenzione individua e regola talune delle possibili interferenze fra il diritto (internazionale) al recupero dl bene culturale e i diritti (che si collocano sul piano delle relazioni interindividuali) del proprietario, possessore o detentore dello stesso bene culturale e detta regole per la soluzione dei relativi problemi. Va soprattutto sottolineata a tale riguardo la precisa individuazione degli obblighi che incombono sullo Stato richiedente, il cui adempimento costituisce condizione preliminare perché lo Stato richiesto consenta alla restituzione del bene culturale.

Le disposizioni fin qui esaminate sono completate dall'articolo 13 della Convenzione, che consente allo Stato di origine di favorire anche il recupero da parte del legittimo proprietario, impegnando ciascuna parte contraente a mettere a disposizione del privato, illegittimamente spossessato, azioni – senza dubbio di tipo giudiziario – di recupero, a proporre le quali può essere legittimato non solo lo stesso proprietario interessato, ma anche una persona che agisca "on behalf of the rightful owner". Non si può escludere che nell'ambito della seconda categoria di soggetti legittimati possa rientrare anche lo Stato di origine del bene culturale o una istituzione che da esso emani: l'esercizio congiunto da parte di un solo soggetto – o da parte di soggetti distinti ma strettamente coordinati – delle pretese di recupero semplificherebbe certamente la soluzione dei problemi nascenti da possibili interferenze fra il diritto dello Stato al cui patrimonio culturale il bene appartiene e i diritti dei privati spossessati.

La Convenzione non individua espressamente in termini generali la legge regolatrice delle conseguenze privatistiche dell'illecito spostamento di beni culturali. Pure, una norma avente tale funzione potrebbe essere desunta dalla disposizione che obbliga lo Stato richiedente a corrispondere un giusto compenso "to a person who has valid title to that property" (art. 7, *b)*, n. II), qualora si ritenga, come sembra necessario, che la "validità" del titolo debba essere valutata in base alla legge dello Stato richiedente; e si estenda, come sembra ragionevole, la portata di tale disposizione in modo da assegnarle appunto la funzione che si è più sopra indicata. Ciò tanto più in quanto tale funzione appare strettamente omogenea a quella assegnata in termini generali dall'articolo 4 della Convenzione alla legislazione dello Stato al cui patrimonio culturale il bene di volta in volta considerato appartiene.

Va infine sottolineata la predisposizione di un meccanismo di cooperazione tra le parti contraenti, i cui caratteri essenziali sono delineati nell'articolo 9 della Convenzione. Il meccanismo di cooperazione in parola è previsto nell'interesse degli Stati il cui patrimonio culturale corra il rischio di, o sia sottoposto a "pillage of archaeological or ethnological materials". Tali Stati possono invitare le altre parti contraenti coinvolte, loro malgrado, nel saccheggio, per stabilire convenzionalmente un "concerted international effort to determine and to carry out the necessary concrete measures, including the control of exports and imports and international commerce in the specific materials concerned". La disposizione appena citata ha certamente la natura del *pactum de contrahendo*, insuscettibile di produrre effetti concreti in mancanza di un accordo applicativo *ad hoc*. Finché ciò accada, peraltro, il medesimo articolo autorizza i singoli Stati membri ad emanare misure provvisorie unilaterali atte a prevenire danni irrimediabili al proprio patrimonio culturale.

4. La disciplina comunitaria

Il sistema di prevenzione e repressione degli illeciti spostamenti di beni culturali, istituito nell'ordinamento comunitario dal Regolamento n. 3911/92 e dalla Direttiva n. 93/7[23], anticipa ed adatta alle esigenze

[23] Cfr. Regolamento CEE del Consiglio n. 3971/92 del 9 dicembre 1992, relativo all'esportazione dei beni culturali, in *GUCE* L 395 del 31 dicembre 1992, p. 1 ss., completato dal Regolamento CEE della Commissione n. 752/93 del 30 marzo 1993, recante disposizioni d'applicazione del Regolamento del Consiglio appena ricordato, in *GUCE* L 77 del 31 marzo 1993, p. 24 ss.; e Direttiva 93/7/CEE del Consiglio del 15 marzo 1993, relativa alla restituzione dei beni culturali usciti illecitamente dal territorio di uno Stato membro, in *GUCE* L 74 del 27 marzo 1993, p. 74 ss. Va segnalato che per l'esecuzione del Regolamento CEE del Consiglio n. 3911/92 è stata emanata dal nostro Ministero per i beni culturali ed ambientali la circolare 3615 in data 1 aprile 1993. In tale circolare, oltre ad impartire alle pubbliche amministrazioni interessate le istruzioni necessarie ad una corretta esplicazione in Italia di ambedue ricordati regolamenti, si dichiara espressamente come l'entrata in vigore della disciplina comunitaria comporta "l'abolizione della tassa di esportazione, sia con riferimento al contesto del Regolamento CEE n. 3911/92 (le cui prescrizioni prescindono dal-l'applicazione di qualsivoglia misura fiscale) sia con riguardo a possibili infrazioni imputabili allo Stato italiano per gli ostacoli frapposti alla circolazione intracomunitaria e finalizzata all'esportazione verso i Paesi terzi" (pag. 16).

comunitarie numerosi aspetti della normativa che si era venuta elaborando in seno all'Unidroit. Sotto altro profilo, esso si presenta come una applicazione dei principi ispiratori del sistema UNESCO[24]. Né questo può sorprendere, in quanto l'integrazione economica realizzata dalle Comunità europee costituisce un quadro di riferimento sicuramente più complesso, che richiede soluzioni più avanzate di quelle applicabili ai rapporti di cooperazione interstatale esistenti nell'ambito della comunità internazionale. La compatibilità fra i due sistemi è comunque garantita dall'articolo 15 della Convenzione UNESCO, che esplicitamente fa salva la possibilità che alcune delle parti contraenti concludano – *inter se* o anche con Stati terzi – *special agreements* successivi o continuino a dare applicazione ad accordi speciali preesistenti. Senza dubbio il sistema comunitario rientra nel quadro previsto dall'articolo 15, qualora, come sembra più corretto, se ne riconduca l'origine al Trattato istitutivo della CEE; qualora, viceversa, si preferisca ricostruire l'ordinamento comunitario alla stregua di un settore dell'ordinamento interno comune agli Stati membri, a stretto rigore non si potrebbe neppure prospettare un problema di coerenza con il sistema UNESCO, in quanto la disciplina comunitaria si presenterebbe come un settore dell'ordinamento di ciascuno degli Stati membri della Comunità e contraenti della Convenzione UNESCO.

Com'è noto, l'impulso decisivo all'elaborazione di una particolare normativa sulla circolazione dei beni culturali è stato dato alle istituzioni comunitarie dalla realizzazione del mercato interno ed in particolare dalla soppressione dei controlli alle frontiere interne al territorio comunitario, che ha posto il problema di definire con precisione la disciplina della circolazione dei beni in parola. La Comunità, infatti, si presentava come titolare di una competenza di ordine generale in tema di circolazione delle merci, mentre l'articolo del Trattato CEE lasciava,

[24] Se si ha riguardo ai contenuti della disciplina comunitaria, questa potrebbe ben essere configurata come un'ipotesi di applicazione dell'art. 9 della Convenzione UNESCO, che si è appena citata *supra*: trattasi infatti di un sistema di cooperazione stabilito a speciale tutela di taluni Stati membri della Comunità, come la Grecia e l'Italia, che hanno subìto anche in tempi recenti un consistente depauperamento del loro patrimonio culturale realizzato soprattutto attraverso l'illecita esportazione di beni storici, artistici ed archeologici. Non va trascurata, peraltro, l'importante circostanza che non tutti gli Stati membri della Comunità europea sono parti contraenti della Convenzione UNESCO – tale è, in particolare, la condizione del Regno Unito, che pure ha rilievo primario nel mercato mondiale dei beni culturali –; sicché è dubbio che nella specie trovi applicazione l'art. 9.

in tema di circolazione dei beni culturali, ampi spazi alle competenze statali, sia pure nel rispetto di importanti limiti, alcuni dei quali espressamente indicati nel medesimo articolo 36, altri definiti dalla giurisprudenza della Corte[25]. Era inoltre fortemente avvertita l'esigenza di adottare in tema di circolazione extracomunitaria dei beni culturali regole semplici, idonee a garantire una efficace cooperazione fra Stati membri, assicurando il rispetto in tutto il territorio comunitario della legislazione dello Stato d'origine compatibile con l'articolo 36 del Trattato.

In concreto, veniva soprattutto paventata da parte degli Stati dotati di patrimoni culturali più ricchi, quali soprattutto l'Italia, la Grecia

[25] Che tale sia il convincimento delle istituzioni comunitarie in ordine alla distribuzione delle competenze fra Comunità e Stati membri emerge chiaramente dall'impianto tanto del Regolamento n. 3911/92 quanto della Direttiva n. 93/7 – in particolare dai considerando premessi a tali atti –, ma in dottrina non si registra eguale convergenza di opinioni. Una posizione strettamente affine a quella delle istituzioni comunitarie, già sostenuta in largo anticipo sugli atti normativi che hanno disciplinato la circolazione dei beni culturali nel Mercato unico dal GAJA (*Le rôle de la CEE à l'égard de l'exportation des biens culturels,* in *Riv. Dir. Int.*, 1989, p. 791 ss.), è espressa dal MATTERA (*La libre circulation des oeuvres d'art à l'intérieur de la Communauté et la protection des trésors nationaux ayant une valeur artistique, historique ou archéologique*, in *RMC*, 1993, p. 14 s.) e da CARTERI (*La libera circolazione delle opere d'arte nel Mercato unico,* in *DCSI*, 1993, p. 673 ss.) e presupposta da TUNG-LAI MARGUE (*L'exportation des biens culturels dans le cadre du Grand Marché*, in *RMC*, 1993, p. 89 ss.) e da DE CEUSTER (*Les règles communautaires en matière de restitution des biens culturels ayant quitté illicitement le territoire d'un Etat membre, ibid.*, p. 33 ss.), ma di diverso avviso è il ROCCELLA (*Ordinamento comunitario ed esportazione di beni culturali*, in *DCSI*, 1993, p. 544), il quale pone in primo piano le competenze statali, invocando anche il principio di sussidiarietà nei termini in cui è stato enunciato nell'art. 3 B del Trattato istitutivo della Comunità europea, nella lezione novellata dal Trattato dell'Unione europea.

Sulla disciplina comunitaria relativa alla circolazione dei beni culturali, v. inoltre: BISCARETTI DI RUFFIA, *Il regolamento n. 3911/92 del Consiglio relativo all'esportazione dei beni culturali e il Trattato sull'UE*, in *Dir. Comm. Int.*, 1992, p. 485 ss.; CARDUCCI, *La restitution internationale des biens culturels et des objets d'art*, Parigi, 1997; CASSESE, *I beni culturali: sviluppi recenti,* in CHITI (a cura di)*, Beni culturali e Comunità europea*, Milano, 1994, p. 341 ss.; LANCIOTTI, *La circolazione dei beni culturali nel diritto internazionale e comunitario,* Napoli, 1996; MARLETTA, *La restituzione dei beni culturali: normativa comunitaria e Convenzione Unidroit*, Padova, 1997; POLI, *Droit communautaire, compétences culturelles des Etats membres en matière de protection du patrimoine national*, in *RMC*, 1998, p. 89 ss.; REBOLLO, *Bienes culturales y Comunidad europea*, in CHITI (a cura di), *Beni culturali,* cit., p. 37 ss.; RIGAUX, *Le commerce des oeuvres d'art dans le Marché Commun*, in *Etudes de droit international en l'honneur de Lalive*, Ginevra, 1993, p. 733 ss.; ROCCELLA, *Ordinamento comunitario ed esportazione di beni culturali*, cit., p. 539 ss.

e la Spagna, la possibilità che la liberalizzazione della circolazione intracomunitaria dei beni culturali consentisse lo spostamento di questi ultimi dal territorio degli Stati dalle legislazioni più restrittive a quello di altri più liberali, aprendosi in tal modo la strada ad una possibile esportazione al di fuori della Comunità del bene culturale, dopo un soggiorno intermedio più o meno prolungato sul territorio di uno Stato comunitario diverso da quello di origine.

La disciplina stabilita dalla Direttiva n. 93/7 è applicabile a beni culturali identificabili, come nel sistema UNESCO, attraverso due criteri, di impiego cumulativo: la qualificazione del singolo bene come "bene del patrimonio nazionale avente un valore artistico, storico ed archeologico", in applicazione della legislazione nazionale compatibile con l'articolo 36 del Trattato; e l'appartenenza ad una delle categorie indicate nell'allegato, ovvero la circostanza che esso sia parte integrante delle collezioni pubbliche figuranti negli inventari dei musei, degli archivi e dei fondi di conservazione delle biblioteche o degli inventari delle istituzioni ecclesiastiche (art. 1, n. 1). Tra le categorie di beni individuate nell'allegato, che è comune alla Direttiva n. 93/7 e al Regolamento n. 3911/92, figurano quelli consistenti in "reperti archeologici aventi più di cento anni provenienti da scavi e scoperte sottomarine" (lettera A, n. 1, 1° trattino), sicché non v'è dubbio che la disciplina comunitaria nel suo complesso rilevi ai fini della valutazione della liceità della rimozione dei beni archeologici sottomarini dalla loro storica collocazione, che costituisce evidentemente indispensabile presupposto per la circolazione intra – ed extracomunitaria di tali beni.

I principi fondamentali ai quali si ispira la disciplina comunitaria sono l'attribuzione allo Stato membro territoriale (criterio del *situs rei*) della competenza a determinare, nel rispetto dei requisiti indicati dall'articolo 36 del Trattato CE, i limiti alla circolazione dei beni culturali (cfr. art. 2, par. 2, Regolamento e art. 1, n. 4, Direttiva) e la dichiarazione della equivalenza fra le legislazioni degli Stati membri (art. 2, par. 1, Regolamento e VI considerando Direttiva).

Lo strumento attraverso il quale si assicura il rispetto dei limiti imposti dallo Stato competente alla circolazione extracomunitaria dei beni culturali è, come nel sistema UNESCO, il possesso di una licenza di esportazione, che va provato attraverso l'esibizione di un apposito certificato del quale è definito un modello comune da valere per l'intero territorio comunitario. Poiché l'autorizzazione di esportazione può essere anche rifiutata dallo Stato competente, il possesso del documento è configurato come una condizione indispensabile per la circolazione. Tale regola può essere derogata da una legislazione più "liberale" dello Stato competente, ma ogni possibilità di deroga è esclusa qualora il bene culturale della cui circolazione si tratta "provenga direttamente da scavi, scoperte e siti archeologici in uno Stato membro" (art. 2, par. 1, co. 2, del Regolamento n. 3911/92), e dunque anche nell'ipotesi di rimozione dal fondo marino, che specificamente rileva ai fini del presente studio. In mancanza di tale documento, le autorità competenti degli Stati membri sono pertanto tenute almeno a sospendere l'esportazione in un Paese terzo e ad aprire un'indagine sull'origine del bene e sulla liceità dello o degli spostamenti e/o trasferimenti in precedenza effettuati.

Viceversa, la circolazione intracomunitaria dei beni culturali è in linea di principio libera, ma viene fatto salvo il diritto dello Stato competente ad imporre limitazioni e vincoli che siano conformi all'articolo 36 del Trattato.

Per assicurare il buon funzionamento di un sistema caratterizzato da un decentramento così accentuato è stato previsto, oltre ad alcune importanti misure di carattere preventivo che danno luogo a precisi modelli di cooperazione fra le autorità competenti degli Stati membri (art. 4 della Direttiva), un procedimento *ad hoc* per il recupero del bene culturale spostato illecitamente attraverso le frontiere interne comunitarie. Tale procedimento ha carattere giudiziario. Competente a decidere in materia è il tribunale dello Stato sul cui territorio il bene si trovi al momento della richiesta (Stato richiesto); legittimato a proporre l'azione di recupero è lo Stato al cui patrimonio culturale il bene appartiene (Stato richiedente). Non è detto, dunque, che lo Stato richiedente sia necessariamente lo Stato di origine del bene culturale, in quanto potrebbe ben accadere che tale bene sia stato lecitamente esportato dallo Stato d'origine in un altro Stato, divenendo così parte integrante del patrimonio di quest'ultimo. Nondimeno, qualora si tratti di valutare la liceità dello spostamento di un bene culturale storicamente collocato in un fondale marino, la richiesta di restituzione, se del caso, potrà essere avanzata dallo Stato territorialmente competente in base alle disposizioni della Convenzione di Montego Bay e di Parigi che si sono più sopra nominate.

La Direttiva non detta regole procedurali comuni, ma implicitamente rinvia all'ordinamento dello Stato richiesto (*lex fori*), limitandosi ad indicare alcune regole inderogabili armonizzate. In particolare va sottolineato che l'accoglimento della domanda è subordinato al rispetto di talune condizioni di ammissibilità: produzione di un documento che descriva il bene oggetto della richiesta e dichiari che si tratta di un bene culturale e di una dichiarazione, rilasciata dalle autorità competenti secondo la quale il bene culturale è uscito illecitamente dal territorio dello Stato membro richiedente (art. 5 della Direttiva); e di fondatezza nel merito: prova che si tratti di un bene culturale ai sensi dell'articolo 1, punto 1 della Direttiva, uscito illecitamente dal territorio nazionale (art. 8 della Direttiva). L'esecuzione della decisione di recupero è inoltre subordinata al pagamento contestuale di un indennizzo che il giudice competente ritenga di dover accordare, su base equitativa, al possessore del bene culturale illecitamente trasferito, qualora si sia convinto che tale soggetto "abbia usato, all'atto dell'acquisizione, la diligenza richiesta" (art. 9 della Direttiva).

Sono previsti termini di prescrizione del diritto di proporre l'azione di recupero differenziati in relazione a determinate ipotesi espressamente delineate (art. 7, par. 1 della Direttiva).

Va particolarmente sottolineato il carattere giudiziario dell'azione ed il fatto che l'accoglimento della domanda di restituzione prodotta dallo Stato competente – ben più incisivamente di quanto dispone il parallelo regime della Convenzione UNESCO –, pur comportando automaticamente e necessariamente il sacrificio dei diritti del privato acquirente del bene stesso, non esclude che, almeno in talune ipotesi, possa essere a quest'ultimo accordato un equo indennizzo. La convinzione del legislatore comunitario che non sempre il vittorioso esperimento della azione di restituzione abbia per effetto la estinzione dei diritti dei soggetti di diritto interno si ricava espressamente dall'articolo 15 della Direttiva, ai termini del quale "la presente direttiva lascia impregiudicate le azioni civili o penali spettanti, in base al diritto nazionale degli Stati membri, allo Stato membro richiedente e/o al proprietario cui è stato sottratto il bene"[26] ed ancor più dall'articolo 12, che dispone: "la proprietà del bene culturale dopo la restituzione è discipli-

[26] Sui problemi nascenti dalle possibili interferenze fra azione di restituzione al cui esperimento è legittimato lo Stato "richiedente" e azione di rivendica da parte del proprietario, v. DE CEUSTER, *op. cit.*, p. 50 s.

nata dalla legge dello Stato membro richiedente". In quest'ultima disposizione, in particolare, va riconosciuta una vera e propria regola uniforme di conflitto che, sul presupposto della illiceità degli ulteriori spostamenti del bene culturale, impone di qualificare come *situs rei* la collocazione che esso aveva nel momento in cui la progressione di eventi illeciti ha preso l'avvio[27].

5. Le convenzioni sulla tutela dei beni culturali elaborate nell'ambito del Consiglio d'Europa.

Accanto ai due più cospicui nuclei di disciplina del fenomeno della rimozione e/o illecita esportazione di beni culturali che si sono fin qui esaminati, va analizzata la pur considerevole normativa elaborata in seno al Consiglio d'Europa. L'attività compiuta in tale settore dall'organizzazione appena ricordata se, per un verso, rimane irrimediabilmente condizionata dalle difficoltà proprie di un quadro di collaborazione meramente governativa e pertanto si volge al conseguimento di obiettivi almeno relativamente meno ambiziosi di quelli propri della Comunità europea, per l'altro è sicuramente stimolata dalla presenza all'interno del Consiglio di tutti i Paesi comunitari a tradursi in proposte normative adeguate ai raffinati bisogni dei suoi membri.

Tra i numerosi testi convenzionali elaborati da Consiglio d'Europa presentano speciale interesse il Progetto di Convenzione europea per la protezione del patrimonio culturale subacqueo del 25 aprile 1985, la Convenzione europea sulle offese relative ai beni culturali del 23 giugno 1985 e la Convenzione europea per la protezione del patrimonio archeologico del 16 gennaio 1992. Peraltro, della disciplina posta dai primi due non si darà altro che un fuggevole cenno, avendo essi già attirato l'attenzione di altri studiosi nel contesto della presente raccolta collettanea.

Nel Progetto di Convenzione per la protezione del patrimonio culturale subacqueo viene manifestato espressamente l'intento di mantenere in linea di principio i beni storici ed archeologici sommersi nella loro collocazione storica. Tale intento è anzi configurato come vero obbligo giuridico delle Parti contraenti nell'articolo 6, paragrafo 2, del Progetto in esame, che prevede anche l'ulteriore obbligo statale, in ultima analisi strumentale, di imporre al fortuito inventore che abbia

[27] Cfr. l'*Exposé des motifs* della Commissione, p. 30; e DE CEUSTER, *op. cit.*, p. 16.

rimosso un oggetto ritrovato sul fondo del mare di provvedere direttamente in via provvisoria alla sua protezione. L'obbligo di mantenere i beni culturali sottomarini nella loro storica collocazione è rafforzato dalla disposizione posta nell'articolo 5 del Progetto, che conferisce allo Stato costiero il potere-dovere di porre in essere ogni opportuna misura per la protezione *in situ* dei beni archeologici sottomarini, dettando – è appena il caso di aggiungerlo – le necessarie disposizioni normative[28].

La Convenzione sulle offese relative ai beni culturali predispone importanti strumenti di collaborazione intergovernativa nel campo della repressione penale di fatti lesivi di beni culturali, integrando anche su tale versante i meccanismi internazionali di tutela che, come si è finora rilevato, operano soprattutto nei campi del diritto civile e del diritto amministrativo.

Particolare attenzione va riservata alla Convenzione europea per la protezione del patrimonio archeologico, firmata alla Valletta il 16 gennaio 1992. Essa si propone l'obiettivo della protezione di ogni struttura, costruzione, insieme architettonico, sito, testimonianza mobiliare, monumento di qualsiasi natura, nonché ai loro contesti, situati nel suolo o nel sottosuolo di qualunque spazio sottoposto alla giurisdizione delle parti contraenti e dunque anche dei beni archeologici siti in spazi sottomarini sottoposti alla sovranità ad oggetto di limiti sovrani dello Stato costiero.

La disciplina posta dalla Convenzione appare piuttosto scarna ed è orientata esclusivamente nella prospettiva della prevenzione, in quanto essa reca norme atte solo ad impedire l'illecita rimozione di oggetti archeologici e storici sottomarini e non anche ad eliminare gli effetti di una illecita rimozione già avvenuta. Tra queste, si segnalano particolarmente gli scambi di informazioni tra autorità ed istituzioni competenti (artt. 7 e 8), l'impegno a comunicare alle istanze competenti dello Stato di origine offerte di alienazione sospette che lascino pensare o a scavi illeciti o a rimozioni illecite da scavi ufficiali (art. 10). Altre di-

[28] Su tale Progetto di Convenzione, v. particolarmente BLAKE, *The Protection of the Underwater Cultural Heritage*, in *International and Comparative Law Quaterly*, 1996, p. 819 ss., nonché GNAGNARELLA – DI FONZO, *La sfera di applicazione spaziale della Convenzione europea sulla protezione del patrimonio culturale subacqueo*, Relazione tenuta al Seminario su *La protezione del patrimonio culturale subacqueo nel Mediterraneo*, Anacapri, 1 ottobre 1994.

sposizioni corrispondono in larga misura a quelle previste dalla Convenzione UNESCO (v. part. artt. 1-5).

Va specificamente sottolineata la mancata previsione di una procedura di recupero da parte dello Stato di origine, a differenza di quanto disposto non solo dalla normativa comunitaria rilevante ma anche dalla Convenzione UNESCO. Del resto, sarebbe stato difficile individuare un terzo percorso, distinto sia da quello diplomatico che da quello puramente interno, lungo il quale canalizzare le pretese statali alla restituzione, sicché ci si sarebbe solo potuto attendere che in sede di Consiglio d'Europa fossero adottate disposizioni integrative di quelle previste nella Convenzione UNESCO.

6. Prospettive di evoluzione emergenti dal Progetto di Convenzione UNESCO e dalla Convenzione Unidroit

Fin qui sono state esaminate le norme internazionali e comunitarie meno recentemente elaborate. Accanto a queste vanno però attentamente considerate anche le più significative e meglio definite tendenze evolutive in materia di disciplina dei beni culturali. Vengono specificamente in rilievo un Progetto di Convenzione elaborato dall'*International Law Association* e la Convenzione Unidroit sulla restituzione internazionale dei beni culturali rubati o illecitamente esportati, firmata in Roma il 24 giugno 1995, che si collocano ambedue sul piano del sistema normativo di portata tendenzialmente universale, del quale sono già stati esaminati gli aspetti regolati dalla Convenzione di Montego Bay e dalla Convenzione UNESCO.

I due testi presentano caratteri ben differenziati, anzitutto perché sono il risultato di impulsi ben distinti, in quanto il primo è stato elaborato da una associazione di giuristi, mentre il secondo è frutto dell'attività di rappresentanti di Stati; ed inoltre perché essi si prefiggono scopi sensibilmente diversi e in funzione di tali scopi definiscono e disciplinano la materia che ne costituisce l'oggetto. Il progetto ILA è infatti consacrato alla protezione del patrimonio culturale sottomarino, mentre la Convenzione Unidroit dispone circa il recupero di beni culturali rubati o illecitamente esportati. Da qualche anno, il progetto ILA è oggetto di ulteriore elaborazione da parte dell'UNESCO, che lo ha considerato come un'utile base di discussione in vista dell'adozione di una Convenzione sulla protezione del patrimonio subacqueo, integrandone in una certa misura la disciplina, senza peraltro alterare in misura realmente decisiva lo spirito che lo informava.

La diversità "oggettiva" – e di scopo – fra i due testi va posta anche in relazione alla diversità delle opzioni "ideologiche", ma ricche di pratiche implicazioni, compiute dai loro autori, in quanto in essi vengono prospettate due distinte letture del principio fondamentale di conservazione, a beneficio dell'umanità, del patrimonio culturale, enunciato dall'articolo 303, paragrafo 1, della Convenzione di Montego Bay. Il Progetto UNESCO si pone l'obiettivo di dare specifica attuazione a tale principio, con riferimento ai beni di origine sottomarina. Appare manifesto l'intento dell'UNESCO di completare la disciplina della Convenzione di Montego Bay attraverso l'attribuzione allo Stato costiero di una giurisdizione esclusiva in tema di protezione del patrimonio culturale subacqueo in uno spazio di estensione pari alla zona economica esclusiva e dunque l'istituzione di una vera e propria zona di patrimonio culturale di ampiezza corrispondente (art. 5).

L'attività di protezione del patrimonio archeologico sottomarino, pur dovendo essere svolta in una prospettiva "pubblicistica" (a beneficio dell'umanità: art. 3), è affidata alle cure esclusive dello Stato costiero, il quale è abilitato a disporre nell'ambito della zona tutte le misure di coercizione (*seizures*) ritenute indispensabili e adeguate (art. 9). L'esigenza di assicurare un'efficace cooperazione di Stati per prevenire o per eliminare le conseguenze di una illecita rimozione di beni archeologici sottomarini dal loro sito originario è appena sfiorata in disposizioni che impongono agli Stati che abbiano proceduto al sequestro di notificarlo ad ogni altro Stato interessato (art. 11, par. 2) o prevedono in termini affatto generali l'obbligo di fornire alle altre future parti contraenti ogni utile informazione (art. 13), senza peraltro esigere l'istituzione di un sistema centralizzato di raccolta dei relativi dati. Va poi sottolineata l'importanza dell'articolo 18, paragrafo 3, che impone alle future parti contraenti l'obbligo di istituire *internal procedures* per la risoluzione di controversie circa la conformità di attività di scavo o ritrovamento compiute nella zona alla Carta per la protezione e la gestione del patrimonio culturale sottomarino elaborata dall'*International Council for Monuments and Sites*, allegata al progetto medesimo.

Sembra appena il caso di precisare che il Progetto non impone che tali procedure siano affidate ad organi giudiziari e che le forme, le condizioni ed i presupposti delle procedure potranno essere disciplinati in termini anche molto diversi dagli Stati che diverranno parti contraenti della Convenzione.

La Convenzione Unidroit sul recupero internazionale dei beni culturali rubati o illecitamente esportati, elaborata nel corso di quattro sessioni del *Comité d'experts gouvernementaux sur la protection internationale des biens culturels* tenute nel 1988, 1989, 1990 e 1993 e sottoposta al vaglio definitivo da parte degli Stati membri dell'organizzazione nel corso della Conferenza di Roma del 1995, rappresenta il punto di arrivo di un lungo e tormentato lavoro di approfondimento volto ad individuare soluzioni egualmente accettabili da Stati le cui legislazioni di settore sono segnate da divergenze più che sensibili[29]. Essa contiene esclusivamente regole che disciplinano le procedure di recupero azionate su domanda statale e relative a fatti di circolazione internazionale illecita di beni culturali. Può dirsi, anzi, che la Convenzione Unidroit nasca dall'intento di completare la Convenzione UNESCO del 1970, in particolare specificando con una normativa di carattere più analitico e riformando in aspetti di non trascurabile rilievo la procedura di recupero prevista dalla più antica Convenzione.

[29] Sulle tappe di tale elaborazione v. part. Unidroit 1986, Etude LXX, Doc. 1; REICHELT, *La protection des biens culturels*, Roma, dicembre 1986; Unidroit 1993, Etude LXX, Doc. 48, *Rapport sur la 4ème session préparé par le Secrétariat*, Roma, febbraio 1994; PROTT, *Commentary on the Preliminary Draft of a Unidroit Convention on Stolen or Illegaly Exported Cultural Objects, Report presented to UNESCO,* August 1990 (CLT/CH/01/7.2/196.5.1). Per una analisi delle disposizioni inserite nel testo adottato dalla Conferenza di Roma, v., inoltre: DROZ, *Convention d'Unidroit sur les biens culturels volés ou illicitement exportés*, in *Rev. Crit. DIP*, 1997, p. 239 ss.; FOX, *The Unidroit Convention on Stolen or Illegally Exported: an Answer to the World Problem of Illicit Trade in Cultural Property*, in *University Journal of International Law and Policy,* 1993, p. 225 ss.; FRIGO, *La Convenzione dell'Unidroit sui beni culturali rubati o illecitamente esportati,* in *Riv. Dir. Int. Priv. Proc.*, 1996, p. 435 ss; HUGHES, *Unidroit Convention on Stolen or Illegally Exported Cultural Objects*, in *Canadian International Lawyer*, 1995, p. 214 ss.; LALIVE, *Une avancée du droit international: la Convention de Rome de l'Unidroit sur les biens culturels volés ou illicitement exportés,*in *Revue de droit uniforme*, 1996, p. 40 ss.; MARLETTA, *La restituzione dei beni culturali,* cit.; SANCHEZ FELIPE, *El Convenio de Unidroit sobre los bienes culturales robados o esportados ilicitamente, hecho en Roma el 24 de junio de 1995,* in *Revista española de derecho international*, 1996, p. 435 ss.; SCHNEIDER, *The Unidroit Convention on Cultural Property: State of Play and Prospect for the Future*, in *Uniform Law Review*, 1997, p. 494 ss.; SIEHR, *The Unidroit Draft Convention on the International Protection of Cultural Property*, in *Int'l J. Cult.*, 1992, p. 321 ss.

La nozione di bene culturale rilevante ai fini della determinazione della sfera di applicabilità oggettiva della Convenzione Unidroit è piuttosto ampia, in quanto include "tout objet corporel revêtant une importance culturelle, notamment artistique, historique, spirituelle ou rituelle" (art. 2). È del tutto evidente che la competenza a decidere circa l'importanza del bene nei campi appena indicati debba ritenersi attribuita allo Stato richiedente. Data l'ampiezza del dettato della disposizione in tema di applicabilità, non può dubitarsi che la Convenzione sia applicabile, pertanto, anche all'ipotesi di rimozione di beni storici ed archeologici sottomarini dal loro sito originario, purché ad essi sia attribuita "importanza storica" dallo Stato richiedente e purché la rimozione sia collegabile ad un furto o ad un atto di illecita esportazione dell'oggetto stesso.

Va notato che la Convenzione, specificando con riguardo alle fattispecie regolate il principio della conservazione, a beneficio dell'umanità, del patrimonio culturale, assegna ruoli ben precisi ed altrettanto distinti allo Stato beneficiario (richiedente) ed allo Stato chiamato ad attuare la restituzione e prima ancora competente in via esclusiva a deciderla (richiesto). Ha titolo ad inoltrare una domanda di restituzione lo Stato al cui patrimonio culturale il bene appartenga, non importa se a titolo originario o in conseguenza di uno o più leciti trasferimenti. Il criterio impiegato per l'individuazione dello Stato richiedente è, come c'era da attendersi, quello territoriale (art. 1), intendendosi per territorio ogni spazio nel quale uno Stato eserciti la propria sovranità, goda di diritti sovrani o abbia a qualsiasi titolo "giurisdizione".

La domanda va indirizzata alle autorità competenti dello Stato in cui risieda abitualmente il possessore del bene culturale oggetto della richiesta di restituzione o dello Stato in cui tale bene in fatto si trovi (art. 9, par. 1). La disposizione che si è appena ricordata estende la possibilità di esperimento di procedure di recupero da parte dello Stato richiedente, in quanto rende possibile la presentazione anche allo Stato di residenza del possessore di domande dirette ad azionarle, a differenza di quanto prevedevano sia la Convenzione UNESCO sia la normativa comunitaria.

La procedura è disciplinata con regole in buona parte analoghe a quelle previste dalla normativa comunitaria più sopra esaminata, anche se manca una precisa qualificazione dell'organo interno competente come organo giurisdizionale, avendo preferito gli autori della Convenzione lasciare agli Stati contraenti un più ampio margine di discrezionalità in ordine alla determinazione della natura di tale organo e della sua collocazione nell'ambito degli organismi di giustizia.

Nella Convenzione si distingue nettamente l'ipotesi del furto di un bene culturale (artt. 3 e 4) da quella della sua illecita esportazione (artt. 5-8). La distinzione soddisfa anzitutto una esigenza di completezza, volendo gli autori evitare con ogni cura che una qualsiasi forma di illecita esportazione non riconducibile alla nozione di furto fosse sottratta all'ambito di applicazione della procedura di recupero, ma si traduce anche, come si vedrà, in una non trascurabile diversità dei regimi applicabili in ciascuna delle due ipotesi.

In proposito va anzitutto rilevato che la Convenzione Unidroit – come la Convenzione UNESCO e la Direttiva n. 93/7/CE – apporta una vistosa deroga al principio, largamente diffuso negli ordinamenti dei Paesi dell'Europa continentale, che fa salvi i diritti acquisiti dal possessore di buona fede di beni mobili, in caso di acquisto *a non domino*. Tuttavia la portata di tale deroga varia sensibilmente a seconda che si versi nell'ipotesi di furto o in quella, sicuramente meno grave, di illecita esportazione. In caso di furto, infatti, i diritti del possessore di buona fede sul bene culturale sono interamente sacrificati (art. 3, par. 1), anche se il possessore, come stabilito anche dalla disciplina UNESCO e dalla disciplina comunitaria, ha titolo ad una "indemnité équitable" qualora egli provi di aver esercitato "la diligence requise lors de l'acquisition". Viceversa, in caso di illecita esportazione, il possessore che dimostri di non aver saputo o di non aver dovuto sapere, al momento dell'acquisto, che il bene era stato esportato in violazione della legislazione dello Stato richiedente, oltre ad aver titolo ad una equa indennità, ha anche facoltà di decidere, a sua scelta ed evidentemente in alternativa all'esercizio del diritto all'indennità, di restare proprietario del bene o di trasferirlo, a titolo oneroso o gratuito, a persona di sua scelta residente nello Stato richiedente e tale da fornire le garanzie necessarie (art. 8, par. 1 e 2). È del tutto evidente che la disposizione da ultimo citata comporta che il possessore di buona fede non perda il diritto sul bene, rimanendo titolare tanto della facoltà di ritenerlo, quanto della facoltà di disporne.

Le norme appena esaminate permettono inoltre di definire con grande chiarezza il contenuto ed i limiti del diritto alla restituzione di cui è titolare lo Stato richiedente: quest'ultimo, infatti, in caso di illecita esportazione, può soltanto pretendere che il bene ritorni nel suo territorio o in uno spazio soggetto alla sua sovranità, ma non può disporre il sacrificio dei diritti del possessore di buona fede. Per tal via si separano rigorosamente le pretese e i diritti dei soggetti di diritto interno e dello Stato, componendo in termini funzionalmente corretti e rispettosi dell'esigenza di protezione indicata nell'articolo 303, paragrafo 1, della Convenzione di Montego Bay, il relativo conflitto di interessi.

Anche in tema di condizioni dell'azione di recupero l'ipotesi di furto appare regolata in modo difforme da quella di illecita esportazione, in quanto lo Stato richiedente, nella seconda ipotesi, non deve limitarsi a provare l'illeceità dell'atto di esportazione, ma deve anche dimostrare, in fatto, che l'esportazione comporti "une atteinte significative" ad uno dei seguenti interessi, specificamente individuati nell'articolo 5, paragrafo 3 della Convenzione: conservazione fisica del bene o del suo contesto; integrità di un bene complesso; conservazione delle informazioni, ad esempio di natura scientifica o storica, relative al bene; uso del bene da parte di una cultura vivente; importanza culturale particolare del bene per lo Stato richiedente.

7. Considerazioni finali

I dati desumibili dalla prassi convenzionale che si è esaminata testimoniano eloquentemente la crescente attenzione dedicata dalla comunità internazionale alla problematica che si pone in tema di conservazione e godimento di beni culturali. Ne è derivata la solenne affermazione del principio della tutela dei beni culturali nell'interesse dell'umanità, che però stenta a tradursi in una disciplina di dettaglio semplice ed efficace, fondata sulla cooperazione internazionale, perché in materia ancora oggi gli Stati esprimono visioni strategiche divergenti se non contrapposte.

In alcuni – e si tratta frequentemente di Stati dotati di patrimoni culturali molto vasti e ricchi – prevale una visione strettamente pubblicistica della tutela dei beni culturali. Muovendo da tali premesse, essi ritengono che ad istituzioni pubbliche debbano essere affidati in via pressoché esclusiva i compiti di conservazione e di garanzia della generale fruizione dei beni culturali e che, conseguentemente, debbano essere limitate le possibilità dei privati di operare sul mercato dei beni culturali. In altri Stati è largamente diffusa una visione più liberale, in forza della quale ad istituzioni pubbliche dovrebbe essere affidata solo la salvaguardia di beni culturali di valore affatto particolare, mentre viene consentito lo sviluppo di un vivace e consistente mercato dei beni culturali. Il contrasto fra tali impostazioni ha avuto per conseguenza l'enfatizzazione del momento dell'attribuzione ad un determinato Stato della competenza esclusiva a dettare le disposizioni applicative del principio di conservazione.

Il diritto di ciascuno Stato al proprio patrimonio culturale risulta ormai strutturato come un autentico e distinto diritto soggettivo internazionale il cui concreto esercizio comporta l'utilizzazione, da parte degli Stati più avvertiti ed interessati, di notevoli opportunità e la messa in opera di importanti strumenti di tutela. L'orientamento della prassi convenzionale che si è in tal modo individuato, a ben guardare, riafferma sotto ogni possibile profilo la centralità del ruolo dello Stato nella protezione del suo patrimonio storico ed archeologico, e più in generale del suo patrimonio culturale. Ciò non significa, evidentemente, che non si siano delineate e progressivamente consolidate forme significative di cooperazione tra le autorità nazionali competenti; ma si deve rilevare come, al di là delle disposizioni in tema di scambi di informazioni tra tali autorità – che non danno origine ad alcun problema di reciproca compatibilità – gli altri istituti appaiono modellati in termini diversi e non sempre facilmente armonizzabili nelle convenzioni che si sono esaminate.

Le disposizioni internazionali rilevanti, come chiaramente emerge dalla ricostruzione che di esse si è data, sono largamente incomplete, se non frammentarie. Si aggiunga che la più gran parte delle norme convenzionali ha anche carattere meramente programmatico, con la conseguenza che in difetto di una analitica normativa nazionale di adattamento, esse non potranno trovare esecuzione. È, dunque, eminentemente compito statale quello di armonizzare attraverso la normativa di esecuzione disposizioni internazionali che pur essendo solo in qualche ipotesi tra loro contraddittorie ed anzi potendo essere di solito integrate senza grande sforzo in un omogeneo sistema di tutela dei beni culturali, recano sovente tracce evidenti della loro rispondenza a specifiche finalità, sottolineate con particolare solennità in determinate occasioni di intesa fra Stati.

Nell'assolvere tale compito, che è anche una responsabilità imposta dal contesto internazionale, il legislatore nazionale, oltre a dover dare esecuzione alle disposizioni contenute in convenzioni ratificate dal proprio Stato, può anche – è appena il caso di dirlo – estendere la propria attenzione anche alle convenzioni da quest'ultimo per qualsiasi ragione non ratificate, ma che contengono disposizioni utili ad una più compiuta articolazione e ad una migliore strutturazione del sistema nazionale di protezione.

Maria Clelia Ciciriello[*]- Pierluigi Simone[**]

LA LEGGE N. 88/1998 SULLA CIRCOLAZIONE DEI BENI CULTURALI ED IL TRATTAMENTO DEL POSSESSORE DI BUONA FEDE

Sommario: 1. Premessa. – 2. La disciplina vigente in Italia prima dell'entrata in vigore del mercato interno unico. – 3. I problemi posti all'ordinamento italiano dall'entrata in vigore del mercato interno unico. – 4. Le soluzioni offerte dalla recente Legge n. 88/1998. – 5. *Segue*: La tutela del possessore di buona fede.

1. Premessa

Al fine di dare esecuzione alla normativa comunitaria in materia di circolazione di beni culturali mobili, costituita come è ben noto dal Regolamento del Consiglio n. 3911/92 e dalla Direttiva del Consiglio n. 93/7 e successive aggiunte e modificazioni[1], il legislatore italiano ha

[*] *Professore associato di diritto delle Comunità europee, Facoltà di giurisprudenza, Università di Urbino.*

[**] *Cultore di diritto internazionale e di diritto delle Comunità europee, Facoltà di giurisprudenza, Università di Roma "Tor Vergata".* Il presente lavoro è stato redatto in collaborazione tra i due Autori. Più in particolare, M.C. Ciciriello ha elaborato i parr. da 1 a 4, mentre P. Simone ha curato il par. 5.

[1] I testi normativi in riferimento sono in realtà costituiti rispettivamente da tre regolamenti e da due direttive: il Regolamento (CEE) n. 3911/92 del Consiglio del 9 dicembre 1992 relativo all'esportazione dei beni culturali (*GUCE* L 395 del 31 dicembre 1992), è stato infatti eseguito dalla Commissione con il Regolamento (CEE) n. 752/93 del 30 marzo 1993 (*GUCE* L 77 del 31 marzo 1993). Il Regolamento n. 3911 è stato poi successivamente modificato dal Regolamento (CE) n. 2469/96 del Consiglio del 16 dicembre 1996 (*GUCE* L 335 del 24 dicembre 1996). La Direttiva n. 93/7/CEE del Consiglio del 15 marzo 1993 relativa alla restituzione dei beni culturali usciti illecitamente dal territorio di uno Stato membro (*GUCE* L 74 del 27 marzo 1993), risulta invece modificata dalla Direttiva n. 96/100/CE del Parlamento europeo e del Consiglio del 17 febbraio 1997 (*GUCE* L 60 del 1° marzo 1997).

adottato finalmente la Legge 30 marzo 1998, n. 88[2], introducendo in tal modo nel nostro ordinamento misure idonee a garantire la restituzione dei beni culturali illecitamente esportati, nonostante l'abolizione delle frontiere intracomunitarie. Infatti, nell'accezione ampia di "protezione" del patrimonio culturale nazionale devono essere fatte rientrare non soltanto le misure idonee ad evitare i danneggiamenti dovuti ad attività di recupero o di protezione *in situ* realizzate senza la necessaria ed idonea esperienza tecnico-scientifica, ma anche quelle preordinate ad impedire i trafugamenti illeciti di beni facenti parte di tale patrimonio che ne depauperano la relativa consistenza.

Il regime giuridico generale in materia, prima dell'adozione della Legge in parola, era dettato dalla Legge 1° giugno 1939, n. 1089, "Tutela delle cose di interesse artistico e storico", la quale, nell'indicare l'obiettivo prioritario della tutela del patrimonio culturale italiano fa propri, quali strumenti per il suo perseguimento, i concetti di conservazione e valorizzazione, sui quali si basa la stessa organizzazione del Ministero per i beni culturali ed ambientali[2bis]. La Legge di settore risolveva inoltre i problemi connessi alle esportazioni illecite di beni culturali attraverso un sistema di licenze e di controlli doganali su base nazionale, sistema che non poteva non entrare in crisi al momento della realizzazione delle libertà di circolazione del mercato comunitario, ponendosi in contrasto sia con le disposizioni del Trattato di Roma che con la disciplina comunitaria derivata.[3]

[2] Pubblicata in *GU* n. 84 del 10 aprile 1998.

[2bis] Con il Decreto Legislativo 20 ottobre 1998, n. 368, pubblicato in *GU* n. 250 del 26 ottobre 1998, il Ministero per i beni culturali ed ambientali è stato peraltro sostituito con il nuovo Ministero per i beni e le attività culturali.

[3] La Legge 1° giugno 1939, n. 1089 (pubblicata in *GU* n. 184 dell'8 agosto 1939) ha mantenuto sostanzialmente in vigore, anche se con alcune modifiche di dettaglio, il sistema di restrizioni all'esportazione dei beni di interesse storico ed artistico di proprietà privata applicato dagli Stati preunitari e confermato nella disciplina organica dettata per la materia nel primo decennio del XX secolo (Legge 12 giugno 1902, n. 185 e Legge 20 giugno 1909, n. 364). In particolare, l'esportazione dei beni culturali di proprietà privata venne sottoposta a tre specifiche condizioni: 1) al rilascio di una previa autorizzazione amministrativa tesa ad accertare che tale esportazione non arrecasse un danno grave alla storia, all'archeologia o all'arte; 2) all'attribuzione al Governo della facoltà di acquisto dei beni presentati per l'esportazione; 3) alla corresponsione di una tassa progressiva sul valore delle cose ammesse all'esportazione e non acquistate dallo Stato. Il sistema così accolto ha regolato il conflitto tra gli interessi della proprietà privata e quelli storico, artistico e culturali del Paese con una disciplina che, pur non vietando in modo assoluto l'esportazione dell'intera categoria dei beni culturali, sottoponeva comunque ad una valutazione preventiva dell'autorità amministrati-

2. La disciplina vigente in Italia prima dell'entrata in vigore del mercato interno unico

Fino al 1° aprile 1993, data di entrata in vigore della disciplina comunitaria derivata in materia di circolazione dei beni culturali[4], la regolamentazione vigente in Italia in materia, dettata dalla Legge n. 1089/1939, prevedeva l'intervento pubblico sulla circolazione dei beni culturali articolato in tre forme di controllo: un controllo con funzione ed effetti impeditivi del trasferimento, quando questo avesse arrecato pregiudizio alla conservazione ed al godimento della cosa; un controllo a fini meramente conoscitivi delle vicende traslative e costitutive di diritti sulle cose; un intervento acquisitivo dello Stato, diretto a sottrarre la cosa al commercio privato[5]. La circolazione dei beni culturali risultava inoltre da un canto differenziata a seconda della categoria di beni alla quale fare riferimento, dall'altro indifferenziata rispetto alla destinazione dei beni stessi in caso di esportazione fuori del territorio nazionale.

Infatti, per i beni di cui all'articolo 1 della Legge di settore, sottoposti a tutela generica, veniva prevista la piena libertà di circolazione nell'ambito del territorio nazionale, con conseguente passaggio di proprietà senza alcuna formalità amministrativa e la facoltà di esportazione fuori del territorio dello Stato, previo rilascio di una licenza *ad hoc* a fronte del pagamento della tassa relativa[6], successivamente dichiarata incompatibile con il Trattato di Roma dalla Corte di giustizia delle Comunità europee e, quindi, non dovuta a partire da una certa data, nel caso in cui il Paese di destinazione fosse uno Stato comunitario[7]. Veniva dettata in tal modo in definitiva una regolamentazione

va l'esportazione di ciascuno di essi, al fine di controllarne la compatibilità con gli interessi culturali superiori del Paese.

[4] Cfr. *supra*, nota 1.

[5] Si veda in tal senso ALIBRANDI-FERRI, *I beni culturali ed ambientali*, Milano, 1995, p. 396.

[6] Il rilascio della licenza per l'esportazione dei beni di cui all'art. 1 è disciplinato dal successivo art. 36 della Legge di settore nonché dagli artt. 129 ss. del Regio Decreto 30 gennaio 1913, n. 363, concernente il regolamento di esecuzione della Legge 20 giugno 1909, n. 364 e della Legge 23 giugno 1912, n. 688, la cui applicabilità è fatta esplicitamente salva dall'art. 7 del Decreto-Legge 5 luglio 1972, n. 288, che richiama sia il testo fondamentale che le norme regolamentari diverse da quelle espressamente modificate.

[7] Cfr. l'art. 36 della Legge n. 1089/1939. Nel gennaio del 1960, la Commissione delle CE aveva invitato l'Italia a sopprimere la tassa nei confronti degli Stati membri,

dell'esportazione dei beni culturali indifferenziata indipendentemente dalla destinazione del bene verso Paesi membri della Comunità o verso Stati terzi. Inoltre, la normativa consentiva agli Uffici competenti, cioè a dire agli Uffici esportazione degli oggetti di antichità e d'arte delle Soprintendenze per le antichità e belle arti, di interpretare discrezionalmente in modo estremamente estensivo e, quindi, non unitario, il concetto di "danno impeditivo per l'esportazione" di cui all'articolo 35, 1° comma, della Legge in esame[8], per negare il rilascio della licenza per beni che presentassero un benché minimo interesse storico od artistico in modo ancora una volta indifferenziato indipendentemente dalla destinazione del bene, dato che al danno eventualmente derivabile per il patrimonio nazionale la norma non attribuisce alcuna qualificazione[9]. Inoltre, in caso di mancata concessione della licenza all'esportazione, secondo il disposto dell'articolo 39, veniva previsto un diritto di prelazione da parte dello Stato, ad un prezzo proposto dal

fissando il termine perentorio al 1° gennaio 1962, data di scadenza della prima tappa del periodo transitorio, successivamente prorogato al 31 dicembre 1965. Non avendo l'Italia ottemperato, con la sentenza 10 dicembre 1968, in causa 7/68 (*Foro it.*, 1969, IV, c. 89) e la successiva sentenza 13 luglio 1972, in causa 48/71 (*Foro it.*, 1972, IV, c. 221, con nota di TIZZANO, *Un non commendevole record dell'Italia membro CEE*), la Corte di giustizia delle Comunità europee dichiarò incompatibile con il Trattato la tassa sulla esportazione delle cose di interesse storico-artistico nei confronti degli Stati comunitari affermando che la funzione per essa pretesa dal Governo italiano di mezzo di tutela del patrimonio nazionale non poteva essere accettata in quanto le eccezioni di cui all'art. 36 al principio fondamentale della libertà di circolazione, in quanto tali, vanno interpretate restrittivamente. Per ottemperare agli obblighi derivanti dalle due pronuncie della Corte, l'Italia ha adottato il Decreto-Legge 5 luglio 1972, n. 288, convertito nella Legge 8 agosto 1972, n. 487, con il quale venivano modificati gli artt. 35-41 della Legge di settore e veniva abolita la tassa di cui all'art. 37, per le esportazioni verso gli altri Stati comunitari. Per un commento, cfr. ALIBRANDI-FERRI, *I beni culturali ed ambientali*, cit., p. 497 s.

[8] Cfr. l'art. 35, 1° comma, che dispone: "È vietata, nei casi in cui costituisce danno per il patrimonio storico e culturale nazionale, l'esportazione dal territorio della Repubblica, delle cose di cui all'art. 1 della Legge ed al D.P.R. 30 settembre 1963, n. 1409, che, o considerate in se stesse o in relazione al contesto storico-culturale di cui fanno parte, presentano interesse artistico, storico, archeologico, etnografico, bibliografico, documentale o archivistico, *a motivato giudizio dei competenti uffici di esportazione* (...)" (corsivo dell'Autore).

[9] Possiamo ammettere che la valutazione del danno eventuale costituisca una applicazione della clausola di salvaguardia contenuta nell'art. 36 Trattato CE, nei limiti in cui naturalmente essa sia effettivamente intesa a garantire la salvaguardia del patrimonio nazionale e non a violare il principio della libertà di circolazione sancito dal Mercato Comune.

Ministro per i beni culturali o, in caso di rifiuto dell'istante, al prezzo determinato da una commissione arbitrale.

Per contro, per i beni sottoposti a tutela privilegiata in quanto di particolare importanza e, quindi, oggetto di notifica in forma amministrativa con provvedimento del Ministro per i beni culturali, di cui all'articolo 3 della stessa Legge[10], veniva previsto il divieto di esportazione fuori dei confini nazionali ed il diritto di prelazione in favore dello Stato in caso di trasferimento di proprietà all'interno del territorio nazionale.

Indubbiamente, il regime della circolazione dei beni culturali così instaurato in Italia si poneva in contrasto sia con lo spirito che con la lettera innanzi tutto dello stesso Trattato di Roma[11]. Infatti, l'obiettivo dell'articolo 36 del Trattato è sì quello di conciliare il principio della libertà di circolazione delle merci sancito agli articoli 30-34 con la imprescindibile esigenza di proteggere il patrimonio culturale nazionale, mediante l'applicazione della clausola di salvaguardia che, tenuto conto della particolare natura dei beni culturali, consente di lasciare impregiudicati i divieti all'importazione ed all'esportazione giustificati appunto da motivi di protezione del patrimonio artistico, storico o archeologico nazionale. Tuttavia, l'applicazione di tale clausola è subordinata al rispetto di specifici ed importanti limiti, alcuni dei quali sanciti dallo stesso articolo 36 ed altri individuati dalla giurisprudenza comunitaria[12], limiti che in qualche misura sembravano superati dalla regolamentazione applicata in Italia nella materia.

[10] L'art. 3 dispone che "Il Ministro per i beni culturali ed ambientali notifica in forma amministrativa ai privati proprietari, possessori o detentori a qualsiasi titolo, le cose indicate nell'art. 1 che siano di interesse particolarmente importante. Trattandosi di immobili per natura o di pertinenze, si applicano le norme di cui al secondo comma dell'articolo precedente. L'elenco delle cose mobili, delle quali si è notificato l'interesse particolarmente importante, è conservato presso il Ministero per i beni culturali ed ambientali e copie dello stesso sono depositate presso le prefetture. Chiunque abbia interesse può prenderne visione".

[11] Cfr. in proposito la puntuale ed esauriente analisi effettuata da LEMME-TORRI, *Relazione sui problemi connessi alla circolazione dei beni culturali in area comunitaria dopo l'integrazione del mercato unico europeo e proposte di modifica della Legge 1089/39*, Atti della giornata di studio organizzata dal Ministero degli affari esteri su "Revisione della normativa italiana sul patrimonio culturale", Villa Madama, Roma, 5 febbraio 1992.

[12] Sul punto si veda per tutti ROCCELLA, *Ordinamento comunitario ed esportazione dei beni culturali*, in *DCSI*, 1993, p. 544, il quale fornisce una disamina delle compe-

Si trattava pur sempre di un regime a circolazione controllata, basato sul divieto generale di esportazione, superabile caso per caso mediante licenza, che nella sua attuazione in via amministrativa lasciava in definitiva una troppo ampia discrezionalità alle autorità competenti, che non sembra abbiano del tutto seguito una tendenza restrittiva nell'interpretazione delle deroghe al principio della libertà, come richiesto dalla Corte di giustizia[13]. Ciò è stata la conseguenza del fatto che la valutazione discrezionale di danno per il patrimonio storico e culturale nazionale avrebbe dovuto essere effettuata sulla base di quegli indirizzi di "cultura generale" di cui all'articolo 35, 2° comma della Legge n. 1089 che nella maggioranza dei casi non sono stati mai indicati ai competenti Uffici di esportazione degli oggetti di antichità e d'arte[14]. Risultava altresì ingiustificabile, alla luce dell'articolo 36, per le ragioni suesposte, l'acquisizione ad un prezzo di favore da parte dello Stato, anziché al prezzo di mercato, di quei beni rispetto ai quali questi eserciti il diritto di prelazione *ex* articolo 39 della Legge di settore.

3. I problemi posti all'ordinamento italiano dall'entrata in vigore del mercato interno unico

Con l'entrata in vigore del mercato interno unico e l'applicazione della disciplina comunitaria richiamata non era più ammissibile un

tenze statali residuali nella materia, alla luce del principio di sussidiarietà introdotto dal Trattato di Maastricht all'art. 3B.

[13] Cfr. le sentenze 10 dicembre 1968, in causa 7/68, *Oggetti d'arte*, (*Foro it.*, 1969, IV, c. 89); 25 gennaio 1977, in causa 46/76, *Bauhuis*, (*Raccolta CGCE*, 1977, p. 5); e 9 giugno 1982, in causa 75/81, *Commissione* c. *Repubblica italiana*, (*ibid.*, 1982, pp. 2187 ss. e 2204).

[14] Se è vero che, secondo la Corte di giustizia, spetta a ciascuno Stato membro la facoltà di definire il proprio patrimonio culturale, il divieto di esportazione si giustifica tuttavia solo per quelle cose che costituiscono beni di particolare importanza e, quindi, che possono essere considerati espressione della cultura nazionale. Sulla base di tali considerazioni appare non del tutto in linea con il diritto comunitario il disposto dell'art. 2 della Legge 8 agosto 1972, n. 487, sulla esportazione di cose di interesse artistico ed archivistico, che accorda al Ministro per i beni culturali ed ambientali la facoltà di vietare l'esportazione di intere categorie di beni culturali. Sul punto, cfr. CHITI, *Beni culturali e mercato unico europeo*, in ASSOCIAZIONE PER LO STUDIO E LE RICERCHE PARLAMENTARI, *Quaderno n. 3*, Milano 1993, p. 163 s. Sulla circolazione dei beni culturali nella CE si veda, tra gli altri, GRASSI, *La circolazione dei beni culturali nella Comunità Europea*, in MEZZETTI (a cura di), *I beni culturali*, Padova, 1995, p. 1 ss.

regime di esportazione indifferenziato verso Stati membri e Stati terzi e, quindi, era necessario distinguere tra la c.d. “spedizione” intracomunitaria e l’esportazione extracomunitaria, con il conseguente emergere di problemi normativi, amministrativi e organizzatori per l’Amministrazione italiana dei beni culturali[15].

In attesa di procedere ad una riforma organica sul punto della Legge di settore, il Ministero per i beni culturali ed ambientali ha emanato una Circolare interpretativa del Regolamento CEE n. 3911/92[16], relativo all’esportazione definitiva o temporanea dei beni culturali che rientrano nelle categorie elencate nel relativo Allegato A, indipendentemente dal loro regime di proprietà, volta a chiarire agli Uffici competenti la portata innovativa delle predette norme comunitarie in materia, sul presupposto, del resto errato, che la disciplina della esportazione extracomunitaria di beni culturali rientrasse nella potestà normativa esclusiva della Comunità[17]. Data la diretta applica-

[15] Le categorie di beni che rientrano nella disciplina comunitaria sono individuate secondo tre criteri: la natura del bene, la sua età, il suo valore, ed i limiti di valore sono stati il frutto di un compromesso tra gli Stati più protezionisti e gli Stati più liberisti. Al riguardo, occorre rammentare che il Governo italiano, nel formulare per la Commissione comunitaria osservazioni informali sui progetti di regolamento e di direttiva, in particolare sulla definizione di patrimonio nazionale da tutelare, aveva sottolineato come non si ritenesse opportuno seguire il criterio di una soglia di valore che avrebbe dovuto consentire automaticamente l’inserimento o l’esclusione di determinati beni nell’ambito del patrimonio culturale, argomentando innanzi tutto circa la non coincidenza tra valore economico e valore culturale e, in secondo luogo, sottolineando la difficoltà di stabilire il soggetto che avrebbe dovuto determinare tale valore economico e con quali criteri, attese le diversità delle valutazioni di mercato nei vari Paesi membri e l’arbitrarietà e le strumentalizzazioni che ne potevano derivare.

[16] Con la Circolare del Ministero per i beni culturali ed ambientali “*Mercato unico europeo*” n. 3615 del 1° aprile 1993, dopo avere ribadita l’efficacia diretta del Regolamento n. 3911/92 e del relativo Regolamento di esecuzione, i beni culturali, ai fini della loro circolazione, vengono distinti in due categorie: quelli sottoposti alla disciplina comunitaria, per i quali si prescrive il rilascio di una licenza di esportazione valida su tutto il territorio doganale comunitario; quelli sottratti alla regolamentazione comunitaria e, quindi, soggetti unicamente alla Legge italiana n. 1089/1939, per i quali si prescrive il rilascio di una licenza di esportazione valida unicamente in Italia e, quindi, sottoposti unicamente al controllo doganale delle competenti autorità italiane.

[17] Come abbiamo già affermato in precedenza, lo stesso art. 36 Trattato CE fa salve, entro certi limiti, le legislazioni nazionali degli Stati membri in materia di esportazione di beni e l’art. 128 del Trattato di Maastricht applica, a sua volta, il principio di sussidiarietà al settore culturale. Per una disamina approfondita ed in senso evolutivo dell’art. 36 si veda da ultima MUCCI, *La Comunità europea ed i beni culturali mobili: dal Trattato di Roma al Trattato di Maastricht*, in *Com. Int.*, 1997, p. 89 ss.

bilità e la prevalenza dei regolamenti, si è ritenuto pertanto che l'entrata in vigore della normativa comunitaria, avrebbe da un canto reso di fatto inoperante l'esercizio della facoltà di acquisto all'esportazione da parte dello Stato (di cui all'art. 39 della Legge n. 1089/1939) con riferimento ai beni rientranti nella sfera materiale di applicazione del Regolamento e, dall'altro avrebbe determinato l'abolizione della tassa progressiva all'esportazione degli stessi beni, di cui all'articolo 37 della Legge in questione[18]. Si è venuta in tal modo a determinare l'attribuzione di una paradossale maggiore tutela per quei beni culturali che, in quanto di minore importanza, non essendo ricompresi nelle categorie individuate dal Regolamento, restavano sottoposti unicamente alla legislazione statale e, quindi, all'applicazione sia della tassa all'esportazione che della facoltà di acquisto da parte dello Stato[19].

Con riferimento in particolare all'abolizione della facoltà di acquisto da parte dello Stato per i beni rientranti nella disciplina del Regolamento, sancita dalla Circolare ministeriale, pur nel silenzio del Regolamento, in quanto considerata confliggente sia con l'insussistenza di un titolo (in quanto non espressamente prevista dalla regolamentazione comunitaria) sia con il principio della libertà di circolazione in-

[18] Cfr. in tal senso LANCIOTTI, *La circolazione dei beni culturali nel diritto internazionale privato e comunitario*, Napoli, 1996, p. 116 s. Al riguardo occorre osservare che, per quanto riguarda l'esportazione al di fuori della CE dei beni rientranti nel campo di applicazione del Regolamento, la licenza rilasciata dalle autorità italiane risulta valida per tutta la Comunità ed il bene può lasciare il territorio doganale comunitario anche attraverso un altro Stato membro che espleterà le formalità doganali, eventualmente fermando e segnalando alle autorità italiane i beni sprovvisti di licenza; mentre per i beni non rientranti nel campo di applicazione della norma comunitaria e, quindi, soggetti alla Legge n. 1089/1939, la licenza rilasciata sarà valida solo in Italia ed i beni sprovvisti di licenza saranno fermati solo dalle dogane italiane.

[19] Sull'annoso problema della opportunità o meno che la legislazione comunitaria lasciasse alla determinazione delle leggi interne i beni rientranti nel patrimonio nazionale, cfr. BISCARETTI DI RUFFIA, *Il Regolamento n. 3911/92 del Consiglio relativo all'esportazione di beni culturali ed il Trattato sull'Unione europea*, in *Dir. Comm. Int.*, 1992, p. 485 ss. nonché ID., *La circolazione dei beni culturali nella Comunità Europea in vista dell'attuazione del mercato interno*, in REVERDINI-BISCARETTI DI RUFFIA-FRIGO (a cura di), *La tutela e la circolazione dei beni culturali nei Paesi membri della CEE*, Roma, 1992, p. 63 ss. e la bibliografia ivi citata. In senso analogo si veda GAJA, *Le rôle de la CEE à l'égard de l'exportation des biens culturels*, in *Riv. Dir. Int. Priv. Proc.*, 1989, p. 791 ss., per il quale "la divergence ne semble toutefois pas avoir une grande importance, parce qu'il appartient en tout cas à chaque Etat membre de définir quels biens culturels il entend protéger, sous réserve d'un contrôle communautaire à l'égard des définitions qui seraient manifestement déraisonnables".

fracomunitaria, sembra potersi rilevare la impossibilità giuridica di desumere un divieto dal silenzio della norma e, quindi, la impossibilità di accettare una interpretazione del Regolamento così fortemente limitativa delle competenze degli Stati membri[20]. Inoltre, tenuto conto che l'obiettivo prioritario del Regolamento è quello di rafforzare il controllo sull'esportazione dei beni culturali al di fuori della Comunità, in quanto misura compensativa della soppressione dei controlli alle frontiere infracomunitarie, tale atto non può essere interpretato, come ha fatto la Circolare in argomento, come una disciplina tesa ad escludere l'applicazione delle misure nazionali di restrizione che risultino compatibili con la licenza comunitaria di esportazione e che l'articolo 36 del Trattato fa espressamente salve[21].

Per quanto riguarda poi l'esportazione al di fuori del territorio comunitario di reperti archeologici (Categoria 1, Allegato A) viene ribadito che continua ad essere in ogni caso necessario il rilascio della licenza di esportazione dato che l'Italia non ha esercitato la facoltà di cui all'articolo 2, paragrafo 2 del Regolamento CEE prevista per gli oggetti di limitato valore archeologico o scientifico[22].

4. Le soluzioni offerte dalla recente Legge n. 88/1998

La Legge 30 marzo 1998, n. 88 ha inteso dare esecuzione contestualmente sia al Regolamento comunitario n. 3911/92 che alla Diret-

[20] Cfr. in tal senso da ultimo MARLETTA, *La restituzione dei beni culturali. Normativa comunitaria e Convenzione Unidroit*, Padova, 1997, p. 111 s. e la dottrina ivi richiamata.

[21] Sulla problematica relativa all'acquisto all'esportazione si vedano le osservazioni di GARDELLA, *La circolazione dei beni culturali: la disciplina comunitaria e il progetto di legge di attuazione della Direttiva CEE 93/7*, in *Dir. Comm. Int.*, 1996, p. 343 s., che effettua anche una disamina delle leggi interne di alcuni Stati comunitari in materia.

[22] Un bene culturale rientra nel campo di applicazione del Regolamento CEE n. 3911/92 se, oltre ad appartenere ad una delle categorie elencate nel relativo Allegato A, che nella maggior parte dei casi comportano anche un limite di vetustà, raggiunge un valore economico pari o superiore a quello indicato per la corrispondente categoria nel relativo Allegato B. I beni per i quali non è prevista alcuna soglia finanziaria oltre ai reperti archeologici (categoria 1) sono: elementi provenienti dallo smembramento di monumenti (categoria 2); gli incunaboli ed i manoscritti (categoria 8); gli archivi (categoria 11). Cfr. MINISTERO PER I BENI CULTURALI ED AMBIENTALI, Circolare n. 3615 del 1° aprile 1993, *Mercato unico europeo: esportazione di beni culturali*, già citata *supra*, nota 16.

tiva n. 93/7, dettando norme di esecuzione del primo e di recepimento della seconda che disciplinano le esportazioni dei beni culturali all'interno del territorio doganale comunitario e la restituzione dei beni illecitamente esportati[23] nonché che modificano numerose disposizioni della Legge di settore più volte richiamata n. 1089/1939[24]. Al riguardo occorre tuttavia avvertire che, anche se la Direttiva n. 93/7 è stata in tal modo formalmente recepita dall'ordinamento italiano solo nel 1998, essa si applicherà comunque retroattivamente alle uscite illecite verificatesi dopo il 1° gennaio 1993, relativamente ai beni culturali di cui all'articolo 1 della Direttiva stessa[25].

[23] L'esigenza di adeguamento dell'ordinamento italiano alla disciplina comunitaria sulla circolazione dei beni culturali era stata avvertita già nel 1993 con la presentazione in Parlamento, il 18 giugno 1993, da parte del Ministro per i beni culturali ed ambientali Ronchey di concerto con i Ministri Andreatta, Conso e Paladin, del disegno di legge di iniziativa governativa recante *Norme sulla circolazione dei beni culturali* (Atto Senato della Repubblica n. 1317, XI legislatura). Tale disegno di legge, unitamente ad altre proposte, è successivamente confluito in un testo unificato, approvato dalla VII Commissione permanente (Istruzione pubblica, Beni culturali, Ricerca scientifica, Spettacolo e Sport) del Senato il 13 gennaio 1994 e trasmesso alla Camera il 20 gennaio successivo (Atto Camera dei Deputati n. 3652). Durante la XII legislatura venne presentato un nuovo disegno di legge ad iniziativa dei senatori Bucciarelli, Alberici, Manieri, Abramonte, Bergonzi, Biscardi, Masullo, Pagano, Scaglioso e Magris (Atto Senato della Repubblica n. 395 del 10 giugno 1994), che giunse poi alla Camera (proposta n. 2282 del 23 marzo 1995), decadendo tuttavia per lo scioglimento anticipato del Parlamento. Sul disegno di legge ulteriormente reiterato nel corso della XIII legislatura ed approvato in via definitiva come Legge n. 88/1998, si veda più propriamente *infra*, note 44 e 47.

[24] Il testo di legge in oggetto, articolato in cinque capi e ventisei articoli, ha inteso dare piena ed integrale esecuzione alla Direttiva comunitaria n. 93/7, prevedendo un regime transitorio di adeguamento alle disposizioni del Regolamento n. 3911/92 e modificando il capo IV della Legge di settore n. 1089/1939, relativo alla tassa sull'esportazione. In particolare, il capo I disciplina nella sezione I (artt. 1–8) la restituzione dei beni culturali usciti illecitamente da uno Stato membro dell'Unione europea e, nella sezione II (artt. 9 e 10), l'azione di restituzione dei beni culturali usciti illecitamente dall'Italia; il capo II (artt. 11–13) detta norme di esecuzione del Regolamento CEE; il capo III (artt. 14–16) contiene norme attuative comuni nonché disposizioni sulla Banca dati dei beni culturali illecitamente sottratti; il capo IV (artt. 17–24) dispone modificazioni alla Legge n. 1089, mentre il capo V (artt. 25 e 26) detta le norme finali.

[25] Sono qualificati come beni culturali ai fini dell'art. 1 della Direttiva, quelli definiti come beni del patrimonio nazionale aventi valore artistico, storico od archeologico, in applicazione della legislazione nazionale o delle procedure amministrative nazionali, ai sensi dell'art. 36 Trattato CE, e quelli che appartengono ad una delle categorie di cui all'Allegato, o che, pur non rientrando in una di tali categorie, costituiscono parte

La Legge in parola, dopo avere definito il concetto di esportazione illecita alla stregua della legislazione nazionale in vigore e del Regolamento comunitario n. 3911/92 e successive modificazioni, detta una disciplina organica della materia, introducendo una distinzione netta, per quanto attiene alle formalità doganali, tra spedizione infracomunitaria, nel qual caso viene previsto il rilascio di un attestato di libera circolazione di validità triennale, ed esportazione extra comunitaria, nel qual caso viene previsto il rilascio di una licenza di validità semestrale. Nella valutazione circa il rilascio o il rifiuto dell'attestato di libera circolazione, gli Uffici esportazione si attengono agli indirizzi di carattere generale stabiliti dal Consiglio nazionale per i beni culturali[26]. Viene prevista inoltre l'applicabilità in via transitoria delle disposizioni del titolo II del Regio Decreto 30 gennaio 1913, n. 363 individuate specificamente, fino alla loro revisione da effettuarsi entro sei mesi dall'entrata in vigore della nuova Legge, in quanto compatibili con le disposizioni del capo IV della Legge n. 1089/1939, come modificato dallo stesso provvedimento, e con le disposizioni comunitarie[27].

Il capo IV del testo legislativo in parola introduce varie modificazioni alla disciplina sulla esportazione dei beni culturali dettata dalla Legge di settore più volte richiamata n. 1089/1939, confermando il divieto sia di esportazione extracomunitaria che di spedizione intracomunitaria di beni culturali laddove ciò costituisca danno per il patrimonio storico e culturale nazionale. Tale divieto riguarda anche tre nuove categorie di beni: gli audiovisivi, con relativi negativi, la cui esecuzione risalga ad oltre venticinque anni; i mezzi di trasporto aventi più di settantacinque anni; i beni e gli strumenti di interesse per la storia della scienza e della tecnica aventi più di cinquant'anni. Da un divieto assoluto di fuoriuscita dal territorio della Repubblica, non rimuovibile mediante autorizzazione amministrativa, sono infine protetti gli archivi ed i singoli documenti dichiarati di notevole interesse storico ai sensi dell'articolo 36 del D.P.R. 30 settembre 1963, n. 1409, nonché i beni dichiarati di interesse particolarmente importante ai sensi degli articoli 3 e 5 della Legge n. 1089/1939[28].

integrante di collezioni pubbliche figuranti negli inventari di musei, archivi o fondi di conservazione delle biblioteche, nonché degli inventari delle istituzioni ecclesiastiche.

[26] Cfr. l'art. 11 "*Licenza di esportazione*".

[27] Cfr. l'art. 12 "*Applicazione transitoria del regolamento approvato con Regio Decreto 30 gennaio 1913, n. 363*".

[28] Cfr. l'art. 17 "*Sostituzione dell'articolo 35 della Legge n. 1089*".

Nel nuovo testo legislativo l'obbligo di denunciare il valore venale del bene da esportare, che viene confermato in capo all'esportatore dall'articolo 18, viene ad assumere la funzione prioritaria di parametro da un canto di valutazione dell'opportunità del rilascio dell'attestato di libera circolazione e dall'altro dell'esercizio dell'acquisto da parte dello Stato[29]. Infatti, recependo le critiche che a suo tempo erano state mosse alla interpretazione troppo estensiva del Regolamento comunitario offerta dalla Circolare del Ministero per i beni culturali ed ambientali con riferimento alla soppressione di fatto della facoltà di acquisto da parte dello Stato dei beni destinati ad esportazione di cui all'articolo 39, 1° comma, della Legge di settore, tale facoltà viene espressamente confermata dalla nuova Legge, che ne dispone l'esercizio entro novanta giorni dalla denuncia, da parte del Ministro per i beni culturali ed ambientali o della Regione nel cui territorio si trova l'Ufficio di esportazione competente[30]. La soluzione opposta, proposta nel testo del disegno di legge presentato a suo tempo nel corso della XI legislatura, laddove accolta, avrebbe confermato formalmente un orientamento interpretativo giuridicamente non corretto, estendendo altresì la soluzione dettata dalla Circolare ministeriale di cui si è detto per i soli beni soggetti alla disciplina comunitaria anche a quelli a tale disciplina sottratti[31].

I beni illecitamente sottratti dal territorio di uno Stato membro sono finalmente soggetti ad azione di restituzione anche per l'ordinamento legislativo italiano. La Legge in esame affida infatti al Ministero per i beni culturali, quale Autorità centrale che collabora con le amministrazioni degli altri Stati membri, il compito di attuare le norme della Direttiva a termini degli articoli 3 ss., con l'apporto di altri organi dello Stato, delle Regioni e degli enti locali. L'azione di restituzione va promossa, innanzi all'autorità giudiziaria ordinaria, entro un anno dal momento in cui lo Stato richiedente ha individuato il bene

[29] Si veda l'art. 18 della Legge n. 88/1998 che modifica l'art. 36 della Legge n. 1089/1939. Sulla portata della potestà di acquisto automatico all'esportazione cfr. GARDELLA, *La circolazione dei beni culturali*, cit., p. 343 s.

[30] Cfr. l'art. 20 "*Sostituzione dell'articolo 39 della Legge n. 1089*".

[31] Cfr. il Disegno di legge n. 1317 del 1993 (già citato *supra*, nota 23). L'art. 18 del testo originario sostituiva infatti l'art. 39 della Legge n. 1089 con un testo avente un contenuto completamente diverso, pervenendo in tal modo a sopprimere la facoltà di acquisto all'esportazione.

uscito illegalmente, con un termine di prescrizione di trent'anni[32]. Le categorie di beni culturali sottoposte all'azione di restituzione, tra le quali sono ricompresi i beni inclusi negli inventari ecclesiastici o che fanno parte di collezioni pubbliche o di inventari di musei, archivi e biblioteche, sono indicate in un elenco allegato, con i relativi valori applicabili, espressi in ECU. Inoltre, nell'articolo 5, 3° comma, viene sancito il principio della imprescrittibilità dell'azione di restituzione per i beni facenti parte di collezioni pubbliche così identificate a termini dell'articolo 1 della Direttiva n. 93/7.

L'esercizio dell'azione di restituzione di beni culturali illecitamente usciti dal territorio italiano è esercitata dal Ministero per i beni culturali ed ambientali, d'intesa con il Ministero degli affari esteri, innanzi al giudice competente dello Stato membro nell'ambito del quale è localizzato il bene illecitamente esportato[33]. Viene in tal modo fatto valere in giudizio un diritto proprio dello Stato alla restituzione del bene illecitamente sottratto, indipendentemente dalla proprietà di quest'ultimo che può essere anche privata. I beni recuperati, anche se di proprietà privata, vengono conservati a cura dell'Autorità centrale fino al momento della consegna all'avente diritto, che è tenuto a pagare le spese sostenute per il procedimento di restituzione. Qualora l'avente diritto sia sconosciuto, il Ministero provvede a notificare l'avvenuto recupero del bene con un avviso sulla *Gazzetta Ufficiale*, dalla cui data di pubblicazione decorrono i cinque anni entro i quali il bene può essere richiesto dal legittimo proprietario: scaduto tale termine il bene è acquisito al demanio dello Stato. Viene in tal modo istituita una sorta di nuova forma di acquisizione pubblica nel nostro ordinamento che non sembra tuttavia porsi in contrasto, come vorrebbero alcuni, con lo spirito della Direttiva, la quale si limita a garantire la reintegrazione del patrimonio culturale nazionale e non si spinge a disciplinare il regime di proprietà dei beni recuperati, in quanto la regolamentazione di tale ultimo aspetto resta nella piena competenza normativa statale[34].

32 Sul problema della competenza del giudice ordinario in materia si veda PROTO PISANI, *La restituzione di beni culturali illecitamente usciti dal territorio di uno Stato membro della CEE*, in *Rivista critica di diritto privato*, 1992, p. 311 s.

33 Cfr. capo I, sezione II, artt. 9 e 10.

34 Considerato che l'art. 222 Trattato CE lascia del tutto impregiudicato il regime di proprietà esistente negli Stati membri, la Direttiva n. 93/7 non formula alcuna disposizione sostanziale sulla proprietà del bene una volta recuperato, rinviando alla

Allo scopo di rendere effettivo il regime di protezione, di particolare importanza appare poi la disciplina dettata nel capo III del testo, contenente norme attuative comuni per entrambi gli atti comunitari, nonostante il taglio, rispetto al testo originario, della disposizione relativa all'autorità di garanzia preposta a tale compito[35]. Viene infatti prevista la creazione di una banca dati dei beni culturali illecitamente sottratti che dovrebbe costituire lo strumento operativo idoneo ad assicurare il funzionamento del procedimento di restituzione previsto dalla stessa Legge. Infatti, come è stato acutamente osservato in dottrina, "la funzione di conoscenza è il presupposto giuridico e sostanziale dell'esercizio della funzione di tutela"[36].

Al riguardo, occorre però osservare che, anche dopo l'entrata in vigore della Legge in parola, l'effettività di un tale sistema di protezione dipenderà dalla capacità della Amministrazione italiana di procedere ad una catalogazione completa del patrimonio nazionale in tempi non troppo lunghi. Tale catalogazione dovrà riguardare non solo quei beni a tutela privilegiata, che non possono in nessun caso lasciare il territorio dello Stato, ma anche il complesso dei beni culturali di proprietà privata che spesso presentano legami intrinseci con i valori fondamentali della nostra cultura. Detti beni, da un canto, non appartenendo al patrimonio indisponibile dello Stato, possono essere oggetto di atti di

legge interna dello Stato richiedente: "La proprietà del bene culturale dopo la restituzione è disciplinata dalla legge dello Stato membro competente" (art. 12). Si veda sul punto CHITI (a cura di), *Beni culturali e Comunità europea*, Milano, 1994, p. 165.

[35] L'art. 23 del Disegno di legge n. 1317 del 1993 prevedeva la creazione di una Autorità di garanzia per la circolazione e l'esportazione dei beni culturali, intesa come organo collegiale composto di nove membri nominati dal Ministro per i beni culturali ed ambientali, al quale veniva riconosciuta la facoltà di sceglierne cinque, limitando in tal modo in definitiva l'autonomia dell'organo. Oltre alla richiesta di ispezioni sulle attività degli uffici esportazione da indirizzare al Ministro, all'Autorità in questione l'art. 21 attribuiva la competenza a curare la tenuta del registro ufficiale degli attestati di libera circolazione nonché la conservazione di uno speciale registro di trascrizione delle domande giudiziali per la restituzione dei beni culturali; sarebbero spettate altresì all'Autorità funzioni di carattere consultivo, quale il compito di dichiarare, su richiesta del Ministro, l'interesse particolarmente importante per il patrimonio nazionale di beni già usciti dal territorio della Repubblica, nonché di carattere giurisdizionale quali le decisioni sulle richieste di riesame proposte avverso le decisioni (o il rifiuto di decisione) degli Uffici esportazione.

[36] Cfr. in tal senso AMOROSINO, *Note sulla tutela delle opere d'arte tra principio comunitario di libera circolazione e disciplina amministrativa nazionale di beni a circolazione controllata*, in *Riv. Ital. Dir. Pubbl. Comun.*, 1992, 2, p. 657 ss., in particolare p. 660.

disposizione negoziale e, quindi, essere anche acquistati a titolo originario, restando nella disponibilità del proprietario privato il diritto di accesso ai mercati stranieri; dall'altro, passano per l'Amministrazione solo nel caso in cui il bene sia ad essa noto e specificamente localizzato[37]. Con riferimento a tale aspetto, si ritiene che per agevolare ed accelerare un processo di conoscenza adeguato del patrimonio nazionale, ci si potrebbe avvalere dell'apporto delle Regioni[38], prevedendo un obbligo di catalogazione sistematica in capo ad esse dei beni di proprietà regionale o di enti da essa dipendenti o controllati e della messa a disposizione del relativo catalogo, così costituito, del Ministero per i beni culturali, superando in tal modo in fatto le critiche avanzate nei confronti della Legge Covatta, considerata da molti velleitaria, con riferimento alla prescrizione di una catalogazione complessiva di tutto il

[37] Al riguardo si vedano le puntuali osservazioni svolte da AMOROSINO, *Note per la riforma dell'Amministrazione dei beni culturali, Sistemi ambientali e discipline amministrative*, Padova, 1990, nonché ID., *Note sulla tutela delle opere d'arte*, cit., p. 657 ss. L'Autore in questione ritiene giustamente urgente e necessario "da un lato la catalogazione, la sistematizzazione delle conoscenze del patrimonio artistico già noto, dall'altro la ricognizione del patrimonio esistente, ma non 'ufficialmente' noto ai pubblici poteri", proponendo di partire, sotto il secondo profilo, "(...) dalle opere e dagli autori in ordine ai quali esista documentazione e, quindi, 'riconoscimento' critico e scientifico, attribuendo alle operazioni di catalogazione scientifica, 'versate' su base informatica, funzione ed efficacia di riconoscimento giuridico (quali siano, dove siano, di chi siano le opere d'arte)". Un primo strumento importante a tale scopo viene identificato nella Legge 19 aprile 1990, n. 84 (c.d. Legge Covatta), che riferendosi tuttavia ad una catalogazione troppo vasta, comprendente tutti i beni pubblici e privati, non sembra, secondo altri, adatta allo scopo. Cfr. sul punto MICHELI, *Nota in materia di esportazione delle opere d'arte*, Atti della giornata di studio organizzata dal Ministero degli affari esteri su "Revisione della normativa italiana sul patrimonio culturale", cit.

[38] Sulla ripartizione delle competenze tra Stato e Regioni in materia di esportazione di beni culturali, si è pronunciata la Corte costituzionale italiana con la sentenza 23 maggio 1991, n. 278, con la quale ha annullato il Decreto del Ministro del commercio con l'estero 30 ottobre 1990 contenente l'elenco delle merci sottoposte ad autorizzazione per l'esportazione ed il transito, nel cui dispositivo si legge che: "non spetta agli Uffici di esportazione degli oggetti di antichità e d'arte dipendenti dal Ministero per i beni culturali ed ambientali, aventi sede presso alcune Soprintendenze, rilasciare licenze o nulla-osta per l'esportazione definitiva o temporanea degli oggetti che abbiano interesse storico, archeologico, paleontologico o artistico, ivi compresi i codici, i manoscritti, gli incunaboli, le stampe, i libri, le incisioni e le cose di rilievo numismatico che appartengano alla Regione o ad altri enti, anche non territoriali, sottoposti alla sua vigilanza o, comunque, siano d'interesse locale". Per una ricostruzione esauriente della ripartizione di competenze Stato-Regioni in materia di beni culturali si veda PIERGIGLI, *I beni culturali nell'ordinamento delle Regioni e delle autonomie locali*, in MEZZETTI (a cura di), *I beni culturali*, cit., p. 79 ss.

patrimonio culturale nazionale. D'altronde, l'articolo 18, 3° comma della Legge n. 88/1998 prevede che per i beni culturali di proprietà della Regione o di enti sottoposti alla sua vigilanza oppure oggetto di delega di funzioni amministrative alla Regione, l'Ufficio di esportazione debba sentire la Regione entro trenta giorni dalla data di ricevimento della richiesta dell'attestato di libera circolazione che, se negativo, è vincolante per l'Ufficio stesso.

È opportuno rammentare, inoltre, che proprio sulla base della Legge Covatta, il Ministero per i beni culturali ed ambientali ha avviato una campagna di censimento del patrimonio nazionale, integrata dalla c.d. *operazione emergenza*, intrapresa dagli Uffici competenti, sulla base di una Circolare *ad hoc* che ha dettato anche le relative disposizioni operative[39]. Ciò al fine di sopperire alla mancanza di una conoscenza complessiva e soprattutto selettiva della consistenza del nostro patrimonio culturale che finisce per rendere estremamente difficile al nostro Paese di assolvere all'onere probatorio incombente sullo Stato richiedente, cioè a dire fornire la prova della qualificazione del bene come "culturale" e del carattere illecito della sua esportazione, condizione indispensabile per l'esperimento dell'azione di restituzione a termini della Direttiva comunitaria finalmente recepita dalla Legge n. 88 in esame.

[39] La Circolare di cui trattasi, del 1° agosto 1992, dopo avere richiamato le disposizioni della Legge n. 84/1990 nonché delle Leggi 20 maggio 1988, n. 160 e 10 febbraio 1992, n. 145, ha affiancato all'Istituto centrale per il catalogo e la documentazione, creato con il compito di costituire e gestire il catalogo generale dei beni culturali di interesse archeologico, storico, artistico ed architettonico *ex* art. 13 del D.P.R. 3 dicembre 1975, n. 805, le Soprintendenze con la funzione di effettuare una ricognizione della documentazione esistente presso di loro e presso altri Enti al fine di pervenire, in temi brevi, ad una schedatura chiara dei beni del patrimonio nazionale, anche se limitata ai dati essenziali, che consenta la conoscenza dello stato della tutela di tale patrimonio sul territorio. Al fine di coordinare il lavoro dei nuclei operativi creati nell'ambito delle Soprintendenze è stato altresì costituito un gruppo di lavoro presso l'Ufficio centrale per i beni ambientali, architettonici, archeologici, artistici e storici del Ministero per i beni culturali, con il compito di effettuare nelle singole Soprintendenze l'esame puntuale dello stato della precatalogazione, catalogazione, inventariazione (numero di schede prodotte, tipologie dei beni considerati, loro distribuzione sul territorio) e del rapporto tra questo e la situazione vincolistica.

5. *Segue*: La tutela del possessore di buona fede

Tra le disposizioni della Legge n. 88/1998 particolare interesse suscita l'articolo 6, dedicato alla corresponsione dell'indennizzo. Il 1° e 2° comma della norma in esame affermano infatti che il Tribunale, nel disporre la restituzione di un bene culturale, può, su domanda della parte interessata, liquidare un risarcimento determinato in base a criteri equitativi ed a patto che il potenziale beneficiario dimostri di aver acquisito il possesso del bene in buona fede[40]; tale previsione riprende quella contenuta nell'articolo 9, 1° comma della Direttiva n. 93/7, ai sensi del quale "qualora sia ordinata la restituzione del bene, il giudice competente dello Stato richiesto accorda al possessore l'indennizzo che ritenga equo in base alle circostanze del caso concreto, a condizione di essere convinto che il possessore abbia usato, all'atto dell'acquisizione, la diligenza richiesta". La norma comunitaria in parola subordina dunque il pagamento della somma vantata alla sussistenza della buona fede circa il carattere lecito dell'uscita del bene dal territorio dello Stato membro richiedente, non rilevando la circostanza che il possessore abbia acquistato il bene dal legittimo proprietario o da altri, dal momento che il principio fondamentale sancisce il diritto dello Stato alla restituzione in caso di esportazione illecita e non può subire deroghe per il fatto che sia stato il proprietario stesso a compiere tale illegalità[41]. Ad ogni modo, l'articolo 6, 1° comma riprende il tenore della

[40] Ai sensi dell'art. 1147, c. 1° del Codice civile, "è possessore di buona fede chi possiede ignorando di ledere l'altrui diritto". La disciplina codicistica pone però una limitazione volta ad evitare che comportamenti negligenti del possessore restino irrilevanti quando si tratta di stabilire la consapevolezza della lesione dell'altrui diritto: proprio per questo il c. 2° dello stesso art. 1147 afferma che "la buona fede non è configurabile se l'ignoranza dipende da colpa grave".

[41] L'art. 9 della Direttiva reca una terminologia parzialmente diversa rispetto al corrispondente art. 10 della proposta originaria, contenuta nei Doc. COM (91) 447 def. del 20 gennaio 1992 e COM (92) 280 def. dell'8 luglio 1992, che utilizzava i termini "acquirente" e "detentore" invece di "possessore"; secondo l'art. 9, invece, soltanto il possessore può beneficiare dell'indennizzo a condizione che abbia acquistato il bene dopo che questo ha lasciato illecitamente il territorio dello Stato membro richiedente (FRIGO, *La proposta di direttiva del Consiglio CEE relativa alla restituzione dei beni culturali illecitamente "esportati"*, in *Dir. Comm. Int.*, 1992, p. 521; MARLETTA, *La restituzione dei beni culturali*, cit., p. 103). Nella proposta originaria l'equo indennizzo veniva inoltre concesso dal giudice a condizione che il possessore dimostrasse di non aver potuto né dovuto sapere che il bene culturale era uscito illecitamente dal territorio dello Stato membro richiedente. La differenza appare significativa poiché la circostanza che il possessore abbia usato all'atto dell'acquisto la diligenza richiesta, indica-

Direttiva nell'affermare che il Tribunale competente deve liquidare l'ammontare richiesto in base a criteri equitativi: la quota fissata in tal misura dal giudice è parsa infatti un giusto compromesso tra l'ipotesi del rimborso dell'intero prezzo pagato e quella del rifiuto di qualunque compenso in denaro[42].

Il profilo riguardante la sussistenza della buona fede come presupposto per l'attribuzione dell'indennizzo consente di fare alcune osservazioni alla luce dello stesso provvedimento italiano di recepimento. Oltre alla diversa formulazione dell'articolo 6, 2° comma della Legge n. 88, più specifico rispetto al corrispondente articolo 9, 1° comma della Direttiva, che parla genericamente di un possessore che deve aver usato all'atto dell'acquisto la "diligenza richiesta"[43], e anche rispetto al testo delle varie proposte di legge succedutesi a partire dal 1993[44], la

ta nel testo definitivo, consente al giudice un potere di apprezzamento più ampio nel quale rientrano non solo l'elemento cognitivo, ma anche ulteriori elementi relativi all'acquisto materiale del bene.

[42] Alcuni Autori temono che l'indennizzo possa compromettere la superiorità dell'interesse pubblico alla tutela dell'integrità del patrimonio artistico rispetto ad interessi di natura privatistica, e che la sicurezza di ricevere un compenso non responsabilizzi a sufficienza il compratore; è stato osservato inoltre che il prezzo attualmente raggiunto dalle opere d'arte può rendere proibitivo il recupero di quelle illecitamente sottratte. Si vedano RODOTÀ, *The Civil Law Aspects of the International Protection of Cultural Property*, in *Council of Europe Proceedings of the 13th Colloquy on European Law, Delphi, 20-22 September 1983*, Strasburgo, 1984, p. 110; VIRGOS SORIANO e GONZALES CAMPOS, *Le commerce international de l'art en droit espagnol*, in LALIVE (par le soin de), *La vente internationale d'oeuvres d'art*, Ginevra, 1988, p. 349; GARDELLA, *La circolazione dei beni culturali*, cit., p. 355 s.

[43] La definizione adoperata dall'art. 9 della Direttiva n. 93/7 in ordine alla prova che l'acquirente di buona fede deve addurre per poter ottenere il risarcimento appare più sintetica anche rispetto a quella espressa nella Convenzione Unidroit del 24 giugno 1995 sui beni culturali rubati o illecitamente esportati: gli artt. 4, c. 1° e 4° e 6, c. 1° e 2° di tale Accordo appaiono in effetti più completi in quanto non solo richiedono che "le possesseur n'ait pas su ou dû raisonnablement savoir, au moment de l'acquisition, que le bien avait été illicitement exporté" ma anche che per determinare la sussistenza della buona fede "il sera tenu compte de toutes les circonstances de l'acquisition (...)". Lo stesso art. 6, nel suo successivo c. 3°, prevede inoltre per il possessore di buona fede, previo accordo con lo Stato richiedente, la possibilità di rinunciare al compenso per restare proprietario del bene o trasferire la proprietà ad altra persona residente nello Stato richiedente; la Direttiva non indica invece alcuna forma di surroga dell'indennizzo. Si veda MARLETTA, *La restituzione dei beni culturali*, cit., p. 207.

[44] Cfr. da ultimo Atto Senato della Repubblica n. 1032 del 23 luglio 1996, XIII legislatura, p. 12, presentato dal Ministro per i beni culturali ed ambientali Veltroni di concerto con i Ministri Napolitano, Flick, Bersani e Ciampi, il cui art. 6, c. 2° dispone-

norma in esame integra a ben vedere una deroga significativa alla tutela dell'acquirente di buona fede codificata in maniera più o meno marcata negli ordinamenti appartenenti alla famiglia romano-germanica, di cui quello italiano fa parte, e che si sostanzia nella irrilevanza dello stato psicologico del possessore ai fini della restituzione del bene allo Stato richiedente[45]. La Direttiva rinuncia a definire quale debba essere il contenuto della diligenza richiesta al compratore e quale sia il soggetto su cui incombe l'onere della prova, limitandosi ad un rinvio alle legislazioni nazionali; ne consegue che gli esiti della Direttiva stessa dipendono in larga misura dalle norme di attuazione emanate da ciascuno Stato membro. Per quanto concerne l'Italia, la Legge n. 88, in deroga alla disciplina corrente, attribuisce proprio al compratore l'onere di dimostrare la propria diligenza, laddove invece ai sensi dell'articolo 1147, 3° comma del Codice civile, in materia di possesso la buona fede si presume e basta che vi sia stata al tempo dell'acquisto per cui, trattandosi di presunzione *iuris tantum*, grava su chi contesta la buona fede del possessore l'onere di provare la malafede di questi, adducendo ad esempio gli indizi idonei a dedurre che l'uomo medio, nelle medesime circostanze, non avrebbe potuto non rendersi conto di avere ottenuto il possesso con un titolo difettoso[46]. L'inversione dell'o-

va che il riconoscimento e la liquidazione dell'indennizzo erano dovuti qualora il possessore avesse dimostrato di aver usato nell'acquistare il bene una "diligenza adeguata alla natura dello stesso"; dello stesso tenore erano anche le corrispondenti previsioni contenute nei Disegni di legge n. 1317 del 1993 e n. 3652 del 1994 (XI legislatura), e n. 395 del 1994 e n. 2282 del 1995 (XII legislatura), tutti già menzionati *supra*, nota 23.

[45] L'assenza di una disciplina di diritto uniforme sul punto aveva in passato reso problematico il recupero dei beni abusivamente rimossi dallo Stato d'origine. La difformità di regime esistente con gli ordinamenti di *common law*, che diversamente da quelli di *civil law* privilegiano il proprietario originario, dava inoltre luogo a disomogeneità ed aleatorietà delle soluzioni (GARDELLA, *La circolazione dei beni culturali*, cit., p. 355).

[46] SACCO, Voce "Possesso (diritto privato)", in *ED*, XXXIV, Milano, 1985, p. 516 s.; BIGLIAZZI GERI, Voce "Buona fede nel diritto civile", in *Digesto Priv.*, II, Torino, 1988, p. 159 ss. La presunzione opera soltanto quando si tratti di giustificare gli effetti favorevoli al possessore nei rapporti con il rivendicante; quando invece si controverte sulla legittimità del comportamento acquisitivo del possesso, la buona fede deve essere provata da chi la invoca. Si vedano TENELLA SILLANI, Voce "Possesso e detenzione", in *Digesto Priv.*, XIV, Torino, 1996, p. 17, nonché Cass. 8 ottobre 1970, n. 1896, *Biraghi* c. *Francia* (*Massimario*, 1970, 595); Cass. 21 luglio 1979, n. 4374, *Rasero* c. *Fallimento Officine Subalpine* (*ibid.*, 1979, 886); Cass. 6 luglio 1984, n. 3971, *Vinciguerra* c. *Mi-*

nere della prova in tal modo realizzata è stata suggerita dalla constatazione delle difficoltà di vincere un simile tipo di presunzione, che per di più verte su un elemento soggettivo. Il disegno di legge presentato alle Camere agli inizi dell'attuale legislatura, al pari di quelli precedenti e colmando il vuoto lasciato dalla Direttiva, forniva nella sua stesura originaria anche alcune indicazioni sulle circostanze in cui non doveva essere ravvisata la diligenza del compratore, escludendola qualora il possessore non fosse stato in grado di indicare con esattezza il soggetto fisico o giuridico dal quale aveva acquisito il bene; tale norma, seppur gravosa, rispondeva all'esigenza di spezzare la catena del riciclaggio che riposa anche sulla facilità dei trafficanti di far perdere le tracce dei successivi trasferimenti dei beni, ma non è stata poi mantenuta nel testo definitivamente approvato dai due rami del Parlamento[47]. Da quanto fin qui esposto, risulta evidente che mentre lo Stato di origine è tutelato nei confronti di chiunque detenga il bene, l'acquirente dei beni fuoriusciti illecitamente riceve una tutela assai più debole e comunque subordinata alla dimostrazione della sua buona fede. Nel conflitto fra l'interesse dello Stato e l'interesse dell'acquirente del bene, il secondo è perciò notevolmente compresso, in ossequio ad un *favor* per la conservazione dell'integrità del patrimonio nazionale[48]. Durante il negoziato svoltosi in sede comunitaria, quello della prova della buona fede del terzo possessore è stato del resto uno

gnemi (*Archivio civile*, 1984, p. 1001); e Cass. 20 agosto 1991, n. 8918, *Manfredi* c. *Forzano* (*Foro it.*, 1992, I, c. 414).

[47] Il c. 4° dell'art. 6 del Disegno di legge n. 1032, già citato *supra*, nota 44, è stato infatti eliminato sia dal testo successivamente trasmesso alla Camera che da quello nuovamente giunto al Senato per l'approvazione finale (cfr. Atto Camera dei Deputati n. 3254 del 20 febbraio 1997, XIII legislatura, p. 6 e Atto Senato della Repubblica n. 1032-B del 23 febbraio 1998, XIII legislatura, p. 6, nonché GARDELLA, *La circolazione dei beni culturali*, cit., p. 536). La medesima previsione non era invece contenuta nel progetto n. 1317 presentato in Senato il 18 giugno 1993, mentre era inserita nelle proposte discusse in seguito dal Parlamento nel 1994 e nel 1995 (si veda *supra*, nota 23): il motivo di tale cambiamento è dovuto al fatto che il Disegno di legge n. 1317 giunse alla Camera dei Deputati in un testo unificato che teneva conto, tra le altre, anche di una precedente iniziativa dei senatori Chiarante, Bucciarelli, Nocchi, Alberici e Pagano intitolata *Norme sulla circolazione dei beni culturali all'interno della Comunità europea o con Paesi terzi ed adeguamento e potenziamento della legislazione italiana in materia di tutela* (Atto Senato della Repubblica n. 1543 del 7 ottobre 1993, XI legislatura), il cui art. 2, nel collegare l'ottenimento dell'eventuale indennizzo alla "adeguata vigilanza" del possessore del bene, non considerava presente tale requisito qualora costui non fosse stato in grado di indicare la persona del dante causa.

[48] GRASSI, *La circolazione dei beni culturali nella Comunità europea*, cit., p. 19.

dei punti maggiormente discussi e la soluzione di compromesso formulata su iniziativa portoghese appare in fin dei conti largamente condivisibile: tra le due opposte tesi, che avrebbero voluto una menzione espressa dell'onere della prova posto a carico rispettivamente dello Stato richiedente o del possessore, affidare al giudice un accertamento preliminare di ufficio sulla base di dati obiettivi (ad esempio l'entità del prezzo di acquisto del bene) ha significato attribuire allo stesso giudice il potere di richiedere all'una o all'altra parte, a seconda dei risultati istruttori preliminari, ulteriori elementi di prova volti a confermare o a smentire tali risultati secondo la legislazione dello Stato richiesto[49].

Oltremodo significativo per i suoi riflessi nell'ordinamento civilistico italiano risulta poi il disposto dell'articolo 6, 3° comma della Legge n. 88/1998, secondo il quale "il soggetto che abbia acquisito il possesso del bene per donazione, eredità o legato non può beneficiare di una posizione più favorevole di quella del proprio dante causa"[50]: ciò significa che in caso di malafede del *de cuius* o del donante, l'avente causa da costoro non potrà opporre un suo stato soggettivo di eventuale buona fede, ripercuotendosi invece nella sua sfera giuridica la medesima situazione del precedente possessore; se per quanto riguarda l'ipotesi dell'eredità le previsioni della Direttiva comunitaria e della successiva norma di recepimento appaiono in totale sintonia con il nostro Codice civile, alla stessa conclusione non si può però giungere negli altri due casi sopra menzionati. Il possesso, come relazione di fatto su una cosa, attribuisce infatti determinati vantaggi al possessore e fa parte del patrimonio di quest'ultimo; di conseguenza, alla sua morte e con effetto dall'apertura della successione, esso continua *ipso iure* nell'erede, suo successore a titolo universale, con quella stessa precisa caratterizzazione psicologica (buona o malafede, viziosità o meno) che aveva rispetto al defunto, e ciò anche in mancanza di una materiale apprensione del bene e perfino se viene ignorata l'esistenza dell'oggetto in questione ovvero la sua appartenenza all'asse ereditario, atteso che l'erede, come suol dirsi, "continua" la persona del *de cuius* e non essendovi dal punto di vista giuridico alcuna soluzione di continuità tra i

[49] ALIBRANDI-FERRI, *I beni culturali ed ambientali*, cit., p. 520.

[50] In senso analogo, l'art. 9, c. 3° della Direttiva n. 93/7 dispone che "in caso di donazione o di successione, il possessore non può beneficiare di una posizione più favorevole di quella del dante causa".

due soggetti, considerati come un tutt'uno. Questo implica evidentemente che se il defunto era in buona fede, deve considerarsi in buona fede anche l'erede, anche se per ipotesi sappia di ledere l'altrui diritto (*mala fides superveniens non nocet*); se invece era il defunto ad essere in malafede, poco importa che l'erede sappia o non sappia di ledere l'altrui diritto: egli subentra nella stessa posizione in cui si trovava il *de cuius* e quindi, secondo la legge, nel suo stesso stato psicologico: si verifica in tal caso la *successione nel possesso* di cui parla l'articolo 1146, 1° comma del Codice civile[51].

Ben diversa è l'ipotesi della *accessione del possesso* prevista dal 2° comma dello stesso articolo 1146, ed applicabile soltanto a chi acquista il possesso per effetto di una successione a titolo particolare per atto *mortis causa* (è l'ipotesi del legato) oppure *inter vivos* (ossia per contratto, come nel caso del donatario) e purché si verifichi la materiale apprensione della cosa: l'avente causa ha infatti la facoltà di sommare al periodo in cui egli stesso ha posseduto il periodo durante il quale ha posseduto il suo autore al fine di goderne gli effetti, e ciò può risultare utile in tutti i casi in cui assuma rilievo la durata del possesso (acquisto di un diritto reale a titolo originario per usucapione o possibilità di esperire l'azione di rivendicazione o di manutenzione). L'acquirente a titolo particolare acquista peraltro un possesso nuovo, diverso da quello del suo dante causa e può essere perciò in buona fede (che oltretutto, come già detto, si presume esistente fino a prova contraria), benché il suo dante causa fosse in malafede, non avendo in tal caso interesse ad avvalersi del possesso di quest'ultimo: le qualifiche del possesso vanno cioè valutate nei confronti dell'acquirente senza dare rilievo alla situazione in cui si trovava l'alienante[52]. Risulta perciò evidente la novità rappresentata al riguardo dal dettato della Legge n. 88, novità che appare comunque ampiamente giustificata in relazione

[51] MASI, *Il possesso e la denuncia di nuova opera e di danno temuto*, in RESCIGNO (a cura di), *Trattato di diritto privato*, VIII, Torino, 1982, p. 451 s.; SACCO, Voce "Possesso (diritto civile)", cit., p. 513 s.; BESSONE-D'ANGELO, Voce "Buona fede", in *EG*, V, Roma, 1988, p. 1; GALGANO, Voce "Possesso. I) Diritto civile", *ibid.*, XXIII, Roma, 1990, p. 3.

[52] MASI, *Il possesso e la denuncia di nuova opera e di danno temuto*, cit., p. 453 s.; SACCO, Voce "Possesso (diritto privato)", cit., p. 514 s.; BESSONE-D'ANGELO, Voce "Buona fede", cit., p. 1; GALGANO, Voce "Possesso. I) Diritto civile", cit., p. 3. Cfr. inoltre, tra le tante, Cass. 8 settembre 1978, n. 4055, *Ciampa* c. *Marcocci*, in *Massimario*, 1978, 797; Cass. 30 luglio 1984, n. 4525, *Chiappa* c. *Rizzardi, ibid.*, 1984, 913; e Cass. 26 novembre 1986, n. 6977, *Fantinuoli* c. *Società Sife, ibid.*, 1986, 1196.

al superiore interesse ad agire per il recupero dei beni culturali illecitamente esportati dal territorio di uno Stato membro della Comunità a tutela del patrimonio artistico nazionale.

Occorre infine precisare che la buona fede del possessore, o addirittura il suo valido acquisto della proprietà del bene, non costituiscono un fatto impeditivo rispetto al diritto alla restituzione dello Stato richiedente. Il possessore è infatti obbligato alla riconsegna del bene indipendentemente dal fatto di averne acquistato in modo valido la proprietà secondo quanto disposto della legislazione dello Stato richiedente o di quella dello Stato richiesto. L'azione di restituzione è perciò funzionale al rientro nel territorio dello Stato richiedente del bene illecitamente esportato; la questione relativa alla proprietà del bene è invece del tutto estranea all'oggetto del giudizio relativo al nuovo diritto dello Stato alla conservazione e restituzione, e, una volta attuata quest'ultima, andrà risolta sulla base della legislazione dello Stato richiedente. Volendo analizzare il problema con riferimento ad un'opera d'arte illegalmente uscita dal territorio italiano, occorre sottolineare, concordemente a quanto da altri già rilevato, che in caso di alienazione o di furto seguito da alienazione a terzi di buona fede di beni non alienabili ai sensi dell'articolo 23 della Legge n. 1089/1939, ovvero in caso di vendita senza denuncia o di furto seguito da alienazione a terzi di buona fede di beni notificati appartenenti a privati di cui agli articoli 30 ss. del medesimo provvedimento, l'articolo 61 della Legge n. 1089 esclude che possa mai perfezionarsi a favore dei terzi di buona fede la fattispecie acquisitiva di cui all'articolo 1153 del Codice civile[53]; nell'ipotesi in cui però la legislazione dello Stato nel quale si trova il bene culturale uscito illecitamente dall'Italia riconosca la validità dell'acquisto del terzo di buona fede, tale previsione sarà idonea a paralizzare l'azione civile ordinaria del proprietario alla restituzione, ma non a bloccare l'azione con cui lo Stato faccia valere il nuovo diritto (diverso

[53] L'art. 61 della Legge n. 1089/1939 dispone infatti la nullità di pieno diritto delle alienazioni, delle convenzioni e degli atti giuridici in genere, compiuti contro i divieti stabiliti nella medesima Legge o senza l'osservanza delle condizioni e modalità da esse prescritte. I c. 1° e 2° dell'art. 1153 del Codice civile affermano invece che "colui al quale sono alienati beni mobili da parte di chi non ne è proprietario, ne acquista la proprietà mediante il possesso, purché sia in buona fede al momento della consegna e sussista un titolo idoneo al trasferimento della proprietà. La proprietà si acquista libera da diritti altrui sulla cosa, se questi non risultano dal titolo e vi è la buona fede dell'acquirente".

dalla proprietà) alla conservazione-restituzione previsto dalla Direttiva n. 93/7: in questo caso, il terzo possessore, pur essendo proprietario secondo la legge dello Stato richiesto, è ugualmente obbligato alla restituzione e, in seguito a ciò, è destinato a perdere anche la proprietà del bene[54]. D'altro canto, in caso di alienazione o di furto seguito da alienazione a terzi di buona fede di beni culturali non notificati, la Legge n. 1089/1939 non impedisce l'operatività dell'acquisto *a non domino* di cui al suddetto articolo 1153; anche in tal caso, però, il terzo acquirente che abbia validamente acquistato il bene illecitamente uscito dall'Italia dovrà consentire il rientro del bene stesso, salva però la facoltà di goderne quale proprietario nell'ambito del territorio italiano[55].

I rilievi ora esposti in ordine alle diverse modalità attraverso cui opera la buona fede del terzo acquirente a fronte del nuovo diritto alla conservazione-restituzione dello Stato degli oggetti d'arte sottratti illegalmente, dovrebbero consentire anche di individuare i criteri che il giudice dovrà seguire per determinare l'equo indennizzo riconosciuto dall'articolo 6 della Legge n. 88/1998: questo dovrebbe essere sempre escluso ove l'acquisto del terzo, seppure in buona fede, sia invalido secondo la legislazione dello Stato richiedente, mentre invece dovrà essere concesso ove l'acquisto sia valido: in tal caso, il risarcimento dovrà costituire ristoro non della perdita della proprietà del bene da parte del terzo, bensì solo delle limitazioni alla circolazione del bene stesso. In tal modo, l'indennizzo per un verso è ricondotto nell'ambito dei principi generali del diritto, con la conseguente salvezza a favore degli acquirenti in buona fede delle azioni contrattuali di responsabilità nei confronti dei loro danti causa, mentre per altro verso, oltre a non rischiare di tradursi in un deterrente di fatto al recupero del bene ove sia eccessivamente gravoso, potrebbe assolvere, insieme alla imprescrittibilità dell'azione di restituzione secondo quanto affermato dall'articolo 5, 3° comma della stessa Legge n. 88[56], la funzione di efficace deterrente al traffico illecito di beni culturali.

[54] Si vedano PROTO PISANI, *La restituzione di beni culturali*, cit., p. 316 s. e GRAGNOLI, *Tutela dei privati e circolazione delle cose di interesse artistico*, in *Jus*, 1998, p. 210 ss.

[55] Cfr. PROTO PISANI, *La restituzione di beni culturali*, cit., p. 317.

[56] Si veda in proposito quanto accennato *supra*, par. 4.

RAFFAELLA VECCHIARELLI*

ASPETTI DELLA POLITICA LEGISLATIVA DEGLI STATI MEMBRI DELL'UNIONE EUROPEA IN MATERIA DI CIRCOLAZIONE DEI BENI CULTURALI

Sommario: 1. Premessa. – 2. Gran Bretagna. – 3. Francia. – 4. Repubblica Federale di Germania. – 5. Spagna. – 6. Italia. – 7. Brevi note sulla legislazione degli altri Paesi dell'Unione europea. – 8. Conclusioni

1. Premessa

Alla luce della interpretazione della Corte di giustizia delle Comunità europee in base alla quale rientrano nel concetto di "merci" tutti i prodotti che hanno un valore in denaro e che, pertanto, possono formare oggetto di transazioni commerciali, sono nati notevoli problemi di gestione della circolazione dei beni culturali[1].

L'obiettivo comunitario della libera circolazione delle merci trova, infatti, nella materia della salvaguardia dei beni culturali, una decisa resistenza da parte, in particolare, degli Stati membri più ricchi di oggetti d'arte, intenzionati a preservare il proprio patrimonio indipendentemente dalle istanze europee in senso liberista.

Il Trattato di Roma, prevedendo all'articolo 34 il divieto di restrizioni quantitative all'esportazione e di misure di effetto equivalente, ha, però, lasciato uno spiraglio alle cosiddette "source nations" consentendo, in base all'articolo 36, di applicare misure restrittive in via eccezionale se esse siano necessarie per la protezione di tesori nazionali di valore artistico, storico ed archeologico. Nello stesso articolo – e ciò è

* *Dottore in giurisprudenza.*

[1] Sentenza del 10 dicembre 1968, *Commissione* c. *Italia*, causa 7/68, in *Raccolta CGCE*, 1968, p. 562 ss.

sintomatico del carattere compromissorio di tale norma – si afferma, però, che tali misure non devono costituire un mezzo di arbitraria discriminazione o di restrizione dissimulata al commercio fra gli Stati membri.

La definizione di "tesoro nazionale", nel silenzio del Trattato, è lasciata alla interpretazione dei singoli Stati. È evidente che l'estensione di tale concetto oltre determinati limiti confliggerebbe in maniera netta con i principi della libera circolazione; in tale ottica la Corte di giustizia ha espresso un orientamento in senso restrittivo, richiedendo allo Stato che intende porre delle limitazioni all'esportazione dei propri beni un onere probatorio circa il valore dei beni stessi estremamente rigoroso.

Per porre dei punti fermi in grado di disciplinare le istanze divergenti di "source nations"[2] e "market nations"[3] sono stati emanati dal Consiglio delle Comunità europee i due recenti testi normativi del Regolamento n. 3911/92 del 9 dicembre 1992 e della Direttiva n. 93/7 del 15 marzo 1993.

Il Regolamento è destinato a predisporre gli strumenti necessari al controllo delle esportazioni all'esterno della Comunità. Infatti la creazione del libero mercato all'interno della Comunità stessa ha ingenerato in molti Paesi il timore che gli oggetti d'arte possano essere inviati agevolmente all'esterno dei confini comunitari attraverso il transito in Stati membri la cui legislazione sia particolarmente liberista.

Pertanto, uno degli obiettivi del Regolamento è quello di assicurare che i controlli alle frontiere europee siano uniformi, richiedendo un certificato di esportazione da emettersi da parte dello Stato membro interessato alla tutela del bene.

La Direttiva è stata emanata al fine di provocare un ravvicinamento delle leggi degli Stati comunitari. A dire il vero questa operazione è stata resa possibile solo dalla introduzione da parte dell'Atto unico dell'articolo 100 [A], il quale prevede che il Consiglio possa adottare le misure dirette all'armonizzazione, in deroga all'articolo 100, con la sola

[2] Principalmente Grecia, Italia, Spagna e Portogallo.

[3] Tra tutte Gran Bretagna e Germania. V. CASSESE, *I beni culturali: sviluppi recenti*, in *Beni culturali e Comunità europea, Quaderni della Riv. Ital. Dir. Pubbl. Comun.*, 1994-1998.

maggioranza qualificata e non con l'unanimità[4]. Se tale articolo non fosse esistito, probabilmente non si sarebbe mai giunti alla creazione della Direttiva né del Regolamento, attese le enormi divergenze di vedute fra i *partners* europei.

In realtà i molteplici riferimenti che il testo europeo fa alle prerogative esclusive delle singole nazioni, fanno ritenere che ci si trovi qui di fronte ad un tentativo di "cooperazione" più che di armonizzazione vera e propria. La funzione della Direttiva è stata definita come "sostegno comunitario", tale da fornire una validità sovranazionale alle legislazioni interne, la cui osservanza viene quindi assicurata anche al di fuori dei confini del Paese[5].

Il tentativo è, comunque, quello di creare un equo contemperamento delle esigenze del libero movimento e della protezione del patrimonio culturale. Illuminante in tal senso è il fatto che la Direttiva preveda che uno Stato membro possa avvalersi della procedura di restituzione in essa contemplata solo se ha approntato, nel proprio ordinamento una normativa di controllo delle esportazioni nel pieno rispetto dell'articolo 36 del Trattato di Roma.

Di seguito si tenterà di analizzare tutte le legislazioni nazionali dei Paesi membri, individuando il loro atteggiamento e nei confronti del problema della tutela dei beni culturali mobili e nei confronti della normativa comunitaria recentemente adottata. A livello esemplare si considereranno, in particolar modo le posizioni di Gran Bretagna, Francia, Germania, Italia e Spagna, considerate come rappresentative delle istanze dei Paesi più conservazionisti e di quelli più liberisti.

2. Gran Bretagna

L'introduzione del Regolamento e della Direttiva hanno imposto solo dei piccoli adeguamenti alla preesistente normativa britannica, tanto che il Regno Unito, esempio isolato in Europa, ha emanato la propria normativa di recepimento della Direttiva sin dal 2 marzo 1994,

[4] Sia la Direttiva che il Regolamento sono stati approvati dal Consiglio con il voto contrario della Grecia e l'astensione della Germania. V. FRIGO, *Il mercato delle opere d'arte e i problemi della circolazione a livello europeo: aspetti giuridici*, Milano, 1995.

[5] FERRI, *La tutela dei patrimoni culturali nazionali nel Mercato Unico europeo*, in *Beni culturali e Comunità europea*, cit.

in perfetta ottemperanza del termine, fissato dal Consiglio, del 15 marzo 1994[6].

La normativa britannica nacque dalle urgenti e pressanti esigenze di protezione e conservazione del patrimonio culturale dovute allo scoppio della Seconda Guerra Mondiale; infatti il Parlamento britannico emanò, con effetto dal 1° settembre 1939, *The Import, Export and Customs Powers (Defense) Act* del 1939.

Dopo la fine della guerra il rifiuto, basato sulla legge del 1939, di concedere permessi d'esportazione a molti beni creò forti polemiche e avviò il processo revisionista, tanto che nel 1949 venne creato il *Waverley Committee*, presieduto da Lord Waverley ed incaricato di indicare le linee di politica legislativa per attuare un efficace controllo del patrimonio rispettando, al contempo, le esigenze del mercato.

Il Comitato raccomandò il mantenimento del sistema di licenze d'esportazione, ritenendo meno efficaci gli altri possibili sistemi di controllo, quali l'inserimento dei beni in liste nazionali o l'imposizione di tasse di esportazione.

Uno degli obiettivi primari fu individuato nella necessità di salvaguardare gli interessi dei proprietari di beni di interesse nazionale, evitando una condotta legislativa tale da provocare un abbassamento dei prezzi di vendita dei beni. Infatti l'unico sistema per indurre i mercanti d'arte a conformarsi alla legislazione di tutela del patrimonio consiste nell'evitare o, quanto meno, limitare le perdite economiche che essi potrebbero subire dal blocco dell'esportazione, dando loro la possibilità di vendere a gallerie od enti pubblici britannici al giusto prezzo di mercato.

Al fine di individuare le ipotesi in cui si rendeva necessario subordinare l'esportazione all'ottenimento dell'apposito certificato furono elaborati i principi che ancora oggi risultano, per la loro semplicità, di estremo interesse anche per molte altre nazioni, i cosiddetti *Waverley Criteria*. Tali principi possono essere racchiusi in tre domande: 1) l'oggetto in questione è collegato così strettamente alla storia e alla vita del Paese che la sua uscita dal territorio sarebbe una perdita? 2) l'oggetto è di importanza artistica fuori dal normale? 3) l'oggetto è di

[6] *The Return of Cultural Objects Regulations* 1994, S.I. 1994/501. V. sul punto POLONSKY – CANAT, *The British and French System of Control of the Export of Works of Art*, in *International and Comparative Law Quaterly*, 1996, p. 51 ss.

importanza fuori dal normale per lo studio di qualche particolare branca dell'arte, del sapere o della storia?

In caso di risposta positiva ad una o più di tali domande si era legittimati ad apporre limitazioni all'esportazione, sempre e comunque subordinate al rispetto dei diritti e delle esigenze economiche del proprietario.

L'operato del comitato presieduto da Lord Waverley costituisce a tutt'oggi il fondamento del sistema britannico di controllo delle esportazioni.

In realtà la normativa del 1939 era, nelle intenzioni del Parlamento, provvisoria, tanto che era previsto che essa rimanesse in vigore fino a contrario ordine del Sovrano che constatasse che era cessata l'emergenza dalla quale era scaturito il provvedimento; l'evitare di impartire tale ordine, anche dopo il termine della seconda guerra mondiale ha rappresentato per lungo tempo l'*escamotage* giuridico per consentire che le previsioni legislative rimanessero in vigore.

Solo recentemente, nel dicembre 1990, un altro tipo di emergenza - appena prima della scadenza dell'ultimatum posto dal Consiglio di sicurezza delle Nazioni Unite all'Iraq in occasione dell'invasione del Kuwait- ha fatto sì che si provvedesse ad emanare l'*Import and Export Control Act* del 1990, che ha riprodotto integralmente la disciplina prevista nel 1939, rendendola così permanente.

Alla luce della recente evoluzione legislativa si viene a porre il problema dei rapporti tra i certificati di esportazione già previsti dal sistema britannico e quelli europei di nuova introduzione. A dire il vero per la concessione di tali permessi l'amministrazione anglosassone applica identici criteri procedurali, che sono poi i criteri elaborati dal comitato di Waverley. Gli unici cambiamenti introdotti in seguito al Regolamento sono consistiti in un aggiornamento nella descrizione delle categorie di beni per i quali era consentita l'emissione dell'*Open General Export Licence* e nella creazione di differenti liste di valore dei beni ai fini della concessione della licenza britannica o di quella comunitaria. In realtà, comunque, i due sistemi operano in tandem: sarà necessaria una licenza comunitaria per l'uscita dal Paese di beni di valore pari o superiore al limite posto per le licenze statali, mentre in caso di beni di valore inferiore alla soglia minima posta dal Regolamento ma superiore a quella britannica sarà operativa la certificazione del Regno Unito.

La procedura prevede che i beni che rientrano nell'ambito di quelli per i quali è necessaria una licenza d'esportazione vengano esaminati da un esperto che ha funzione consultiva nei confronti del Reviewing Committee che, a sua volta, raccomanda al ministero competente la concessione o meno della licenza stessa. Gli esperti, qualora ravvisino l'operatività nei confronti del bene oggetto di esame, di almeno uno dei tre criteri fissati da Waverley, sono tenuti a trasmettere il proprio parere al Comitato che deciderà se consigliare al Ministero di concedere la licenza o, al contrario, di differire la concessione di un dato periodo cosicché, nelle more, enti pubblici o anche singoli privati possano offrirsi di acquistare il bene ad un prezzo ritenuto equo dal Comitato stesso in base alle valutazioni di mercato.

Tale periodo di differimento va, di norma, dai due ai sei mesi, anche se, nel febbraio 1994 è stato annunciato un provvedimento che prevede la possibilità di un prolungamento fino a dodici mesi, in caso di questioni di eccezionale rilevanza.

Se durante il periodo di differimento non viene effettuata alcuna offerta la licenza non può più essere rifiutata; se, al contrario l'offerta c'è stata ma il proprietario non l'ha accettata, allora il blocco all'esportazione sarà permanente.

È evidente che la ratio dell'intera normativa è proprio quella di non subordinare la protezione del patrimonio culturale alla violazione delle esigenze del libero mercato.

Risulterà chiaro, però, che tale sistema presenta il notevolissimo inconveniente di richiedere una enorme disponibilità di fondi da parte dei musei e delle gallerie pubbliche e private e ciò in particolare in periodi di crisi economica e di rapido incremento dei prezzi delle opere d'arte sul mercato internazionale. In Gran Bretagna il problema è stato, almeno parzialmente, risolto con l'istituzione di una lotteria nazionale i cui proventi – pari a circa cinque milioni di sterline a settimana e gestiti dall'*Heritage Lottery Fund* – sono destinati proprio all'acquisto delle opere.

Interessante è anche il sistema di incentivi fiscali, in particolare l'esenzione dal pagamento delle tasse di successione, introdotto al fine di favorire i privati che decidano di mantenere i beni di loro proprietà all'interno del territorio britannico, anche tramite la vendita ad uno degli enti compresi nella lista dell'*Inheritance Tax Act* del 1984.

3. Francia

Contrariamente alla Gran Bretagna, dove la protezione del patrimonio culturale ha assunto rilevanza solo in occasione di un evento straordinario come la seconda guerra mondiale, in Francia le istanze protezionistiche si sono fatte sentire ancor prima dell'inizio del nostro secolo[7].

La pietra miliare del sistema legislativo è ancora oggi il concetto della "classificazione" introdotto inizialmente dalla Legge 30 marzo 1887 esclusivamente per i beni pubblici ed esteso, poi, dalla Legge 31 dicembre 1913 ai beni di proprietà privata al fine di consentire il controllo e la protezione dei beni di interesse storico, artistico ed archeologico presenti sul territorio, siano essi o meno opera di artisti francesi.

La classificazione – vale a dire l'inserimento degli oggetti in particolari liste di beni protetti – è una procedura amministrativa che, avviata d'ufficio o su richiesta dei singoli proprietari, prevede un controllo da parte di appositi ispettori, i quali riferiscono per i casi più importanti ad una Commissione nazionale, mentre nei casi meno rilevanti fanno capo a varie commissioni locali.

In linea generale è prevista l'operatività del principio del consenso, in base al quale si può procedere alla classificazione solo se il proprietario acconsente; in casi eccezionali è però prevista la possibilità di una classificazione d'autorità con decreto del Consiglio di Stato, prescindendo dal consenso del legittimo proprietario.

Il meccanismo burocratico per operare la classificazione è abbastanza complesso, ma in casi urgenti le autorità preposte possono anticipare gli effetti della vera e propria classificazione semplicemente notificando agli interessati l'intenzione di procedervi, cosicché, pur senza aver ancora completato la procedura, si ha il potere di bloccare il bene che si teme stia per lasciare il territorio francese.

Gli effetti di tale notifica permangono per dodici mesi, spirati i quali, se non si è ancora compiuto l'iter burocratico completo, il bene viene svincolato da ogni potere dell'amministrazione.

La conseguenza più rilevante della classificazione di un bene consiste nell'impossibilità di esportarlo, anche in considerazione delle seve-

[7] POLONSKY – CANAT, *op. cit.*; MAGNANT, *La normativa europea e la sua incidenza sulla legislazione francese*, in *Beni culturali e mercato europeo: norme sull'esportazione nei Paesi della Comunità, Quaderni dell'Istituto Poligrafico e Zecca dello Stato,* 1991.

re pene stabilite per i contravventori, tra l'altro perseguibili senza limite di prescrizione.

Estremamente rilevante è il fatto che in caso di classificazione contro il volere del legittimo proprietario, questi è titolare di un diritto di indennizzo dalle perdite economiche subite, nella misura da concordarsi tra le parti o, in mancanza di accordo, da determinarsi giudizialmente.

Nel corso della Seconda Guerra Mondiale, il Governo di Vichy emanò il 23 giugno 1941 una nuova legge che, in maniera estremamente drastica, permise al Ministero della cultura di vietare unilateralmente e senza necessità di motivare la propria decisione, l'esportazione di beni culturali. L'aspetto più rilevante di questa legislazione rispetto a quella del 1913 era quello che per il proprietario del bene "bloccato" non era previsto il benché minimo indennizzo, venendo pertanto a risolversi tale provvedimento in una vera e propria appropriazione del bene da parte dello Stato.

A dire il vero la Legge del 1941 era semplicemente il portato di una situazione di emergenza, che, come in Gran Bretagna, aveva condotto alla necessità di inasprire le norme vincolistiche al fine di evitare la spoliazione del territorio di gran parte dei tesori nazionali; oltre tutto, poi, l'intervento dello Stato francese in osservanza della Legge del 1941 si era limitato a solo 42 divieti di esportazione sanciti tra il 1941 e il 1992.

Allo scopo, quindi, di modificare una normativa non più soddisfacente né giustificata da particolari situazioni storiche e politiche contingenti ma, soprattutto al fine di adeguarsi alla nascita del mercato comune europeo si è reso necessario procedere alla redazione del nuovo testo legislativo emanato il 31 dicembre 1992, accompagnato dal Decreto del 29 gennaio 1993.

In base a tali leggi, l'esportazione di beni che non sono tesori nazionali – per i quali esiste una normativa specifica di cui diremo oltre – ma che incorporano un notevole valore storico, artistico ed archeologico e che sono compresi in una delle categorie definite dal decreto, richiede un certificato apposito da parte delle autorità amministrative.

L'Allegato del Decreto elenca i beni di rilevante interesse culturale facendo riferimento ai due criteri del valore e dell'età, gli stessi presi in considerazione dal Regolamento comunitario; a ben vedere, infatti, l'Allegato del Decreto del 1993 è sostanzialmente identico a quello del

Regolamento stesso, mostrando così come il governo transalpino abbia abbracciato pienamente la normativa europea[8].

La richiesta di licenza d'esportazione può essere inoltrata in qualunque momento e per qualsiasi ragione, rimanendo estranei al Ministero della cultura gli intenti attuali del proprietario del bene.

Questa possibilità, assente secondo la legislazione anteriore, è stata voluta da galleristi, mercanti ed antiquari, i quali volevano poter dimostrare all'acquirente anche solo eventuale di essere già in possesso delle relative autorizzazioni all'esportazione. Svincolare il rilascio del certificato dalle singole operazioni di esportazione consente di salvaguardare coloro che all'atto di comprare rischiavano di vedersi poi negare il permesso di esportazione, mentre ora sarà sufficiente chiedere al venditore se il bene ha il certificato. In caso affermativo si sarà sicuri della legittimità dell'esportazione, mentre, in caso negativo, sorgerà subito il dubbio, agevolmente verificabile prima dell'acquisto, circa l'esportabilità o meno dell'oggetto[9]. Il Ministero può, però, chiedere che il proprietario dia la prova della legalità del proprio titolo e della provenienza del bene; qualora questi non ottemperi la licenza può essere rifiutata.

Tra la domanda e il provvedimento amministrativo, sia esso di rifiuto o di concessione, non devono intercorrere più di quattro mesi.

Nel caso in cui il Ministero ravvisi nell'oggetto gli estremi di valore, di antichità o di interesse tali da farlo ritenere meritevole di conservazione nel territorio statale, allora verrà investito della questione un comitato tecnico appositamente nominato e nel quale sono presenti anche operatori del mercato dell'arte[10], così da rendere il giudizio quanto

[8] In tale Allegato il valore dei beni è stato addirittura stabilito in ECU, al cambio con il franco francese del 1 gennaio 1993, rendendo così necessario procedere alla revisione del testo normativo ogni volta che sia opportuno aggiornare il tasso di cambio.

[9] Esemplare al riguardo è il caso di un cittadino svizzero che, dopo aver acquistato un dipinto di Liotard in un'asta a Parigi nel luglio 1993, si è visto negare il permesso di esportazione. Non si sa se l'acquirente fosse o meno a conoscenza del fatto che non era mai stato richiesto alcun certificato ma è evidente che se egli ne era consapevole ha assunto i rischi da ciò derivanti, se, invece non lo era egli avrebbe potuto rivalersi contro il proprietario. In ogni caso il dipinto, dopo due anni di trattative, è stato acquistato dal governo francese allo stesso prezzo – 10 milioni di franchi – pagato dal collezionista svizzero.

[10] La Commissione giudicatrice è composta da sei membri di diritto, rappresentanti dell'amministrazione pubblica e da cinque membri qualificati nominati dal Ministero della cultura. Tra loro è anche presente il Presidente del sindacato nazionale degli antiquari.

più equo possibile. Il Ministero rimane, però, libero di accordare il certificato anche qualora la Commissione si sia espressa in senso opposto.

Nel caso in cui anche gli esperti incaricati della valutazione si esprimano nel senso del diniego della licenza inizia un periodo di "transizione" di tre anni durante i quali il proprietario non potrà nuovamente inoltrare alcuna richiesta di permessi d'esportazione. In realtà, per quanto ciò non sia espressamente previsto dalla legge, il termine dei tre anni ha, sostanzialmente, lo scopo di consentire l'apertura delle trattative tra il proprietario e lo Stato per la vendita del bene a collezioni e musei francesi.

In caso tali trattative non vadano a buon fine, l'autorità, in occasione di una nuova richiesta non può più rifiutare il certificato d'esportazione che, una volta concesso, ha una validità di cinque anni.

L'unico rimedio per bloccare definitivamente l'uscita del bene consiste nel procedere alla classificazione nel corso dei tre anni, indennizzando al contempo il proprietario per le perdite che egli subirà per la limitata disponibilità che egli avrà successivamente al provvedimento. Va rilevato come nessuna considerazione venga data alle perdite intervenute nel periodo in cui l'opera è rimasta in attesa di una decisione, perdite che possono anche essere molto rilevanti, atteso che il prezzo di mercato del bene potrebbe aver subito sensibili diminuzioni in seguito allo status incerto del bene stesso, dovuto alla pendenza della procedura di concessione della licenza, per non contare poi le spese per la conservazione, che possono anche essere notevoli, in considerazione della particolare natura degli oggetti.

Per i "tesori nazionali" è prevista una particolare disciplina. Per tesori nazionali si intendono, secondo il dettato della Legge del 1992, tre categorie di oggetti:

1) i beni presenti in collezioni e musei pubblici, inalienabili e sottoposti a regime di demanialità pubblica

2) i beni classificati come "monumenti storici" ai sensi della Legge 31 dicembre 1913 e gli archivi classificati come "archivi storici" in base alla Legge 3 gennaio 1919

3) i beni di "maggiore" interesse artistico, storico ed archeologico.

Tali beni sono, di fatto, bloccati nel territorio francese essendo consentita unicamente l'esportazione temporanea in casi espressamente disciplinati dal legislatore. A dire il vero, se per le prime due categorie esistono degli elenchi dai quali desumere agevolmente l'appartenenza del bene, per la terza non è molto semplice assicurare la dovuta protezione, trattandosi di opere non catalogate e in mano a privati.

La Legge del 1992 ha fatto chiarezza soprattutto in ordine ai casi di compensazione dei proprietari dei beni classificati d'autorità. Basti pensare, infatti, che fino alla sua emanazione erano in vigore sia la Legge del 1913, che prevedeva l'indennizzo sia quella del 1941, che, al contrario, consentiva l'espropriazione senza corrispettivo.

Il problema enorme di tale sistema di controllo delle esportazioni consiste nelle cifre da capogiro che il governo è tenuto a pagare proprio a titolo di compensazione, essendo essa commisurata alla differenza tra il valore sul mercato internazionale e quello sul mercato interno, in considerazione del fatto che il proprietario, in seguito alla classificazione, rimane libero di vendere solo sul mercato nazionale[11].

I dati statistici dicono che tra il gennaio 1993 e il gennaio 1996 il governo francese ha rifiutato l'esportazione di sedici opere, mentre in tale periodo è stato in grado di acquistarne solo otto.

Al fine di esaminare le nuove prospettive di riforma è stata istituita dal Ministero della cultura, il 24 marzo 1995, la Commissione Aicardi. Il compito della Commissione era, in sostanza, quello di esaminare l'efficacia della legislazione del 1992 dopo un periodo già significativo di operatività. La conclusione dell'esame da parte della Commissione, contenuta in un rapporto inoltrato al governo francese nel luglio 1995, è stata che il nuovo regime europeo, al quale lo Stato francese si è conformato, non consente una adeguata protezione del patrimonio culturale nazionale, non essendo, allo stato, disponibili gli ingenti mezzi economici necessari a sopperire con l'acquisizione diretta delle opere, all'indebolimento della protezione legale. Sono state inoltre ravvisate delle lacune nel testo legislativo del 1992 nelle parti in cui non prevede alcun criterio specifico di valutazione dei beni, non indica i mezzi di

[11] Esemplare al riguardo è il caso Walter. Jacques Walter comprò nel 1955 a New York l'opera di Vincent Van Gogh intitolata "Jardin à Auvers". Nel 1981 egli fece domanda per un certificato d'esportazione. In seguito alla domanda l'opera venne classificata, per cui Walter divenne titolare di un diritto all'indennizzo. Dopo lunghe diatribe giudiziarie, finalmente nel febbraio 1996 la Corte di Cassazione francese si è definitivamente pronunciata assegnando al proprietario dell'opera un indennizzo di 145 milioni di franchi, pari alla differenza tra il prezzo dell'opera sul mercato internazionale – 200 milioni di franchi – e quello sul mercato nazionale – pari a 55 milioni di franchi. Questa decisione ha gettato nella costernazione più assoluta la Direzione dei musei di Francia perché tale somma è approssimativamente l'intero ammontare degli stanziamenti per il 1995 per l'acquisto delle opere d'arte da parte dello Stato.

reperimento dei fondi necessari per la compensazione e non prevede incentivi fiscali per i privati che si prendano carico di acquistare i beni a rischio d'esportazione al posto degli enti statali.

La Commissione Aicardi ha, tra l'altro, indicato come esempio da seguire, il sistema britannico, elogiando la semplicità dei criteri elaborati dal gruppo di Lord Waverley, la brevità del periodo di sospensione e il sistema del giusto prezzo di mercato e interpellando a riguardo – così come Germania e Paesi Bassi – il *Reviewing Committee* per avere delucidazioni in merito ai dettagli del funzionamento del sistema.

Da parte del mercato d'arte è stata lamentata la lentezza delle procedure. In realtà la maggior parte dei certificati viene accordata in circa un mese, alcuni in dieci giorni appena; è solo qualora si ravvisi l'eventualità di un diniego che la procedura si allunga ma, comunque, non si può mai andare oltre i quattro mesi, termine massimo per il pronunciamento del Ministero della cultura.

La Legge del 1992 ha provocato una esplosione di richieste di certificati, poiché consentendo di avviare la procedura anche in assenza di immediate prospettive di esportazione, le gallerie ed i privati collezionisti hanno immediatamente provveduto a dotare tutte le opere dei loro magazzini di idonei certificati. Infatti dal febbraio all'agosto 1993 sono state presentate 1452 domande, con una media di circa 200 al mese.

Il 5 agosto 1995 è stata, poi, emanata la Legge n. 877 contenente la normativa di adeguamento necessaria per conformarsi anche alla Direttiva comunitaria sulla restituzione del bene illegalmente esportato[12].

4. Repubblica Federale di Germania

Il sistema di tutela dei beni di valore artistico, storico o archeologico ha, in Germania, una natura estremamente complessa dovuta alle competenze legislative differenziate e ai rapporti tra la sfera d'azione del governo federale e quella dei governi dei singoli *Länder*, ovvero delle regioni o Stati federati.

[12] Legge n. 95-877 del 3 agosto 1995 "portant transposition de la Directive 93/7 du 15 mars 1993 du Conseil des CE relative à la restitution des biens culturels ayant quitté illecitement le territoire d'un Etat membre", in *Journal Officiel* del 1° agosto 1995.

Infatti la competenza federale si limita – secondo i dettami della *Grundgesetz*, la Costituzione tedesca – al controllo delle esportazioni dei singoli oggetti al di fuori dello Stato, rimanendo in capo ai *Länder* il compito di disciplinare i meccanismi di protezione e di tutela del patrimonio.

Mentre per ciò che attiene i beni immobili la legislazione regionale è stata abbastanza tempestiva ed efficace, in realtà il movimento dei beni mobili è sostanzialmente libero da vincoli, essendo la normativa emanata di scarsa applicazione pratica.

La Legge federale del 6 agosto 1955[13] ha avuto il compito di dettare le norme di connessione tra l'organismo centrale di controllo delle esportazioni e i singoli referenti regionali che sono stati via via istituiti nel tempo.

I vari *Länder* hanno provveduto all'emanazione di proprie normative di tutela quasi tutti dopo il 1975, anno in cui la celebrazione dell'anno europeo per il patrimonio architettonico ha provocato una notevole crescita di interesse per le istanze protezioniste e conservazioniste.

Al fine di prevenire il depauperamento del patrimonio è stato creato un elenco nazionale dei beni di maggiore interesse, i quali, essendo così catalogati, sono sottoposti al controllo statale sull'esportazione al di fuori dei confini federali, rimanendo completamente libera la circolazione all'interno della RFT. Tale elenco dovrà essere composto dalle liste di beni presenti nei singoli *Länder*.

La decisione in ordine alla catalogazione è affidata alle amministrazioni locali dietro consulenza di un comitato di esperti composto da docenti universitari, collezionisti privati e mercanti d'arte e d'antiquariato.

Per l'esportazione dei beni compresi nell'elenco nazionale occorre una apposita licenza e l'uscita del bene in assenza di tale certificato viene sanzionata penalmente con una ammenda e con una pena fino a tre anni di carcere.

La Legge del 1955 prevede che le opere d'arte che giungano alle frontiere federali debbano essere dotate di diversi tipi di certificati a seconda della loro provenienza. In particolare: 1) se esse vengono esportate da un commerciante o dallo stesso artista personalmente è sufficiente una dichiarazione resa dall'esportatore che attesti che il

[13] *Gesetz zum Schutz deutschen Kulturgute gegen Abwanderung*, 1955.

bene non è catalogato nell'apposito elenco nazionale, né è in corso il relativo procedimento; 2) se l'esportatore è un qualunque altro soggetto e il bene non è registrato è sufficiente una dichiarazione dell'ufficio culturale del *Land* di provenienza che attesti l'esportabilità; 3) se il bene è registrato è necessaria l'apposita certificazione del Ministero dell'interno federale.

Per quanto la normativa possa sembrare dettagliata ed efficace, essa in realtà riveste un'importanza solo marginale, essendo stato catalogato un numero relativamente esiguo di oggetti cosicché il contenuto di tali liste non è certamente rappresentativo del patrimonio nazionale. Alla luce dei fatti, pertanto, tra le confliggenti esigenze della protezione e del libero commercio è stata senz'altro quest'ultima a prevalere.

Ciò spiega le decise reazioni negative degli operatori del mercato tedesco alle nuove normative introdotte dalla Comunità; oltre a ciò la competenza sempre più netta degli organismi governativi europei nel settore della cultura ha notevolmente infastidito i governi dei *Länder*, i quali, lamentando già una scarsa autonomia rispetto allo Stato centrale, non hanno certo visto di buon occhio "l'intromissione" legislativa europea in uno dei pochi settori di loro esclusiva competenza e hanno posto in primo piano la necessità di una tutela regionale enfatizzando l'importanza della diversità delle culture locali.

Pertanto la Germania si è posta, insieme ad altri Paesi nordeuropei, su una posizione diametralmente opposta rispetto a quella dei Paesi mediterranei[14], considerando la prima la legislazione comunitaria esageratamente restrittiva, i secondi ritenendola, al contrario, troppo poco rispettosa delle necessità di protezione dei singoli patrimoni nazionali.

Le maggiori preoccupazioni espresse dall'*entourage* culturale tedesco riguardano, innanzitutto, la supposta sproporzionata restrizione, da parte delle direttiva sulla restituzione, dei diritti dei collezionisti d'arte, i quali verrebbero così a trovarsi, in molti casi, nell'impossibilità di vendere i loro pezzi sul mercato internazionale con la conseguente eventualità della caduta verticale dei prezzi. Oltre a ciò, secondo questa interpretazione, l'impossibilità per un collezionista di trasferirsi all'estero unitamente a beni di sua proprietà ma che lo Stato con-

[14] Si ricordi qui la circostanza che la rappresentanza tedesca in seno al Consiglio si è astenuta dal votare sia il Regolamento che la Direttiva.

sidera appartenenti al patrimonio comune della nazione, verrebbe ad intaccare in maniera inaccettabile il principio della libera circolazione delle persone.

In secondo luogo i mercanti d'arte verrebbero ad operare in una situazione in cui, non solo si verificherebbero quasi certamente notevoli diminuzioni dei prezzi ma esisterebbe anche il rischio per un qualunque acquirente di buona fede di vedersi recapitare una domanda di restituzione. Tale incertezza sullo status legale del bene inficierebbe notevolmente la tendenza all'acquisto.

Addirittura si è giunti a sostenere che la normativa europea comporterebbe la totale impossibilità di esistere di un mercato fra gli Stati membri, cosicché l'intero movimento delle opere d'arte tenderebbe a muoversi verso lidi più favorevoli in altri continenti, con il rischio di un incremento delle esportazioni illegali del patrimonio culturale dell'intera Europa.

C'è stato chi, fra i mercanti d'arte, non ha esitato a definire la Direttiva una "camera degli orrori"!!

Alla luce di tali posizioni è evidente che la normativa di integrazione e di adeguamento della disciplina nazionale tedesca risulterà estremamente ardua da elaborare, essendo necessario introdurre un sistema completamente nuovo e mal accetto alla maggioranza delle parti coinvolte. A dire il vero la Direttiva prevede già un termine prolungato per l'attuazione nella Repubblica Federale Tedesca[15] rispetto agli altri Stati membri, anche se ciò è stato dettato più per la particolare e complessa strutturale federale che per la riconosciuta diversità delle disposizioni previgenti.

Sarà necessario istituire gli organismi responsabili per l'emissione dei permessi di esportazione – che verranno identificati nelle apposite articolazioni amministrative dei *Länder* – ma ciò che è chiaro è che non c'è l'intenzione, pur nel rispetto delle chiare indicazioni comunitarie, di bloccare la situazione di libero commercio preesistente, cosicché, probabilmente si vedrà il certificato come una semplice formalità che non dovrà alterare di per sé la circolazione dei beni.

Oltre a ciò, in uno Stato a struttura federale come la RFT si pone il problema di chiarire se l'autorità centrale da designarsi, ai sensi

[15] L'art. 18 della Direttiva assegna a tutti gli Stati membri un termine di nove mesi dall'adozione per l'integrazione statale del dettato europeo. Per la Repubblica Federale Tedesca, per i Paesi Bassi ed il Belgio sono previsti dodici mesi.

dell'articolo 3 paragrafo 1 della Direttiva, debba essere effettivamente un organismo del governo centrale oppure possa essere anche individuata in una corrispondente autorità regionale.

L'atteggiamento tedesco è, in sostanza, di attesa di quanto la revisione prevista dall'articolo 16 della Direttiva[16] potrà dire circa l'efficacia delle norme in essa previste; qualora l'applicazione pratica debba creare ostacoli al mercato dell'arte la Germania si farà certamente avanti per promuovere la semplificazione delle regole.

D'altro canto l'adozione di una legge interna di recepimento consentirebbe di cogliere l'opportunità di un miglioramento del sistema nazionale di protezione dei beni. Abbiamo già accennato al fatto che la catalogazione prevista dalla Legge del 1955 sia abbastanza discosta dalla reale consistenza del patrimonio culturale tedesco, poiché, mentre in essa trovano posto una quantità di oggetti di importanza minore, molti altri di notevole interesse non figurano negli elenchi e ciò è dovuto alle differenti procedure di classificazione delle singole regioni federate. Fino ad oggi erano falliti tutti i tentativi di ovviare a tale inconveniente per cui la Direttiva rappresenta una nuova e più consistente speranza per quanti tentano, anche in Germania, di portare avanti le istanze protezioniste[17].

5. Spagna

Il sistema spagnolo di tutela ha origine nella Legge 13 maggio 1933[18] e nel relativo Regolamento di attuazione del 16 aprile 1936. I beni contemplati erano quelli di età superiore ai cento anni, nonché quelli che, pur non rispondendo ai requisiti d'età, avessero comunque un "indiscutibile valore artistico o storico".

Forme di tassazione e procedure di prelazione dello Stato nell'acquisto di tesori nazionali erano previste per regolamentare e limitare

[16] In tale parte la normativa prevede per gli Stati membri l'obbligo di inviare al Consiglio una relazione ogni tre anni per indicare gli esiti dell'applicazione della direttiva e per individuare le eventuali modifiche che la pratica suggerisca di apportare. La prima scadenza era prevista per il febbraio 1996 ma, in realtà, la mancanza nella maggioranza degli Stati del rispetto del termine previsto per l'adozione delle corrispondenti leggi interne ha fatto sì che tali relazioni non siano ancora state presentate.

[17] Nel 1988 si predispose un progetto di legge in tal senso che trovò, però, fortissima opposizione da parte delle rappresentanze del mercato.

[18] *Ley reguladora del patrimonio històrico-artìstico.*

le esportazioni, le quali rimanevano anche disciplinate, seppure in forma solo marginale, dalla Legge 10 dicembre 1931 inerente l'alienazione dei beni nel mercato interno.

Dopo tali interventi normativi e dopo un decreto del regime franchista che, per la verità, intaccava solo minimamente le procedure di esportazione, limitandosi a preannunciare successive leggi che, in realtà, non vennero mai alla luce, una decisa integrazione fu data da due Decreti emanati entrambi il 12 giugno 1953 e concernenti l'inventario generale del tesoro, l'alienazione e l'esportazione di oggetti d'arte.

I due Decreti sono strettamente connessi, in quanto i beni soggetti alle norme sulla circolazione contenute nel secondo sono esattamente quelli inclusi o da includersi nell'inventario di cui al primo Decreto.

L'alienazione entro i confini nazionali era libera per i beni inventariati ma era richiesto anche che la transazione non superasse il valore massimo di 50.000 pesetas; in caso contrario questa sarebbe stata subordinataa al consenso della *Comisiòn de valoraciones y exportaciones de la direcciòn general de bellas artes*, che, nel 1960 ebbe nuove competenze e nuova denominazione, divenendo *Junta de calificaciòn, valoraciòn y exportaciòn de obras de importancia històrica y artìstica*[19].

In particolare la Commissione aveva il potere di autorizzare esportazioni di beni che rispondessero alla definizione di "opere ed oggetti mobili la cui uscita dal territorio spagnolo possa costituire un evidente pregiudizio alla integrità del patrimonio archeologico, artistico, storico, documentale, etnologico e folcloristico della Nazione"; in tal caso era però necessario che l'autorizzazione venisse accompagnata da una sorta di dichiarazione di "assunzione di responsabilità" da parte della stessa Commissione che garantiva formalmente l'innocuità per la Spagna della perdita dell'oggetto in questione.

Nell'esaminare la definizione sopra riportata dei beni oggetto di tutela sembra evidente un atteggiamento di estremo ampliamento dell'ambito di operatività delle misure di restrizione delle esportazioni; vediamo presenti, infatti, le nozioni di "patrimonio etnologico e folcloristico" che lasciano ampi spiragli per la sussunzione sotto la normativa, in pratica, di qualsivoglia oggetto. Oltre a ciò si richiede che il pregiudizio sia solo "evidente", con concetto ben diverso dalla gravità.

Il quadro di per sé già sufficientemente complesso ed ingarbugliato si complica ancor di più se si pensa che il successivo Decreto 1116/60

[19] Decreto n. 1116 del 2 giugno 1960.

assoggettava a controlli sulle esportazioni tutti quei beni costituenti un *tesoro històrico nacional* in base ad una dichiarazione del Ministero per l'educazione nazionale, il quale poteva esprimersi in tal senso solo in presenza di oggetti di età superiore ai cento anni o in caso di parere conforme espresso a maggioranza assoluta dalla *Junta de calificaciòn, valoraciòn y exportaciòn de obras de importancia històrico-artìstica*.

Veniva al contempo introdotto il principio secondo il quale in caso di omissione di un provvedimento in senso favorevole o sfavorevole al proprietario richiedente la licenza dopo sei mesi dalla presentazione della relativa richiesta, essa doveva intendersi accettata ed il richiedente poteva sentirsi libero di far uscire il bene dal territorio spagnolo.

La Costituzione del 1978 prese in considerazione anche la questione della tutela dei beni culturali, avallando, così, le pressanti richieste degli operatori del settore nel senso di una semplificazione delle norme di controllo, ormai divenute pressoché incomprensibili a causa della stratificazione di provvedimenti realizzatasi nel tempo.

È nata così la Legge n. 16 del 25 giugno 1985 che, nel definire il proprio ambito di operatività, ha inteso abbracciare principalmente il concetto di storicità del bene da tutelarsi.

In termini pratici la Legge n. 16 ha approntato diversi livelli di protezione per diverse categorie di beni: 1) il patrimonio storico spagnolo in senso lato, 2) i beni di interesse culturale, così designati a seguito di decreto regio.

A seguito delle modifiche apportate dalla Costituzione del 1978 alla stessa struttura statale della Spagna, con la previsione della creazione di comunità autonome su base regionale, lo Stato centrale ha assunto, sempre secondo la Legge del 1985, il compito fondamentale di fare da *trait d'union* per la comunicazione culturale fra le varie comunità, pur nel rispetto delle competenze proprie di quest'ultime.

La normativa comunitaria ha trovato pronta applicazione da parte del governo spagnolo che è stato fra i pochi, come abbiamo già avuto occasione di notare, ad attivarsi per l'emanazione di una propria normativa di integrazione e recepimento della Direttiva. In particolare è stata emanata la Legge n. 36 del 23 dicembre 1994 con la quale si accolgono in toto le previsioni legislative del Consiglio[20].

[20] *Boletin Oficial del Estado* n. 307 del 1994. V. *Legislazione straniera*, 3, 1994.

6. Italia

La posizione dell'Italia per quanto attiene gli orientamenti comunitari in materia di protezione del patrimonio artistico, storico ed archeologico è quella del Paese con la più alta presenza di beni d'arte nel proprio territorio e con il maggiore interesse alla conservazione degli stessi all'interno dei confini nazionali che viene a scontrarsi con una maggioranza di Stati ai quali importa più di poter "liberalizzare" il mercato dell'arte – non avendo notevoli patrimoni da difendere – che non di approntare un efficace controllo delle esportazioni all'interno della Comunità ma anche, ciò che più conta, all'esterno della stessa[21].

Oltre a ciò la situazione del nostro Paese è aggravata dall'essere in compagnia, sul fronte della protezione, di Stati dotati di un peso politico in sede comunitaria assai relativo, a fronte dell'atteggiamento compatto in senso se non opposto, quanto meno differente, dei grandi colossi dell'Europa unita.

La recente storia comunitaria ci mostra come assai raramente l'Italia sia riuscita ad imporre le proprie interpretazioni legislative alla Comunità e un caso esemplare è proprio l'individuazione dell'esatta portata delle limitazioni alle esportazioni consentite dall'articolo 36 del Trattato di Roma. Sin dalla ormai famosa sentenza del 10 dicembre 1968[22], in cui la Corte di giustizia si pronunciò contro la nostra tassa di esportazione sugli oggetti storici ed artistici, l'atteggiamento che si è andato via via consolidando nell'ambito delle autorità comunitarie è stato quello di una interpretazione in senso sempre più restrittivo del contenuto e delle possibilità previste dall'articolo 36, di cui, al contrario il nostro governo ha fatto sempre un cavallo di battaglia contro la possibilità di uscita dal territorio di beni considerati incedibili.

La stessa storia della legislazione di tutela degli oggetti d'arte in Italia, probabilmente la più antica in Europa, non fa che testimoniare come la particolare ricchezza della nostra nazione abbia costretto, sin

[21] AMOROSINO, *Note sulla tutela delle opere d'arte tra principio comunitario di libera circolazione e disciplina amministrativa nazionale di beni a circolazione controllata*, in *Riv. Ital. Dir. Pubbl. Comun.*, 2, 1992, p. 37 ss.

[22] Tale decisione ha comportato la modifica della Legge 1089/39, avvenuta con il D. L. 5 luglio 1972 n. 288, convertito nella L. 8 agosto 1972 n. 487, nel senso della eliminazione della tassa di esportazione per i soli Paesi membri della Comunità.

dal Rinascimento, i governi ad approntare sistemi per impedire la spoliazione del territorio italiano delle sue ricchezze[23].

Le diverse normative pre-unitarie rimasero in vigore sino al 12 giugno 1905, anno in cui venne emanata la Legge n. 185.

La pietra miliare, però, del sistema italiano di tutela è ancora oggi rappresentata dalla Legge 1° giugno 1939 n. 1089, tuttora in vigore[24]; per quanto attiene il Regolamento d'attuazione, esso è, in realtà, ancora costituito dal Regio Decreto del 30 gennaio 1913 n. 363, nella misura in cui sia compatibile con la Legge Bottai, così come previsto dall'articolo 73 della Legge stessa.

Per avere una idea, anche alla luce di quanto detto sinora, circa la differente portata delle nostre previsioni legislative rispetto alla gran parte dei *partners* europei è sufficiente richiamare qui le ipotesi previste dalla Legge n. 1089/39 per il divieto di esportazione.

A seguito delle modifiche apportate nel 1972 l'esportazione è vietata "nei casi in cui costituisca danno per il patrimonio storico e culturale nazionale". È evidente l'ampiezza della formulazione adottata dal nostro legislatore, nella parte in cui non fornisce alcuna "quantificazione" del danno, non richiedendo la sua gravità e, al contempo, non escludendo di poter emanare un provvedimento restrittivo anche in caso di lievi effetti per la cultura nazionale.

Il concreto controllo del rispetto della normativa spetta ad appositi uffici dislocati sul territorio, i quali sono tenuti a seguire, nell'assolvere al loro compito, le indicazioni generali espresse dagli Uffici centrali del Ministero dei beni culturali.

In realtà, proprio la notevole quantità di norme e la loro estrema dettagliatezza, è ben lungi dall'agevolare il compito di utenti ed autorità, poiché esistono problemi di incompatibilità tra le leggi nuove e le vecchie ancora in vigore, tali da creare situazioni molto confuse anche per gli stessi operatori del settore.

Un altro inconveniente non da poco è che, per quanto a livello legislativo si sia ben "corazzati", in pratica non si riesce a realizzare un efficace sistema di controllo del rispetto delle norme. Per una chiara di-

[23] Particolarmente attivo in tal senso è stato sin dal 1500 lo Stato Pontificio, al quale si deve, ad opera del cardinale camerlengo Pacca il primo tentativo di creare una struttura in grado di provvedere al controllo dell'uscita delle opere d'arte dallo Stato – basti pensare che si era nel 1820, all'epoca dell'occupazione francese – e la prima tassa doganale sull'esportazione.

[24] La c.d. Legge Bottai.

mostrazione basti pensare al fenomeno delle esportazioni temporanee. La Legge n. 1089/39, il Decreto n. 363/1913 e la Legge 2 aprile 1950 n. 328 si preoccupano tutti di regolamentare analiticamente le ipotesi e le procedure di esportazione temporanea all'estero ma, allo stato, i numerosissimi casi di mancata reimportazione nel territorio italiano dei beni non sembrano avere comportato nessuna sanzione per i responsabili e nessun vantaggio per lo Stato, eccezion fatta per la riscossione delle tasse d'esportazione, rimasta in vigore, dopo il 1972, per i Paesi non appartenenti alla Comunità europea.

La debolezza delle procedure doganali e l'inadeguatezza delle strutture amministrative cui è demandato il controllo, di fatto, annullano le potenzialità di successo delle leggi emanate in materia, consentendo solo una applicazione pressochè casuale ed incapace di tenere a freno il fenomeno delle esportazioni clandestine.

In quest'ottica ostinarsi a ricorrere ad una interpretazione estensiva dell'articolo 36 pur di non adeguarsi alle istanze comunitarie significherebbe, soprattutto alla luce dell'abbattimento delle frontiere doganali interne, fornire un incentivo sempre maggiore alla clandestinità e ridursi a disciplinare restrizioni non più realisticamente ipotizzabili e destinate a rimanere lettera morta.

Peraltro, in un quadro generale di apertura alla creazione di una normativa sovranazionale di tutela, significativi traguardi sono stati raggiunti dalla delegazione italiana anche in sede di stesura del testo del Regolamento e della Direttiva[25]. In particolare è stato accettato l'emendamento proposto agli articoli 1 e 2 del Regolamento nella parte in cui prevedeva la possibilità di tutelare beni definiti dalle singole legislazioni statali, pur quando essi non siano compresi nelle liste di cui agli allegati del testo comunitario, i quali hanno valore ai soli fini delle operazioni doganali. Conseguenza di tale formulazione è che, all'atto dell'applicazione della direttiva – articoli 5 e 8 – il giudice dello Stato al quale viene chiesta la restituzione del bene illecitamente fuoriuscito sarà tenuto, nel suo giudizio, a considerare la nozione di bene culturale elaborata dallo Stato richiedente, oltre che quella comunitaria.

[25] Di particolare favore per l'Italia è la previsione della possibilità per gli Stati membri di procedere alla definizione di un bene come "facente parte del patrimonio nazionale" anche dopo l'uscita illegale del bene stesso. Ciò per venire incontro a tutti quei Paesi che, come l'Italia, non posseggono un catalogo completo del loro patrimonio.

I punti di frizione fra la posizione italiana e quella della maggioranza degli Stati si sono spesso risolti in soluzioni di compromesso non troppo sgradite all'Italia: si richiedeva, ad esempio, da parte nostra, l'imprescrittibiltà dell'azione di restituzione dei beni pubblici ma, in realtà, il termine di 75 anni sul quale si è assestata la normativa ha trovato la piena approvazione della VII Commissione del Senato, punto di riferimento politico per l'intera trattativa; altro problema era quello della prova della buona fede del terzo possessore e anche in questo caso, fra chi, come i nostri rappresentanti, chiedeva che fosse quest'ultimo a dover fornire tale prova e chi riteneva che l'onere dovesse rimanere a carico dello Stato richiedente, la soluzione di compromesso avanzata dalla delegazione portoghese non ha scontentato in maniera eccessiva nessuna delle parti[26].

Il testo europeo ha consentito, addirittura, un ampliamento dei beni oggetto di tutela ai sensi dell'articolo 1 della Legge Bottai; infatti in essa non erano contemplati gli audiovisivi, i veicoli con più di settantacinque anni di età e gli strumenti di interesse per la storia della scienza e della tecnica.

Per il resto si è provveduto, in sede di disegno di legge, a proporre l'adeguamento dell'articolo 35 alle nuove esigenze, introducendo la distinzione tra dichiarazione di spedibilità, all'interno delle frontiere comunitarie, e di esportabilità, verso gli Stati terzi. Si è proposta anche l'istituzione di una autorità di garanzia che sia investita del ruolo di giudice in caso di contenzioso circa il rilascio della dichiarazione ma che, ovviamente, costituisca solo un *anterius* rispetto al ricorso al giudice amministrativo.

De iure condendo va anche affrontato, in Italia, il rapporto tra le rispettive competenze dello Stato e delle Regioni, poiché, alla luce della sentenza n. 278/91 della Corte costituzionale, si è aperto il problema – simile a quello presente in Germania nei rapporti tra Stato federale e *ä* – dell'individuazione degli organismi idonei a garantire il rispetto e la completa integrazione della normativa comunitaria[27].

Il problema è stato finalmente risolto con la Legge n. 88 del 30 marzo 1998 con la quale anche l'Italia si è uniformata alla Direttiva

[26] Vedi art. 9 della Direttiva.

[27] La Corte costituzionale era stata investita da più regioni della questione relativa all'art. 46 D.P.R. n. 616/77 ed ha sancito che non spetta agli uffici esportazione del Ministero dei beni culturali rilasciare le autorizzazioni all'esportazione di oggetti che appartengano alla Regione o che siano, comunque, di interesse locale.

CEE e, al contempo, ha dettato la normativa di esecuzione del regolamento.

In tale legge si prevede, come unica autorità competente in materia di controllo alle esportazioni ed importazioni, il Ministero dei beni culturali, il quale sarà anche l'unico referente sia del Parlamento italiano (al quale dovrà relazionare annualmente) sia della Commissione europea (con relazione triennale) in merito allo stato di attuazione della legge ed alle misure adottate per assicurare l'esecuzione del Regolamento; in ogni caso, però, l'attestato di libera circolazione di un bene potrà essere rilasciato dal Ministero, per i beni di proprietà delle Regioni, solo dietro parere favorevole di quest'ultimi enti.

Assolutamente innovativa è la previsione dell'istituzione di una banca dati dei beni illecitamente sottratti che, però, sarà realizzata secondo normativa demandata ad altro apposito regolamento; in realtà, comunque, si istituzionalizzerà un'attività che viene ormai svolta da tempo dal Comando Carabinieri per la tutela del patrimonio artistico, operante alle dipendenze del Ministero.

Con il nuovo regime legislativo vengono a cadere tutte le disposizioni che subordinavano l'esportazione al pagamento di una tassa e ciò, ovviamente, al fine di uniformarsi ai principi comunitari in tal senso.

7. Brevi note sulla legislazione degli altri Paesi dell'Unione europea

Dopo aver passato in rassegna i Paesi la cui normativa risulta particolarmente interessante ai fini della nostra indagine, è opportuno dare conto, necessariamente per grandi linee, delle legislazioni vigenti in tutti gli altri Paesi della Unione europea, così da avere un quadro, per quanto possibile esauriente, del fenomeno.

Belgio – La Legge 7 agosto 1931 ha istituito un sistema di protezione limitato ai soli beni di proprietà dello Stato, di Comuni o di enti pubblici, per i quali è prevista la catalogazione in un inventario compilato dagli stessi enti interessati. Nessuna forma di tutela è prevista per i beni di proprietà privata.

La nascita nel 1970 della nuova struttura federale ha fatto sì che le competenze in materia culturale venissero demandate alle due comunità francese e fiamminga[28].

La Comunità francese, pur abrogando formalmente la Legge del 1931, in realtà ne ha recepito totalmente la parte relativa ai beni mobili[29].

La Comunità fiamminga ha, invece, previsto una forma, per quanto embrionale, di tutela dei beni in mano privata da realizzarsi su richiesta degli interessati che, per il solo motivo della richiesta di intervento, si sottopongono al controllo governativo per un periodo di dieci anni, durante i quali sono tenuti agli stessi incombenti degli enti statali, in particolare alla conservazione *in situ,* al divieto di alienazione all'estero e alla concessione di un diritto di prelazione statale in caso di vendita nel territorio nazionale.

A fronte di tali imposizioni i proprietari possono ricevere notevoli incentivi fiscali nonché contributi pubblici in misura anche molto elevata per le spese di manutenzione, restauro e conservazione del bene.

L'esportazione era stata, in verità, disciplinata con la Legge del 16 maggio 1960, la quale prevedeva il rilascio di una autorizzazione da parte del Ministero della Cultura su parere conforme della Commissione nazionale del patrimonio culturale. Tale Commissione, di fatto, non è mai stata istituita, cosicché la normativa non ha avuto la benché minima applicazione concreta, rendendo in sostanza possibile l'assoluta libertà di commercio.

Il 28 ottobre 1996, finalmente, il Belgio ha recepito la Direttiva CEE sulla restituzione, cosicché anche in tale Stato, al momento, è prevista una disciplina abbastanza rigorosa a tutela delle importazioni ed esportazioni illecite. In ogni caso, a dimostrazione dello spirito "liberista" che continua ad animare la legislazione belga, si fa notare che la legge di recepimento, pur conformandosi sostanzialmente alla direttiva, prevede, ad esempio, che la buona fede dell'acquirente dell'opera illecitamente introdotta in Belgio sia sempre presunta e che la prova contraria incomba a colui che chiede la restituzione; in tal modo, evidentemente, si salvaguardano gli interessi del commercio, at-

[28] Tale struttura ha indotto il Consiglio a prevedere, come per la Repubblica Federale Tedesca e per i Paesi Bassi un periodo maggiore per l'attuazione della Direttiva nel territorio statale.

[29] Decreto 17 luglio 1987.

teso che, nella maggioranza dei casi, il soggetto tenuto alla restituzione sarà comunque indennizzato.

Danimarca – La legislazione danese è stata particolarmente attenta alla tutela del patrimonio nazionale, soprattutto di quello storico, atteso che la popolazione della Danimarca ha origini antichissime da farsi risalire sino all'epoca della pietra. Pertanto già dal diciassettesimo secolo vennero emanate norme di protezione degli oggetti rinvenuti nel sottosuolo, delle collezioni d'arte statali e degli archivi.

La legge sulla protezione dei beni culturali ha istituito, nel 1986, un sistema di licenze all'esportazione da applicarsi per gli oggetti di antichità superiore ai cento anni o di valore superiore alle 100.000 corone danesi. Secondo il regolamento esecutivo della legge di cui sopra la licenza andrà sicuramente concessa nel caso di un bene non originario della Danimarca ed importato nel territorio nazionale da meno di cento anni e nel caso in cui il proprietario dimostri di voler procedere all'esportazione perché intenzionato a trasferirsi egli stesso all'estero unitamente ai suoi beni[30].

Anche in Danimarca, così come in Gran Bretagna, è prevista la possibilità per lo Stato di procedere all'acquisto del bene per evitarne la fuoriuscita; in tal caso il prezzo sarà quello di mercato, così come stimato da gruppi di esperti.

Le licenze verranno concesse da un Comitato composto dall'Antiquario di Stato, dal Direttore del Museo reale delle belle arti, dal Capo bibliotecario della Biblioteca reale e dal Presidente del Consiglio nazionale dei musei.

In caso di silenzio per oltre tre mesi dalla presentazione della domanda il certificato verrà automaticamente rilasciato.

Lussemburgo – La tutela del patrimonio culturale mobile è assicurata dalla Legge 21 marzo 1966 e dalla successiva Legge 18 luglio 1983 che, pur operando una completa risistemazione della materia, non ha abrogato la normativa precedente. È prevista per "gli immobili di interesse archeologico, storico, artistico, estetico, scientifico, tecnico o industriale" la classificazione e l'iscrizione nell'inventario supplementare.

[30] Si ricordino qui le obiezioni mosse da parte della Germania in ordine alla presunta limitazione della libertà di movimento delle persone a seguito dell'istituzione di controlli all'esportazione dei beni culturali. È evidente che una norma come quella elaborata dal Governo danese salverebbe anche gli scrupoli "liberisti" degli operatori tedeschi.

La classificazione avviene per decreto ministeriale in caso di oggetti di proprietà pubblica; in ipotesi di proprietà privata viene effettuata su proposta del Ministro notificata al proprietario, il quale ha diritto ad un indennizzo, sempre che ne faccia richiesta entro i sei mesi dalla notifica del provvedimento di classificazione.

Gli oggetti così classificati sono inalienabili se di proprietà pubblica, mentre, se appartenenti a privati, del loro eventuale trasferimento deve essere data notizia al ministero – pena la nullità della vendita – il quale provvederà alla concessione della relativa licenza d'esportazione entro un mese dalla richiesta.

Irlanda – La legislazione in materia brilla per la sua assenza!! Siamo di fronte, forse, al Paese europeo con la minore attenzione nei confronti del proprio patrimonio. Basti pensare che la Legge 4 agosto 1945 n. 29 subordina l'esportazione dei dipinti alla sola riproduzione fotografica; per gli altri oggetti non esiste nemmeno questa minima limitazione, restando l'esportazione totalmente libera.

Gli effetti di questa condotta legislativa si sono, però, fatti sentire nello spaventoso depauperamento del patrimonio irlandese cosicché già nel 1985 era stato istituito un Comitato consultivo, di nomina ministeriale, per l'individuazione delle linee di politica legislativa da adottare per approntare un sistema di controllo anche minimo ma, almeno, efficace.

Non essendo da allora intervenuta alcuna concreta soluzione in tal senso, il Regolamento europeo viene a porsi come la prima vera normativa di protezione dei beni storici, artistici e culturali del popolo irlandese, agendo laddove le leggi statali avevano fallito.

Grecia – A partire da Lord Byron[31] per finire, in anni recenti, con l'agguerrito ex Ministro della cultura Melina Mercouri, molte e forti sono state le voci che si sono levate non solo in Grecia ma in molti Paesi d'Europa in favore della restituzione allo Stato ellenico della enorme quantità di opere d'arte e, più in particolare di oggetti di valore archeologico che in ogni tempo sono stati , più o meno lecitamente, esportati in tutto il mondo.

È evidente che pochi popoli in Europa possono vantare un patrimonio storico così ampio e ciò è dimostrato dalla particolare attenzione con cui, sin dal 1899, è stato affrontato il problema in sede legislativa.

[31] Egli scrisse due poemi e lottò strenuamente per far rimanere ad Atene i marmi del Partenone che Lord Elgin portò, invece, a Londra.

Sull'onda della conferenza internazionale tenutasi proprio ad Atene nel 1931, già nell'anno successivo venne emanato il Testo unico[32] che costituisce ancora oggi lo strumento precipuo di tutela.

Curiosa ed interessante è la definizione dei beni mobili (e degli immobili) oggetto di tutela; essa è estremamente dettagliata[33], diversamente da quanto accade per la quasi totalità degli altri Paesi europei, che, di solito, fanno riferimento a generiche formulazioni quali "patrimonio nazionale" o "tesoro nazionale".

Alla luce della successiva Legge 2 agosto 1950 n. 1469 è stato modificato il regime di controllo nel senso che alla tutela automatica e d'autorità dei beni del periodo pagano, paleo-cristiano, bizantino e medievale è stata aggiunta la tutela dei beni di epoca successiva al 1830 dietro parere conforme di una apposita commissione governativa.

L'atteggiamento costante dello Stato ellenico è sempre stato quello della compressione dei diritti -segnatamente quello di proprietà- del cittadino di fronte al superiore interesse alla protezione del patrimonio nazionale. Illuminante al riguardo è la procedura d'esportazione. Infatti, anche qualora venga concessa la licenza, l'esportatore è tenuto a versare alla Cassa dei fondi archeologici la metà del valore dichiarato al momento di presentazione della richiesta; in caso di diniego della licenza egli sarà tenuto a vendere allo Stato il bene sempre per la metà del valore dichiarato. Sono queste evidenti misure di restrizione della libertà del privato cittadino nell'interesse pubblico.

Altra curiosa procedura, che potrebbe risultare interessante *de iure condendo*, è quella di concedere una sorta di riconoscimento ufficiale a privati collezionisti, in capo ai quali sorge un diritto di prelazione rispetto agli altri cittadini per l'acquisto delle opere d'arte, qualora lo Stato, originario titolare di tale diritto, non intenda o non sia in grado di esercitarlo.

I collezionisti, per ottenere tale vantaggio, sono costretti a sottoporsi ai controlli statali circa l'entità delle loro collezioni e lo stato di conservazione delle opere; il governo realizza così il duplice obiettivo di

[32] Legge 9 agosto 1932 n. 5351.

[33] Cfr l'art. 2, dove sono definiti come tali "Tutte le opere di architettura, di scultura, di arte grafica e di ogni arte in generale come gli edifici, gli acquedotti, le strade, le mura, le tombe, le pietre intagliate, gli altorilievi, le statuette, le iscrizioni, le pitture, gli intarsi, i vasi, le armi, i gioielli ed altre opere ed utensili di qualsiasi materiale, pietre preziose e monete".

tenere sotto controllo i più grossi acquirenti di pezzi d'arte e di farsi surrogare nell'acquisto dei beni a rischio d'esportazione.

Alla luce di tali principi normativi è comprensibile l'assoluto dissenso manifestato dalla Grecia rispetto alla introduzione delle normative europee relative all'esportazione, chiaramente evidenziato dal voto contrario al momento dell'adozione del Regolamento e della Direttiva.

Paesi Bassi – Assolutamente tardiva è stata l'introduzione di leggi specifiche di tutela dei beni di interesse culturale. Anche la protezione dei siti archeologici e dei beni immobili, che di solito precede quella dei beni mobili, è intervenuta solo in epoca relativamente recente[34].

La Legge 1° febbraio 1984 n. 49 e il successivo Decreto 13 marzo 1985 assoggettano a controllo statale solo i beni da considerarsi "insostituibili" ed "essenziali", i quali vengono inseriti nell'elenco nazionale degli oggetti tutelati che, a seguito della modifica apportata dal Decreto 30 gennaio 1987, contempla tre diverse sezioni: 1) arti figurative 2) storia 3) storia naturale.

L'esportazione di tali beni è subordinata all'autorizzazione del Ministero per l'assistenza sociale, la sanità e la cultura, il quale, qualora sollevi obiezioni in merito all'opportunità di concessione della licenza, è tenuto a sciogliere la propria riserva entro otto mesi, termine entro il quale rimane, contemporaneamente, ferma la proposta automatica d'acquisto da parte dello Stato al prezzo indicato dall'esportatore, al momento della richiesta, come prezzo della transazione.

In sostanza l'unico sistema per lo Stato di impedire la dipartita di un bene anche di rilevante interesse nazionale è quello di acquistarlo.

Anche per i Paesi Bassi, così come già visto per la Repubblica Federale Tedesca e per il Belgio, la Direttiva ha previsto un termine maggiorato – dodici mesi – per l'adeguamento della normativa interna a quella europea. Inutile dire che anche in questo, come nella maggioranza degli altri casi, tale scadenza non è stata assolutamente rispettata, non risultando a tutt'oggi emanata dal Parlamento olandese alcuna legge in materia.

Va, comunque, segnalato un interessamento in tal senso del governo, che sta esaminando la possibilità di procedere alla revisione della propria normativa, tanto da essersi recentemente rivolto alle autorità

[34] Legge 2 febbraio 1950.

britanniche per avere delucidazioni sul loro efficientissimo sistema di controllo.

Austria – Il 18 aprile 1985 è stata emanata la Legge sui divieti di esportazione dei beni culturali, cui hanno fatto seguito, nel 1986, due Regolamenti di attuazione: il primo relativo ai beni la cui conservazione nel territorio austriaco non è richiesta nel pubblico interesse, il secondo portante previsioni dettagliate circa le procedure per l'esportazione. Esclusi dalla tutela sono i beni di artisti viventi o morti da meno di venti anni, nonché una serie di altri beni presi dettagliatamente in considerazione sia sotto il profilo del valore che sotto quello dell'età, con scelte che appaiono discutibili e che, comunque lasciano un'ampia libertà al mercato[35]. Basti pensare, ad esempio, che non sono sottoposti al controllo le sculture realizzate dopo il 1800 né le incisioni posteriori al diciassettesimo secolo e che rimangono completamente fuori dalla tutela quasi tutte le opere d'arte del nostro secolo.

Curiosa è, poi, la previsione secondo la quale la licenza d'esportazione può essere concessa, anche in caso di beni sottoposti a tutela governativa, se il proprietario risulta essere in evidente stato di indigenza, salvo il diritto di prelazione dello Stato. Le pene previste in caso di violazione delle norme sull'esportazione sono la detenzione sino a sei mesi e una sanzione economica; in ipotesi particolari è prevista la possibilità per il Tribunale giudicante di imporre al contravventore la sostituzione del bene illecitamente esportato con uno di valore equivalente!!

Finlandia – La materia è regolata dalla Legge e dal Decreto sulle restrizioni alle esportazioni dei beni culturali emessi congiuntamente il 7 giugno 1978.

Di importanza essenziale al fine della comprensione del reale contenuto di tali testi è la risoluzione del Ministero dell'educazione del 16 giugno 1978, la quale si è fatta carico di definire in maniera esasperatamente dettagliata i beni oggetto di tutela, laddove la legge e il decreto si erano limitati a definirli solo per grandi linee.

Assoggettati al controllo statale sono tutti quei beni che abbiano più di 50 anni di età, nonché quelli di particolare rilevanza indipendentemente dalla loro antichità. Le opere d'arte di origine straniera non sono assoggettate a controllo a meno che esse non siano state conservate in territorio finlandese per almeno 50 degli ultimi 70 anni.

[35] *Cultural Goods Export Prohibition Law 1985*, art. 2.

La procedura prevede che la licenza di esportazione non possa essere rifiutata qualora il proprietario adduca motivazioni particolarmente gravi oppure sia intenzionato a trasferirsi o, ancora, se il bene appartenga ad uno straniero che lo abbia ereditato.

La vendita dei beni tutelati non può essere effettuata, anche all'interno dello Stato, senza preventiva notifica all'Ente nazionale delle antichità e dei monumenti storici, il quale potrà così esercitare il proprio diritto di prelazione.

Il 16 dicembre 1994 è stata emanata la Legge finlandese di recepimento della Direttiva comunitaria, entrata in vigore il 1 gennaio 1995. Con tale provvedimento sono stati individuati gli organi competenti ad istruire le pratiche di restituzione dei beni illecitamente introdotti nel territorio[36], sono stati definiti gli obblighi di indennizzo del Paese richiedente nei confronti del possessore di buona fede nonché verso lo Stato per le spese sostenute per la restituzione vera e propria e per quelle che siano state eventualmente necessarie per assicurare l'adeguata protezione e conservazione del bene nel periodo in cui esso è rimasto nella disponibilità finlandese[37].

Svezia – Gli oggetti meritevoli di tutela, secondo la Legge n. 1104 del 1985, sono individuati secondo i criteri di età e valore; sono in ogni caso tutelati, indipendentemente dalla loro rispondenza a tali requisiti, i manoscritti e i dipinti di ogni genere risalenti ad epoche precedenti il diciassettesimo secolo, mentre per la gran parte degli altri beni elencati nella legge viene richiesta un'età superiore ai cento anni nonché, in alcuni casi, un valore superiore alle 50.000 corone.

Sono assoggettati a controllo anche gli oggetti che pur non essendo stati realizzati in Svezia, siano stati importati prima del 1840 ed abbiano un valore anch'esso superiore alle 50.000 corone.

L'esportazione è consentita, senza vincoli, qualora il bene venga acquistato da una istituzione pubblica straniera, nel caso in cui faccia parte dei beni personali di un cittadino svedese che intenda trasferirsi all'estero e in quello in cui sia stato ereditato da un cittadino straniero che intenda averlo con sè nel proprio Paese.

[36] Trattasi del Ministero della giustizia, assistito da un comitato di esperti con funzione consultiva.

[37] Quelle relative al procedimento istruito dal Ministero della giustizia rimangono a carico del governo finlandese.

Portogallo – In questo Paese la tutela ha origini molto antiche, risalenti addirittura al XVII secolo, ma le prime norme che riguardano i beni mobili sono da rinvenirsi nella Legge 26 maggio 1911 n. 1 e nella successiva Legge 18 dicembre 1924 n. 1700.

Le opere assoggettate a tutela sono "tutti gli oggetti che possano costituire modello d'arte o rappresentare un valido insegnamento per gli artisti, ovvero che per loro merito siano degni di figurare in pubblici musei d'arte, oltre a tutti quelli che meritano una qualifica di storici".

Il D.L. 7 marzo 1932 n. 20985 inserì la previsione di una tassa di esportazione pari alla metà del valore del bene, nel caso in cui lo Stato avesse deciso di non esercitare il proprio diritto di prelazione.

Frutto del generale clima europeo di quell'epoca è, poi, il D.L. 3 aprile 1937 n. 27633 che, singolarmente, dichiara la nullità di tutti gli acquisti operati da cittadini portoghesi in violazione delle norme del Paese di provenienza del bene, perché ciò costituirebbe un mezzo illegittimo di arricchimento a discapito degli altri Stati. *In nuce* si possono qui individuare, ovviamente *mutatis mutandis*, i capisaldi della Direttiva che è stata emanata in Europa 56 anni dopo.

Molte sono state le leggi successivamente adottate, così tante che il loro accavallarsi aveva ingenerato una enorme confusione nel settore; per ovviare a tale situazione negli anni Ottanta è stato avviato un processo di integrale revisione delle previsioni legislative.

Con il D.L. n. 59 del 3 aprile 1980 è stato creato l'Istituto portoghese del patrimonio culturale (IPPC), al quale è riservata la competenza in materia di tutela dei beni culturali, con l'assistenza del Consiglio nazionale del patrimonio culturale.

La Legge n. 13 del 3 giugno 1985 ha statuito, poi, che l'autorizzazione all'esportazione viene rilasciata dal Ministero della cultura, dietro avviso favorevole dell'IPPC.

L'interesse dimostrato sempre dal governo portoghese nel settore del controllo della circolazione dei beni culturali, di cui è segno evidente il proliferare di previsioni normative, non ha mancato di manifestarsi anche in sede di elaborazione della Direttiva europea. Basti pensare che è stata proprio la delegazione portoghese a risolvere l'impasse che si era creato in relazione all'articolo 9, attinente l'onere probatorio nel procedimento di restituzione dei beni illecitamente esportati. Laddove i Paesi più "restrittivi" intendevano porre tale onere in capo al possessore, al contrario, i "liberisti" ritenevano che esso spettasse allo

Stato richiedente; nulla di più risolutorio della proposta portoghese, poi accolta, che ha suggerito di affidare all'organo giudicante il potere di compiere accertamenti d'ufficio, alla luce dei quali imporre all'una o all'altra parte ulteriori elementi di prova tali da confermare o smentire i dati preliminarmente raccolti.

8. Conclusioni

Dal quadro sinora descritto una cosa appare senz'altro evidente. La normativa europea è stata una sorta di esperimento diabolico di fusione di concetti e comportamenti assolutamente eterogenei. In tal senso non poteva che risultarne una legislazione il cui carattere compromissorio, probabilmente, non ha accontentato nessuno dei Paesi membri: da una parte c'e la disapprovazione delle nazioni liberiste convinte dell'eccessività dei controlli e delle procedure previste, dall'altra l'antitetica posizione degli Stati più ricchi di opere convinti che la nuova regolamentazione non potrà che indebolire la difesa dei patrimoni nazionali.

Alla luce di tale considerazione si spiega la scarsa efficacia pratica che si teme avranno tali norme; i timori, d'altro canto sembrano confermati dalla considerazione che a distanza di sei anni dalla emanazione della Direttiva ben pochi Stati hanno emanato le leggi interne di recepimento. In tal senso sarà fondamentale lo strumento previsto dall'articolo 16 della stessa Direttiva, in base al quale ogni tre anni il Consiglio procederà agli adeguamenti suggeritigli dalla Commissione che, a sua volta, recepirà gli orientamenti espressi dagli Stati membri. In realtà, anche tale spiraglio sembra chiudersi ove si consideri che nessuna delle relazioni che quest'ultimi avrebbero dovuto inviare entro il febbraio 1996, risulta, ad oggi, essere pervenuta alla Commissione.

Probabilmente, più che su un piano di armonizzazione, bisognerà operare nel segno del mutuo riconoscimento delle legislazioni nazionali, sebbene gli inconvenienti relativi alla divergenza di prospettive fra i vari Stati non vengano in tal modo eliminati[38]. Una catalogazione completa ed esauriente dei propri beni da parte di tutte le nazioni potrebbe, però, consentire di superare tale ostacolo.

[38] GRASSI, *La circolazione dei beni culturali nella Comunità Europea*, in MEZZETTI (a cura di), *I beni culturali*, Padova, 1995, p. 50 ss.

L'impressione, comunque, è che ci si stia avviando verso un processo di "disancoraggio" dei beni al loro Paese d'origine. Ciò, indubbiamente, è perché le leggi europee risentono notevolmente dell'influenza degli Stati dal maggior peso politico, fatalmente tutti di stampo "liberista", ma anche perché al principio del "tesoro nazionale" si va man mano sostituendo, a livello mondiale, quello di "patrimonio comune dell'umanità".

La sensazione, però, è che, considerati gli enormi interessi economici nazionali (si pensi al fenomeno del cosiddetto turismo culturale) ed individuali, molto difficilmente si potrà attuare, in futuro come ora, una vera politica di tutela e salvaguardia dei beni culturali.

Finito di stampare nel mese di dicembre 1998
presso la GraficArte sas – Qualiano (NA)